圖書在版編目(CIP)數據

陳垣全集.第16册,日知録校注.下/陳垣著.—合肥:
安徽大學出版社,2009.8(2021.3重印)
ISBN 978-7-81110-388-5

Ⅰ.①陳… Ⅱ.①陳… Ⅲ.①陳垣(1880～1971)—全集
②文史哲—中國—清代 ③日知録—注釋 Ⅳ.①C52 ②B249.12

中國版本圖書館CIP數據核字(2009)第155475號

陳垣全集 第十六册
日知録校注(下)
(清)顧炎武 著 陳 垣 校注 陳智超 主編

安徽大學出版社出版發行
(合肥市肥西路3號 郵編230039 電話0551-65107716
網址 www.ahupress.com.cn)
合肥遠東印務有限責任公司印製
責任總編輯 楊應芹 彭君華
本册編輯 老 鼓 封面設計 孟獻輝
開本 880×1230 1/32 印張 21 字數 409千
2009年12月第1版 2021年3月第3次印刷
ISBN 978-7-81110-388-5
定價 2480.00圓(全二十三册)

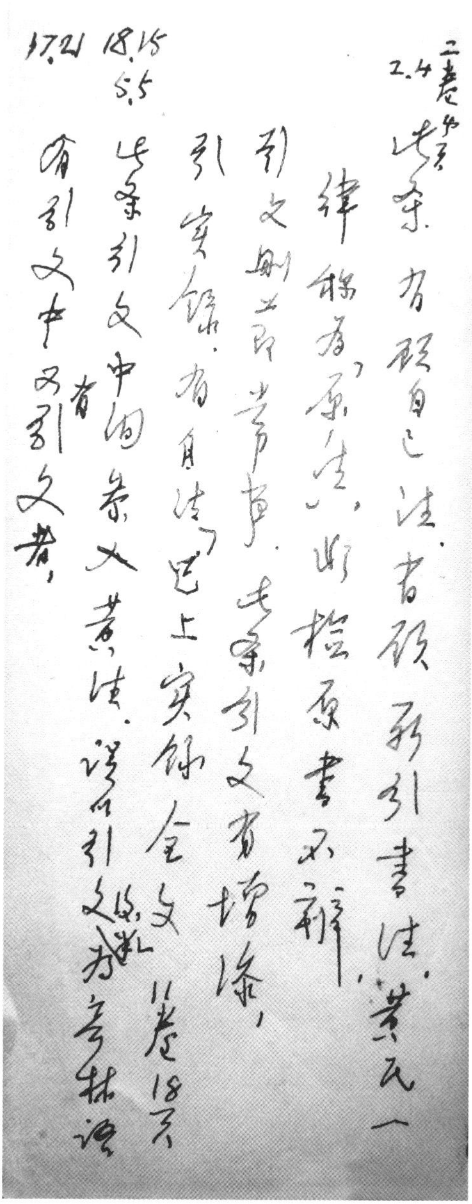
二卷 2.4 4页
此条有顾自己注，有顾所引书注，黄氏一律称为原注，此检原书不辞，
引文删去前半节，此条引文有增添，
引实录，有自注，送上实录全文 11卷18页
此条引文中间有条文黄注，误以引文之段乱为亭林语
有引文中又引文者，
17.21 18.15 5.5

《日知録校注》稿

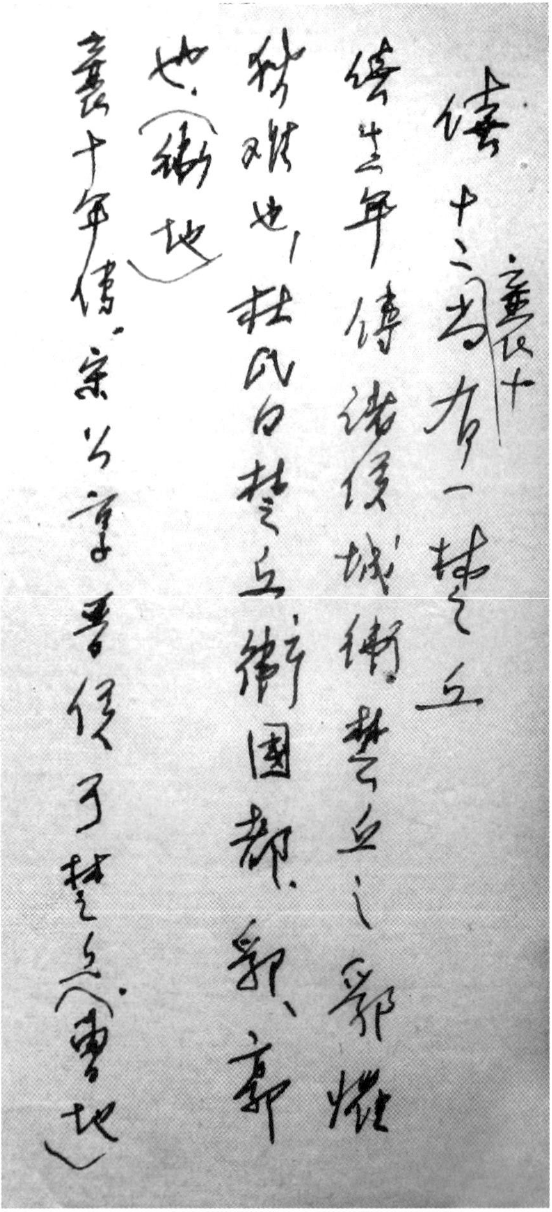

《日知録校注》稿

陳垣全集之二十四

日知録校注（下）

安徽大學出版社

日知録校注卷二十三

姓

言姓者，本於五帝，見於春秋者得二十有二。嬀，虞姓，出顓頊，封于陳。姒，夏姓，出顓頊，封于杞、鄫、越。傳云：「沈姒蓐黄。」〔一〕春秋時無考。子，殷姓，出高辛，封于宋。小戎亦子姓。姬，周姓，出黄帝，封于管、蔡、郕、霍、魯、衛、毛、聃、郜、雍、曹、滕、畢、原、酆、郇、邘、晉、應、韓、凡、蔣、邢、茅、胙、祭、吴、虞、虢、鄭、燕、魏、芮、彤、荀、賈、耿、滑、焦、楊、密、隨、巴諸國。驪戎、犬戎皆姬姓。任、宿、須句、顓臾，風姓也，自太皞。秦、趙、梁、徐、郯、江、黄、葛、麇，嬴姓也，自少皞。莒，己姓。薛，任姓。隱十一年疏，引世本，謝、章、薛、舒、吕、祝、終、泉、畢、過十國，皆任姓。南燕，姞姓也，自黄帝。密須亦姞姓。國語又有酉、滕、箴、荀、僖、儇、依七姓，其封國在周世無考〔二〕。杜，祁姓也，自陶唐。楚、夔、權，芈姓〔三〕。邾、郳，曹姓。鄅、偪陽，妘姓。鬷夷，董姓也，自祝融。國語又有彭、秃、斟三姓，在周世無考〔四〕。齊、申、吕、許、紀、州、向，姜姓也，自炎帝。又有姜戎。蓼、

六、舒、舒鳩，偃姓也，自咎繇。胡，歸姓。鄧，曼姓。羅，熊姓。狄，隗姓。鄋瞞，漆姓。陰戎，允姓。六者不詳其所出。國語以莒爲曹姓，越爲芉姓〔五〕，與此異。略舉一二論之，則今之孟氏、季氏、孫氏、甯氏、游氏、豐氏皆姬；陳氏、田氏皆嬀；華氏、向氏、樂氏、魚氏皆子；崔氏、馬氏皆姜；屈氏、昭氏、景氏皆芉。自戰國以下之人，以氏爲姓，而五帝以來之姓亡矣。

或曰嬴姓出于祝融，邛、葛、穀皆嬴姓，伯益賜姓嬴，秦、趙、徐乃其後。凡注疏家所引姓氏，大抵出于世本。今其書亡，不能備考。

〔一〕左傳昭元年。

〔二〕國語晉語十。

〔三〕「芉」，本作「芈」，音米，羊聲。下同。

〔四〕國語鄭語十六。

〔五〕國語鄭語十六。

氏族

禮記大傳正義〔一〕：「諸侯賜卿大夫以氏。若同姓，公之子曰公子，公子之子曰公孫，公孫之子，其親已遠，不得上連於公，故以王父字爲氏。若適夫人之子，則以五十字伯仲爲氏，若魯之仲孫、季孫，是也。若庶子、妾子，則以二十字爲氏，記所云「冠而字之」之字。則展氏、臧氏是也〔二〕。若異姓〔三〕，則以父祖官及所食之邑爲氏。以官爲氏者，則司馬、司城是也。以邑爲氏者，若韓、趙、魏是也。凡賜氏族者，比爲卿，乃賜，有大功德者，生賜以族，若叔孫得臣是也。雖公子之身，若有大功德，則以公子之字，賜以爲族，若仲遂是也；其無功德，死後乃賜族，若無駭是也。按此論亦多不然，詳見第一卷卿不書族條〔四〕。其子孫若爲卿，其君不賜族，子孫自以王父字爲族也。氏、族，對文爲別，散則通也。故左傳〔五〕云：『問族於衆仲』，下云：『公命以字爲展氏。』是也。其姓與氏，散亦得通，故春秋有姜氏、子氏，姜、子皆姓，而云氏是也。」〔六〕

〔一〕大傳第十六。

〔二〕「五十」、「二十」，不明。

〔三〕今本正義作「男女」。

〔四〕卿不書族條，初刻在第二卷，鈔本、潘本在第四卷。

〔五〕左傳隱八年。

〔六〕大傳正義至此止。

戰國時人，大抵猶稱氏族。戰國策，甘茂曰：「昔者曾子處費，費人有與曾子同名族者，而殺人。」〔一〕不言姓而言族，可見當時未嘗以氏爲姓也。漢人則通謂之姓，然氏族之稱，猶有存者。漢書恩澤侯表〔二〕：「褒魯節侯公子寬，以魯頃公玄孫之玄孫奉周祀。元始元年六月丙午，封。子相如嗣，更姓公孫氏。平帝紀：「封周公後公孫相如爲褒魯侯。」〔三〕當依表作公子寬。後更爲姬氏。」公子、公孫，氏也；姬，姓也。此變氏稱姓之一證。

〔一〕戰國策四秦策。

〔二〕漢書十八。

〔三〕漢書十二。

水經注〔一〕：「漢武帝元鼎四年，幸雒陽，巡省豫州，觀於周室，邈而無祀，詢問耆老，乃得孽子嘉，封爲周子南君，以奉周祀。按汲冢古文〔二〕謂：衛將軍文子，爲子南彌牟，其後有子南勁。紀年：『勁朝于魏，後惠成王如衛，命子南爲侯。』秦并六國，衛最後滅，疑嘉是衛後，故氏子南而稱君也。」據此嘉本氏子南，武帝即以其氏命之爲爵。而漢書恩澤侯表〔三〕竟作姬嘉，則没其氏，而書其姓矣。與褒魯之封公孫氏，更爲姬氏者正同。

〔一〕水經注廿一汝水條。

〔二〕汲冢古文乃酈道元注引。

〔三〕漢書十八。

姓氏之稱，自太史公始混而爲一。本紀於秦始皇則曰姓趙氏，於漢高祖則曰姓劉氏〔一〕。

〔一〕超案：集釋此下引亭林文集一原姓篇。

氏族相傳之訛〔一〕

氏族之書，所指秦漢以上者，大抵不可盡信。唐書表李氏則云：「紂之時有理徵，字德靈，爲翼隸中吳伯。」〔二〕本李延壽北史序傳。不知三代時無此名字，無此官爵也。表王氏則云：「周靈王太子晉，以直諫廢爲庶人。」〔三〕傳記亦無此事。王氏定著三房，一曰琅邪，二曰太原，皆出靈王太子晉，三曰京兆，出魏信陵君。是凡王皆姬姓矣，乃王莽自云舜後。漢書元后傳：「莽自謂黃帝之後，黃帝姓姚氏，八世生虞舜，舜起嬀汭，以嬀爲姓。至周武王封舜後嬀滿于陳，是爲胡公。

十三世生完，完字敬仲，奔齊，齊桓公以爲卿，姓田氏。十一世田和，有齊國，三世稱王，至王建爲秦所滅。項羽起，封建孫安爲濟北王。至漢興，安失國，齊人謂之王家，因以爲氏。」〔四〕莽敗，其族尚全，未必無後裔。而春秋，吳有王犯，晉有王良，范氏之臣王生。戰國，齊有王斗、王蠋、王驩，費有王順，魏有王錯，趙有王登。秦有王稽、王齕、王翦、王綰、王戊。過秦論有王廖，未知何國人。亦未必同出於靈王也。

野客叢書：「曹子建作王仲宣誄曰：『流裔畢萬，末冑稱王。厥姓斯氏，條分葉散。世滋芳烈，揚聲秦漢。』呂向注：『秦有王翦、王離，漢有五侯。』按王粲系畢公高之後，畢萬封于魏，後十代文侯，始列爲侯，至孫稱惠王，因以王爲氏。而秦之翦、離，自周太子晉之後。漢之五侯，自齊田和之後。此三派元不相干，注引爲一，誤矣。故新莽以姚、嬀、陳、田、王五姓爲宗室，且禁元城王氏，勿與四姓爲婚，而已自取王訢之女。魏東萊王基爲子納太原王沈女，皆不以爲嫌，蓋知此也。庾信作宇文傑墓志，亦有是誤。」〔五〕韓文公作王仲舒神道碑文云：「王氏皆王者之後，在太原者爲姬姓。春秋時，王子成父敗狄有功，因賜氏。」〔六〕此語卻有斟酌。

〔一〕初刻七之一，只有前四段。
〔二〕新唐書七十上宗室世系表。
〔三〕新唐書七二中宰相世系表。
〔四〕漢書九八。
〔五〕野客叢書八。初刻注只有此節。

〔六〕韓昌黎集卅一。

竇氏，古無所考。類族者不得其本，見左傳有「后緡方娠，逃出自竇」之文〔一〕，即爲之說曰：帝相妃有仍氏女，逃出自竇，奔歸有仍，生少康。少康次子曰龍，留居有仍，遂爲竇氏。唐書宰相世系表〔二〕。此與王莽引易「伏戎于莽，升其高陵」〔三〕，莽，皇帝名也；升，劉伯升也，何以異哉？乃韓文公作竇牟墓志〔四〕：「后緡竇逃閔腹子，夏以再家竇爲氏。」亦用此事。竊意古地以竇名者甚多，必是以地爲氏。路史曰：「余嘗考之古之得姓者，未有不本乎始封者也，其氏於事者蓋寡矣。而姓書氏譜，一每爲之曲說，至有棄其祖之所自出，又牽異類而屬之，豈不悲哉？」〔五〕正謂若此之類也。

〔一〕左傳哀元年。
〔二〕新唐書七一下。
〔三〕易同人。
〔四〕韓昌黎集三三。
〔五〕路史國名紀一黄帝之宗條。

漢時碑文所述氏族之始，多不可據。如魏蔣濟郊議，稱曹騰碑文云：「曹氏族出自邾。」〔一〕王沈魏書云：「其先出於黄帝。當高陽世，陸終之子曰安，是爲曹姓。周武王克殷，封曹俠于邾。至戰國爲楚所滅，子孫分流，或家于沛。」〔二〕而魏武作家傳，自云曹叔振鐸之後。陳思王作武帝誄曰：「於穆武王，冑稷胤周。」〔三〕則又姬姓之後，以國爲氏者矣。及至景初中，明帝從高堂隆議，謂魏爲舜後，詔曰：「曹氏世系，出自有虞氏。今祀圜丘，以始祖帝舜配。」後少帝禪晉文，亦稱我皇祖有虞氏。則又不知其何所據。宋書符瑞志載博士蘇林、董巴言，但云：「魏之氏族，出自顓頊，與舜同祖。見於春秋世家。」〔四〕魏志：「蔣濟以爲舜本姓嬀，其苗曰田，非曹之先，著文以追詰隆。」〔五〕夫以一代之君，而三易其祖，豈不可笑？況於士大夫乎！

〔一〕三國志魏志十四蔣濟傳注。
〔二〕三國志一魏志注。
〔三〕藝文類聚十三。
〔四〕宋書二七。
〔五〕三國志魏志十四蔣濟傳。初刻無此注。

程氏，出程伯休父。太史公自序〔一〕云：「重黎氏世序天地，其在周，程伯休甫其後也。」應劭曰：「封爲程國，伯休甫字也，其後爲司馬氏。」晉書宣帝紀：「其先出自帝高陽之子重黎，爲夏官祝融。歷唐、虞、夏、商，世序其職。及周以夏官爲司馬，其後程伯休甫。周宣王時，以世官克平徐方，錫以官族，因而爲氏。」〔二〕而左傳成十八年，「晉欒書、中行偃使程滑弑厲公」。注：「程滑，晉大夫。」襄二十三年，「程、鄭嬖於公」。注：「鄭亦荀氏宗。」此則晉之程氏，乃荀氏之别，不與休甫同出。今既祖休甫，又祖程嬰，則誤矣。路史以荀爲文王之後〔三〕。子華子之書，亦言其族出于司馬。而又曰：「趙則真吾姓之所宗氏也。」〔四〕則程又與趙同祖。朱子曰：「子華子近世僞書。今或引其説以證姓氏之所從出，則誣其祖矣。」又按莊子及呂氏春秋，子華子，韓昭釐侯時人，非孔子所見之程子〔五〕。

〔一〕史記一三〇。
〔二〕晉書一。
〔三〕路史國名紀五。
〔四〕子華子下。「子華子」以下，初刻無。
〔五〕莊子九讓王篇作「昭僖侯」。呂氏春秋廿一開春論四審爲篇。

沈氏。宋書沈約自序〔一〕：「昔少皞金天氏有裔子曰昧，爲玄冥師，生允格、臺駘。臺騶能業其官，宣汾洮，障大澤，以處大原，帝顓頊嘉之，封諸汾川。其後四國，沈、姒、蓐、黃。沈，子國，今汝南平輿沈亭是也。汝南去汾州甚遠。春秋之時列于盟會。定公四年諸侯會召陵伐楚，沈子不會，晉使蔡伐沈，滅之，以沈子嘉歸。」〔二〕按沈、姒、蓐、黃四國，皆在汾水之上，爲晉所滅。左氏昭公元年傳曰：「今晉主汾而滅之矣。」黃，非江人、黃人之黃，則沈亦非沈子嘉之沈。休文乃竝列而合之爲一，誤也。唐宰相世系表曰：「沈氏出自姬姓，周文王第十子聃叔季，食采於沈，汝南平輿沈亭即其地也。」〔三〕此爲得之。又按魯有沈猶氏。家語魯之販羊，有沈猶氏者。曾子弟子沈猶行，是以地爲姓。漢書：景帝封楚元王子歲爲沈猶侯〔四〕。

〔一〕宋書一〇〇引左傳昭元年。
〔二〕沈約自序止。
〔三〕新唐書七四上。
〔四〕漢書三六。

白氏。唐白居易自序家狀曰：「出於楚太子建之子白公勝。楚殺白公，其子奔秦，代爲名將，乙丙已降是也。裔孫白起，有大功於秦，封武安君。」〔一〕按白乙丙見於僖之三十三年，白公之死，則哀之十六年，後白乙丙一百四十八年。曾謂樂天而不考古，一至此哉。

唐宰相世系表〔二〕，以西乞術、白乙丙爲孟明之子，尤誤。

〔一〕白氏長慶集二九太原白氏家狀。

〔二〕新唐書七五下。

揚氏。漢書揚从扌雄傳〔一〕曰：「其先出自有周伯僑者，以支庶食采於晉之楊，左傳。「楊」字从木〔二〕。因氏焉。楊在河汾之間，周衰而楊氏或稱侯，號曰楊侯。會晉六卿爭權，韓、魏、趙興，而范中行、知伯弊，當是時偪楊侯，楊侯逃於楚巫山，因家焉。」此誤以楊侯與楊食我〔三〕爲一人也。唐書宰相世系表曰〔四〕：「楊氏出自姬姓，周宣王子尚父封爲楊侯。又云晉之公族，食邑於羊舌。左傳正義引世族譜云：「羊舌其所食邑名。」〔五〕凡三縣，一曰銅鞮，二曰楊氏，三曰平陽。羊舌四族，叔向食采楊氏，其地平陽，楊氏縣是也。及晉滅羊舌氏，而叔向子孫逃于華山仙谷，遂居華陰。」用修〔六〕據此以楊、陽、揚、羊四姓爲一，尤誤。按楊城即今之洪洞縣，本楊侯國。左氏女叔侯所云：霍、楊、韓、魏，皆姬姓也。襄二十九年。而子雲反離騷亦云：「有周氏之嬋嫣兮，或鼻祖於汾隅，靈宗初諜伯僑兮，流于末之楊侯。」不知其字何以爲「揚」？及其滅於晉，而爲大夫羊舌氏邑，則食我始見於傳，而楊朱與老子同時，又非羊舌之族也。陽氏則以國爲氏，以邑爲氏，皆不可知。胡三省曰：春秋閔公二年「齊人遷陽，子孫以國爲氏」〔七〕。又按昭公十二年，齊高偃帥師納北燕伯于陽，是邑名。晉有陽處父〔八〕，乃在叔向之前，而楚之陽匄〔九〕，魯之陽虎〔十〕，曾子弟子有陽膚。非一陽也；宋之羊斟〔十一〕，郳之羊羅〔十二〕，非一羊也。安得謂陽爲平陽，羊爲羊舌，而竝附之叔向乎？

〔一〕漢書八七上。
〔二〕殿本皆作「揚」。
〔三〕楊食我，昭公廿八年。
〔四〕新唐書七一下。「又云」二字，唐書原文。
〔五〕注爲亭林注。閔公二年。
〔六〕楊慎。
〔七〕通鑑五七漢熹平六年四月條。「春秋閔公二年」六字，顧所加。
〔八〕僖公卅二年。
〔九〕昭公十七年。
〔十〕昭公廿七年。
〔十一〕宣公二年。
〔十二〕昭公十八年。

段氏。後漢書：「段熲其先出鄭共叔段。」〔一〕古人無以祖父名爲氏者，凡若此類，皆不通之説。按段氏當出自段干。史記：「老子之子名宗，宗爲魏將，封於段干。」〔二〕唐書世系表：「封於段，爲干木大夫。」〔三〕謬。魏世家有段干木、段干子，田完世家有段干明。

〔一〕後漢書九五。
〔二〕史記六三。
〔三〕新唐書七〇上宗室世系表。

褚氏。唐宰相世系表云：「出自子姓，宋共公子段，字子石，食采于褚，其德可師，號曰褚師。」〔一〕按褚師乃官名，不獨宋有此官，鄭亦有之。昭公二年，鄭公孫黑請以印爲褚師是也。衛亦有褚師聲子〔二〕。

〔一〕新唐書七二下。
〔二〕左傳哀廿五年。

賀氏。晉書賀循傳曰：「會稽山陰人也，其先慶普，漢世傳禮，所謂慶氏學。族高祖純，安帝時爲侍中，避安帝父清河王慶諱，改爲賀氏。」〔一〕宋史：「賀鑄自言，出王子慶忌，居越之湖澤，所謂鏡湖，乃慶湖也。」〔二〕見鑄本傳，然史即疑之。按古但有以王父字爲氏，無以名爲氏者。慶忌名也，不得爲氏，而鏡湖本名鑑湖，慶古音羌，聲不相近。若齊之慶氏，居吴朱方，見於左傳〔三〕，後人以慶封有弑君之惡諱之〔四〕，而欲更其祖。其不及宋司馬華孫遠矣〔五〕。水經注有賀臺：「越入吴，還而成之，故號曰賀臺。」〔六〕苟欲求越國之故，何不取之於賀臺，而必取之於鏡湖，又改「鏡」而爲「慶」邪？

〔一〕晉書六八。
〔二〕宋史四四三文苑傳。
〔三〕朱方，吴邑。襄公廿八年。
〔四〕襄公廿五年。
〔五〕文公十五年。
〔六〕水經注四十漸江水條。

刀氏。復古編云作「刁」非。姓譜以爲齊大夫豎刀之後。胡三省曰：「豎刀安得有後。漢書貨殖傳有刀間。」〔一〕愚按古書，「刀」與「貂」通，齊襄王時有貂勃。

〔一〕通鑑卷七九晉武帝泰始七年正月條。姓譜、漢書均胡注所引。又見卷三七王莽始建國二年條。此引卷七九。

寇氏。姓譜：出自武王弟康叔，爲周司寇，後人因以氏焉。按康叔爲衛國之祖，必無以王官氏其支庶之理，此乃衛之司寇。左傳哀二十五年，有司寇亥，即寇氏之祖也。檀弓有司寇惠子。

孔顔孟三氏

今之顔氏，皆云兗國之裔。考仲尼弟子列傳，有顔幸、顔高、顔祖、顔之僕、顔噲、顔何〔一〕，而孔子於衛主顔讎由，此六人與讎由皆無後乎？今之孔氏，皆云夫子之裔，春秋齊有孔虺〔二〕，衛有孔達〔三〕，陳有孔寧〔四〕，鄭有孔叔、孔張〔五〕，此五族者，皆無後乎〔六〕？且夫子出於宋，爲子姓，而鄭，姬姓；陳，嬀姓；衛，姞姓；哀十一年，孔姞。可合而爲一乎？

史記貨殖傳〔七〕：宛，孔氏之先，梁人也，用鐵冶爲業。秦伐魏，遷孔氏南陽。平準書：孔僅，南陽大冶〔八〕。

〔一〕史記六七。
〔二〕襄公卅一年。
〔三〕文公元年。
〔四〕宣公九年。
〔五〕僖公三年，昭公十六年。
〔六〕「孔氏」索引。不止此，衛孔悝亦稱孔叔，哀公十五年。
〔七〕史記一二九。
〔八〕史記三十。

顏魯公作家廟碑云：「其先出於顓頊之孫祝融，融孫安爲曹姓，其裔邾武公名夷甫，字顏。子友，別封郳爲小邾子，遂以顏爲氏。多仕魯爲卿大夫。」〔一〕按左傳襄十九年，齊侯娶于魯，曰顏懿姬，其姪鬷聲姬。注曰：顏、鬷皆姬母姓。當云母氏。則顏之爲姬姓，爲魯族，審矣。姓譜曰：「顏姓本自魯伯禽支子，有食采顏邑者，因以爲族。」其出於邾之説，本自圈稱〔二〕、葛洪，蓋徒見公羊於邾有顏公之稱，而不考之於左氏也。莒之犂比公〔三〕，豈必爲犂彌〔四〕之祖乎？公羊傳謂：「邾婁顏淫九公子於宮中，因以納賊。周天子誅顏，而反孝公于魯。」〔五〕非隱公所盟之儀父，不知何取於若人，而以之爲祖。

〔一〕金薤琳琅二十。
〔二〕圈稱，後漢末人。隋志雜傳類有圈稱陳留耆舊傳，地理類有圈稱陳留風俗傳。
〔三〕襄公十六年。
〔四〕定公九年。
〔五〕昭公卅一年。

春秋時以孟爲字者甚多。今之孟氏，皆祖子輿，前代亦未之有也。魏書：「孟表，濟北蛇丘人。自云本屬北地，號索里諸孟。」〔一〕古時孟姓，亦或與『芒』通。史記秦本紀：擊芒卯、華陽。索隱引譙周云：「孟卯也。」淮南子孟卯注引戰國策曰：「芒卯也。」元史孔思晦傳：「五季時，孔末之後方盛，欲以僞滅真，害宣聖子孫幾盡。至是其裔復欲冒稱宣聖後，思晦以爲不早辨，則真僞久益不可明。彼與我不共戴天，乃列于族與共拜殿庭可乎？遂會族人斥之，而重刻宗譜于石。」〔二〕然則今之以孔姓而濫通譜牒者，可以戒矣。

〔一〕魏書六一末。
〔二〕元史一八〇。

仲氏

漢濟陰太守孟郁修堯廟碑〔一〕曰：「惟序仲氏，祖統所出。本繼於姬，周之遺苗。天生仲山甫，翼佐中興，宣平功，遂受封于齊。周道衰微，失爵亡邦，後嗣乖散，各相土譯居。帝堯葫兆，生長葬陵，在於成陽，聖化常存。慕巍巍之盛，樂風俗之美，遂安處基業，屬都鄉高相里，因氏仲焉，以傳於今。」其陰列仲氏有名者三十餘人。又廷尉仲定碑〔二〕略同。漢時仲氏自謂仲山甫之後，託基於帝堯之陵，而今則以爲孔子弟子子路之後，援顔、曾、孟之例，而求爲五經博士矣。然春秋之以仲氏者不一，而仲山甫未嘗封齊，則漢人之祖山甫未必是，而今人之祖子路，亦未必非也。

〔一〕隸釋一。
〔二〕隸續十五。今本適闕葉。

以國爲氏

古人之氏，或以謚，或以字，或以官，或以邑，無以國爲氏者。其出奔他國，然後以本國爲氏。敬仲奔齊，而爲陳氏是也。其他若鄭丹、宋朝、楚建、郳甲〔一〕之類，皆是也。不然，則亡國之遺胤也。

〔一〕昭公十一年，定公十四年，昭公二十年，郳甲亦昭公二十年。

今人姓同於國者，多自云以國爲氏，非也。夏氏出於陳之少西〔一〕，而非夏后氏之夏；齊氏出於衛之齊惡〔二〕，而非齊國之齊。左氏、史記其最著名者矣。秦堇父非秦國之秦，狄虒彌非狄人之狄。

〔一〕宣公十一年。

〔二〕昭公元年。

姓氏書

姚寬西溪叢語〔一〕曰：「姓氏之學，莫盛於元和姓纂。自南北朝以官職相高，沿至於唐，崔、盧、李、鄭，糾紛可鄙。若以聖賢所本，如嬀姓、子姓、姬姓、姜姓之類，各分次其所從來，以及春秋所紀，用世本、荀況譜、杜預公子譜爲法，則唐虞三代，列國諸侯，俱可成書。此似太史公欲爲而未就者耳。」愚〔二〕嘗欲以經傳諸書次之，首列黄帝之子得姓者十二人；次則三代以上之得國受氏，而後人因以爲姓者；次則戰國以下之見於傳記，而今人通謂之姓者；次則三國、南北朝以下之見於史者；又次則代北複姓，遼、金、元姓之見於史者；而無所考者，别爲一帙。略舉其目，曰姓本第一，封國第二，氏别第三，秦漢以來姓氏合并第四，代北姓第五，遼金元姓第六，雜改姓第七，無徵第八。此則若網之在綱，有條而不紊，而望族五音之紛紛者，皆無所用，豈非反本類族之一大事哉！

〔一〕學津本卷下。

〔二〕愚，亭林。

漢劉向撰世本二卷，其書不傳。今左傳注疏多本之，然亦未必無誤。

通譜

同姓通族見於史者，自晉以前未有。晉書石苞傳〔一〕：「曾孫樸没于寇〔二〕，石勒以與樸同姓，俱出河北，引樸爲宗室，特加優寵，位至司徒。」南史侯瑱傳：「侯景以瑱與己同姓，託爲宗族，待之甚厚。」〔三〕此以殊族〔四〕而附中國也。晉書孫旂傳：「旂子弼，及弟子髦、輔、琰四人，竝有吏材，稱於當世，遂與孫秀合族。」〔五〕南史周弘正傳：「諂附王偉，與周石珍建康之厮隸也，爲梁制局監，降侯景。合族。」〔六〕舊唐書李義甫傳：「義甫既貴之後，自言本出趙郡，始與諸李叙昭穆。而無賴之徒苟合，藉其權勢，拜伏爲兄叔者甚衆。」〔七〕李輔國傳：「宰相李揆，山東甲族，見輔國執子弟之禮，謂之五父。」〔八〕此以名門而附小人也。凡此，史皆書之，以志其非。今人好與同姓通譜，不知於史傳居何等也。

〔一〕晉書三三。
〔二〕「寇」原作「胡」。

〔三〕南史六六。
〔四〕「殊族」原作「夷狄」。
〔五〕晉書六〇。「剡」原作「琰」。
〔六〕南史三四。
〔七〕舊唐書八二，「甫」原作「府」。
〔八〕舊唐書一八四。

北人重同姓，多通譜系，南人則有比隣而各自爲族者。宋書王仲德傳〔一〕：「北土重同姓，謂之骨肉。有遠來相投者，莫不竭力營贍。仲德聞王愉在江南，是太原人，乃往依之，愉禮之甚薄。」魏書崔玄伯傳：「崔寬自隴右通欵，見司徒浩。浩與相齒次，厚撫之。及浩誅，以遠來疏族，獨得不坐。遂家於武城，以一子繼浩弟覽妻封氏，相奉如親。」〔二〕北史杜銓傳〔三〕：「初密太后杜氏，父豹，喪在濮陽，太武〔四〕欲令迎葬于鄴，謂司徒崔浩曰：『天下諸杜，何處望高，朕意欲取杜中長老一人以爲宗正，令營護凶事。』浩曰：『京兆爲美。中書博士杜銓，其家今在趙郡，是杜預後，於今爲諸杜最。』召見銓，以爲宗正，令與杜超子道生，送豹喪葬鄴南，銓遂與超如親。超謂銓曰：『既是宗正，何緣僑居趙郡？』乃延引同屬魏郡。」南史韋鼎傳：「陳亡入隋。時吏部尚書韋世康，兄弟顯貴。文帝從容謂鼎曰：

『世康與公遠近。』對曰：『臣宗族南徙，昭穆非臣所知。』帝曰：『卿百代卿族，豈忘本也？』命官給酒肴，遣世康請鼎還杜陵。鼎乃自楚太傅孟以下二十餘世，並考論昭穆，作韋氏譜七卷示之，歡飲十餘日乃還。」〔五〕

〔一〕宋書四六。王懿，字仲德，避司馬懿諱，以字稱，而宋書、南史卷二五傳目仍名懿。
〔二〕魏書二四。
〔三〕北史二六，魏書四五。
〔四〕太武，杜后生。
〔五〕南史五八。

近日同姓通譜，最爲濫雜，其實皆植黨營私，爲蠹國害民之事，宜嚴爲之禁。欲合宗者必上之於官，使諳悉古今者爲之考定，歲終以達禮部，而類奏行之。其不請而私通者，屏之四裔〔一〕，然後可革其弊。古之姓氏，有專官掌之。國語曰：「使名姓之後，能知上下之神祇、氏姓之所出者爲之宗。」〔二〕又曰：「司商協名姓。」〔三〕春官宗伯，其屬有都宗人、家宗人，而女官亦有内宗、外宗〔四〕。今日姓氏、昏姻二事，似宜專設一官，方得教民之本。

〔一〕「裔」原作「夷」。

〔二〕國語楚語下十八。

〔三〕國語上第一。

〔四〕周禮。

氏族之亂，莫甚於五代之時。當日承唐餘風，猶重門蔭，故史言唐梁之際，仕宦遭亂奔亡，而吏部銓文書不完，因緣以爲姦利，至有私鬻告敕，亂易昭穆，而季父母舅，反拜姪甥者。豆盧革傳〔一〕。冊府元龜：「長興初，鴻臚卿柳膺，將齋郎文書兩件，賣與同姓人柳居則。大理寺斷罪，當大辟，以遇恩赦減死，奪見任官，罰銅，終身不齒。敕曰：一人告身，三代名諱，傳於同姓，利以私財。上則欺罔人君，下則貨鬻先祖，罪莫大焉。自今以後，如有此弊，傳者受者，竝當極法。」〔二〕今則因無蔭叙，遂弛禁防。五十年來，通譜之俗，徧於天下。自非明物察倫之主，亟爲澄別，則滔滔之勢，將不可反矣。

〔一〕新五代史二八唐臣傳。

〔二〕冊府六六帝王部發號令門五。長興二年五月。

唐朝已前，最重譜牒。如新唐書言，河南劉氏「本出匈奴之後劉庫仁」〔一〕，柳城李氏「世爲契丹酋長」〔二〕，營州王氏「本高麗」之類〔三〕。此同姓而不同族也。又如魏書高陽王雍傳言：「博陵崔顯，世號東崔，地寒望劣。」〔四〕此同族而不同望也。故高士廉傳言：「每姓第其房望，雖一姓中，高下懸隔。」〔五〕

〔一〕新唐書七一上。
〔二〕新唐書七五下。
〔三〕新唐書七五下。「類」原作「族」。
〔四〕魏書廿一上。
〔五〕高儉，字士廉，以字顯。舊唐書六五，目標高士廉，新唐書九五，目標高儉，而此則引自新唐書。

異姓稱族，自漢以來，未有此事。杜子美寄族弟唐十八使君詩云：「與君陶唐後，盛族多其人，聖賢冠史籍，枝派羅源津。」則杜與唐爲兄弟矣。重送劉十弟判官詩云：「分源豕韋派，別浦雁賓秋，年事推兄忝，人才覺弟優。」則杜與劉爲兄弟矣。韓文公送何堅序亦云：「何於韓同姓爲近」〔一〕，容齋三筆引孫緬唐韻曰：「韓滅，子孫分散江淮間，音以韓爲何，字隨音變，遂爲何氏。」〔二〕按詩揚之水〔三〕，一章言戍申，二章言戍甫，三章言戍許。孔氏曰：「言甫、許者，以其俱爲姜姓。既重章以變文，因借甫、許以言申，其實不戍甫、許也。」六國時，秦、趙同爲嬴姓，史記、漢書多謂秦爲趙，亦此類也。史記秦本紀，太史公曰：「秦以其先造父封趙城爲趙氏。」陸賈傳：「秦任刑法不變，卒滅趙氏。」索隱曰：「案韋昭云：秦伯翳後，與趙同出蜚廉。造父有功，周穆王封之趙，由此一姓趙氏。」〔四〕漢書武五子傳：「趙氏無炊火焉。」韋昭曰：「趙，秦之別氏。」南越傳：「蒼梧秦王。」晉灼曰：「秦王即趙光也。趙本與秦同姓，故曰秦王。」〔五〕淮南子亦稱秦始皇爲趙政〔六〕。三國志：「陳思王上疏，絶纓盜馬之臣，赦楚趙以濟其難。」注：「秦穆公有赦盜馬事，趙則未聞。蓋以秦亦趙姓。」〔七〕文選，王融策秀才文：「訪游禽於絶澗，作霸秦基。」李善注引韓非子所載趙董閼于事，而云史記曰：趙氏之先與秦共祖，以其共祖，故雖趙亦號曰秦。又左思魏都賦：「二嬴之所曾聆。」李善注：「秦穆公、趙簡子。史記趙氏之先與秦同祖，故曰二嬴也。」〔八〕崧高言：「生甫及申。」〔九〕孔氏曰：「此詩送申伯，而及甫侯者，美其上世俱出四嶽，故連言之。」今人之於同姓，幾無不通譜，何不更廣之於異姓，而以子美、退之爲例也。

〔一〕昌黎集二十。
〔二〕容齋三筆卷五末何韓同姓條。
〔三〕詩王風。
〔四〕史記五、三七。
〔五〕漢書六三、九五。

〔六〕淮南子十八人間訓。
〔七〕魏志十九曹植傳。
〔八〕文選三六、六。
〔九〕詩大雅。

李華淮南節度使崔公頌德碑云：「惟申伯，翼宣王，登南邦，興周室；小白率諸侯，征楚翟，奉王職，與崔公叶德同勳，皆姜姓也。」〔一〕

〔一〕唐文粹五四。

開元十九年，於兩京置齊太公廟，「建中初，宰相盧杞、京兆尹盧諶，以盧者齊之裔，乃鳩其裔孫，若崔、盧、丁、呂之族，合錢以崇飾之」〔一〕。

〔一〕册府元龜卅四崇祭祀門。

元吳澂送何友道游萍鄉序〔一〕云：「袁柳、撫何二族〔二〕，各以儒官著，而其初實一姬姓。文之昭，由魯之展而爲柳；武之穆，由晉之韓而爲何。氏〔三〕不同而姓同。」

〔一〕吳文正集十六。
〔二〕袁州之柳，撫州之何。
〔三〕「氏」上原有「名」字。

宋邵伯温聞見録云：「司馬温公一日過康節先生，謁曰『程秀才』，既見，則温公也。問其故，公笑曰：『司馬出程伯休父。』」〔一〕

〔一〕聞見録十八。

二字姓改一字

古時以二字姓改爲一字者，如馬宮本姓馬矢，改爲馬〔一〕。唐憲宗名純，詔姓淳于者改姓于。唐宰相世系表：鍾離眛二子，次曰接，居潁川長社，爲鍾氏〔二〕。見之史册，不過一二。自洪武元年詔：「胡服胡語胡姓，一切禁止。」如今有呼姓，本呼延；乞姓，本乞伏；皆明〔三〕初改，而并中國所自有之複姓，皆去其一字。氏族之紊，莫甚於此〔四〕。且如孫氏有二，衛之良夫，楚之叔敖，竝見於春秋。而公孫、叔孫、長孫、士孫、王孫之類，今皆去而爲孫，與二國之孫，合而爲一，而其本姓遂亡；公羊、公沙、公乘之類，則去而爲公；毌丘、毌將之類，則去而爲毌，而其本姓遂亡；司徒、司空之類，唐玄宗御注孝經碑末，有司徒巨源。李邕娑羅樹碑末，有司徒玄簡。宋開寶商中宗廟碑，翰林待詔司徒儼書。宋史趙逢傳〔五〕，有禮部侍郎、集賢殿學士司徒翊。則去而爲司，司馬氏則去而或爲司，或爲馬，而司馬之僅存於代者，惟温公之後。所以然者，蓋因儒臣無學，不能如魏孝文改代北之姓，一一爲之條理，而聽其人之所自爲也。然胡姓之改，不始於是時。唐書：阿史那忠以擒頡利功，拜左屯衛將軍，妻以宗女定襄縣主，賜名爲忠，單稱史氏〔六〕。韓文公集賢院校理石君墓誌〔七〕云：「其先姓烏石蘭，從拓跋魏氏入夏，居河南，遂去『烏』與『蘭』，獨姓石氏。」劉靜修古里氏名字序〔八〕云：「吳景初本姓古里氏，以女真諸姓，今各就其近似者，易從中國姓，故古里氏例稱吳。」則固已先之矣。肅宗上元二年詔：「氏姓與俗諱及隱疾同聲者，宜改與本族望所出。」金世宗大定十三年五月戊戌，禁女直人毋得混爲漢姓。今完顏氏皆去「完」而爲顏，惟曲阜不敢冒兗國之姓，特稱完氏。

〔一〕漢書八一。
〔二〕新唐書七五上。
〔三〕「明」原作「國」。
〔四〕此勢所必至，而無可如何者。
〔五〕宋史二七〇。
〔六〕舊唐書一〇九。
〔七〕昌黎集廿五。
〔八〕靜修集十九。

章丘志〔一〕言：「洪武初，翰林編修吳沈奉旨撰千家姓，得姓一千九百六十八，而此邑如朮、如傌，尚未之録。廣韻「傌」字下注云：齊大夫名。今訪之朮姓，有三四百丁，自云金丞相朮虎高琪之後，土人呼朮爲張一反。按金史：朮虎漢姓曰董，今則但爲朮姓。蓋二字改爲一字者。而撰姓之時，尚未登於黄册也。」以此知單姓之改，並在明〔二〕初以後，而今代山東氏族，其出於金元之裔者多矣。

〔一〕山東濟南。

〔二〕「明」原作「國」。

洪武元年禁不得胡姓者，禁中國人之更爲胡姓。元時有此俗。非禁胡人之本姓也〔一〕。三年四月甲子詔曰：「天生斯民，族屬姓氏，各有本原。古之聖王尤重之，所以别昏姻，重本始，以厚民俗也。朕起布衣，定群雄，爲天下主，已嘗詔告天下，蒙古諸色人等，皆吾赤子，果有材能，一體擢用。比聞入仕之後，或多更姓名。朕慮歲久，其子孫相傳，昧其本原，非先王致謹氏族之道。中書省其告諭之，如已更易者，聽其改正。」〔二〕可謂正大簡要。至九年三月癸未，「以火你赤爲翰林蒙古編修，更其姓名曰霍莊。」〔三〕北音讀霍如火。蓋亦倣漢武賜日磾姓金之意。然漢武取義於休屠王祭天金人，亦以中國本無金姓也。今中國本有霍姓，而賜之霍，則與周霍叔之後無别矣。況其時又多不奉旨而自爲姓者。其年閏九月丙午，淮安府海州儒學正曾秉正言：「臣見近來蒙古、色目人多改爲漢姓，與華人無異。有求仕入官者，有登顯要者，有爲富商大賈者。非我族類，其心必異，宜令復姓，庶可辨識。又臣前過江浦，見塞外之俘累累，而有江統徙戎之論，不可不防。」〔四〕至永樂元年九月庚子，「上謂兵部尚書劉儁曰：『各衛韃靼人多同名，宜賜姓以别之。』於是兵部請如洪武中故事，編置勘合，給賜姓氏。按洪武中勘合賜姓，實録不載。惟十六年二月，故元雲南右丞觀音保降，賜姓名李觀。又宣宗實録，丑閭洪武二十一年來歸，賜姓名李賢。從之。」〔五〕三年七月，賜把都帖木兒名吳允誠，倫都兒灰名柴秉誠，保住名楊效誠〔六〕。自此遂以爲例，而華宗上姓，與旃裘〔七〕之種相亂。惜乎當日之君子，徒誦用夏變夷之言，而無類族辨物之道，使舉籍蕃〔八〕人之來歸者，賜以漢姓所無，不妨如拓跋、宇文之類，二字爲姓，則既不混於古先帝王氏族神明之胄，而又使百世之下，知昭代遠服四裔〔九〕，其得姓於朝者，凡若干族，豈非曠代之盛舉哉。

〔一〕潘本三「胡」字均作□。
〔二〕洪武實録五一。
〔三〕洪武實録一〇五。
〔四〕洪武實録一〇九。
〔五〕永樂實録廿二。
〔六〕永樂實録三六。
〔七〕「旃裘」原作「夷狄」。
〔八〕「蕃」原作「胡」。
〔九〕「昭代」原作「本朝」，「裔」原作「夷」。

北方門族

杜氏通典言：「北齊之代，瀛冀諸劉，清河張宋，并州王氏，濮陽侯族，諸如此輩，近將萬室。」〔一〕北史薛胤傳：「爲河北太守，有韓、馬兩姓，各二千餘家。」〔二〕今日中原、北方雖號甲族，無有至千丁者。户口之寡，族姓之衰，與江南相去夐絶。其一登科第，則爲一方之雄長，而同譜之人至爲之僕役。此又風俗之敝，自金元以來，凌夷至今，非一日矣。

〔一〕杜氏通典三鄉黨門引宋孝王關東風俗傳。宋孝王，北齊人，北史附卷二六宋隱傳。

〔二〕北史三六，目無名。

冒姓

今人多有冒母家姓者。漢書外戚恩澤侯表〔一〕：「扶柳侯吕平，以皇太后姊長姁子侯。」師古曰：「平既吕氏所生，不當姓吕，蓋史家唯記母族也。」按是時太后方封吕氏，故平以姊子冒吕姓而封耳。唐書天后紀：「聖曆二年臘月，賜皇太子中宗姓武氏。」〔二〕然則有天子而令之冒母姓者與。

〔一〕漢書十八。
〔二〕新唐書四。

漢書景十三王傳：「趙王彭祖取江都易王寵姬，王建所姦淖姬者，甚愛之，生一男，號淖子。」〔一〕晉書會稽王道子傳：「許榮上疏言：今臺府局吏、直衛武官，及僕隸婢兒取母之姓者，本臧獲之徒，無鄉邑品第。」〔二〕是知冒母爲姓，皆人倫之所鄙賤。然亦有帝子而稱母姓者，如栗太子、衛太子、史皇孫之類，則以其失位而名之也。外戚傳〔三〕：「上憐許太子蚤失母。」蓋霍后時人稱之。

〔一〕漢書五三。
〔二〕晉書六四。
〔三〕漢書九七上。

呂平以太后姊長姁子侯，此冒母姓之始。夏侯嬰傳：「曾孫頗尚主，主隨外家姓，號孫公主，故滕公子孫，更爲孫氏。」〔一〕此冒外祖母姓。史記灌夫傳：「父張孟，爲潁陰侯嬰舍人，得幸，因進之，至二千石，故蒙灌氏姓爲灌孟。」〔二〕大宛傳：「堂邑氏故胡奴甘父。」〔三〕漢書注：「服虔曰：『堂邑，姓也，漢人，其奴名甘父。』師古曰：『堂邑氏之奴，本胡人，名甘父。下云堂邑父者，蓋取主之姓以爲氏，而單稱其名曰父。』」〔四〕此冒主姓之始。新唐書：「元載父景昇，爲曹王明妃元氏掌田租，請于妃，冒爲元氏。」〔五〕

〔一〕漢書四一。
〔二〕史記一〇七。
〔三〕史記一二三。
〔四〕漢書六一張騫傳。
〔五〕新唐書一四五。此下集釋引亭林文集六答毛錦銜書一段。

兩姓

漢書百官表：「建昭三年七月戊辰，衛尉李延壽爲御史大夫，一姓繁。」〔一〕

〔一〕漢書十九下。

古人二名止用一字

晉侯重耳之名見於經，而定四年，祝佗述踐土之盟，其載書止曰「晉重」，豈古人二名可但稱其一與？昭二年，莒展輿出奔吳，傳曰：「莒展之不立。」〔一〕晉語：曹僖負羈，稱叔振鐸爲「先君叔振」〔二〕，亦二名而稱其一也。

〔一〕左傳昭元年。「二年」應作「元年」。

〔二〕國語十晉語四。

昭二十一年，蔡侯朱出奔楚。穀梁傳作蔡侯東出奔楚〔一〕，乃爲之説曰：「東者，東國也。東國，隱太子之子，平侯廬之弟，朱叔父也。何爲謂之東也？王父誘而殺焉，父執而用焉，奔而又奔之，曰東，惡之而貶之也。」然則以削其一名爲貶也。定六年，季孫斯、仲孫忌帥師圍鄆，杜氏注：「何忌不言何，闕文。」

〔一〕左傳、公羊傳作「朱」，穀梁傳作「東」。

王莽孫宗，得罪自殺，復其本名會宗，貶厥爵，改厥號。是又以增其一名爲貶也。

班固幽通賦：「發還師以成命兮，重醉行而自耦。」〔一〕潘岳西征賦：「重戮帶以定襄，弘大順以霸世。」〔二〕文公名止用一字，本於踐土載書，却非翦截古人名字之比。至岳爲關中詩云：「紛紜齊萬，亦孔之醜。」〔三〕馬汧督誄云：「齊萬哮闞，震驚台司。」〔四〕則不通矣，豈有以齊萬年爲「齊萬」者邪？若梁王彤爲征西大將軍，而詩云「桓桓梁征」〔五〕，尤不成語。

〔一〕文選十四。

〔二〕文選十。

〔三〕文選二十。齊萬年，氐帥。

〔四〕文選五七，亦岳作。馬汧督名敦。

〔五〕梁王彤，晉書三八宣五王傳。

班固幽通賦：「巨滔天而泯夏。」〔一〕王莽字巨君，止用一「巨」字。王逸九思：「管束縛兮桎梏，百貿易兮傳賣，音鬻。遭桓繆兮識舉，才德用兮列施。」〔二〕百里奚止用一「百」字〔三〕，此體後漢人已開之矣。

〔一〕文選十四。
〔二〕楚辭章句十七。
〔三〕大體詞賦所用爲多。

呂氏春秋：「干木光乎德。」〔一〕去「段」字。今本呂氏春秋有「段」字。惜誓：「來革順志而用國。」〔二〕去「惡」字。此爲翦截名字之祖。

〔一〕呂氏春秋廿一開春論三期賢篇。
〔二〕惜誓，楚辭七。王逸注：「來革，紂佞臣。」

文中竝稱兩人，而一氏一名，尤爲變體。杞植、華還，二人也，而淮南子稱爲「殖華」〔一〕。賈誼新書：「使曹、勃不能制。」〔二〕曹，曹參；勃，周勃也。史記孟子荀卿傳：「管、嬰不及。」〔三〕管，管仲；嬰，晏嬰也。司馬遷報任安書〔四〕：「周、魏見辜。」周，周勃；

魏，魏其侯竇嬰也。揚雄長楊賦：「乃命驃、衛。」〔五〕驃，驃騎將軍霍去病；衛，大將軍衛青也。杜欽傳：「覽宗、宣之饗國。」〔六〕韋昭曰：「宗，殷高宗也；宣，周宣王也。」徐樂傳：「名何必夏、子，俗何必成、康。」〔七〕服虔曰：「夏，禹也；子，湯也，湯子姓。」班固幽通賦：「周、賈盪而貢憤。」〔八〕周，莊周；賈，賈誼也。漢庠彰長碑〔九〕云：「喪父事母，有柴、潁之行。」柴，高柴；潁，潁考叔也。夏侯湛張平子碑〔十〕云：「同貫宰、貢。」宰，宰我；貢，子貢也。風俗通〔十一〕：「清擬夷、叔。」郤正釋譏：「褊夷、叔之高懟。」傅子：「夷、叔迂武王以成名。」杜預遺令：「南觀伊雒，北望夷、叔。」陶潛詩：「積善云有報，夷叔在西山。」〔十二〕皆謂伯夷、叔齊。漢廣漢屬國侯李翊碑〔十三〕：「夷、史之高。」巴郡太守樊敏碑：「有夷、史之直。」皆謂伯夷、史魚。陶潛讀史述九章〔十四〕「程杵」是程嬰、公孫杵臼。新唐書尉遲敬德傳〔十五〕「隱、巢」，是隱太子、巢剌王，一謚一爵。

〔一〕淮南子七精神訓。

〔二〕新書上權重。

〔三〕史記七四。

〔四〕應云「李陵答蘇武書」，文選四一。二書文選同卷，故誤。

〔五〕文選九。
〔六〕漢書六十。
〔七〕漢書六四上。
〔八〕文選十四。
〔九〕隸釋二五。「庁」，「斥」字之譌，東漢鉅鹿郡斥章縣。
〔十〕隸釋十九。
〔十一〕風俗通二。
〔十二〕陶淵明集三。
〔十三〕隸釋九。
〔十四〕陶淵明集五。
〔十五〕新唐書八九。

古人謚止稱一字

古人謚有二字、三字，而後人相沿止稱一字者。衛之叡聖武公止稱「武公」，貞惠文子止稱「公叔文子」，晉趙獻文子止稱「文子」，檀弓「晉獻文子成室」注謂晉君獻之。廬陵胡氏曰：「或趙武謚獻文爾。」魏惠成王止稱「惠王」，楚頃襄王止稱「襄王」，秦惠文王止稱「惠王」，悼武王止稱「武王」，昭襄王止稱「昭王」，莊襄王止稱「莊王」，韓昭釐侯止稱「昭侯」，宣惠王止稱「宣王」，趙悼襄王止稱「襄王」，漢諸葛忠武侯止稱「武侯」。

稱人或字或爵〔一〕

顔、曾、思、孟，三人皆氏，而思獨字，以嫌於夫子也。樊、酈、絳、灌，三人皆姓，而勃獨爵，以功臣周姓者多也。汾陰侯昌，隆慮侯竈〔二〕，魏其侯止，鄘成侯緤，高景侯成，博陽侯聚，皆周姓。顔師古引楚漢春秋謂別有一人名絳灌者，非〔三〕。

〔一〕初刻七之二，只有前段。

〔二〕「竈」初刻作「竃」。

〔三〕「顔師古」以下，初刻無。

史記垓下之戰，孔將軍居左，費將軍居右〔一〕。孔將軍，蓼侯孔藂也；費將軍，費侯陳賀也。費獨以爵者，以功臣陳姓者多也。博陽侯濞，曲逆侯平，堂邑侯嬰，陽夏侯豨，棘蒲侯武，河陽侯涓，高胡侯夫乞，復陽侯胥，槀侯錯，猗氏侯遬，龍侯署，紀信侯倉，皆陳姓。

〔一〕史記八。

子孫稱祖父字〔一〕

子孫得稱祖、父之字。子稱父字，屈原之言「朕皇考曰伯庸」〔二〕是也。孫稱祖字，子思之言「仲尼祖述堯舜」〔三〕是也。朱子曰：古人未嘗諱字。程先生云：予年十四五從周茂叔。本朝先輩尚如此。伊川亦嘗呼明道字〔四〕。

〔一〕初刻七之三，無末段。

〔二〕文選三二離騷。

〔三〕禮記中庸。

〔四〕初刻無注。

儀禮筮宅之辭曰：「哀子某爲其父某甫筮宅。」又曰：「哀子某來日某卜葬其父某甫。」字父也。虞祭之祝曰：「適爾皇祖某甫。」卒哭之祝曰：「哀子某來日某隮祔爾于爾皇祖某甫。」字祖也。祔祭之祝曰：「適爾皇祖某甫，以隮祔爾孫某甫。」兩字之也。

字爲臣子所得而稱，故周公追王其祖曰王季，王而兼字。

已祧不諱

册府元龜：「唐憲宗元和元年，禮儀使奏言：謹按禮記曰：既卒哭，宰夫執木鐸以命于宮曰：舍故而諱新。此謂已遷之廟則不諱也。今順宗神主升祔禮畢，高宗、中宗神主上遷，請依禮不諱。制可。」〔一〕

〔一〕册府元龜五九一奏議門。

文宗開成中刻石經，凡高祖、太宗及肅、代、德、順、憲、穆、敬七宗諱，竝缺點畫；高、中、睿、玄四宗已祧，則不缺；文宗見爲天子，依古卒哭乃諱，鄭氏曲禮注曰：「生者不相辟名。」故

御名亦不缺〔一〕。

〔一〕超案：集釋以下引錢氏駁亭林「卒哭而諱」之説。援庵有批語：「錢氏説見潛研文集三十跋金石文字條。」

韓退之辯諱〔一〕本爲二名嫌名立論，而其中治天下之「治」，却犯正諱。蓋元和之元，高宗已祧，故其潮州上表曰「朝廷治平日久」，曰「政治少懈」，曰「巍巍治功」，曰「君臣相戒，以致至治」。舉張行素曰：「文學治行，衆所推。」平淮西碑曰：「大開明堂，坐以治之。」韓弘神道碑銘曰：「無有外事，朝廷之治。」惟諱辯篇中，似不當用〔二〕。

〔一〕韓文公集十二。

〔二〕安知其不已缺筆乎？

漢時祧廟之制不傳，竊意亦當如此。故孝惠諱「盈」，而説苑敬慎篇，引易「天道虧盈而益謙」四句，「盈」字皆作「滿」。在七世之内故也。班固漢書律曆志〔一〕「盈元」、「盈統」、「不盈」之類，一卷之中，字凡四十餘見。何休注公羊傳〔二〕曰：「言孫于齊者盈諱文。」

已祧故也。若李陵詩：「獨有盈觴酒，與子結綢繆。」〔三〕枚乘柳賦：「盈玉縹之清酒。」載古文苑。又詩：「盈盈一水間。」載玉臺新詠。二人皆在武昭之世，而不避諱，又可知其爲後人之擬作，而不出於西京矣。李陵詩不當用「盈」字。容齋隨筆論之。

〔一〕漢書二一下。何以獨加「班固」二字？

〔二〕莊公元年。

〔三〕文選二九。

後唐明宗天成四年，中書門下奏：「少帝册文内有『基』字，是玄宗廟諱。尋常詔敕，皆不迴避，少帝是繼世之孫，册文内不欲斥列聖之諱，今改爲『宗』字。」〔一〕

〔一〕五代會要三廟制度。

宋史：「紹興三十二年正月，禮部太常寺言：欽宗祔廟，翼祖當遷。以後翼祖皇帝諱，依禮不諱。詔恭依。」〔一〕

〔一〕宋史一〇八。

謝肇淛曰：「宋真宗名恒，而朱子於書中『恒』字獨不諱。」〔一〕蓋當寧宗之世，真宗已祧〔二〕。

〔一〕五雜俎十三事部。
〔二〕末二句，亭林語。或已缺筆。

崇禎三年〔一〕，禮部奉旨，頒行天下，避太祖、成祖廟諱，及孝、武、世、穆、神、光、熹七宗廟諱。正依唐人之式。惟今上御名，亦須迴避，蓋唐宋亦皆如此。觀漢宣帝之詔，知當時已避天子之名。然止避下一字，而上一字，天子與親王所同，則不諱。

〔一〕「崇禎」上原有「本朝」二字。

皇太子名不諱

册府元龜〔一〕：唐王紹爲兵部尚書。紹名初與憲宗同，憲宗時爲廣陵王。順宗即位，將册爲皇太子，紹上言請改名。議者或非之，曰：「皇太子亦人臣也。漢魏故事，皇太子稱臣。晉咸寧中議除此制，摯虞以爲孝經資於事父以事君，義兼臣子，則不嫌於稱臣。詔令依舊。東宮之臣，當請改爾，奈何非其屬而遽請改名，豈爲以禮事上邪？」左司員外郎李藩曰：「歷代故事，皆自不識大體之臣而失之，因不可復正，無足怪也。」

〔一〕册府元龜八二五名字門。

三國志注言：「魏文帝爲五官中郎將，賓客如雲，邴原獨不往。太祖微使人問之，原答曰：『吾聞國危不事冢宰，君老不奉世子。』」〔二〕萬曆中年，往往有借國本之名而以爲題目者，得無有愧其言。

〔二〕魏志十一邴原傳注引原别傳。

唐中宗自房州還，復立爲皇太子。左庶子王方慶上言〔一〕：「太子皇儲，其名尊重，不敢指斥。晉尚書僕射山濤啓事，稱皇太子而不言名。朝官猶尚如此，宮臣諱則不疑。今東宮殿及門名，皆有觸犯〔二〕，臨事論啓，迴避甚難。孝敬皇帝爲太子時，改『弘教門』爲『崇教門』；沛王爲皇太子，改『崇賢館』爲『崇文館』，皆避名諱，以遵典禮。伏望依例改換。」制從之。史臣謂：「方慶欲尊太子，以示中興之漸。」〔三〕然則方慶之言，蓋有爲言之也。

〔一〕舊唐書八九。新唐書名王綝，字方慶，以字顯。

〔二〕中宗名顯。

〔三〕新唐書一一六贊。傳取舊書，贊取新書。

有明〔一〕之制，太子、親王名俱令迴避，蓋失之不考古也。崇禎二年，兵部主客司主事賀烺以避皇太子名，改名世壽。而光宗爲太子，河南府及商州屬縣，竝未嘗改。

〔一〕原作「本朝」。

實録言：「洪武十四年十月辛酉，給事中鄭相同請依古制，凡啓事皇太子，惟東宮官屬稱臣，朝臣則否，以見尊無二上之義。詔下群臣議，翰林院編修吳沈言：『太子所以繼聖體而承天位者也，尊敬之體宜同。』從之。」〔一〕歷代不稱臣之制，自斯而變。

〔一〕洪武實録一三九。

親王之名〔一〕，尤不必諱，而亦諱之。正統十二年山西鄉試，詩經題内「維周之楨」〔二〕，「楨」字犯楚昭王諱，考試及同考官俱罰俸一月。

〔一〕「親王」上原有「本朝」二字。

〔二〕大雅文王。

二名不偏諱〔一〕

二名不偏諱。宋武公名司空，改司空爲司城，是其證也。

〔一〕初刻七之四，只有前二段。

杜氏通典〔一〕：「大唐武德九年六月，太宗居春宮，總萬機。下令曰：依禮，二名不偏諱，其〔二〕官號人名及公私文籍，有『世』及『民』兩字不連讀者，並不須諱避。」唐書高宗紀：「貞觀二十三年七月丙午，改治書侍御史爲御史中丞，諸州治中爲司馬，別駕爲長史，治禮郎爲奉禮郎，以避上名。上以貞觀初不諱先帝二字，有司奏曰：『先帝二名，禮不偏諱。上既單名，臣子不合指斥。』上乃從之。」〔三〕通典又言：「太宗時，二名不相連者，並不諱，至玄宗始諱之。」然永徽初，已改民部爲户部，而李世勣已去「世」字，單稱勣矣〔四〕。又按隋書修於太宗時，而中間多有改「世」爲「代」，改「民」爲「人」者。此唐人偏諱之始。然亦有不盡然者，經籍志：四民月令作「四人」。而齊民要術仍「民」字，是亦漢書注所云史駮文者也〔五〕。章懷太子注後漢書，亦有并其本文而改之者，如胡廣傳：詩美先人詢于芻蕘之類〔六〕。

〔一〕通典一〇四禮典。
〔二〕「其」原作「今具」。
〔三〕舊唐書四。
〔四〕是修書時改，抑後人抄書時改？
〔五〕此又有後人回改未盡者。
〔六〕初刻注只有通典一節。

後唐明宗名嗣源，天成元年六月敕曰：「古者酌禮以制名，懼廢於物；難知而易諱，貴便於時。況徵彼二名，抑有前例。太宗文皇帝自登寶位，不改舊稱，時則臣有世南，官有民部，靡聞曲避，止禁連呼。朕猥以眇躬，託於人上，祇遵聖範，非敢自尊。應文書内所有二字，但不連稱，不得迴避。若臣下之名，不欲與君親同字者，任自改更，務從私便，庶體朕懷。」〔一〕

〔一〕册府元龜三名諱。

嫌名〔一〕

衛桓公名完，楚懷王名槐，古人不諱嫌名，故可以爲謚。

〔一〕初刻七之五，只有第二段，然甚略，僅四行半。

韓文公諱辯言：「不諱滸勢秉機。」〔一〕乃玄宗御删定禮記月令曰「野雞入大水爲蜃」，曰「野雞始雊」，則諱「雉」，以與「治」同音也。李林甫序曰：「璿樞玉衡，以齊七政。」則諱「璣」。德宗九月九日賜曲江宴詩：「時此萬樞暇，適與佳節并。」則諱「機」。以與「基」同音也。南史劉秉不稱名，而書其字曰彥節〔二〕，則諱「秉」，以與「昞」同音也。又如武后父諱士彠，而孫處約改名茂道，韋仁約改名思謙。睿宗諱旦，而張仁亶改名仁願。玄宗諱隆基，而劉知幾改名子玄，箕州改名儀州。即今遼州。德宗諱适，而括州改名處州。順宗諱誦，而鬭訟律改爲鬭競。憲宗諱純，凡姓淳于者改姓于，唯監察御史韋淳不改。既而有詔以陸淳爲給事中，改名質，淳不得已，改名處厚〔三〕。而懿宗以南詔酋龍名近玄宗諱，遂不行册禮。則退之所言，亦未爲定論也。

〔一〕韓文公集一二。
〔二〕南史十三，宋書五一。宋宗室，目無名。南史以下，初刻無。
〔三〕韋貫之本名純，以字稱。見舊唐書一五八，新唐書一六九。韋處厚本名淳，改名見舊唐書一五九，新唐書一四二。改名處厚者非監察御史，監察御史乃韋純，改名貫之，見唐會要廿三。是貫之事，非處厚事，但二人同時。

唐自中葉以後，即士大夫亦諱嫌名，故舊史以韓愈爲李賀作諱辯爲紕繆。而賈曾傳則曰：「拜中書舍人。曾以父名忠固辭。議者以爲中書是曹司名，又與曾父名音同字别，於禮無嫌，曾乃就職。」〔一〕懿宗紀則曰〔二〕：「咸通二年八月，中書舍人衛洙奏狀稱：蒙恩除授滑州刺史，官號内一字，與臣家諱音同，請改授閒官〔三〕。敕曰：嫌名不諱，著在禮文，成命已行，固難依允。」是又以爲不當諱也。

〔一〕舊唐書一九〇下。
〔二〕舊唐書十九上。
〔三〕舊唐書一五九，新唐書一六四。父次公，「次」與「刺」同音也。

册府元龜〔一〕：「咸通十二年分司侍御史李谿進狀曰：臣準西臺牒，及金部稱，奉六月二十七日敕：内園院郝景全事奏狀内訟字，音與廟諱同〔二〕，奉敕罰臣一季俸者。臣官位至卑，得蒙罰俸，屈與不屈不合有言。而事關理體，若便隱默，恐負聖時。願陛下寬其罪戾，使得盡言。臣前奏狀稱，準敕『因事告事，旁訟他人』，是咸通十一年十月十三日敕語，臣狀中具有『準敕』字，非臣自撰辭句。臣謹按禮不諱嫌名；又按職制律，諸犯廟諱嫌名不坐，注云：『謂若禹與雨。』疏云：『謂聲同而字異。』注疏重複，至易分曉。伏惟皇帝陛下，明過帝堯，孝踰大舜，豈自發制敕，而不避諱哉？故是審量體律，以爲無妨耳。即引陛下敕文而言，不敢擅有移改，不謂内園便有此論奏也。臣非敢訴此罰俸也，恐自此有援引敕格者，亦須委曲迴避，便成訛弊。臣聞趙充國爲將，不嫌伐一時事，以爲漢家後法。魏徵爲相，不存形迹，以致貞觀太平。臣雖未及將相，忝爲陛下持憲之臣，豈可以論俸爲嫌，而使國家敕命有誤也。願陛下留意察納，别下明敕，使自後章奏一遵禮律處分，則天下幸甚。敕免所罰。」

〔一〕册府元龜三名諱門。

〔二〕順宗名誦。

南唐元宗初名璟，避周信祖廟諱，改名景。是不諱嫌名。

按嫌名之有諱，在漢末之聞。晉羊祜爲都督荆州諸軍事，及薨，荆州人爲祜諱名，室户皆以門爲稱，改户曹爲辭曹。此諱嫌名之始也。

後魏地形志〔一〕：「天水郡上邽縣，犯太祖諱，改爲上封。」魏太祖名珪。

〔一〕後魏書一六。

宋代制，於嫌名字皆避之。禮部韻略，凡與廟諱音同之字，皆不收。太祖諱匡胤，十陽部，去王切，一十三字；二十一震部，羊晉切，一十一字，皆不收，它皆倣此。朱子周易本義，姤卦下以「故爲姤」，作「故爲遇」，避高宗嫌名也。宋板書「貞」字、「完」字，多是缺筆。貞音同禎，仁宗諱。完音同桓，欽宗諱。雍録以貞女樹爲正女木，樹音同曙，英宗諱。豈不聞顔氏家訓〔一〕所云，「呂尚之兒，如不爲『上』。趙壹之子，儻不作『一』，便是下筆即妨，是書皆觸」者乎？金章宗泰和元年七月己巳，初禁廟諱同音字。蓋亦倣宋制也。

〔一〕顔氏家訓卷上風操篇六末。

明代〔一〕不諱嫌名，如建文年號是也〔二〕。

〔一〕「明代」原作「本朝」。

〔二〕建文名允炆。

以諱改年號

唐中宗諱顯，玄宗諱隆基，唐人凡追稱高宗顯慶年號，多云明慶；永隆年號，多云永崇。趙元昊以父名德明，改宋明道年號爲顯道，而范文正公與元昊書，亦改後唐明宗爲顯宗。杜氏通典：釋法明游天竺記〔一〕，「明」下有「國諱改焉」四字，當是小注，今本連作大文。

〔一〕通典一九三。

前代諱〔一〕

孟蜀所刻石經，於唐高祖、太宗諱，皆缺書。石晉相里金神道碑，「民」、「珉」二字皆缺末筆。南漢劉巖尊其父謙爲代祖聖武皇帝，猶以「代」字易「世」。至宋，益遠矣，而乾德三年卜諲伏羲女媧廟碑，「民」、「珉」二字；咸平六年孫沖序絳守居園池記碑，「民」、「珉」二字，皆缺末筆。其於舊君之禮，何其厚與〔二〕！予至西安，見宋咸平二年夢英自書篆書目録偏旁字源序，立于文宣王廟者，稱長安爲故都，而「唐」字跳行，益歎昔人之厚，其時唐之亡已九十三年矣。

〔一〕初刻七之六，題曰「宋初尚避唐諱」，只有前一段，注同。

〔二〕非厚舊君也，數百年積習相沿，不復知爲避諱也。

楊阜，魏明帝時人也，其疏引書「協和萬國」，猶避漢高祖諱〔一〕。韋昭，吴後主時人也，其解國語，凡「莊」字皆作「嚴」，猶避漢明帝諱。唐長孫無忌等撰隋書，易「忠節傳」以「誠節」，稱「苻堅」爲「苻永」，固亦避隋文帝及其考諱。後漢應劭作風俗通，有諱舊君之議。自古相傳忠厚之道如此，今人不知之矣。

〔一〕魏楊阜引尚書「協和萬國」，晉潘尼引論語「一言而喪國」，亦厚舊君乎？蓋承襲漢儒傳本，不知其爲避諱改也。

元移剌迪爲常州路總管，刻其所點四書章句或問集注，其凡例曰：「凡序注或問中題頭及空處，竝存其舊，以見當時忠上之意。如「宋德隆盛」之類。近歲新刊大學衍義亦然。」時天曆元年也。資治通鑑周太祖、世宗紀，太祖皇帝皆題頭，至今仍之。孟子見梁襄王章末注，蘇氏曰：「予觀孟子以來，自漢高祖及光武及唐太宗及我太祖皇帝，能一天下者四君。」「太祖」上空一字。永樂中修大全，於其空處添一「宋」字。後人之見，與前人相去豈不遠哉！

名父名君名祖

金縢周公之祝辭曰：「惟爾元孫某。」左傳荀偃濟河而禱，稱「曾臣彪」。名君也。淮南子曰：「祝則名君。」左傳楚子圍宋，申犀見王稱「無畏」〔一〕；知罃對楚王，稱「外臣首」〔二〕；鄢陵之戰，欒鍼曰「書退」〔三〕。名父也。華耦來盟，稱「君之先臣督」〔四〕；欒盈辭于周行人曰「陪臣書」、曰「其子黶」〔五〕。名祖若父也。

〔一〕左傳宣十五年。
〔二〕左傳成三年。
〔三〕左傳成十六年。
〔四〕左傳文十五年。
〔五〕左傳襄廿一年。

弟子名師

論語：長沮曰：「夫執輿者爲誰？」子路曰：「爲孔丘。」〔一〕孟子：樂正子入見曰：「君奚爲不見孟軻也？」〔二〕是弟子而名師也。

〔一〕微子。

〔二〕梁惠王下。

同輩稱名

古人生不諱名，同輩皆面呼其名。書，周公若曰「君奭」〔一〕。禮記曾子問篇，老聃曰「丘」。檀弓篇，曾子曰「商」。論語，微生畝謂孔子曰「丘」〔二〕。是也。

〔一〕尚書君奭。

〔二〕憲問。

以字爲諱

古人敬其名，則無有不稱字者。顔氏家訓〔一〕曰：「古者名以正體，字以表德。名終則諱之，字乃可以爲孫氏。孔子弟子記事者，皆稱仲尼。子貢曰：「仲尼日月也。」魏鶴山云：「儀禮，子孫於祖禰皆稱字。」呂后微時，嘗字高祖爲季。漢袁種字其叔父盎曰絲。王丹與侯霸子語，字霸爲君房。江南至今不諱字也，河北士人全不辨之。」〔二〕故有諱其名，而并諱其字者。三國志司馬朗傳：「年九歲，人有道其父字者，朗曰：慢人親者，不敬其親者也。客謝之。」〔三〕常林傳：「年七歲，有父黨造門，問林：『伯先在否？』林不答。客曰：『何不拜？』林曰：『雖當下拜，臨子字父，何拜之有？』」〔四〕晉書儒林劉兆傳：「嘗有人著韡騎驢，至兆門外曰：吾欲見劉延世。兆儒德道素，青州無稱其字者，門人大怒，兆曰：聽前。」〔五〕舊唐書韓愈傳：「拜中書舍人，有不悦愈者，言愈前左降爲江陵掾曹，荆南節度使裴均，館之頗厚，近者均子鍔還省父，愈爲序餞鍔，仍呼其字。此論喧於朝列，坐是改太子右庶子。」〔六〕至於山陽公載記言：「馬超降蜀，嘗呼先主字，關羽怒，請殺之。」〔七〕此則面呼人主之字，又不可以常儕論矣。

〔一〕顔氏家訓風操篇六。叢刊本上。
〔二〕家訓語何句止，非檢家訓不可。
〔三〕魏志十五。
〔四〕魏志廿三。
〔五〕晉書九一。
〔六〕舊唐書一六〇。
〔七〕三國志蜀志六馬超傳裴注引。

自稱字

漢書注：張晏曰：「匡衡少時字鼎，世所傳衡與貢禹書，上言『衡敬報』，下言『匡鼎白』。」〔一〕南史，陶弘景自號華陽隱居，人間書札，即以隱居代名〔二〕。此自稱字之始也。

〔一〕漢書八一匡衡傳注。

〔二〕南史七六隱逸傳下。

東觀餘論〔一〕言：「古人或有自稱字者。王右軍敬謝帖云：王逸少白。廬山遠公集，盧循與遠書云：范陽盧子先叩首。柳少師與弟帖云：誠懸呈。」今〔二〕按唐權德輿答楊湖南書，稱「載之再拜」。柳冕答鄭衢州書，稱「敬叔頓首」。白居易與元九書，稱「樂天再拜」。宋陳摶謁高公詩，稱「道門弟子圖南上」。

〔一〕東觀餘論卷上。至「誠懸呈」止。

〔二〕今，亭林。

唐張謂長沙風土碑銘：「有唐八葉，元聖六載，正言待理湘東。」張洗濟瀆廟祭器幣物銘：「濯纓不才，謬領茲邑。」〔一〕元稹作白氏長慶集序，自書曰微之序。乃是作文自稱其字。

〔一〕金薤琳琅十七。

自稱其字，不始於漢人。家父吉甫寺人孟子之詩，已先之矣。

人主呼人臣字

漢高帝曰：「運籌策帷帳之中，決勝千里之外，吾不如子房。」〔一〕張良字。景帝曰：「天下方有急，王孫竇嬰字寧可以讓邪？」〔二〕皆人主呼人臣字也。

〔一〕史記八。
〔二〕史記一〇七。

晉以下，人主於其臣，多不呼名。南史：「梁蔡撙爲吏部尚書侍中，武帝嘗設大臣餅。撙在坐，帝頻呼姓名，撙竟不答，食餅如故。帝覺其負氣，乃改喚蔡尚書，撙始放箸執笏曰：『爾。』帝曰：『卿向何聾，今何聰？』對曰：『臣預爲右戚，且職在納言，陛下不應以名垂喚。』帝有慙色。」〔一〕文選范雲表，稱乃祖玄平。李善注引晉中興書：范汪字玄平〔二〕。魏書江式表稱「臣亡祖文威」〔三〕。式祖强，字文威。又南朝人如王敬弘、王仲德、王景文、謝景仁，北朝人如蕭世怡、李元操之輩，名犯帝諱，即以字行，不復更名。宋褚叔度、張茂度名與高祖諱同，以字行。通鑑大同二年，時人多以字行，舊史皆因之。周韋叔裕，字孝寬，以字行。魏書多稱楊遵彦。魏王昕對汝南王悦，自稱元景。北齊祖珽，對長廣王湛，自稱孝徵。隋崔頤答豫章王暕，自稱祖濬。王貞答齊王暕啓，自稱孝逸。而唐太宗時，如封倫、房喬、高儉、尉遲恭、顔籀，竝以字爲名，蓋因天子常稱臣下之字故爾。其時堂陛之間，未甚闊絶，君臣而有朋友之義，後世所不能及矣。

〔一〕南史二九。

〔二〕文選三八任昉爲范尚書讓吏部封侯第一表。

〔三〕魏書九一。

因話録：「文宗對翰林諸學士，因論前代文章。裴舍人素，數道陳拾遺名，柳舍人璟目之。裴不覺。上顧柳曰：他字伯玉，亦應呼陳伯玉。」〔一〕

〔一〕因話録一。

兩名

禮記正義〔一〕：「公羊説：春秋譏二名，謂二字作名，若魏曼多也。公羊傳：春秋以仲孫何忌爲仲孫忌，魏曼多爲魏多，皆謂譏二名而去之。左氏説：二名者，楚公子棄疾弒其君，即位之後，改名爲居，是爲一名〔二〕。許慎謹案云：文武賢臣，有散宜生、蘇忿生，則公羊之説非也。」〔三〕白虎通：「古人之名，或兼或單。春秋譏二名，乃謂其無常者也。」〔四〕是用左氏説。今按古人兩名見於經傳者，不止楚平王。如晉文侯名仇，而書云「父義和」〔五〕。楚靈王名圍，而春秋書「弒其君虔于乾谿」〔六〕。趙簡子名鞅，而鐵之戰自稱「志父」〔七〕。南宮敬叔名説，一名縚，字容，又字括。蜚廉石棺銘，自稱「處父」。屈原名平，其作離騷也，「名正則，字靈均」〔八〕。賈誼傳，「梁王勝」注：「李奇曰：文三王傳言揖，此言勝，爲有兩名。」〔九〕

〔一〕曲禮上「二名不偏諱」句，正義引異義。

〔二〕棄疾即楚平王，昭公十三年即位。

〔三〕禮記正義引至此止。

〔四〕白虎通八姓名篇。
〔五〕尚書文侯之命。
〔六〕春秋昭十三年。
〔七〕春秋哀二年。
〔八〕文選三二。
〔九〕漢書四八。

假名甲乙

史記萬石君傳："長子建，次子甲，次子乙，次子慶。"〔一〕"甲"、"乙"非名也，失其名而假以名之也〔二〕。韓安國傳："蒙獄吏田甲。"〔三〕張湯傳："湯之客田甲。"〔四〕漢書高五王傳："齊宦者徐甲。"〔五〕嚴助傳："閩越王弟甲。"〔六〕疑亦同此。孟嘗君傳："田甲劫湣王。"〔七〕當是其名。任安傳："某子甲何爲不來乎？"〔八〕三國志注："許攸呼魏太祖小字曰，某甲，卿不得我，不得冀州也。"〔九〕左傳文十四年，齊公子元，不順懿公之爲政也，終不曰"公"，曰"夫己氏"。注：猶言某甲。文選爲齊明帝讓宣城郡公表："謹附某官某甲，奉表以聞。"宣德皇后令："今遣某位某甲等。"〔十〕

〔一〕史記一〇三。
〔二〕斷而後舉證。
〔三〕史記一〇八。
〔四〕史記一二二。
〔五〕漢書三八。
〔六〕漢書六四上。
〔七〕史記七五。
〔八〕史記一〇四。
〔九〕魏志十二崔琰傳「南陽許攸」下注引魏略。
〔十〕文選三八、三六。

漢書魏相傳：「中謁者，趙堯舉春，李舜舉夏，兒湯舉秋，貢禹舉冬。」〔一〕不應一時四人同以堯、舜、禹、湯爲名，若有意撰而名之者。及讀急就章有云：「祖堯、舜，樂禹、湯。」乃悟，若此類，皆古人所假以名之也。或曰：高帝時，實有趙堯，然非謁者。

〔一〕漢書七四。

蜀漢費禕作甲乙論，設爲二人之辭〔一〕。世說云：「黄初中有甲乙疑論。」晉人文字，每多祖此，虚設甲乙。中書令張華造甲乙之問云：「甲娶乙爲妻，後人娶丙。」〔二〕博士弟子徐叔中服議，以母爲甲，先夫爲乙，後夫爲丙，先子爲丁，繼子爲戊〔三〕。梁范縝神滅論，有張甲、王乙、李丙、趙丁〔四〕。而關尹子云：「甲言利，乙言害，丙言或利或害，丁言俱利俱害。」關尹子，亦魏晉間人所造之書也。

〔一〕三國志蜀志十四禕傳注引殷基通語。
〔二〕晉書二十禮志中。「人」原作「又」。
〔三〕通典九四。
〔四〕梁書四八。

先秦以上，即有以甲乙爲彼此之辭者。韓非子：「罪生甲，禍歸乙，伏怨乃結。」〔一〕

〔一〕韓非子八用人篇。

以姓取名

古人取名，連姓爲義者絶少，近代人命名，如陳王道、張四維、吕調陽、馬負圖之類，榜目一出，則此等姓名幾居其半，不知始自何年。嘗讀通鑑至五代後漢，有虢州伶人靖邊庭。胡身之注曰：靖，姓也，優伶之名與姓，通取一義，所以爲謔也。靖邊庭亦見宋史田欽祚傳〔一〕。考之自唐以來，如黄幡綽〔二〕、雲朝霞、唐書魏謩傳〔三〕。鏡新磨、五代史伶官傳〔四〕。羅衣輕遼史伶官傳〔五〕之輩，皆載之史書，益信其言之有據也。嗟乎！以士大夫而效伶人之命名，則自嘉靖以來然矣。

〔一〕宋史二七四。

〔二〕黄幡綽，唐玄宗時著名優人。其名亦見遼史羅衣輕傳。

〔三〕雲朝霞，見舊唐書一七六魏謩傳。新唐書九七謩傳删。

〔四〕新五代史三七，作「敬新磨」。

〔五〕遼史一〇九。

以父名子

左傳成十六年，「潘尫之黨」，潘尫之子名黨也。襄二十三年，「申鮮虞之傅摯」，申鮮虞之子名傅摯也。按儀禮特牲饋食禮，「筮某之某爲尸」注曰：「某之某者，字尸父而名尸也。」少牢饋食禮同。亦此類也。史記太史公自序〔一〕：「維仲之省厥濞王吳」，濞乃劉仲之子，稱爲「厥濞」。

〔一〕史記一三〇。

以夫名妻

左傳昭元年：「當武王邑姜，方震大叔。」漢書杜欽傳：「皇太后女弟司馬君力。」〔一〕蘇林曰：「字君力，爲司馬氏婦。」南齊書：「周盤龍愛妾杜氏，上送金釵鑷二十枚。手敕曰：餉周公阿杜。」〔二〕孔叢子：「衛將軍文子之內子死，復者曰：皋媚女復。子思聞之曰：此女氏之字，非夫氏之名也。婦人於夫氏，以姓氏稱，禮也。」

〔一〕漢書六十。

〔二〕南齊書二九本傳。

兼舉名字

史文有一人而兼舉名字，如子玉得臣〔一〕、百里孟明視〔二〕之類，已於左傳見之。臯陶庭堅亦一人兩稱。若駢儷之文，必無重出，而亦有一二偶見者。焦氏易林：「申公顛倒，巫臣亂國。」〔三〕劉琨答盧諶詩：「宣尼悲獲麟，西狩涕孔丘。」〔四〕謝惠連秋懷詩：「雖好相如達，不同長卿慢。」〔五〕沈約宋書恩倖傳論〔六〕：「胡廣累世農夫，伯始致位公相；黄憲牛醫之子，叔度名動京師。」〔七〕皆一人而兼舉其名字也。古詩：「誰能刻鏤此，公輸與魯班。」下一「與」字，竟以公輸魯班爲二人，則不通矣〔八〕。

〔一〕僖公廿三年、廿六年。

〔二〕僖公卅三年。

〔三〕易林二。

〔四〕文選二五。

〔五〕文選二三。

〔六〕是恩倖傳序，卷九四。

〔七〕其實「伯始」、「叔度」四字可省。

〔八〕將有根據此謂魯班、公輸爲二人者矣。

排行

兄弟二名而用其一字者，世謂之排行，如德宗、德文〔一〕，義符、義真之類。起自晉末，漢人所未有也。水經注：「昔北平侯王譚，不同王莽之政。子興生五子，竝避亂隱居。光武即帝位，封爲五侯：元才北平侯、益才安喜侯、顯才蒲陰侯，仲才新市侯，季才唐侯。」〔二〕是後人追撰妄説。東漢人二名者亦少。

〔一〕德宗，東晉安帝；德文，恭帝。

〔二〕水經注十一易水條。

單名以偏旁爲排行，始見於劉琦、劉琮。此後應璩、應瑒，衛瓘、衛玠之流，踵之而出矣。陳球傳〔一〕：「二子瑀、璠，弟子珪。」若取偏旁，又不當與父同也。

〔一〕後漢書八六。

今人兄弟行次，稱一爲大，不知始自何時。漢淮南厲王，常謂上大兄，孝文帝行非第一也。

二人同名

有以二人同名而合稱之者。左傳莊二十八年，晉獻公外嬖梁五與東關嬖五，晉人謂之二五耦。戰國策：杜赫謂楚王曰：「此用二忌之道也。」〔一〕以齊田忌、鄒忌爲二忌。唐高宗顯慶二年詔曰：「蹤二起於吳、白。」蓋倣此稱。

〔一〕戰國策八齊策。

字同其名

名字相同，起於晉宋之間。史之所載，晉安帝諱德宗，字德宗；恭帝諱德文，字德文；會稽王道子，字道子；殷仲文，字仲文；宋蔡興宗，字興宗；齊顏見遠，字見遠；梁王僧孺，字僧孺；劉孝綽，字孝綽；庾仲容，字仲容；江德藻，字德藻；任孝恭，字孝恭；師覺授，字覺授；北齊慕容紹宗，字紹宗；魏蘭根，字蘭根；後周王思政，字思政；辛慶之，字慶之；崔彦穆，字彦穆之類。至唐時尤多。

藩鎮傳：田緒，字緒；劉濟，字濟〔一〕。此起家軍伍，未曾立字，如李載義辭未有字之比爾。史家例以爲字，非也。且其文不可省乎？

〔一〕新唐書二一〇。

變姓名

古人變姓名，多是避仇，然亦有無所爲而變者。范蠡適齊，爲鴟夷子皮；之陶，爲朱公。第五倫客河東，自稱王伯齊。梁鴻適齊，姓運期名耀。

生而曰諱

生曰名，死曰諱。今人多生而稱人之名曰諱。金石録云，生而稱諱，見於石刻者甚衆，因引孝宣元康二年詔曰「其更諱詢」，以爲西漢已如此。蜀志劉豹等上言：「聖諱豫覩。」許靖等上言：「名諱昭著。」〔一〕晉書高頵言：「范伯孫恂恂率道名諱，未嘗經於官曹。」〔二〕束晳勸農賦：「場功畢，租輸至，録社長，召閭師。條牒所領，注列名諱。」〔三〕王褒洞簫賦〔四〕：「幸得謚爲洞簫兮。」李善注：「謚者，號也。號而曰謚，猶之名而曰諱者矣。」

〔一〕三國志蜀志二先主傳建安廿五年條。

〔二〕晉書九四隱逸范喬傳。
〔三〕藝文類聚六五産業部。
〔四〕文選十七。

生稱謚

漢書張敖傳〔一〕：「呂后數言張王以魯元故，不宜有此。」劉攽曰：「史家記事，或有如此追言謚者。」史記貫高與張敖言，謂帝爲高祖。公羊傳：公子翬與桓公言：「吾爲子口隱矣。」〔二〕皆此類。公羊傳注：「謚者傳家所加。」今按傳記中此例尚多。如左氏傳：「石碏曰：陳桓公方有寵於王。」〔三〕國語：鮑國謂子叔聲伯曰：「子何辭苦成叔之邑。」〔四〕戰國策：智過曰：「魏桓子之謀臣曰趙葭，韓康子之謀臣曰段規。」〔五〕史記秦本紀：晉文公夫人請曰：「繆公怨此三人，入於骨髓。」〔六〕魯世家：周公戒伯禽曰：「我文王之子，武王之弟，成王之叔父。」〔七〕宋世家：華督使人宣言國中曰：「殤公即位十年耳，而十一戰。」〔八〕楚世家：國人每夜驚曰：「靈王入矣。」隨入謝吳王曰：「昭王亡，不在隨。」齊湣王遺楚王書曰：「今秦惠王死，武王立。」〔九〕鄭世家：莊公曰：「武姜欲之楚。」共王曰：「鄭成公，孤有德焉。」〔十〕趙世家：吳延陵季子使於晉曰：「晉國之政，卒歸於趙武子、趙文子名武。韓宣子、魏獻子之後矣。」〔十一〕韓世家：屈宜臼曰：「昭侯不出此門。」〔十二〕吳起傳：公叔之僕曰：「君因先與武侯言。」〔十三〕仲尼弟子傳：子羔曰：「出公去矣，而門已閉。」〔十四〕魯仲連傳：新垣衍謂趙王曰：「趙誠發使尊秦昭王爲帝。」〔十五〕褚先生補梁孝王世家：竇太后謂景帝曰：「安車大駕，用梁孝王爲寄。」〔十六〕三王世家：公户滿意謂燕王曰：「今昭帝始立。」〔十七〕荀子：周公謂伯禽之傅曰：「成王之爲叔父。」〔十八〕吕氏春秋：豫讓欲殺趙襄子，其友謂之曰：「以子之才，而索事襄子。」〔十九〕淮南子：先軫曰：「昔吾先君與繆公交。」諸御鞅復於簡公曰：「陳成常、宰予二子者甚相憎也。」〔二十〕吳越春秋：子胥曰：「報汝平王。」〔二一〕説苑：景公曰：「善爲我浮桓子也。」衛叔文子曰：「今我未以往，而簡子先以來。」〔二二〕竝是生時不合稱謚。又如禮記曾子問：孔子曰：「季桓子之喪，衛君請弔。哀公辭不得命。公爲主客入弔，康子立於門右。」孔子没時，哀公、康子俱存，此皆後人追爲之辭也。自東京以下，即無此語，文益謹而格卑矣〔二三〕。

〔一〕漢書三二。

〔二〕公羊傳隱四年。

〔三〕左傳隱四年。

〔四〕國語第四魯語。

〔五〕戰國策十八趙策。

〔六〕史記五。

〔七〕史記三三。

〔八〕史記三八。

〔九〕史記四十。

〔十〕史記四二。

〔十一〕史記四三。

〔十二〕史記四五。

〔十三〕史記六五。

〔十四〕史記六七。

〔十五〕史記八三。

〔十六〕史記五八。

〔十七〕史記六十。

〔十八〕荀子二十堯問篇。

〔十九〕吕氏春秋二十恃君覽。

〔二十〕淮南子十二道應訓、十八人間訓。
〔二一〕吳越春秋三。
〔二二〕説苑二臣術。
〔二三〕既曰「謹」，何以又曰「卑」，榮古虐今之見，牢不可破如此。

史記田敬仲世家：齊人歌之曰：「嫗乎采芑，歸乎田成子。」〔一〕史通曰：「田常見存，而遽呼以謚。」〔二〕蘇氏曰：「田常之時，安知其爲成子而稱之？」〔三〕

〔一〕史記四六。
〔二〕史通二十暗惑論。本書引史通甚少。
〔三〕東坡全集四二周公論。

稱王公爲君

稱周文王爲文君。焦氏易林：「文君燎獵，吕尚獲福，號稱太師，封建齊國。」〔一〕漢張衡思玄賦：「文君爲我端著兮，利飛遁以保名。」〔二〕稱晉文公爲文君。楚辭惜往日：「介子忠而立枯兮，文君寤而追求。」〔三〕淮南子：「晉文君大布之衣，牂羊之裘。」又云：「介子歌龍蛇，而文君垂泣。」〔四〕稱宋文公爲文君。墨子：「昔者宋文君鮑之時。」〔五〕稱楚莊王爲莊君。荀子：「莊君之曶。」〔六〕稱齊莊公爲莊君。墨子：「昔者齊莊君之時。」〔七〕稱魯昭公爲昭君。焦氏易林：「乾侯野井，昭君喪居。」〔八〕稱齊景公爲景君。宋何承天上陵篇：「指營丘，感牛山，爽鳩既没景君歎。」〔九〕稱宋襄公爲襄君。周庾信入彭城館詩：「襄君初建國。」〔十〕稱宋元公爲元君。莊子：「宋元君夜半而夢。」〔十一〕

〔一〕易林四。
〔二〕文選十五。
〔三〕楚辭四。
〔四〕淮南子十一齊俗訓，又十六説山訓。
〔五〕墨子八明鬼下。
〔六〕荀子十七性惡篇末。
〔七〕墨子八明鬼下。「時」原作「臣」。
〔八〕易林四。
〔九〕樂府十九。

〔十〕庾信集三。「初」作「前」。

〔十一〕莊子九外物篇。

日知録校注卷二十四

祖孫

自父而上之，皆曰祖。書微子之命曰「乃祖成湯」是也。自子而下之，皆曰孫。詩閟宫之篇曰：「后稷之孫，實維太王。」又曰：「周公之孫，莊公之子。」是也。

高祖〔一〕

漢儒以曾祖之父爲高祖。考之於傳，高祖者，遠祖之名爾〔二〕。左傳昭公十七年：郯子來朝，曰：「我高祖少皞摯之立也。」則以始祖爲高祖。書盤庚：「肆上帝將復我高祖之德，亂越我家。」康王之誥：「張皇六師，無壞我高祖寡命。」則以受命之君爲高祖。文、武至康僅四世。左傳昭公十五年：王謂籍談曰：「昔而高祖孫伯黶司晉之典籍。」則謂其九世爲高祖。十二年，楚靈王謂右尹子革曰：「昔我皇祖伯父昆吾。」亦謂其始祖之昆弟。

〔一〕初刻七之七，無注。

〔二〕初刻作：「禮稱曾祖之父爲高祖。然自是以上，亦通謂之高祖。」

藝祖〔一〕

書：「歸格于藝祖。」注以藝祖爲文祖，不詳其義。人知宋人稱太祖爲藝祖，不知前代亦皆稱其太祖爲藝祖。唐玄宗開元十一年，幸并州，作起義堂。頌曰：「東西南北，無思不服，山川鬼神，亦莫不寧，實惟藝祖儲福之所致。」〔二〕十三年封泰山。其序曰：「惟我藝祖文考，精爽在天。」〔三〕此謂唐高祖。張説作享太廟樂章〔四〕曰：「肅肅藝祖，滔滔濬源，有雄武劍〔五〕，作鎮金門，玄王貽緒，后稷謀孫。」此謂高祖之高祖，諱熙，追尊宣皇帝者也。後漢高祖乾祐元年改元制曰：「昔我藝祖神宗，開基撫運，以武功平禍亂，以文德致昇平。」〔六〕此謂前漢高祖。金世宗大定二十五年，封混同江神册文曰：「仰藝祖之開基，佳江神之效靈。」〔七〕此謂金太祖。然則是歷代太祖之通稱也。

〔一〕初刻七之八。
〔二〕唐文粹十九上。
〔三〕舊唐書二三禮儀志。
〔四〕舊唐書三一音樂志。
〔五〕「武」原作「玉」。
〔六〕册府元龜九五赦宥門。
〔七〕金史三五禮志。

唐武宗會昌三年，討劉稹制曰：「頃者烈祖在藩，先天啓聖。」〔一〕是以玄宗爲烈祖〔二〕。宋王旦封祀壇序：「烈祖造新邦，臻大定，經制而未遑；神宗求至理，致升平，業成而中罷。」是以太祖爲烈祖，太宗爲神宗，亦古人之通稱也。唐元稹行裴度制曰：「佑我憲考，爲唐神宗。」〔三〕吕氏讀詩記引李氏曰：「本朝太宗稱神宗。及神宗稱神宗，則太宗不復稱神宗矣。」〔四〕今魏泰東軒筆録稱太祖、太宗爲藝祖、神宗。

〔一〕舊唐書十八上。

〔二〕以上初刻無。

〔三〕元氏長慶集四二。

〔四〕初刻注只有「呂氏」一節。

左傳哀二年，衛太子禱曰：「曾孫蒯聵，敢昭告皇祖文王、烈祖康叔、文祖襄公。」書文侯之命：「汝克昭乃顯祖。」烈祖、顯祖，皆謂其始封之君。此古人之通稱。

沖帝

幼主謂之沖帝。水經注：「漢沖帝詔曰：翟義作亂於東，霍鴻負倚盩厔芒竹。」〔一〕以孺子嬰爲沖帝。

〔一〕水經注十八渭水條。

考

古人曰父、曰考，一也。易曰：「幹父之蠱，有子，考无咎。」〔一〕書大誥：「若兄考，乃有友伐厥子，民養其勸弗救。」康誥：「子弗祇服厥父事，大傷厥考心。」酒誥：「厥心臧，聰聽祖考之彝訓。」尹伯奇履霜操曰：「考不明其心兮，聽讒言。」〔二〕自曲禮定爲生曰父，死曰考之稱，而爲人子者，當有所諱矣。

〔一〕易蠱卦初六。

〔二〕樂府五七。

伯父叔父

古人於父之昆弟必稱伯父、叔父，未有但呼伯叔者。若不言父而但曰伯、叔，則是字之而已。詩所謂「叔兮伯兮」、「伯兮朅兮」、「叔于田」之類〔一〕，皆字也。

〔一〕邶風旄丘、衛風伯兮、鄭風叔于田。

今之天子，稱親王爲叔祖、曾叔祖，甚非古義。禮：天子稱同姓諸侯曰伯父、叔父，稱其先君亦曰伯父、叔父。左傳昭九年：「景王使詹桓伯辭于晉曰伯父惠公。」十五年：「景王謂籍談曰『叔父唐叔』。」皆稱其先君爲伯父、叔父之證也。故禮有諸父，無諸祖。宋時亦有皇叔祖之稱，而無高、曾，見容齋四筆〔一〕。

〔一〕容齋四筆三曾太皇太后條。

族兄弟

書：「克明俊德，以親九族。」〔一〕鄭康成謂：「九族者，據己上至高祖，下及玄孫之親。」左傳襄公十二年：「凡諸侯之喪，同宗臨於祖廟，同族於禰廟。」注：「同族謂高祖以下是也。」故晉叔向言肸之宗十一族。賈誼新書：「人有六親。六親始曰父；父有二子，二子爲昆弟；昆弟又有子，子從父而昆弟，故爲從父昆弟；從父昆弟又有子，子從祖而昆弟，故爲從祖昆弟；從祖昆弟又有子，子從曾祖而昆弟，故爲曾祖昆弟；曾祖昆弟又有子，子爲族兄弟。備於六，此之謂六親。」〔二〕是同高祖之兄弟即爲族，族非疏遠之稱。漢書張敞傳：「廣川王同族宗室劉調等。」同族，言其與王近親〔三〕。顏氏家訓〔四〕：「凡宗親世數，有從父，有從祖，有族祖。江南風俗，自兹以往，皆云族人。河北雖二三十世，猶呼爲從伯、從叔。梁武帝嘗問一中土人曰：『卿北人，何故不知有族？』答云：『骨肉易疏，不忍言族耳。』梁書夏侯亶傳：「宗人夏侯溢爲衡陽内史，辭日，亶侍御座，高祖謂亶曰：『夏侯溢於卿疏近？』亶答曰：『是臣從弟。』高祖知溢於亶已疏，乃曰：『卿傖人，好不辨族從。』亶對曰：『臣聞服屬易疏，所以不忍言族。』」〔五〕當時雖爲敏對，於理未通。」

〔一〕尚書堯典。

〔二〕新書下六術。

〔三〕漢書七六。

〔四〕顏氏家訓卷上風操篇六。

〔五〕梁書卄六。

親戚

史記宋世家：「箕子者，紂親戚也。」〔一〕馬融、王肅以爲紂之諸父。服虔、杜預以爲紂之庶兄。路史謂：「但言親戚，非諸父昆弟之稱。」〔二〕非也。曲禮：「兄弟親戚稱其慈也。」疏曰：「親，指族内；戚，指族外。」古人稱其父子兄弟亦曰親戚。韓詩外傳：「曾子曰：親戚既没，雖欲孝，誰爲孝？」此謂其父母。左傳僖公二十四年：「封建親戚，以蕃屏周。」此謂其子弟。昭公二十年，棠君尚謂其弟員曰：「親戚爲戮，不可以莫之報也。」三國志：張昭謂孫權曰：「況今姦宄競逐，豺狼滿道，乃欲哀親戚，顧禮制。」〔三〕此謂其父兄。戰國策：蘇秦曰：「富貴則親戚畏懼。」蓋指其妻嫂〔四〕。

〔一〕史記三八。
〔二〕待考。
〔三〕吳志二孫權傳。
〔四〕戰國策三秦策。

哥

唐時人稱父爲哥。舊唐書王琚傳：「玄宗泣曰：『四哥仁孝，同氣惟有太平。』」〔一〕睿宗行四故也。玄宗子棣王琰傳：「惟三哥辨其罪。」〔二〕玄宗行三故也。有父之親，有君之尊，而稱之爲四哥、三哥，亦可謂名之不正也已〔三〕。

〔一〕舊唐書一〇六。

〔二〕舊唐書一〇七。

〔三〕超案：集釋此下引「趙氏曰」，引漢武故事，證以哥稱帝王。援庵注：「漢武故事是否漢人作？即此可證此書爲唐以後人作也。隋志著録傳記類。」

玄宗與寧王憲書稱大哥，又有同玉真公主過大哥園池詩。則唐時宮中稱父稱兄皆曰哥。

妻子

今人謂妻爲妻子，此不典之言〔一〕，然有所自。韓非子：「鄭縣人卜子，使其妻爲袴。其妻問曰：今袴何如？夫曰：象吾故袴。妻子因毁新令如故袴。」〔二〕杜子美詩：「結髮爲妻子，席不煖君牀。」

〔一〕超案：集釋此下引「錢氏曰」，引詩「妻子好合」。援庵批：「詩既有之，何謂不典？」

〔二〕韓非子十一外儲説左上。「卜子」一作「乙子」。孟子梁惠王下：「王之臣有託其妻子於其友而之楚游者，比其反也，則凍餒其妻子。」

稱某

經傳稱某有三義。書金縢：「惟爾玄孫某。」史文諱其君，不敢名也。史記高祖紀〔一〕：高祖奉玉卮起爲太上皇壽曰：「今某之業，所就孰與仲多。」與此同。春秋宣公六年公羊傳：「於是使勇士某者往殺之。」傳失其名也。禮記曲禮：「内事曰孝王某，外事曰嗣王某。」儀禮士冠禮：「某有子某。」論語：「某在斯，某在斯。」〔二〕通言之也。左傳襄公三十年書曰：「某人某人，會于澶淵。」此又是不能悉數之辭。

〔一〕史記八。

〔二〕衛靈公。

周人以諱事神。牧誓之言：「今予發。」武成之言：「周王發。」生則不諱也。金縢之言：「惟爾玄孫某。」追録於武王既崩之後，則諱之矣。故禮：「卒哭乃諱。」〔一〕

〔一〕禮記曲禮上。

互辭

易：「幹父之蠱，有子，考无咎。」〔一〕言「父」又言「考」。書：「予恐來世以台爲口實。」

言「予」又言「台」。「汝猷黜乃心。」言「汝」又言「乃」。「予念我先神后之勞爾先。」言「予」又言「我」。「越予沖人不卬自恤。」言「予」又言「卬」〔二〕。詩：「豈不爾受，既其女遷。」〔三〕言「爾」又言「女」。論語：「吾不欲人之加諸我也。」〔四〕孟子：「我善養吾浩然之氣。」〔五〕言「我」又言「吾」。左傳：「爾用而先人之治命。」今監本脱「而」字，依石經補。言「爾」又言「而」。「女畏而宗室。」言「女」又言「而」〔六〕。史記張儀傳：「若善守汝國，我顧且盜而城。」〔七〕言「若」言「汝」又言「而」。詩：「王于出征，以佐天子。」言「王」又言「天子」。「乃命魯公，俾侯于東。」言「公」又言「侯」〔八〕。穀梁傳：「言君之不取，爲公也。」〔九〕言「君」又言「公」。范甯解：「上言君，下言公，互辭。」左傳：「以其子更公女而嫁公子。」〔十〕言「公女」又言「公子」。史記齊世家：「子我盟諸田於陳宗。」〔十一〕言「田」又言「陳」。皆互辭也。

〔一〕易蠱卦初六。
〔二〕尚書仲虺之誥、盤庚上、盤庚中、大誥。
〔三〕小雅巷伯。
〔四〕公冶長。
〔五〕公孫丑上。
〔六〕宣十五年、昭六年。

〔七〕史記七〇。
〔八〕小雅六月、魯頌閟宮。
〔九〕穀梁傳隱元年。
〔十〕左傳昭三年。
〔十一〕史記三二。

豫名

詩：「鳥乃去矣，后稷呱矣。」子初生，而已名之爲后稷也。「爲韓姞相攸。」女在室，而已名之爲韓姞也〔一〕。皆因其異日之名而豫名之，亦臨文之不得不然也。

〔一〕大雅生民、大雅韓奕。

重言

古經亦有重言之者。書：「自朝至于日中昃，不遑暇食。」〔一〕「遑」即「暇」也。詩：

「無已太康。」「已」即「太」也。「既安且寧。」「安」即「寧」也。「既庶且多。」「庶」即「多」也〔二〕。左傳：「一薰一蕕，十年尚猶有臭。」「尚」即「猶」也。「周其有顊王，亦克能修其職。」「克」即「能」也〔三〕。禮記：「人喜則斯陶。」〔四〕「則」即「斯」也。

〔一〕尚書無逸。
〔二〕唐風蟋蟀、小雅常棣、大雅卷阿。
〔三〕左傳僖四年、昭廿六年。
〔四〕檀弓下。

后

白虎通曰：「天子之配，商之前皆稱妃，周始立后。」晉書后妃傳序亦云：「爰自夐古，是謂元妃，降及中年，乃稱王后。」〔一〕今考帝嚳四妃，帝舜三妃，以至周初太姜、太任、太姒、邑姜皆無后名。以太姒爲后妃，乃後人之論。而詩、書所云后，皆君也。春秋桓八年：「祭公來，遂逆王后于紀。」襄十五年：「劉夏逆王后于齊。」於是始稱后。曲禮：「天子有后，有夫人，有世婦，有嬪，有妻，有妾。」又云：「天子之妃曰后。」而宣王晏起，姜后脱簪，見於列女之傳。此周人立后之據。惟左傳哀元年：「后緡方娠。」是夏時事，疑此後人追稱之辭。自春秋以下之文，則有以君爲后者。如泰、姤大象，及内則，稱后王。有以妃爲后者，雜然於書傳矣。

〔一〕晉書三一。

人君之號，唐虞曰帝，夏曰后，商曰王。然帝王，天子所專；后，則諸侯皆得稱之。周禮量人注：「后，君也。言君，容王與諸侯。」易疏：「凡象稱先王者，唯施於天子。稱后者，兼諸侯。」故書言：「肆覲東后」，「群后四朝」，「禹乃會群后，誓于師」。伊訓之祠先王，「侯甸、群后咸在」〔一〕。周王大告，武成亦曰：「嗚呼群后。」而后夔、后羿、伯明后寒之稱，皆見於傳。胤征之篇，亦稱胤后。康王作畢命曰：「三后協心，同底于道。」穆王作吕刑曰：「乃命三后，恤功于民。」然則禹之降帝而稱后，是禹之謙，禹之不矜也。

〔一〕尚書舜典、大禹謨、伊訓。

諸侯謂之群后，故天子獨稱元后。

漢時郡守之於吏民，亦有君臣之分，故有稱府主爲后者。漢武都太守李翕西狹頌〔一〕云：「赫赫明后，柔嘉維則。」桂陽太守周憬銘云：「懿賢后兮發聖英。」晉應詹爲南平太守，百姓歌之曰：「僥倖之運，賴兹應后。」蘭亭宴集，有郡功曹魏滂詩云：「明后欣時豐，駕言映清瀾。」〔二〕

〔一〕隸釋四。

〔二〕詩紀晉十三蘭亭詩。

王

三王之名，自後人追稱之，而禹之爲王，未嘗見於書也。甘誓：「王曰嗟，六事之人，予誓告汝。」胤征：「胤后承王命徂征。」而夏小正言：「十有一月，王狩。」夏之王見於書者始此，然無稱禹爲王者。經傳之文，凡言夏，必曰夏后氏。唐沈既濟議云：「夏殷二代爲帝者三十世矣，而周人通名之曰王。」恐亦未然。書多士：「自成湯至于帝乙。」而左傳虞人之箴曰：「在帝夷羿。」〔一〕固君人者之通稱矣。

〔一〕襄公四年。

周人之追王，止於太王。而組紺已上至后稷，則謂之先公。詩「禴祠烝嘗，于公先王」是也〔一〕。通言之，則亦可稱之爲王。書武成：「惟先王建邦啓土。」周語：「太子晉諫靈王，自后稷之始基靖民，十五王而文始平之，十八王而康克安之。」是也。

〔一〕小雅天保。

王而尊之曰帝。黄歇上秦昭王書：「先帝文王、武王、王之身三世，不忘接地於齊，以絶從親之要。」〔一〕是也。史記秦本紀：「昭王十九年，王爲西帝，已而復去之。」〔二〕文王、武王，獨稱先帝者，曲禮曰：「措之廟，立之主曰帝。」王而等之曰諸侯。漢王告諸侯曰：「願從諸侯王擊楚之殺義帝者。」是也。

〔一〕史記七八。
〔二〕史記五。

君〔一〕

古時有人臣而隆其稱曰君者，周公若曰君奭是也。篇中言「君奭」者四，但言「君」者六。而成王之書，王若曰「君陳」；穆王之書，王若曰「嗚呼君牙」；皆此例也。猶漢時人主稱丞相爲君侯也。漢書：「兒寬爲御史大夫，奉觴上壽。制曰：敬舉君之觴。」〔二〕禮記坊記云：「大夫不稱君，恐民之惑也。」故春秋傳中稱君者皆國君。然亦有卿大夫而稱爲君者。莊十一年，楚鬭廉語屈瑕曰：「君次于郊郢，以禦四邑。」襄二十五年，鄭子産對晉士莊伯曰：「成公播蕩，又我之自入，君所知也。」文十年，楚范巫矞似謂成王與子玉、子西曰：「三君，皆將强死。」并二臣通謂之君〔三〕。至家臣，則直謂其主曰君。昭十四年，「司徒老祁慮癸謂南蒯曰：群臣不忘其君」。二十八年，「晉祁盈之臣曰：憖使吾君聞勝與臧之死也，以爲快」。哀十四年，「宋司馬命其徒攻桓氏，其父兄故臣曰不可，其新臣曰從吾君之命」。是也。猶鄭伯有之臣，稱伯有爲吾公。儀禮喪服篇：「公士大夫之衆臣，爲其君布帶繩屨。」傳曰：「君謂有地者也。」鄭氏曰：「天子諸侯及卿大夫，有地者皆曰君。」晉語：「三世仕家，君之；再世以下，主之。」喪大記：「大夫君。」孔氏曰：「大夫之臣，稱大夫爲君。」周禮調人注：「主，大夫君也。」此則上下之通稱，不始於後代矣。

〔一〕初刻七之九，只有一、二、四段。

〔二〕漢書五八。

〔三〕初刻無此注。

人臣稱君，自三代以前有之。孟子：「象曰：謨蓋都君。」〔一〕

〔一〕萬章上。

漢書高帝紀〔一〕：「爵或人君，上所尊禮。」師古曰：「爵高有國邑者，則自君其人，故曰人君也。上謂天子。」

〔一〕漢書一下漢五年條。

漢時曹掾皆稱其府主爲君，至蒼頭亦得稱其主人爲君。後漢書李善傳：「君夫人，善在此。」〔一〕是也。女亦得稱其父爲君。漢書王章傳：「我君素剛，先死者必我君。」〔二〕是也。婦亦得稱其舅爲君。爾雅：「姑舅在則曰君舅、君姑；没則曰先舅、先姑。」〔三〕淮南子：「君公知其盜也，逐而去之。」〔四〕列女傳：「我無樊、衛二姬之行，故君以責我。」是也。

〔一〕後漢書一一一獨行傳。
〔二〕漢書七六。
〔三〕爾雅上釋親。
〔四〕淮南子十三氾論訓末。

喪服〔一〕：「妾爲君。」鄭氏注曰：「妾謂夫爲君者，不得體之，加尊之也。雖士亦然。」

〔一〕儀禮十一。

主〔一〕

春秋時稱卿大夫曰主。周禮太宰：「九兩：六曰主以利得民。」注：「鄭司農云：主，謂公卿大夫。」調人「主友之讎」注：「主，大夫君也。」禮記禮運：「仕於公曰臣，仕於家曰僕。」方氏曰：「臣者對君之稱，故仕於公曰臣，而諸侯稱君；僕者對主之稱，故仕於家曰僕，而大夫稱主。」〔二〕故齊侯唁昭公，稱主君。子家子曰：「齊卑君矣。」而南唐降號江南國主，亦以奉中國正朔，自貶其號。若劉玄德帝蜀，謚昭烈，葬惠陵，初無貶絀。末帝降魏，封爲安樂公，自可即以本封爲號。陳壽作三國志，創立先主、後主之名，常璩蜀志因之。三國志載鍾會檄蜀將士吏民，稱昭烈爲「益州先主」〔三〕。先主之名，蓋始於此，乃是魏人所稱。孫楚爲石苞與孫皓書，亦云「吳之先主」〔四〕。以晉承魏統，義無兩帝。今千載之後，而猶沿此稱，殊爲不當。況改漢爲蜀，亦出壽筆。黄氏日鈔曰：「蜀者地名，非國名也。昭烈以漢名，未嘗以蜀名也。不特昭烈未嘗以蜀名，雖孫氏之盟，亦曰：『漢吳既盟，同討魏賊。』是天下未嘗以蜀名之，名之者魏人也。」〔五〕當時魏已篡漢，改稱昭烈爲蜀，使不得附漢統。異代文人，不察史家阿枉之故，若杜甫詩中，便稱蜀主，殊非知人論世之學也。昔劉知幾論後漢書劉玄列傳，以爲東觀秉筆，容或諂於當時，後來所修，理宜刊革。今之君子，既非曹氏、司馬氏之臣〔六〕，不當稱昭烈爲先主矣。綱目亦書帝禪爲後主，姚燧深以爲非。見元史傳〔七〕。

〔一〕初刻七之十，只有前段。
〔二〕初刻注只「周禮」至「大夫」十五字。
〔三〕魏志廿八鍾會傳。
〔四〕文選四三書下。初刻注無「孫楚」一節。
〔五〕黄氏日鈔四八。初刻無此注。
〔六〕亦非劉氏之臣也。
〔七〕初刻無此注。

諸葛孔明書中，亦多有稱先主者。本當是先帝，傳之中原，改爲先主耳。杜微傳載孔明書：「朝廷主公，今年始十八。」〔一〕亦無稱朝廷爲主公之理，是後人所改。

〔一〕三國志蜀志十二。

主者次於君之號。蘇林解漢書「公主」云：「婦人稱主。」引晉語「主孟啗我」。

陛下

賈誼新書：「天子卑號稱陛下。」〔一〕蔡邕獨斷：「陛，階也，所由升堂也。天子必有近臣執兵陳於陛側，以戒不虞。謂之陛下者，群臣與天子言，不敢指斥天子，故呼在陛下者而告之，因卑達尊之義也。記曰：『君子於其所尊，弗敢質，敬之至也。』上書亦如之。及群臣士庶相與言曰殿下、閤下、執事之屬，皆此類也。」據此，則陛下猶言執事，後人相沿，遂以爲至尊之稱。許善心以陳臣入隋。宇文述言，其祭陳叔寶文，稱陛下。召問善心，言陛下者，本是呼執事之人，與尊號不同，事乃得釋。然後世非天子亦不敢用。

〔一〕新書上等齊。

足下

今人但見史記秦閻樂數二世稱足下，遂以爲相輕之辭，不知乃戰國時人主之稱也。如蘇代遺燕昭王書，樂毅報燕惠王書，蘇厲與趙惠文王書，皆稱「足下」。又如蘇秦謂燕易王，范雎見秦昭王，蘇代謂齊湣王，齊人謂齊湣王，孟嘗君舍人謂衛君，張丐謂魯君，趙郝對趙孝成王，酈生説沛公，張良獻項王，亦皆稱「足下」。漢書文帝紀：「丞相臣平、太尉臣勃、大將軍臣武、御史大夫臣蒼、宗正臣郢、朱虚侯臣章、東牟侯臣興、居典客臣揭，再拜言大王足下。」〔一〕

〔一〕漢書四。

宋書西南夷傳載諸國表文〔一〕，訶羅陀國稱「聖王足下」，又稱「天子足下」。阿羅單國稱「大吉天子足下」。闍婆婆達國稱「宋國大王大吉天子足下」。天竺迦毗黎國稱「大王足下」。梁書諸夷傳表文〔二〕，盤盤國稱「常勝天子足下」，干陁利國稱「天子足下」，狼修牙國稱「大吉天子足下」，婆利國稱「聖王足下」。

〔一〕宋書九七。
〔二〕梁書五四。

閤下

趙璘因話録〔一〕曰：「古者三公開閤。郡守比古之侯伯，亦有閤，故世俗書題有閤下之稱。漢書王尊傳：「直符史詣閤下，從太守受其事。」〔二〕前輩呼刺史太守亦曰『節下』，與宰相大僚書，往往稱『執事』，言閤下之執事人耳。劉子玄爲史官，與監修宰相書，稱『足下』，韓文公與使主張僕射書，稱『執事』，即其例也。若記室本繫王侯賓佐之稱，晉左思稱左記室，梁何遜稱何記室。他人亦非所宜。『執事』則指其左右之人，尊卑皆可通稱。『侍者』則士庶可用之。近日官至使府、御史及畿令悉呼『閤下』，至於初命賓佐，猶呼『記室』。今則一例『閤下』，上下無別，其『執事』纔施於舉人，『侍者』止行於釋子而已。今之布衣相呼盡曰『閤下』，雖出於浮薄相戲，亦是名分天壤矣。」彭乘墨客揮犀同。

〔一〕因話録五。

〔二〕漢書七六。

謝在杭五雜俎〔一〕言：「閣，夾室也，以板爲之。禮記内則：『天子之閣，左達五，右達五。』檀弓：「曾子曰：『始死之奠，其餘閣也與。』」蓋古人置此以庋飲食之所，即今房中之板閣。而後乃廣之爲樓觀之通名，如石渠、天禄、麒麟之類。三輔黄圖云：皆蕭何造。或以藏書，或以繪像，或以爲登眺游覽之所。司馬相如上林賦：「高廊四注，重坐曲閣。」〔二〕閤者，門旁小户也。說文〔三〕。董賢傳：「與孔光並爲三公。上故令賢私過光，光警戒衣冠出門待，望見賢車，迺却入。賢至中門，光入閤，既下車迺出。」〔四〕因設館於其旁，即謂之閤。漢書公孫弘傳：『開東閤以延賢人。』師古曰：『閤者，小門也，東向開之。古人坐以東向爲尊。避當庭門而引賓客，以別於掾史官屬。如今官署，角門旁有延賓館是也。』〔五〕朱雲傳：「薛宣謂雲曰：且留我東閤，可以觀四方奇士。」〔六〕故蕭望之傳言：『自引出閤。』〔七〕而雋不疑傳：『暴勝之爲直指使者，不疑至門，勝之開閤延請。』〔八〕是凡官府皆有閤，不獨三公也。韓延壽傳：『行縣至高陵，入卧傳舍，閉閤思過。』〔九〕如今之閉角門，不聽官屬入也。嚴延年傳：「母閉閤不見，延年免冠，頓首閤下。」〔十〕朱博傳：『召見功曹，閉閤數責。』〔十一〕此又是閉角門不聽出也。東晉太極殿有東西閤，唐制倣之，以宣政爲前殿，紫宸爲便殿。前殿謂之正衙，天子不御前殿，而御紫宸，乃自正衙喚仗，繇閤門而入，百官候朝于衙者，因隨以入見，謂之入閤。唐六典：「宣政殿之左曰東上閤，右曰西上閤。」〔十二〕蓋中門不啓，而開角門也。爾雅：『小閨謂之閤。』〔十三〕閨即門也，故金門亦謂之金閨。謝朓詩：「既通金閨籍。」文翁傳：「諸生傳教令，出入閨閤。」師古曰：「閨閤，内中小門也。」〔十四〕太史公報任少卿書：「身直爲閨閤之臣。」而室中之門，亦或用此爲稱。後漢書曹大家傳：「時漢書始出，多未能通者，同郡馬融伏於閣下，從昭受讀。」〔十五〕是則二字之義，本自不同。漢舊儀曰：『丞相聽事門曰黄閤，不敢洞開朱門，以別於人主，故以黄塗之，謂之黄閤。』〔十六〕宋書百官志：「黄閤，主簿省録衆事。」〔十七〕鄧琬傳：「太宗定亂，進子勛車騎將軍、開府儀同三司，諸佐史並喜，造琬曰：暴亂既除，殿下又開黄閤。」〔十八〕今代以文淵閣藏書，而大學士主之，故謂之閣老。」〔十九〕蓋亦論經石渠、校書天禄之遺意爾。然西京但有閣，而未以爲官曹之稱，至後漢始謂之臺閣。古詩爲焦仲卿作云：「汝是大家子，仕宦於臺閣。」〔二十〕陳壽三國志評曰：「魏世事統臺閣，重内輕外，故八座尚書，即古六卿之任也。」〔二一〕裴松之三國志注引魏略〔二二〕曰：薛夏爲秘書丞，「嘗以公事移蘭臺。蘭臺自以臺也，而秘書署耳，謂夏爲不得移〔二三〕。推使當有坐者，夏報之曰：蘭臺爲外臺，秘書爲内閣，臺、閣一也，何不相移之有？蘭臺屈，無以折，自是之後，遂以爲常」。魏張閣，字子臺。唐書職官志〔二四〕：「光宅元年九月，改門下省爲鸞臺，中書省爲鳳閣。」李肇國史補：「宰相相呼爲堂老，兩省相呼爲閣老。」〔二五〕杜子美奉贈嚴八閣老詩云：「扈從登黄閣。」困學紀聞曰：「給事中屬門下省，開元曰黄門省，故曰黄閣。」左拾遺亦東省之屬，故曰官曹可接聯。」〔二六〕又將赴成都草堂途中寄嚴鄭公詩云：「生理祇憑黄閣老。」此特借黄門爲黄閣，而亦本於漢人臺閣之稱。唐書楊綰傳：「故事，舍人年久者爲閣老。」〔二七〕然則今之内閣，實本於此，而非取三公黄閤之義。其言入閤辦事，謂入此内閣爾，而與唐之隨仗入閤，不相蒙也。閤下之稱，猶云臺下，古今異名，亦何妨乎。

〔一〕五雜俎三地部，至「故謂之閤老」止。此所引較原文爲詳，疑另有據。
〔二〕文選八。
〔三〕説文十二上門部。
〔四〕漢書九三佞幸傳。
〔五〕漢書五八。
〔六〕漢書六七。
〔七〕漢書七八。
〔八〕漢書七一。
〔九〕漢書七六。
〔十〕漢書九〇酷吏傳。
〔十一〕漢書八三。
〔十二〕唐六典七。
〔十三〕爾雅中釋宫。
〔十四〕漢書八九循吏傳。

〔十五〕後漢書一一四。

〔十六〕漢舊儀上。

〔十七〕宋書三九。

〔十八〕宋書八四。

〔十九〕以上蓋引五雜俎之説，而改造擴充之。

〔二十〕樂府七三。

〔二一〕魏志廿二桓楷等傳評。

〔二二〕魏志十三王肅傳末。

〔二三〕魏志作「謂夏爲不得儀也」。

〔二四〕舊唐書四二。

〔二五〕國史補卷下。

〔二六〕紀聞十八贈嚴閣老條。

〔二七〕舊唐書一一九，新唐書一四二。此用新書，舊書「久」作「深」。

相

管子曰：「黄帝得六相。」〔一〕宋書百官志曰：「殷湯以伊尹爲右相，仲虺爲左相。」然其名不見於經，惟書説命有「爰立作相」之文，而左傳定公元年，薛宰言：「仲虺居薛，以爲湯左相。」禮記月令：「命相布德和令。」注：「相謂三公，相王之事也。」正義曰：「案公羊隱五年傳曰：『三公者何？天子之相也。』自陝而東者，周公主之；自陝而西者，召公主之，一相處乎内，是三公相王之事也。」至六國時，一人知事者特謂之相，故史記稱穰侯、范雎、蔡澤皆爲秦相，後又爲丞相也。如魏文侯卜相于李克，儲子爲齊相，不必秦國有之。史記：「秦武王二年初置丞相。」〔二〕杜氏通典曰：「黄帝六相，堯十六相爲之輔，相不必名官。」〔三〕是則三代之時，言相者皆非官名。相者，在王左右之人。書曰：「相被冕服憑玉几。」高宗立傅説爲相，而曰：「王置諸其左右。」亦此意也。如孟子言舜相堯，禹相舜，益相禹，伊尹相湯，周公相武王；禮記明堂位「周公相武王」之類耳。左傳桓公二年，太宰督遂相宋公。莊公九年，鮑叔言于齊侯曰：「管夷吾治于高傒，使相可也。」昭公元年，祁午謂趙文子曰：「子相晉國。」按當時官名，皆不謂之相。荀子言孫叔敖相楚〔四〕，傳止言爲令尹。淮南子言子産爲鄭國相〔五〕，傳止言執政。左傳，羽父請殺桓公以求太宰，史記則云「君以我爲相」。哀公十七年，「右領差車與左史老，皆相令尹司馬以伐陳」。又是相二官，而非相楚王。論語：「今由與求也相夫子。」是相季氏而非相魯君。惟襄公二十五年，「崔杼立景公而相之，慶封爲左相」。則似真以相名官者。定公十年，「公會齊侯于夾谷，孔丘相」。杜氏解曰：「相，會儀也。」如『願爲小相焉』之相。」史記孔子世家乃云「孔子爲大司寇，攝相事」〔六〕。是誤以「儐相」之相爲「相國」之相，不知魯無相名，有司寇而無大司寇也。禮記正義引崔靈恩云：「諸侯三卿，司徒兼冢宰，司馬兼宗伯，司空兼司寇。三卿之下有五大夫。五大夫者，司徒之下立二人，小宰、小司徒；司馬之下以其事省，立一人，爲小司馬兼宗伯之事；司空之下立二人：小司寇、小司空。今夫子爲司空者，爲小司空也，從小司空爲小司寇也。」崔所以知然者，魯有孟、叔、季三卿爲政，又有臧氏爲司寇，故知孔子爲小司寇。按左傳隱二年「司空無駭」，杜氏注：魯司徒、司馬、司空，皆卿也，然則臧紇爲司寇，亦小司寇也。朱子論語集注引此，亦不覺其誤。

〔一〕管子十四五行篇。
〔二〕史記五。
〔三〕通典十九職官。
〔四〕荀子二十堯問篇。
〔五〕淮南子十。
〔六〕史記四七。

將軍

春秋傳：「晉獻公作二軍，公將上軍，太子申將下軍。」〔一〕是已有將軍之文，而未以爲名也。至昭公二十八年，閻没女寬對魏獻子曰：「豈將軍食之而有不足？」正義曰：「此以魏子將中軍，故謂之將軍。」及六國以來，遂以將軍爲官名，蓋其元起於此。公羊傳：「將軍子重諫曰。」〔二〕穀梁傳：「使狐夜姑爲將軍。」〔三〕孟子：「魯欲使慎子爲將軍。」〔四〕墨子：「昔者晉有六將軍，而智伯莫爲强焉。」〔五〕莊子：「今將軍兼此三者。」盜跖篇〔六〕。淮南子：「趙文子問於叔向曰：晉六將軍，其孰先亡？」〔七〕張武爲智伯謀曰：「晉六將軍。」〔八〕又曰：「魯君召子貢，授之將軍之印。」〔九〕而國語亦曰：「鄭人以詹伯爲將軍。」〔十〕又曰：「吳王夫差黄池之會，十行一嬖大夫，十旌一將軍。」〔十一〕禮記檀弓：「衛將軍文子之喪。」史記司馬穰苴傳：「景公以爲將軍。」〔十二〕封禪書：「杜主者，故周之右將軍。」〔十三〕越世家：「范蠡稱上將軍。」〔十四〕魏世家：「令太子申爲上將軍。」〔十五〕戰國策：「梁王虚上位，以故相爲上將軍。」〔十六〕漢書百官表曰：「前后左右將軍，皆周末官。」〔十七〕通典曰：「自戰國置大將軍，楚懷王與秦戰，秦敗楚，虜其大將軍屈丐。至漢，則定以爲官名矣。」〔十八〕

〔一〕左傳閔元年。
〔二〕公羊傳宣十二年。
〔三〕穀梁傳文六年。

〔四〕孟子告子下。
〔五〕墨子五非攻中。
〔六〕獨莊子注盜跖篇。竊以爲左傳、公羊、穀梁應注公年。孟子、墨子、淮南子均應注篇名。
〔七〕淮南子十二道應訓末。
〔八〕淮南子十八人間訓。
〔九〕淮南子十八人間訓。
〔十〕國語第十晉語。
〔十一〕國語第十九吳語。
〔十二〕史記六四。
〔十三〕史記二八。
〔十四〕史記四一。
〔十五〕史記四四。
〔十六〕戰國策十一齊策。
〔十七〕漢書十九上。
〔十八〕通典二九職官。此條乃「將軍」索引。

相公

前代拜相者必封公，故稱之曰相公，若封王則稱相王。司馬文王進爵爲王，荀顗曰「相王尊重」是也。晉簡文帝及會稽王道子亦稱相王。自洪武中革去丞相之號，則有公而無相矣。即初年之制，亦不盡沿唐宋。有相而不公者，胡惟庸是也；有公而不相者，常遇春之倫是也。封公拜相，惟李善長、徐達，三百年來有此二相公耳。

魏王粲從軍行：「相公征關右，赫怒震天威。」羽獵賦：「相公乃乘輕軒駕四駱。」「相公」二字，似始見此。

司業

國子司業以爲生徒所執之業，非也。唐歸崇敬授國子司業，上言：「司業義在禮記。『樂正司業』，正，長也。言樂官之長司主此業。爾雅云『大版謂之業』〔一〕。按詩周頌：『設業設虡，崇牙樹羽。』則『業』是懸鐘磬之簨虡也。今太學既不教樂，於義無取，請改國子監爲辟雍，祭酒爲太師氏，司業一爲左師，一爲右師。」詔下尚書集百僚定議以聞，議者重難改作，其事不行〔二〕。按靈臺之詩〔三〕曰：「虡業維樅」，即此「業」字。傳曰：「業，大版也，所以飾栒爲縣也。捷業如鋸齒，或白畫之。」爾雅：「大板謂之業。」左氏昭九年傳：「辰在子卯，謂之疾日，君徹宴樂，學人舍業。」禮記檀弓：「大功廢業。」竝謂此也。宋徐爰誤解此義，而曰：「大功廢業，三年喪，何容讀書。」懸者常防其墜，故借爲敬謹之義。書之「兢兢業業」〔四〕，詩之「赫赫業業」、「有震且業」〔五〕，是也。爾雅：「業業，危也。」〔六〕凡人所執之事，亦當敬謹，故借爲事業之義。易傳之「進德修業」、「可大則賢人之業」、「盛德大業」，禮記之「敬業樂群」是也。然三代詩書之文，竝無此義，而「業廣惟勤」一語，乃出於梅賾所上之古文尚書。

〔一〕爾雅中釋器。

〔二〕章如愚群書考索後集十一。

〔三〕大雅文王。

〔四〕尚書皋陶謨。

〔五〕大雅常武、商頌長發。

〔六〕釋訓。

梁劉勰文心雕龍謂論語以前，經無「論」字〔一〕。六韜三論，後人追題。今周官篇有「論道經邦」之語，蓋梅賾古文之書，其時未行，然即此二字「業」字、「論」字。亦足以察時世言語之不同矣。

〔一〕文心雕龍四論説第十八。

翰林

唐書職官志曰：「翰林學士之職，本以文學言語備顧問，出入侍從，因得參謀議，納諫諍。而翰林院者，待詔之所也。雍録曰：「翰林院在大明宮右銀臺門内，稍退北有門，榜曰翰林之門。」〔一〕唐制，乘輿所在，必有文辭經學之士，下至卜醫伎術之流，皆直於別院，以備燕見。而文書詔令，則中書舍人掌之。太宗時，名儒學士，時時任以草制，然猶未有名號。乾封以後，始號北門學士。玄宗之代，張説、陸堅、張九齡、徐安貞、張垍等〔二〕，召入禁中，謂之翰林待詔，掌中外表疏批答，應和文章。繼以詔敕文告，悉繇中書，每多壅滯，始選朝官有辭藝學識者入翰林供奉，亦有無官而得入者，如李白是也。然亦未定名制。開元二十六年，始改翰林供奉爲學士，別置學士院，專掌内命。至德以後，天下用兵，軍國多務，深謀密詔，皆從中出，置學士六人，内擇年深德重者一人爲承旨，以獨當密命故也。德宗好文，尤難其選。貞元以後，爲學士承旨者多至宰相。」參取新、舊二志〔三〕。而其官不見於唐六典，蓋書成於張九齡，其時尚未置也。

〔一〕雍録四。
〔二〕徐安貞、張垍二名，據舊志加。
〔三〕「專掌內命」以上，大概用新唐書四六百官志序。「至德以後」以下，用舊唐書四三翰林院條。舊唐書名職官志，新唐書名百官志。

舊書言翰林院有合練、僧道、卜祝、術藝、書弈，各別院以廩之。職官志〔一〕。陸贄與吳通玄有隙，乃言承平時，工藝書畫之徒，待詔翰林，比無學士，請罷其官。通玄傳〔二〕。其見於史者，天寶初，嵩山道士吳筠。乾元中，占星韓穎、劉烜。貞元末，弈碁王叔文、侍書王伾。元和末，方士柳泌、浮屠大通。寶曆初，善弈王倚、興唐觀道士孫準。竝待詔翰林。小說，玄宗時，有翰林善圍碁者王積薪。又如黎幹雖官至京兆尹，而其初亦以占星待詔翰林。而貞元二十一年二月丙午，罷翰林醫工、相工、占星、射覆冗食者四十二人。順宗紀。寶曆二年十二月庚申，省教坊樂官、翰林待詔伎術官，并總監諸色職掌內冗員，共一千二百七十人。文宗紀。此可知翰林不皆文學之士矣。趙璘因話録云：「文宗賜翰林學士章服，續有待詔欲先賜本司，以名上，上曰：『賜君子小人不同日，且待別日。』」〔三〕雍録曰：「漢吾丘壽王以善格五召待詔，坐法免，上書願養馬黃門。金日磾與弟倫没入官，輸黃門養馬。」〔四〕師古曰：「黃門之署，職任親近，以供天子，百物在焉，故亦有畫工。」又武帝令黃門畫周公負成王圖，以賜霍光。則是黃門之地，凡善格五者、能養馬者、能繪畫者，皆得居之。故知唐世雜藝之士，供奉翰林者，正用此例也。

〔一〕舊唐書四三。

〔二〕舊唐書一九〇下。

〔三〕因話録一。

〔四〕雍録二。

成化三年，以明年上元張燈，命翰林院詞臣撰詩詞。編修章懋、黄仲昭，檢討莊昶上疏言：「翰林之官，以論思代言爲職。雖曰供奉文字，然鄙俚不經之詞，豈宜進於君上。固不可曲引宋祁、蘇軾之教坊致語，以自取侮慢不敬之罪。臣等又嘗伏讀宣宗章皇帝御製翰林箴，有曰：『啓沃之言，惟義與仁，堯舜之道，鄒孟以陳。』今張燈之舉，恐非堯舜之道；應制之詩，恐非仁義之言。臣等知陛下之心，即祖宗之心，故不敢以是妄陳于上。伏願采蒭蕘之言，於此等事一切禁止。」上怒，命杖之。謫懋臨武知縣、仲昭湘潭知縣、昶桂陽州判官，各調外用。已而諫官爲之申理，乃改懋、仲昭南京大理寺評事，昶南京行人司司副〔一〕。自此翰林之官重矣。

〔一〕憲宗實録四九。

洗馬

越語：「句踐身親爲夫差前馬。」〔一〕韓非子云：「爲吳王洗馬。」〔二〕洗音銑。淮南子云：「爲吳兵先馬走。」〔三〕當作「吳王」。荀子：「天子出門，諸侯持輪，挾輿先馬。」〔四〕賈誼新書：「楚懷王無道，而欲有霸王之號，鑄金以象諸侯人君，令大國之王編而先馬，梁王御，宋王驂乘，滕、薛、衛、中山之君隨而趨。」〔五〕然則洗馬者，馬前引導之人也。亦有稱馬洗者。六韜：「賞及牛豎、馬洗、廐養之徒。」漢書百官表：「太子太傅、少傅屬官有先馬。」張晏曰：「先馬員十六人，秩比謁者，先或作洗。」〔六〕又考周禮齊右職云：「凡有牲事則前馬。」注：「王見牲則拱而式，居馬前卻行，備驚奔也。」又道右職云：「王式則下前馬。」〔七〕是此官古有之矣。莊子：「黄帝將見大隗乎具茨之山，張若謵朋前馬。」〔八〕

〔一〕國語二十越語上。
〔二〕韓非子七喻老。

〔三〕淮南子十二道應訓。
〔四〕荀子十二正論篇。
〔五〕新書下春秋。
〔六〕漢書十九上。
〔七〕夏官齊右、道右。
〔八〕莊子二四徐无鬼。

比部

周禮小司徒：「及三年則大比，大比則受邦國之比要。」注：「大比謂使天下更簡閲民數及其財物也。」鄭司農云：「五家爲比，故以比爲名。今時八月案比是也。」莊子云：「禮法度數刑名比詳。」〔一〕唐時刑部有刑、比、音毗。都官、司門四曹。通典：「比部郎中，龍朔二年改爲司計大夫，咸亨元年復舊。天寶十一載又改比部爲司計，至德初復舊。」〔二〕舊唐書職官志：「比部郎中、員外郎之職，掌勾諸司百寮俸料，公廨贓贖，調斂徒役，課程逋懸數物，周知内外之經費，而總勾之。」〔三〕楊炎傳：「初，國家舊制，天下財賦皆納於左藏庫，而太府四時以數聞，尚書比部覆其出入。」〔四〕宋史職官志：「比部郎中、員外郎，掌勾覆中外帳籍。凡場務倉庫出納在官之物，皆月計、季考、歲會，從所隸監司檢察，以上比部。至則審覆其多寡登耗之數，考其陷失，而理其侵負。」〔五〕山堂考索：「會計逋欠，每三月一比，謂之比部。」〔六〕故昔人有刑罰與賦斂相爲表裏之説。今四曹改爲十三司，而財計之不關刑部久矣，乃猶稱郎官爲比部，何邪？

〔一〕莊子五天道篇。
〔二〕通典二三。
〔三〕舊唐書四三。
〔四〕舊唐書一一八。
〔五〕宋史一六三。
〔六〕山堂考索續集卅三官制門。

員外

員外之官，本爲冗秩。舊唐書李嶠傳：「嶠爲吏部時，志欲曲行私惠，冀得復居相位，奏置員外官數千人，猶近日天啓末之添注京堂。以至官寮倍多，府庫減耗。」〔一〕事在中宗神龍二年。通鑑：「大置員外官，自京司及諸州凡二千餘人。宦官超遷七品以上員外官者，又將千人。」〔二〕册府元龜：「李嶠、韋嗣立同居選部，多引用權勢，請置員外官一千餘員。其員外官悉恃形勢，與正官爭事，百司紛競，至有相毆擊者。」〔三〕又有謂之員外置同正員者。迨乎玄宗，猶不能盡革，故肅宗乾元二年九月詔曰：「應州縣見任員外官，竝任其所適。其中有材識幹濟，曾經任使，州縣所資者，亦聽量留。上州不得過五人，中州不得過四人，下州不得過三人，上縣已上不得過一人。」〔四〕今則副郎而取名員外，於義何居？當緜定制之初，主爵諸臣，未考源流，有乖名實。子不云乎：「必也正名。」〔五〕則斜封墨敕之朝，不可沿其遺號矣。

〔一〕舊唐書九四。
〔二〕通鑑二〇八神龍二年三月條。
〔三〕册府元龜六二九條制門。
〔四〕册府元龜六九審官門。
〔五〕論語子路。

主事

後漢光禄勳，有南北廬主事，主三署之事。於諸郎之中，察茂材者爲之，然其職不過如掾史之等。故范滂遷光禄主事時，陳蕃爲光禄勳，滂執公儀詣蕃，蕃亦不止，滂懷恨投版，棄官而去。後因郭泰之言，蕃乃謝之。而張霸、戴封、戴就、公沙穆，竝以孝廉爲光禄主事。其他府寺，則不聞有此名也。宋書百官志，中書通事舍人下云：「其下有主事。本用武官，宋改用文史。」〔一〕至後魏則於尚書諸司置主事令史。隋煬帝去令史之名，但曰主事。唐時竝流外爲之。尚書省主事六人，從九品上，門下省主事四人，中書省主事四人，竝從八品下。而劉祥道上疏言：「尚書省二十四司，及門下省中書都事、主書、主事等，比來選補，皆取舊任流外有刀筆之人。縱欲參用士流，皆以儔類爲恥。前後相承，遂成故事。望有釐革，稍清其選。」事竟不行〔二〕。裴光庭傳：「任門下省主事。閻麟之專主過官，凡麟之裁定，光庭輙然可。時語曰：麟之口，光庭手。」〔三〕元載傳：「大曆十二年三月庚辰，上御延英殿，命左金吾大將軍吳湊收載及王縉于政事堂，各留繫本所，并中書主事卓英倩、李待榮及載男伸武、季熊竝收禁。」〔四〕宋史職官志：「門下省吏四十有九，録事、主事各三人，令史六人，書令史十有八人，守當官十有九人。」〔五〕魏仁浦傳：「自樞密院小史，遷兵房主事。」〔六〕楊億傳：「時以吏部銓主事、前宜黄簿王太沖爲大理丞評事，億以吏之賤，不宜任清秩，封還詔書。未幾太沖補外。」〔七〕是在前代，皆掾史之任也。明〔八〕初設六部主事，意亦倣此。永樂十四年，永新伯許成以擅杖工部主事王景亮被勘。

〔一〕宋書四十。
〔二〕舊唐書八一。
〔三〕新唐書一〇八。
〔四〕舊唐書一一八。
〔五〕宋史一六一。
〔六〕宋史二四九。
〔七〕宋史三〇五。
〔八〕「明」原作「國」。

主簿

周禮司會〔一〕注：「主計會之簿書。」疏云：「簿書者，古有簡策以記事。」若在君前，以笏記事。後代用簿，簿今手版，故云吏當持簿，簿則簿書也。漢御史臺有此官。御史大夫張忠署孫寶爲主簿〔二〕。而魏晉以下，則寺監以及州郡竝多有之。杜氏通典州佐條下云：「主簿一人，録門下衆事，省署文書，漢制也。歷代至隋皆有。」又引晉習鑿齒爲桓温荆州主簿，「親遇深密，時人語曰：徒三十年看儒書，不如一詣習主簿」〔三〕。在當時爲要職。

〔一〕周禮天官。
〔二〕張忠無傳，見漢書七七孫寶傳。
〔三〕通典三二。「時人語曰」無「人」字。

郎中待詔

北人謂醫生爲大夫，南人謂之郎中，鑷工爲待詔，木工、金工、石工之屬皆爲司務。其名蓋起宋時。老學庵筆記〔一〕：「北人謂醫爲衙推，舊唐書鄭注傳：「以藥術依李愬，署爲節度衙推。」〔二〕北夢瑣言：「莊宗好俳優，宮中暇日，自負蓍囊藥篋，令繼岌破帽相隨。以后父劉叟以醫卜爲業，后方晝寢，繼岌造其卧内，自稱劉衙推訪女。」〔三〕卜相爲巡官。巡官唐五代郡僚之名，或以其巡游賣術，故有此稱，亦莫詳其所始也。」舊唐書音樂志：「隋末河内有人貌惡而嗜酒，常自號郎中。」〔四〕實録：洪武二十六年十二月丙戌，命禮部申禁軍民人等，不得用太孫、太師、太保、待詔、大官、郎中等字爲名稱〔五〕。

〔一〕老學庵筆記二。
〔二〕舊唐書一六九。

〔三〕北夢瑣言十八。
〔四〕舊唐書二九。
〔五〕太祖實録二三〇。

外郎

今人以吏員爲外郎。按史記秦始皇紀：「近官三郎。」索隱曰：「三郎謂中郎、外郎、散郎。」〔一〕通典：「漢中郎將，分掌三署。郎有議郎、中郎、侍郎、郎中凡四等，皆無員〔二〕，多至千人。掌門户，出充車騎，其散郎謂之外郎。」〔三〕今以之稱吏員，乃世俗相褒之辭。

〔一〕史記六。
〔二〕無員，無定員。
〔三〕通典三二職官。

門子

門子者，守門之人。舊唐書李德裕傳「吐蕃潛將婦人嫁與此州門子」〔一〕是也。王智興爲徐州門子。今之門子，乃是南朝時所謂縣僮。梁書沈瑀傳：「爲餘姚令。縣南有豪族數百家，子弟縱横，遞相庇廕，厚自封殖，百姓甚患之。瑀召其老者爲石頭倉監，少者補縣僮。」〔二〕唐志：「二品以下有白直執衣，皆中男爲之。」〔三〕

〔一〕舊唐書一七四。
〔二〕梁書五三。
〔三〕新唐書五五食貨志五。

快手〔一〕

快手之名，起自宋書王鎮惡傳：「東從舊將，猶有六隊千餘人，西將及能細直吏快手，復有二千餘人。」〔二〕建平王景素傳：「左右勇士數十人，竝荆楚快手。」〔三〕黄回傳：「募江西楚人，得快射手八百。」〔四〕南史作「快手」〔五〕。亦有稱「精手」者。沈約自序：「收集得二千精手。」〔六〕南史齊高帝紀：「王藴將數百精手，帶甲赴粲。」〔七〕袁粲。梁書武帝紀：「航南大路悉配精手利器，尚十餘萬人。」〔八〕

〔一〕「快手」、「精手」索引。
〔二〕宋書四五。
〔三〕宋書七二。
〔四〕宋書八三。
〔五〕南史四〇。
〔六〕宋書一〇〇。
〔七〕南史四。
〔八〕梁書一。

火長

今人謂兵爲户長，亦曰火長。崔豹古今注：「伍伯，一伍之伯也。五人爲伍，五長爲伯，故稱伍伯，一曰户伯。漢制，兵五人一户，竈置一伯，故曰户伯，亦曰火伯，以爲一竈之主也。」〔一〕通典：「五人爲列，二列爲火，五火爲隊。」〔二〕唐書兵志：「五十人爲隊，隊有正；十人爲火，火有長。」又云：「十人爲火，五火爲團。」〔三〕則直謂之火矣。宋書卜天與傳：「少爲隊將，十人同火。」〔四〕木蘭詩：「出門看火伴。」〔五〕柳子厚段太尉逸事狀：「叱左右皆解甲，散還火伍中。」〔六〕或作「夥」，誤。

〔一〕古今注卷上輿服。
〔二〕通典一四八兵。
〔三〕新唐書五十。
〔四〕宋書九一。
〔五〕樂府二五。
〔六〕柳宗元集卷卅一。

樓羅

唐書回紇傳：「加册可汗爲登里頡咄登密施含俱録英義建功毗伽可汗。含俱録，華言婁羅也。」〔一〕蓋聰明才敏之意。酉陽雜俎引梁元帝風人辭云：「城頭網雀，樓羅人著。」〔二〕南齊書顧歡論云：「蹲夷之儀，婁羅之辯。」〔三〕北史王昕傳：「嘗有鮮卑聚語。崔昂戲問昕曰：『頗解此不？』昕曰：『樓羅樓羅，實自難解，時唱染干，似道我輩。』」〔四〕五代史劉銖傳：「諸君可謂樓羅兒矣。」〔五〕今本作「僂儸」。鶴林玉露：僂儸，俗言猾也。宋史：「張思

鈞起行伍，征伐稍有功，質狀小而精悍，太宗嘗稱其樓羅。自是人目爲小樓羅焉。」〔六〕

〔一〕舊唐書一九五。
〔二〕酉陽雜俎續集四。
〔三〕南齊書五四。
〔四〕北史二四，北齊書三一。
〔五〕新五代史三十。
〔六〕宋史二八〇。

白衣〔一〕

白衣者庶人之服，然有以處士而稱之者。風俗通：「舜禹本以白衣砥行顯名，升爲天子。」〔二〕史記儒林傳：「公孫弘以春秋白衣爲天子三公。」〔三〕後漢書崔駰傳：「憲諫以爲不宜與白衣會。」〔四〕孔融傳：「與白衣禰衡，跌蕩放言。」〔五〕晉書閻纘傳：「薦白衣南安朱沖可爲太孫師傅。」〔六〕胡奮傳：「宣帝之伐遼東，以白衣侍從左右。」〔七〕是也。有以庶人在官而稱之者。漢書兩龔傳：「聞之白衣。」〔八〕師古曰：「白衣，給官府趨走賤人，若今〔九〕諸司亭長掌固之屬。」蘇伯玉妻盤中詩：「吏人婦，會夫希，出門望，見白衣，謂當是，而更非。」〔十〕續晉陽秋：「陶潛九月九日無酒，於宅邊菊叢中坐，望見白衣人，乃王弘送酒。」〔十一〕是也。人主左右亦有白衣。南史恩倖傳：「宋孝武選白衣左右百八十人。」〔十二〕魏書恩倖傳：「趙修給事東宮，爲白衣左右。」〔十三〕茹皓充高祖白衣左右〔十四〕。

〔一〕「白衣」索引。
〔二〕風俗通一。
〔三〕史記一二一。
〔四〕後漢書八二。
〔五〕後漢書一〇〇。
〔六〕晉書四八。
〔七〕晉書五七。
〔八〕漢書七二。
〔九〕今，師古時。
〔十〕詩紀漢四。
〔十一〕續晉陽秋一。
〔十二〕南史七七。

〔十三〕魏書九三。

〔十四〕南史七七恩倖茹洪亮傳。

唐李泌在肅宗時不受官。帝每與泌出，軍人環指之曰：「衣黄者聖人也，衣白者山人也。」則天子前不禁白。清波雜志言：「前此仕族子弟，未受官者皆衣白，今非跨馬及弔慰不敢用。」〔一〕

〔一〕清波雜志二。

白衣但官府之役耳，若侍衛則不然。史記趙世家：「願得補黑衣之缺，以衛王宫。」〔一〕漢書谷永傳：「擢之皂衣之吏。」〔二〕

〔一〕史記四三。

〔二〕漢書八五。

詩：「麻衣如雪。」〔一〕鄭氏曰：「麻衣，深衣也。」古時未有棉布，凡布皆麻爲之。記曰：「治其麻絲以爲布帛」是也。杜子美詩：「麻鞋見天子。」然則深衣亦用白。

〔一〕詩蜉蝣。

郎〔一〕

郎者，奴僕稱其主人之辭。通鑑注：「門生家奴呼其主爲郎，今俗猶謂之郎主。」〔二〕唐張易之、昌宗有寵，武承嗣、三思、懿宗、宗楚客、晉卿等，候其門庭，爭執鞭轡，呼易之爲五郎，昌宗爲六郎。鄭杲謂宋璟曰：「中丞奈何卿五郎？」璟曰：「以官言之，正當爲卿。足下非張卿家奴，何郎之有？」安禄山德李林甫，呼十郎。王鉷謂王鉷爲七郎。李輔國用事，中貴人不敢呼其官，但呼五郎。程元振軍中呼爲十郎。陳少游謁中官董秀稱七郎是也。其名起自秦漢郎官。三國志：「周瑜至吳時，年二十四，吳中皆呼爲周郎。」〔三〕江表傳：「孫策年少，雖有位號，而士民皆呼爲孫郎。」〔四〕世説：「桓石虔小字鎮惡，年十七八，未被舉，而僮隸已呼爲鎮惡郎。」〔五〕後周書：「獨孤信少年，好自修飾，服章有殊於衆，軍中呼爲獨孤郎。」〔六〕隋書：「滕王瓚，周世以貴公子，又尚公主，時人號曰楊三郎。」〔七〕温大雅大唐創業起居注：「時文武官人竝未署置，軍中呼太子、秦王爲大郎、二郎。」〔八〕自唐以後，僮僕稱主人通謂之郎。今則輿臺厮養無不稱之矣。韋堅傳：「三郎當殿坐，看唱得寶歌。」〔九〕玄宗行第三，以天子而謂之三郎，亦唐人之輕薄也。

〔一〕「郎」索引。
〔二〕通鑑二〇七長安三年九月條。
〔三〕吳志九周瑜傳。
〔四〕吳志一孫策傳注引江表傳。
〔五〕世説新語卷中之下豪爽。
〔六〕後周書十六。
〔七〕隋書四四。
〔八〕大唐創業起居注一。
〔九〕舊唐書一〇五。

又按北朝人子呼其父亦謂之郎。北史節義傳：「李憲爲汲固長育至十餘歲，恒呼固夫婦爲郎婆。」〔一〕

〔一〕北史八五。

門生〔一〕

後漢書賈逵傳：「皆拜逵所選弟子及門生爲千乘王國郎。」〔二〕是弟子與門生爲二。歐陽公孔宙碑陰題名跋曰：「漢世公卿多自教授，聚徒常數百人。其親受業者爲弟子，轉相傳授者爲門生。今宙碑殘缺，其姓名邑里僅可見者纔六十二人，其稱弟子者十人，門生者四十三人，故吏者八人，故民者一人。愚謂漢人以受學者爲弟子，其依附名勢者爲門生。」〔三〕郅壽傳：「時大將軍竇憲以外戚之寵，威傾天下。憲常使門生齎書詣壽，有所請託。」〔四〕楊彪傳：「黄門令王甫使門生於京兆界，辜榷官財物七千餘萬。」〔五〕憲外戚，甫奄人也，安得有傳授之門生乎？

〔一〕「門生」索引。
〔二〕後漢書六六。
〔三〕隸釋二二。

〔四〕後漢書五九。
〔五〕後漢書八四。

南史所稱門生，今之門下人也。宋書徐湛之傳：「門生千餘人，皆三吴富人之子，姿質端妍，衣服鮮麗，每出入行游，塗巷盈滿。泥雨日，悉以後車載之。」〔一〕謝靈運傳：「奴僮既衆，義故門生數百。」〔二〕南齊書劉懷珍傳：「懷珍北州舊姓，門附殷積，啓上門生千人充宿衛，孝武大驚。」〔三〕其人所執者，奔走僕隸之役。晉書劉隗傳：「周嵩嫁女，門生斷道，斫傷二人，建康左尉赴變，又被斫。」〔四〕南史齊東昏侯紀：「丹陽尹王志被驅急，狼狽步走，唯將二門生自隨。」〔五〕后妃傳：「門生王清與墓工始下插。」〔六〕劉瓛傳：「游詣故人，惟一門生持胡牀隨後。」〔七〕是也。其初至，皆入錢爲之。宋書顔竣傳：「多假資禮解爲門生，充朝滿野，殆將千計。」〔八〕梁書顧協傳：「有門生始來事協，知其廉潔，不敢厚餉，止送錢二千。協怒，杖之二十。」〔九〕南史姚察傳：「有門生送南布一端，花練一疋，察厲聲驅出。」〔十〕是也。故南齊書謝超宗傳云：「白從王永先。」又云：「門生王永先。」〔十一〕謂之白從，以其異於在官之人。陳書沈洙傳：「建康令沈孝軌，門生陳三兒，牒稱主人翁。」〔十二〕顔氏家訓亦以門生、僮僕竝稱〔十三〕。而宋書顧琛傳：「尚書寺門有制，八座以下，門生隨入者各有差，不得雜以人士。」〔十四〕其冗賤可知矣。梁傳昭不蓄私門生，蓋所以矯時人之弊乎。

〔一〕宋書七一。殿本作「十餘人」。

〔二〕宋書六七。

〔三〕南齊書二七。

〔四〕晉書六九。

〔五〕南史五。

〔六〕南史十一齊高昭劉后傳。齊書廿一同。

〔七〕南史五十。齊書三九同。

〔八〕宋書七五。

〔九〕梁書三十。

〔十〕南史六九。

〔十一〕南齊書三六。

〔十二〕陳書三三儒林傳。

〔十三〕顔氏家訓上風操篇末。

〔十四〕宋書八一。

守門之人亦有稱門人者。春秋襄公二十九年，「閽弒吴子餘祭」。公羊傳：「閽者何？門人也。」韓非子：「門人捐水而夷射誅。」〔一〕

〔一〕韓非子卷十内儲説下。

府君

府君者，漢時太守之稱。三國志：「孫堅襲荆州刺史王叡，叡見堅，驚曰：兵自求賞，孫府君何以在其中？」〔一〕孫策進軍豫章，華歆爲太守，葛巾迎策。策謂歆曰：「府君年德名望，遠近所歸。」〔二〕

〔一〕吴志一孫堅傳注引吴録。
〔二〕魏志十三華歆傳注引胡沖吴曆。

官人

南人稱士人爲官人。昌黎集王適墓誌銘：「一女憐之，必嫁官人，不以與凡子。」〔一〕是唐時有官者，方得稱官人也。杜子美逢唐興劉主簿詩：「劍外官人冷。」

〔一〕韓文公集二八。

明〔一〕制，郡王府自鎮國將軍而下，稱呼止曰官人。

〔一〕「明」原作「本朝」。

對人稱臣

漢初人對人多稱臣，乃戰國之餘習。刺客傳〔一〕，聶政稱臣，嚴仲子亦稱臣。史記高祖紀：「呂公曰：臣少好相人。」張晏曰：「古人相與言，多自稱臣，猶今人相與言自稱僕也。」〔二〕西都賦，李周翰注：「臣者男子之賤稱，古人謙退，皆稱之。」〔三〕至天下已定，則稍有差等，而臣之稱，惟施之諸侯王。故韓信過樊將軍噲，噲趨拜送迎，言稱臣，曰：「大王乃肯臨臣。」陳平、周勃對王陵亦曰：「臣不如君。」至文景以後，則此風漸衰。而賈誼新書有「尊天子避嫌疑不敢稱臣」之説〔四〕。王子侯表，有利侯釘坐遺淮南王書稱臣棄市〔五〕。功臣侯表，安平侯鄂但坐與淮南王女陵通，遺淮南王書稱臣盡力，棄市〔六〕。平棘侯薛穰坐受淮南王賂稱臣，在赦前免。免侯爵。皆在元狩元年。而嚴助傳〔七〕，天子令助諭意淮南王，一則曰「臣助」，再則曰「臣助」，史因而書之，未嘗以爲罪，則知釘等三人所坐者交通之罪。而自此以後，廷臣之於諸侯王，遂不復有稱臣者爾。晉時有自稱民者。世説：「陸大尉對王丞相曰：『公長民短。』」然王官之於國君，屬吏之於府主，其稱臣如故。宋書：「孝武孝建元年十月己未，大司馬江夏王義恭等奏：『郡縣内史及封内官長，於其封君，既非在三，罷官，則不復追敬，不合稱臣。』詔可。」〔八〕齊梁以後，王官仍復稱臣，隋書百官志：「諸王公侯國官皆稱臣。上於天朝，皆稱陪臣。」〔九〕而屬吏則不復稱矣。

〔一〕史記八六。

〔二〕史記八。
〔三〕文選一。
〔四〕新書上服疑。
〔五〕史記二一。
〔六〕史記十八。
〔七〕漢書六四上。
〔八〕宋書十八禮志。
〔九〕隋書卄六。此指梁制。

諸侯王有自稱臣者。齊哀王遺諸侯王書曰：「惠帝使留侯張良立臣爲齊王。」〔一〕是也。天子有自稱臣者。高祖奉玉卮起爲太上皇壽曰：「始大人常以臣無賴，不能治產業。」〔二〕景帝對竇太后言：「始南皮、章武侯，先帝不侯，及臣即位，乃侯之。」〔三〕是也。

〔一〕漢書三八。
〔二〕漢書一下。
〔三〕漢書四十周勃傳附周亞夫傳。

先卿

稱其臣爲卿，則亦可稱其臣之父爲先卿。宋史理宗紀：「工部侍郎朱在進對奏人主學問之要，上曰：『先卿中庸序言之甚詳，朕讀之不釋手，恨不與同時。』」〔一〕此如商書之言「先正保衡」，蓋尊禮之辭也。

〔一〕宋史四一。

先妾

人臣對君稱父爲先臣，則亦可稱母爲先妾。左傳：晏嬰辭齊景公曰：「君之先臣容焉。」〔一〕戰國策：匡章對齊威王曰：「臣非不能更葬先妾也。」〔二〕陳沈炯表言：「臣母妾劉，年八十有一，臣叔母妾丘，七十有五。」〔三〕

〔一〕左傳昭三年。
〔二〕戰國策八齊策。
〔三〕陳書十九。

稱臣下爲父母

「父母」二字乃高年之稱。漢文帝問馮唐曰：「父老何自爲郎？」是稱其臣爲父也。史記：文帝又問，則曰：「父知之乎？」〔一〕是當時面言如此。漢書以人主嫌於稱父，乃添一字，曰：「父老知之乎？」失之矣。趙王謂趙括母曰：「母置之，吾已決矣。」是稱其臣之母爲母也。

〔一〕史記一〇二。

人臣稱人君

人臣有稱人君者。漢書：高帝詔曰：「爵或人君，上所尊禮。」師古曰：「爵高有國邑者，則自君其人，故云或人君也。」〔一〕

〔一〕漢書一下。此條上文君條曾引之。

郡縣初立，亦有君臣之分。故尉繚説秦王曰：「以秦之强，諸侯譬如郡縣之君臣。」水經注〔一〕引黄義仲〔二〕十三州記曰：「郡之言君也。改公侯之封而言君者至尊也。今『郡』字君在其左，邑在其右，君爲元首，邑以載民，故取名於君謂之郡。」

〔一〕水經注二河水條。
〔二〕「義」恐「羲」之誤。

上下通稱

漢書霍光傳：「鴞數鳴殿前樹上。」師古曰：「古者室屋高大，則通呼爲殿耳，非止天子宮中。」〔一〕黄霸傳：「丞相請與中二千石、博士，雜問郡國上計長吏、守丞，爲民興利除害者爲一輩，先上殿。」師古曰：「殿，丞相所坐屋也。」〔二〕董賢傳：「爲賢起大第北闕下，重殿洞開。」〔三〕後漢書蔡茂傳：「夢坐大殿。」注：「屋之大者古通呼爲殿。」〔四〕三國志張遼傳：

「爲起第舍，又特爲遼母作殿。」〔五〕左思魏都賦：「都護之堂，殿居綺窗。」〔六〕是人臣亦得稱殿也〔七〕。鮑宣傳：「爲豫州牧，行部乘傳，去法駕，駕一馬。」〔八〕是人臣亦得稱法駕也。舊唐書吳元濟傳：「詔以裴度爲彰義軍節度使，兼申、光、蔡四面行營招撫使，以郾城爲行在，蔡州爲節度所。」〔九〕是人臣亦得稱行在也。

〔一〕漢書六八。
〔二〕漢書八九循吏傳。
〔三〕漢書九三佞幸傳。
〔四〕後漢書五六。
〔五〕魏志十七。
〔六〕文選六。
〔七〕「殿」字索引。
〔八〕漢書七二。
〔九〕舊唐書一四五。

漢人有以郡守之尊稱爲本朝者。司隸從事郭究碑云：「本朝察孝，貢器帝庭。」〔一〕豫州從事尹宙碑云：「綱紀本朝。」〔二〕是也。三國志孫皓傳注：「邵疇爲會稽郡功曹，自言位極朝右。」〔三〕晉盧諶贈劉琨詩：「謬其疲隸，授之朝右。」李善注：「朝右謂別駕也。」〔四〕亦謂之郡朝。後漢書劉寵傳：「山谷鄙生，未嘗識郡朝。」〔五〕是也。亦謂之府朝。晉書劉琨傳：「造府朝，建市獄。」〔六〕是也。時琨爲并州刺史。胡三省通鑑注：「晉宋之間，郡曰郡朝，府曰府朝，藩王曰藩朝。宋武帝爲宋王，齊高帝爲齊王，時曰霸朝。」〔七〕亦有以縣令而稱朝。晉潘岳爲長安令，其作西征賦曰：「勵疲鈍以臨朝。」〔八〕是也。

〔一〕隸釋十。

〔二〕金石文字記一。

〔三〕吳志三注引會稽邵氏家傳。

〔四〕文選二五。

〔五〕後漢書一〇六循吏。

〔六〕晉書六二。

〔七〕通鑑一二八宋大明元年三月條。

〔八〕文選十。

漢丹陽太守郭旻碑，有曰：「君之弟故太尉蕘，歸葬舊陵。」〔一〕歐陽永叔以人臣爲疑。蓋徒見唐盧粲駁武承訓造陵之奏，以謂陵之稱謂施於尊極，不屬王公已下，舊唐書德肇傳〔二〕。此自南北朝已後然爾。按水經注言：「秦名天子冢曰山，漢曰陵。」又引風俗通言：「王公墳壠稱陵。」〔三〕書中有子夏陵、老子陵及諸王公妃之陵甚多〔四〕。後漢書明章二帝紀言，祠東海恭王陵，定陶太后恭王陵，東平憲王陵，沛獻王陵。西京雜記，董仲舒之墓稱下馬陵。李肇國史補：「武帝幸宜春苑，每至此陵下馬，時謂之下馬陵。歲遠訛爲蝦蟇陵也。」〔五〕白樂天琵琶行：「家在蝦蟇陵下住。」曹公祭橋玄文：「北望貴土，乃心陵墓。」〔六〕三國志注：「陳思王上書言：陛下既爵臣百寮之右，居藩國之任，屋名爲宮，冢名爲陵。」〔七〕則人臣而稱陵，古多有之，不以爲異也。呂東萊大事記：「墓之稱陵，古無貴賤之别。」〔八〕國語：管仲曰：「定民之居，成民之事，陵爲之終。」〔九〕是凡民之墓，亦得稱陵〔十〕。

〔一〕隸續卷三、卷十九。

〔二〕舊唐書一八九下儒學盧粲傳。何以誤爲「德肇」？形似也。然元鈔本、潘刻本已如此。

〔三〕水經注十九渭水條。

〔四〕水經注卷四、卷十九、卷二、卷三。

〔五〕國史補卷下。
〔六〕後漢書五一。
〔七〕魏志十九曹植傳注引魏略。「冢」，初刻、黄本誤「家」。
〔八〕大事記解題卷三。
〔九〕國語第六齊語。
〔十〕「陵」字索引。

人臣稱鹵簿。石林燕語曰：「鹵簿之名，始見於蔡邕獨斷。唐人謂鹵，櫓也，甲楯之别名。凡兵衛以甲楯居外爲前導，捍蔽其先後，皆著之簿籍，故曰鹵簿。」〔一〕因舉南朝御史中丞、建康令皆有鹵簿，爲君臣通稱。杜氏通典，有群官鹵簿。南史顔延之傳：「嘗乘羸牛車，逢子竣鹵簿。」〔二〕「王僧儒幼隨其母至市，遇中丞鹵簿，驅迫溝中。」〔三〕

〔一〕石林燕語四。
〔二〕南史三四。
〔三〕南史五九。

今人以皇族稱爲宗室，考之於古，不盡然，凡人之同宗者，即相謂曰宗室。左傳昭六年，宋華亥譏華合比而去之，左師曰：「女喪而宗室，於人何有？」魏書胡叟傳：「叟與始昌雖宗室，性氣殊詭，不相附。」〔一〕北齊書邢邵傳：「十歲便能屬文。族兄巒有人倫鑑，謂子弟曰：宗室中有此兒，非常人也。」〔二〕張雕傳：「胡人何洪珍，大蒙主上親寵，與張景仁結爲婚媾。雕以景仁宗室，自託於洪珍。」〔三〕後周書裴俠傳：「撰九世伯祖貞侯傳，欲使後生奉而行之，宗室中知名者咸付一通。」〔四〕薛端傳：「爲東魏行臺薛循義所逼，與宗室及家僮等走免。」〔五〕杜叔毗傳：「兄君錫及宗室等，爲曹策所害。」〔六〕徐陵集有在北齊與宗室書〔七〕。

〔一〕魏書五二。「附」上原有「好」字。
〔二〕北齊書三六。
〔三〕北齊書四四。
〔四〕周書三五。
〔五〕周書三五。
〔六〕周書四六。
〔七〕徐陵集七。

顔氏家訓論孫楚王驃騎誄云「奄忽登遐」，以爲非所宜言〔一〕。然夏侯湛昆弟誥曰：「我王母薛妃登遐。」又曰：「蔡姬其祖之繼室登遐。」〔二〕則晉人固嘗用之，不以爲嫌也。

〔一〕顔氏家訓卷上文章篇九。

〔二〕晉書五五夏侯湛傳。

人臣稱諒闇。晉書山濤傳：「除太常卿，遭母喪歸鄉里。詔曰：山太常尚居諒闇。」〔一〕

〔一〕晉書四三。

人臣稱大漸。列子：「季梁得疾，七日大漸。」〔一〕齊王儉褚淵碑文：「景命不永，大漸彌留。」〔二〕任昉竟陵王子良行狀：「大漸彌留，話言盈耳。」〔三〕沈約安陸王緬碑文：「遘疾彌留，欻焉大漸。」〔四〕隋鷹揚郎將義城子梁羅墓誌：「大漸之期，春秋六十有一。」〔五〕唐王紹宗爲其兄玄宗臨終口授銘：「吾六兄同人見疾，大漸惟幾。」〔六〕盧藏用蘇許公瓌神道碑

文：「大漸之始，遺令遵行。」〔七〕

〔一〕列子六力命篇。
〔二〕文選五八。
〔三〕文選六十。
〔四〕文選五九。
〔五〕金石文字記二。
〔六〕金石文鈔四。
〔七〕張燕公集十八。亦見文苑英華八八三。序爲盧作，銘爲張説作。

書武成：「垂拱而天下治。」記玉藻：「凡侍於君，紳垂足如履齊，頤霤垂拱。」是垂拱之云，上下得同之也〔一〕。

〔一〕凡此皆初爲通稱，後爲專稱。如古之稱「朕」，不盡天子也。

人臣稱萬歲

後漢書韓棱傳：「竇憲有功還，尚書以下議欲拜之，伏稱萬歲。棱正色曰：『夫上交不諂，下交不黷，禮無人臣稱萬歲之制。』議者皆慙而止。」〔一〕然考之戰國策言：「馮煖爲孟嘗君以責賜諸民，因燒其券，民稱萬歲。」〔二〕史記但云：「坐者皆起再拜。」馬援傳言：「援擊牛釃酒，勞饗軍士。吏士皆伏稱萬歲。」〔三〕馮魴傳言：「責讓賊延褒等，令各反農桑，皆稱萬歲。」〔四〕吳良傳注引東觀記：「歲旦，郡門下掾王望舉觴上壽，掾史皆稱萬歲。」〔五〕則亦當時人慶幸之通稱。而李固出獄，「京師市里，皆稱萬歲」〔六〕，遂爲梁冀所忌，而卒以殺之。亦可見其爲非常之辭矣。

〔一〕後漢書七五。
〔二〕戰國策十一齊策。
〔三〕後漢書五四。
〔四〕後漢書六三。
〔五〕後漢書五七。
〔六〕後漢書九三。

日知録校注卷二十五

重黎

左傳：「蔡墨對魏獻子言：少昊氏有四叔，曰重、曰該、曰修、曰熙。使重爲句芒，該爲蓐收，修及熙爲玄冥。顓頊氏有子曰犂，爲祝融。」〔一〕「犂」即「黎」字異文。是重、黎爲二人，一出於少昊，一出於顓頊。而史記楚世家則曰：「帝顓頊高陽者，黄帝之孫，昌意之子也。高陽生稱，稱生卷章，卷章生重黎。」〔二〕太史公自序則曰：「重黎氏世序天地，其在周，程伯休甫其後也。」〔三〕晉書宣帝紀：「其先出自帝高陽之子重黎，爲夏官祝融。」〔四〕宋書載晉尚書令衛瓘、尚書左僕射山濤、右僕射魏舒、尚書劉寔、司空張華等奏，乃云：「大晉之德，始自重黎，實佐顓頊，至於夏商，世序天地，其在於周，不失其緒。」〔五〕似以重黎爲一人，不容一代乃有兩祖，亦昔人相沿之謬。續漢書天文志曰：「司馬遷以世黎氏之後爲太史令。」〔六〕則已覺其謬矣。索隱引劉氏曰：「少昊氏之後曰重，顓頊氏之後曰重黎。對彼重則單稱黎，若自言當家則稱重黎。楚及司馬氏皆重黎之後，非關少昊之重。」〔七〕此順非而曲爲之説。

〔一〕左傳昭廿九年。
〔二〕史記四十。
〔三〕史記一三〇。
〔四〕晉書一。
〔五〕宋書十六禮志，太康元年九月。
〔六〕後漢書二十天文志上。
〔七〕史記四十楚世家。

巫咸

古之聖人，或上而爲君，或下而爲相。其知周乎萬物，而道濟天下，固非後人之所能測也，而傳者猥以一節概之。黄帝，古聖人也，而後人以爲醫師。伯益，古賢臣也，而世有百蟲將軍之號。以彼事蹟章章在經籍者且猶如此，若乃堯之臣名羿，而有窮之君亦名羿；堯之典樂名夔，而木石之怪亦爲夔；湯居亳，而亳戎之國亦名湯。夫苟以其名而疑之，則道德之用微，而謬悠之説作，若巫咸者可異焉。書君奭篇：「在大戊，時則有若伊陟、臣扈格於上帝。巫咸乂王家，在祖乙時則有若巫賢。」孔安國傳：「賢，咸子，巫氏。」史記殷本紀：「帝祖乙立，殷復興，巫咸任職。」〔一〕「咸」當爲「賢」之誤。書序〔二〕：「伊陟相太戊，亳有祥桑穀共生於朝，伊陟贊於巫咸，作咸乂四篇。」孔安國傳曰：「巫咸臣名。」馬融曰：「巫，男巫也，名咸，殷之巫也。」孔穎達正義曰：「君奭傳曰：巫，氏也，當以巫爲氏名咸。鄭玄云：巫咸謂之巫官。按〔三〕君奭，咸子巫賢，父子並爲大臣。必不世作巫官，故孔言巫氏是也。」則巫咸之爲商賢相，明矣。史記正義謂「巫咸及子賢冢，皆在蘇州常熟縣西海隅山上，蓋二子本吳人」云〔四〕。越絶書云：「虞山者，巫咸所出也。」〔五〕是未可知。而後之言天官者宗焉，言卜筮者宗焉，言巫鬼者宗焉。言天官，則史記天官書所云：「昔之傳天數者，高辛之前重黎，於唐虞羲和，有夏昆吾，殷商巫咸者也。」〔六〕言卜筮，則呂氏春秋所謂「巫彭作醫，巫咸作筮」者也〔七〕。周禮簭人：「九簭之名，一曰巫更，二曰巫咸，三曰巫式，四曰巫目，五曰巫易，六曰巫比，七曰巫祠，八曰巫參，九曰巫環。」鄭玄注：「此九巫皆當讀爲筮，字之誤也。」言巫鬼，則莊子所云：「巫咸袑曰來。」〔八〕楚辭離騷所云：「巫咸將夕降兮，懷椒糈而要之。」〔九〕史記封禪書所云：「巫咸之興自此始。」〔十〕索隱曰：「孔安國尚書傳云：巫咸臣名。今云巫咸之興自此始，則以巫咸爲巫覡。然楚辭亦以巫咸主神。蓋太史公以巫咸是殷臣，以巫接神，事大戊，使禳桑穀之災，故云然。」許氏説文所云：「巫咸初作巫。」〔十一〕

又其死而爲神，則秦詛楚文所云「不顯大神巫咸」者也。封禪書：「荆巫祀堂下，巫先，司命施糜之屬。」索隱曰：「巫先謂古巫之先有靈者，蓋巫咸之類也。」而又或以巫咸爲黄帝時人。歸藏言：「黄神將戰，筮於巫咸。」〔十二〕是也。以爲帝堯時人。郭璞巫咸山賦序〔十三〕地理志：「巫咸山在安邑縣東。」〔十四〕水經注：「鹽水出東南薄山，西北流，逕巫咸山北。」〔十五〕言：「巫咸以鴻術爲帝堯醫。」是也。以爲春秋時人。莊子言：「鄭有神巫曰季咸。」〔十六〕列子言：「神巫季咸，自齊來處於鄭。」〔十七〕是也。枚乘七發：「扁鵲治内，巫咸治外。」〔十八〕文選吕向注：「扁鵲、巫咸皆鄭人。」按列子、莊子皆言鄭有神巫曰季咸，而扁鵲則鄭人，字形相混，亦以爲鄭也。至山海經海外西經言：「巫咸國在女丑北，左手操青蛇，右手操赤蛇，在登葆山，群巫所從上下也。」〔十九〕注：採藥往來。大荒西經言：「大荒之中，有山名曰豐沮玉門，日月所入，有靈山、巫咸、巫即、巫肦、巫彭、巫姑、巫真、巫禮、巫抵、巫謝、巫羅十巫，從此升降，百藥爰在。」〔二十〕注：群巫上下此山採之也。淮南子地形訓〔二一〕言：「軒轅丘在西方，巫咸在其北方。」則益荒誕不可稽，而知古賢之名，爲後人所假託者多矣。

〔一〕史記三。

〔二〕序在咸有一德後。

〔三〕按亦正義按。

〔四〕史記三。

〔五〕越絶書二。

〔六〕史記二七。

〔七〕呂氏春秋十七審分覽四勿躬篇。

〔八〕莊子十四天運篇。

〔九〕文選三二。

〔十〕史記二八。

〔十一〕説文五上巫部。

〔十二〕歸藏一。漢魏遺書。

〔十三〕藝文類聚七。

〔十四〕漢書二八上，「東」原作「南」。

〔十五〕水經注六涑水條。

〔十六〕莊子三應帝王。

〔十七〕列子二黄帝篇。

〔十八〕文選三四。

〔十九〕山海經下第七。

〔二十〕山海經下第十六。

〔二一〕亦作「墬形訓」。

河伯

竹書：「帝芬十六年，雒伯用與河伯馮夷鬬。」「帝泄十六年，殷侯微上甲微也以河伯之師伐有易，殺其君綿臣。」〔一〕是河伯者國居河上，而命之爲伯，如文王之爲西伯，而馮夷者其名爾。楚辭九歌以河伯次東君之後〔二〕，則以河伯爲神。天問：「胡羿射夫河伯，而妻彼雒嬪。」〔三〕王逸章句以「射」爲「實」，以「妻」爲「夢」。其解遠遊「令海若舞馮夷」，則曰：「馮夷，水仙人也。」是河伯、馮夷皆水神矣。穆天子傳：「至於陽紆之山，河伯、無夷之所都居。」〔四〕注：「無夷，馮夷也。」山海經云冰夷。山海經：「中一作從極之淵，深三百仞，惟冰夷恒都焉。冰夷人面，乘兩龍。」〔五〕郭璞注：「冰夷，馮夷也，即河伯也。」郭璞江賦：「冰夷倚浪以傲睨。」莊子：「馮夷得之以遊大川。」司馬彪注引清泠傳曰：「馮夷，華陰潼鄉隄首里人也，服八石得道爲水仙，是爲河伯。」〔六〕是以馮夷死而爲神，其説怪矣。龍魚河圖曰：「河伯姓呂名公子，夫人姓馮名夷。」〔七〕以馮夷爲河伯之妻，更怪。楚辭九歌有河伯，而馮夷屬海若之下，亦若以爲兩人。大抵所傳各異，而謂河神有夫人者，亦秦人以君主妻河、鄴巫爲河伯娶婦〔八〕之類耳。淮南子：「馮夷、大丙之御。」注：「二人古之得道、能御陰陽者。」〔九〕

〔一〕竹書紀年上。
〔二〕楚辭二。
〔三〕楚辭三。
〔四〕穆天子傳一。
〔五〕山海經海内北經第十二。
〔六〕莊子三大宗師。司馬注見陸氏釋文。
〔七〕古微書三四。
〔八〕史記一二六褚補滑稽西門豹傳，爲鄴令。
〔九〕淮南子一原道訓。

魏書：「高句麗先祖朱蒙。朱蒙母河伯女，爲夫餘王妻，朱蒙自稱爲河伯外孫。」〔一〕則河伯又有女、有外孫矣。

〔一〕魏書一〇〇。

真誥載有一人，旦旦詣河邊拜河水，如此十年，河侯、河伯遂與相見，予白璧十雙，教以水行不溺法〔一〕。注曰：「河侯、河伯，故當是兩神邪？」

〔一〕真誥十二。

湘君

楚辭湘君、湘夫人，亦謂湘水之神，有后有夫人也〔一〕。初不言舜之二妃。王逸章句，始以湘君爲水神，湘夫人爲二妃。記曰：「舜葬於蒼梧之野，蓋三妃未之從也。」山海經〔二〕：「洞庭之山，帝之二女居之。」郭璞注曰：「天帝之二女，而處江爲神。」即列仙傳江妃二女也。九歌所謂湘夫人，稱帝子者是也。而河圖玉版曰：「湘夫人者，帝堯女也。秦始皇浮江至湘山，逢大風，而問博士：『湘君何神？』博士曰：『聞之堯二女，舜妃也，死而葬此。』」〔三〕列女傳曰：「二女死於江湘之間，俗謂之湘君。」〔四〕鄭司農亦以舜妃爲湘君。説者皆以舜陟方而死，二妃從之，俱溺死於湘江，遂號爲湘夫人。按九歌，湘君、湘夫人，自是二神。江湘之有夫人，猶河雒之有虙妃也。此之爲靈，與天地並，安得謂之堯女？且既謂之堯女，安得復總云湘君哉？何以考之？禮記云：「舜葬蒼梧，二妃不從。」〔五〕明二妃生不從征，死不從葬。且傳曰：「生爲上公，死爲貴神。」〔六〕禮：五嶽比三公，四瀆比諸侯〔七〕。今湘川不及四瀆，無秩於命祀，而二女帝者之后，配靈神祇，無緣復下降小水，而爲夫人也。原其致謬之繇，繇乎俱以帝女爲名，名實相亂，莫矯其失，習非勝是，終古不悟，可悲矣。此辨〔八〕甚正。又按遠游之文，上曰：「二女御九招歌。」下曰：「湘靈鼓瑟。」〔九〕是則二女與湘靈，固判然爲二，即屈子之作，可證其非舜妃矣。後之文人附會其説，以資諧諷，其瀆神而慢聖也，不亦甚乎！

〔一〕楚辭二。
〔二〕山海經中山經第五。
〔三〕古微書三四。
〔四〕列女傳一。
〔五〕檀弓上。
〔六〕左傳昭廿九年。

〔七〕禮記王制。

〔八〕此辨何人所辨，不明，似是郭璞注。

〔九〕楚辭章句五。

禹崩會稽，故山有禹廟。而水經注言：「廟有聖姑。禮樂緯云：『禹治水畢，天賜神女聖姑。』」〔一〕夫舜之湘妃，猶禹之聖姑也。

〔一〕水經注四十漸江水條。「聖姑」下原有「像」字。禮樂緯乃水經注引。

甚矣，人之好言色也。太白，星也，而有妻。甘氏星經曰：「太白上公，妻曰女媊。女媊居南斗，食厲，天下祭之曰明星。」河伯，水神也，而有妻。龍魚河圖曰：「河伯姓呂，名公子。夫人姓馮，名夷。」〔一〕常儀，古占月之官也，而淮南子以爲羿妻，竊藥而奔月，名曰常娥〔二〕。霜，露之所爲，雪，水之所凝也，而淮南子云：「青女乃出，以降霜雪。」〔三〕高誘注：「天神青霄玉女。」巫山神女，宋玉之寓言也，而水經注以爲天帝之季女，名曰瑤姬〔四〕。李善高唐賦〔五〕注，引襄陽耆舊傳曰：「赤帝女姚姬，未行而卒，葬於巫山之陽。」雒水宓妃，陳思王之寄興也，而如淳以爲伏羲氏之女。漢書音義：伏羲氏之女，溺雒水爲神。嵞山啓母，天問之雜説也，後人附以少姨，以爲啓母之妹，今少室山有阿姨神。而武后至封之爲玉京太后、金闕夫人。青溪小姑，爲蔣子文之第三妹，則見於楊烱之碑。楊烱少姨廟碑曰：「蔣侯三妹，青溪之軌跡可尋。」〔六〕并州妬女，爲介子推之妹，則見於李諲之詩。見下。小孤山之訛爲小姑也，歐陽公歸田録〔七〕。杜拾遺之訛爲十姨也，黄氏日鈔〔八〕。是皆湘君夫人之類。而九歌之篇，遠遊之賦，且爲後世迷惑男女、瀆亂神人之祖也。或曰：易以坤爲婦道，而漢書有媼神之文。郊祀歌〔九〕：「媼神蕃釐。」張晏曰：「媼者老母之稱，坤爲母，故稱媼。」於是山川之主，必爲婦人以象之，非所以隆國典而昭民敬也已。

〔一〕龍魚河圖三四。
〔二〕淮南子六覽冥訓。
〔三〕淮南子一天文訓。
〔四〕水經注卅四江水條。
〔五〕文選十九。
〔六〕楊盈川集五。
〔七〕歸田録二。
〔八〕黄氏日鈔六一。

〔九〕樂府一。

金元好問承天鎮懸泉詩〔一〕注曰：「平定土俗，傳介子推被焚，其妹介山氏恥兄要君，積薪自焚，號曰妬女祠。唐書：高宗調露元年九月，幸并州，道出妬女祠。其碑大曆中判官李諲撰，辭旨殊謬，至有『百日積薪，一日燒之』之語。鄉社至今〔二〕以百五日積薪而焚之，謂之祭妬女。」其詩有曰：「神祠水之滸，儀衛盛官府。頗怪祠前碑，稽考失莽鹵。吾聞允格臺駘〔三〕，宣汾洮，障大澤，自是生有自來，歸有所假，而「而」即「如」字自經溝瀆，便可尸祝之，祀典紛紛果何取？子胥鼓浪怒未洩，精衛銜薪心獨苦，楚臣百問天不酬，肯以誕幻虛荒驚聾瞽。自有宇宙有此水，此水綿綿流萬古。人言主者介山氏，且道未有介山之前復誰主？山深地古自是有神物，不假靈真誰敢侮？稗官小説出閭巷，社鼓村簫走翁嫗。當時大曆十才子，爭遺李諲鑱陋語。」此是千古正論。杜氏通典：「汾陰后土祠，爲婦人塐像。武太后時，移河西梁山神塐像就祠中配焉。開元十一年，有司遷梁山神像於祠外之別室。」〔四〕夫以山川之神，而人爲之配合，其瀆亂不經尤甚矣。張南軒集言：「舜廟中有武后像，即日投之江中。」〔五〕

〔一〕遺山集五雜言。「承」上原有「游」字。此爲元自注。
〔二〕今，謂遺山時。
〔三〕允格臺駘，見史記四二鄭世家。
〔四〕通典四五禮。
〔五〕張南軒集二。

泰山頂碧霞元君，宋真宗所封，世人多以爲泰山之女。後之文人知其説之不經，而撰爲黄帝遣玉女之事以附會之。不知當日所以褒封，固真以爲泰山之女也。今考封號，雖自宋時，而泰山女之説，則晉時已有之。張華博物志：「文王以太公爲灌壇令，期年風不鳴條。文王夢見有一婦人當道而哭，問其故，曰：『我東海泰山神女，嫁爲西海婦，欲東歸，灌壇令當吾道。太公有德，吾不敢以暴風疾雨過也。』文王夢覺，明日召太公，三日三夕，果有疾風驟雨自西來也，文王乃拜太公爲大司馬。」〔一〕此一事也。干寶搜神記：「後漢胡母班嘗至泰山側，爲泰山府君所召，令致書於女婿河伯。云：至河中流，扣舟呼青衣，當自有取書者。果得達，復爲河伯致書府君。」〔二〕此二事也。魏書高句麗傳：「朱蒙告水曰：我是日子，河伯外孫。」〔三〕列異傳記蔡支事，又以天帝爲泰山神之外孫。白漢以來，不明乎天神地祇人鬼之别，一以人道事之，於是封嶽神爲王，則立寢殿爲王夫人。有夫人則有女，而女有婿，又有外孫矣。唐宋之時，但言靈應，即加封號，不如今之君子必求其人以實之也。

〔一〕博物志七異聞條。
〔二〕搜神記四。
〔三〕魏書一〇〇。

又考泰山不惟有女，亦又有兒。魏書段承根傳：「父暉，師事歐陽湯。有一童子與暉同志，後二年辭歸，從暉請馬。暉戲作木馬與之，童子甚悦，謝暉曰：『吾泰山府君子，奉敕遊學，今將歸，損子厚贈，無以報德，子後至常伯封侯。』言訖，乘馬騰空而去。」〔一〕集異記言：「貞元初，李納病篤，遣押衙王祐禱岱嶽。遥見山上有四五人，衣碧汗衫半臂。路人止祐下車，言此三郎子、七郎子也。」文獻通考：「後唐長興三年，詔以泰山三郎爲威雄將軍。宋大中祥符元年十月，封禪畢親幸，加封炳靈公。」〔二〕夫封其子爲將軍爲公，則封其女爲君，正一時之事爾。

〔一〕魏書五二。

〔二〕文獻通考九十郊社考。

又考管子對桓公曰：「東海之子類於龜。」〔一〕不知何語，而房玄齡注，則以爲「海神之子」。又元劉遵魯漢島記曰：「廟中神妃，相傳爲東海廣德王第七女。」夫海有女，則山亦有女，曷足怪乎？

〔一〕管子廿二山權數。

共和

史記周本紀：「厲王出奔於彘，厲王太子靜，匿召公之家。周公、召公二相行政，號曰共和。共和十四年，厲王死於彘，二相乃共立太子靜爲王。」〔一〕以二相爲共和，非也。汲冢紀年〔二〕：「厲王十二年出奔彘，十三年共伯和攝行天子事，號曰共和。漢書古今人表〔三〕有共伯和。師古曰：「共國伯爵，和其名。」二十六年，王陟於彘。周定公召穆公立太子靖爲王，共伯和歸其國。」此即左氏王子朝所謂「諸侯釋位，以間王政」者也〔四〕。但其言共伯歸國者未合。

古者無天子之世，朝覲訟獄，必有所歸。吕氏春秋言：「共伯和修其行，好賢仁。周厲之難，天子曠絶，而天下皆來請矣。」〔五〕按此則天下朝乎共伯，非共伯至周而攝行天子事也。共伯不以有天下爲心，而周公、召公亦未嘗奉周之社稷而屬之他人，故周人無易姓之嫌，共伯無僭王之議。莊子曰：「許由娱於潁陽，而共伯得乎共首。」〔六〕共首，今之共山，亦謂之共頭。荀子：「武王伐紂，至共頭而山隧。」〔七〕吕氏春秋：「武王使召公就微子開於共頭之下，而與之盟。」〔八〕蓋其秉道以終，得全神養性之術者矣。畢拱辰曰：按金氏通鑑前編：厲王三十七年出奔彘，五十一年崩於彘。其紀年亦與竹書不合。

〔一〕史記四。

〔二〕竹書紀年下。

〔三〕漢書二十。

〔四〕左傳昭廿六年。

〔五〕吕氏春秋廿一開春論。「來請」作「來謂」，注：「謂天子也。」

〔六〕莊子九讓王篇。

〔七〕荀子四儒效篇。隧，崩也。

〔八〕吕氏春秋十二季冬紀四誠廉編。

左傳鄭大叔出奔共〔一〕，注：「共國今汲郡共縣。」史記春申君傳：「通韓上黨於共、甯，使道安成，出入賦之。」〔二〕田敬仲完世家：「王建降秦，秦遷之共，餓死。齊人歌之曰：松邪柏邪，住建共者客邪！」〔三〕漢書功臣表有「共莊侯盧罷師。」〔四〕唐書地理志：「衛州共城縣，武德元年置共州。」〔五〕即今衛輝府輝縣。詩序：柏舟，共姜自誓也〔六〕。衛世子共伯蚤死，其妻守義。父母欲奪而嫁之，誓而弗許，故作是詩以絶之。此別一共伯。共者，謚也，非共國之共也。今輝縣有共姜臺，後人之附會也。

〔一〕左傳隱元年。

〔二〕史記七八春申君傳未見，見四四魏世家末，魏公子説魏王語。應注意引書先後，不能先引傳後引世家也。

〔三〕史記四六田敬仲完世家末。

〔四〕漢書十六。「莊」原作「嚴」，「盧」原作「旅」。

〔五〕新唐書三九。

〔六〕詩有兩柏舟，此爲鄘風之柏舟。

介子推

介子推事，見於左傳則曰：「晉侯求之不獲，以緜上爲之田，曰：以志吾過，且旌善人。」〔一〕呂氏春秋則曰：「負釜蓋簦，終身不見。」〔二〕二書去當時未遠，爲得其實。然之推亦未久而死，故以田禄其子爾。史記之言稍異，亦不過曰：「使人召之則亡。聞其入緜上山中，於是環緜上之山中而封之，以爲介推田，號曰介山」〔三〕而已。立枯之説，始自屈原；燔死之説，始自莊子。容齋三筆以爲始自劉向新序〔四〕。非也。楚辭九章惜往日：「介子忠而立枯兮，文公寤而追求。封介山而爲之禁兮，報大德之優遊。思久故之親身兮，因縞素而哭之。」莊子則曰：「介子推，至忠也，自割其股，以食文公。文公後背之，子推怒而去，抱木而燔死。」盜跖篇〔五〕。東方朔七諫〔六〕、丙吉傳長安士伍尊書〔七〕、劉向説苑、新序因之。水經注〔八〕引王肅喪服要記「桂樹之問」，亦辨以爲誣。於是瑰奇之行彰，而廉靖之心没矣。今當以左氏爲據。割股、燔山，理之所無，皆不可信。

〔一〕左傳僖廿四年。

〔二〕呂氏春秋十二季冬紀介立。

〔三〕史記三九。

〔四〕容齋三筆二介推寒食條。

〔五〕莊子九。

〔六〕史記一二六滑稽傳，漢書六五。

〔七〕漢書七四。割股事，師古注引韓詩外傳。史記九六作「邴吉」。

〔八〕水經注六汾水條。

魏武帝令〔一〕曰：「聞太原、上黨、西河、雁門，冬至後百五日，皆絶火寒食，云爲介子推。且北方沍寒之地，老少羸弱，將有不堪之患。令到，人不得寒食。若犯者，家長半歲刑，主吏百日刑，令長奪一月俸。」後魏高祖太和二十年二月癸丑，「詔介山之邑，聽爲寒食，自餘禁斷」〔二〕。

〔一〕應云「明罰令」。此引藝文類聚四。雖御覽二八、三〇、八六九亦有之，但詳略與此異。

〔二〕魏書七下高祖紀。

冊府元龜〔一〕：「龍星，木之精〔二〕也。春見東方，心爲火之盛〔三〕，故爲之禁火。俗傳介子推以此日被焚禁火。」

〔一〕冊府元龜六八九牧守部革弊門。原出後漢書九一周舉傳注。
〔二〕冊府元龜誤「位」作「謂」，亭林改爲「精」。
〔三〕「心爲」下原有「大火懼」三字。

路史，燧人改火論〔一〕曰：「順天者存，逆天者亡，是必然之理也。昔者燧人氏作，觀乾象，察辰心而出火，作鑽燧，別五木以改火，豈惟惠民哉，以順天也。四時五變：榆柳青，故春取之；棗杏赤，故夏取之；桑柘黃，故季夏取之；柞楢白，故秋取之；槐檀黑，故冬取之。皆因其性，故可救時疾。予嘗考之，心者天之大火，而辰戌者火之二墓。是以季春心昏見於辰而出火，季秋心昏見於戌而納之。卯爲心之明堂，至是而火大壯。是以仲春禁火，戒其盛也。周官，每歲仲春，命司烜氏以木鐸修火禁於國中，爲季春將出火。而司爟掌行火之政令，四時變國火以救時疾。季春出火，季秋內火，民咸從之。時則施火令，凡國失火，野焚萊，則隨之以刑罰。夫然，故天地順而四時成，氣不愆伏，國無疵癘，而民以寧。鄭以三月鑄刑書，而士文伯以爲必災，六月而鄭火。蓋火未出而作火，宜不免也。今之所謂寒食一百五者，熟食斷煙，謂之龍忌，蓋本乎此。司烜：「仲春以木鐸修火禁。因火出而警之。仲秋火入，則不警。」宫正：「春秋以木鐸修火禁。宫禁尚嚴也。」〔二〕而周舉之書、魏武之令，與夫汝南先賢傳、陸翽鄴中記等，皆以爲爲介子推，謂子推以三月三日燔死，而後世爲之禁火。吁！何妄邪！是何異於言子胥溺死，而海神爲之朝夕者乎？予〔三〕初賦潮，知此妄説。而或者謂昔人言潮，無出子胥前者，因爲舉書朝宗之語，而齊景嘗欲遵海觀朝儛矣。且屈原云：聽潮水之相擊，而易亦有行險不失信之言。自有天地，即有此潮，豈必見紙上而後信哉？子胥漂於吴江，適有祠廟當潮頭，不知丹徒、南恩等潮，且復爲誰潮邪？予觀左氏、史遷之書，曷嘗有子推被焚之事？況以清明、寒食，初靡定日，而琴操所記子推之死，乃五月五，非三日也。古人以三月上巳祓禊，以清明前三日寒食，初無定日。後世既已一之，而又指爲三月之三，妄矣。周舉傳云：每冬中輙一月寒食，以子推焚骸，神靈不樂舉火。然則介子又將以冬中亡矣，非可信也。夫火，神物也，其功用亦大矣。昔隋王劭嘗以先王有鑽燧改火之義，於是表請變火，曰：古者周官四時變火，以救時疾。明火不變，則時疾必興。聖人作法，豈徒然哉。在晉時有人以雒陽火渡江，世世事之，相續不滅，火色變青。昔師曠食飯云，是勞薪所爨，晉平公使視之，果然車輞。今温酒炙肉，用石炭火、木炭火、竹火、草火、麻荄火，氣味各自不同。以此推之，新火舊火，理應有異。伏願遠遵先聖，於五時取五木以變火，用功甚少，救益方大。夫火惡陳，薪惡勞。晉代荀勗進飯，亦知薪勞。而隋文帝所見江寧寺晉長明鐙，亦復青而不熱。傳記有以巴豆木入爨者，爰得泄利，而糞臭之草炊者，率致味惡。然則火之不改，其不疾者鮮矣。泌〔四〕以是益知聖人之所以改火修火，正四時五變者，豈故爲是煩文害俗，得已而不已哉。東晉初有王離妻李，將河南火渡江，云：受於祖母王，有遺書二十卷，臨終戒勿絶火，遂常種之。傳二百年，火色如血，謂之聖火。宋齊之間，李嫗年九十餘，以火治病多愈。嫗死，人爲葬之，號聖火冢。每陰雨，見火出冢門，今號其處爲聖火巷。金陵故事云：禪衆寺前，直南小巷也。傳不云乎，違天必有大咎。先漢武帝猶置别火令丞，典司燧事，漢書大鴻臚有别火令丞〔五〕。後世乃廢之邪？方石勒之居鄴也，於是不禁寒食，而建德殿震及端門、襄國西門，雹起西河介山，大如雞子，平地三尺，洿下丈餘，人禽死以萬數，千里摧折，秋稼蕩然。夫五行之變如是，而不知者，亦以爲爲之推也。雖然，魏晉之俗，尤所重者，辰爲商星，實祀大火，而汾晉參墟，參辰錯行不毘和所致。」〔六〕

〔一〕論見羅泌路史發揮卷一。全段無顧語。集釋所謂「原注者」，羅注抑顧注？羅自注也。下皆羅注，惟第六則爲顧注。

〔二〕周禮秋官、天官。

〔三〕注中之「予」，何人？羅泌自謂也。

〔四〕羅泌，路史撰人。

〔五〕以上各注皆羅注，惟此爲顧注。

〔六〕路史論至此止。

杞梁妻

春秋傳：「齊侯襲莒，杞梁死焉。齊侯歸，遇杞梁之妻於郊，使弔之。辭曰：『殖之有罪，何辱命焉；若免於罪，猶有先人之敝廬在，下妾不得與郊弔。』齊侯弔諸其室。」〔一〕左氏之文，不過如此而已。檀弓則曰：「其妻迎其柩於路，而哭之哀。」孟子則曰：「華周杞梁之妻，善哭其夫，而變國俗。」〔二〕言哭者始自二書。說苑則曰：「杞梁華舟進鬬，殺二十七人而死。其妻聞之而哭，城爲之阤，而隅爲之崩。」〔三〕列女傳則曰：「杞梁之妻無子，内外皆無五屬之親。既無所歸，乃枕其夫之屍於城下而哭，道路過者莫不爲之揮涕。十日而城爲之崩。」〔四〕言崩城者，始自二書。而列女傳上文亦載左氏之言。夫既有先人之敝廬，何至枕屍城下？且莊公既能遣弔，豈至暴骨溝中？崩城之云，未足爲信。且其崩者城耳，未云長城。長城築於威王之時，去莊公百有餘年。竹書紀年：「梁惠成王二十年，齊閔王築防以爲長城。」〔五〕按魏惠王二十年，乃齊威王之二十七年，非閔王。而齊之長城，又非秦始皇所築之長城也。後人相傳，乃謂秦築長城，有范郎之妻孟姜，送寒衣至城下。聞夫死，一哭而長城爲之崩。則又非杞梁妻事矣。夫范郎者何人哉？使秦時别有此事，何其相類若此。唐僧貫休乃據以作詩云：「築人築土一萬里，杞梁貞婦啼嗚嗚。」〔六〕則竟以杞梁爲秦時築城之人，似并左傳、孟子而未讀者矣。

〔一〕左傳襄卅三年。
〔二〕告子下。
〔三〕說苑四立節。
〔四〕列女傳四。
〔五〕竹書紀年下。
〔六〕樂府七三。

古詩：「誰能爲此曲？無乃杞梁妻。」崔豹古今注：「樂府杞梁妻者，杞殖妻妹朝日所作也。殖戰死，妻曰：『上則無父，中則無夫，下則無子，人生之苦至矣。』乃抗聲長哭，杞都城感之而頹，遂投水死。其妹悲姊之貞操，乃作歌，名曰杞梁妻焉。梁，殖字也。」〔一〕按此則又云杞之都城。春秋杞成公遷於緣陵，今昌樂縣；文公又遷於淳于，今安丘縣。其時杞地當已入齊，要之非秦之長城也。

〔一〕古今注卷中音樂。

池魚

東魏杜弼檄梁文曰：「楚國亡猿，禍延林木。城門失火，殃及池魚。」〔一〕後人每用此事。清波雜志云：「不知所出。以意推之，當是城門失火，以池水救之，池竭而魚死也。廣韻：『古有池仲魚者，城門失火，仲魚燒死，故諺云：城門失火，殃及池魚。』」〔二〕據此〔三〕則池魚是人姓名。風俗通已有此說。按淮南子云：「楚王亡其猿，而林木爲之殘；宋君亡其珠，池中魚爲之殫。故澤失火而林憂。」〔四〕則失火與池魚自是兩事，後人誤合爲一耳。

〔一〕文苑英華六四五，通鑑一六〇。但藝文類聚五八作魏收撰。此據通鑑。

〔二〕清波雜志九。廣韻乃雜志所引。廣韻説亦引自風俗通。風俗通説，見藝文類聚九六魚類。太平御覽四六六水族類引。

〔三〕據此，是亭林述雜志語意。

〔四〕淮南子十六説山訓。亦亭林引。

考池魚事，本於呂氏春秋必己篇，曰：「宋桓司馬有寶珠，抵罪出亡。王使人問珠之所在，曰：投之池中。於是竭池而求之，無得，魚死焉。此言禍福之相及也。」〔一〕此後人用池魚事之祖。祖君彦爲李密檄文曰：「燕巢衛幕，魚游宋池。」〔二〕

〔一〕呂氏春秋十四孝行覽八必己篇。不檢原文，不知所止。

〔二〕舊唐書五三李密傳，并見文苑英華六四六。

莊　安

漢書五行志：「嚴公二十年。」師古曰：「嚴公謂莊公也，避明帝諱改曰嚴。凡漢書載謚姓爲嚴者皆類此。」〔一〕則是嚴姓本當作莊。今考史記，有莊生、莊賈、莊豹、樗里子傳。莊舄、莊忌、莊助、莊青翟、莊熊羆、莊參、莊蹻、莊芷，淮南王安傳。而獨有嚴君疾、樗里子傳：秦封樗里子號爲嚴君。正義曰：「蓋封蜀郡嚴道縣，因號嚴君。疾，名也。」嚴仲子、嚴安。鄧伯羔謂安自姓嚴。胡身之通鑑「嚴延年」注曰：「此嚴非莊助之嚴，自是一姓。戰國時有濮陽嚴仲子。」〔二〕然漢書藝文志曰：「主父偃二十八篇，徐樂一篇，莊安一篇。」〔三〕是安本姓莊，非嚴也。嚴君平亦姓莊。揚子法言，「蜀莊沈冥」〔四〕是也。嚴尤亦姓莊。後漢書光武紀注引桓譚新論曰：「莊尤字伯石，避明帝諱改之。」〔五〕又改莊周爲嚴周。漢書王貢兩龔鮑傳：「老子、嚴周」〔六〕；敘傳：「貴老、嚴之術」〔七〕。改楚之莊生爲嚴先生。古今人表「嚴先生」，師古曰：「即殺陶朱公兒者也。」〔八〕王褒洞簫賦：「師襄嚴春，不敢竄其巧。」李善注：「七略有莊春言琴。」〔九〕王莽傳有蘩嚴春，非此。漢書之稱莊安，班氏所未及改也；史記之稱嚴安，後人所追改也。

〔一〕漢書二七上。
〔二〕通鑑二四元平元年七月條。
〔三〕漢書三十。
〔四〕法言六。
〔五〕後漢書一上更始元年條。
〔六〕漢書七二。
〔七〕漢書一〇〇上。

〔八〕漢書二十。

〔九〕文選十七。

藝文志：「常侍郎莊悤奇賦十一篇，嚴助賦三十五篇。」師古曰：「上言莊悤奇，下言嚴助，史駮文。」嚴助傳作嚴葱奇〔一〕。

〔一〕漢書六四。

李廣射石

今永平府盧龍縣南，有李廣射虎石。廣爲右北平太守，而此地爲遼西郡之肥如，其謬不辨自明。水經注言：「右北平西北百三十里，有無終城。」〔一〕亦非也。考右北平郡，前漢治平剛，後漢治土垠。酈氏所引魏氏土地記曰：「薊城東北三百里，有右北平城。」〔二〕此後漢所治之土垠，而平剛則在盧龍塞之東北三四百里，乃武帝時郡治，李廣所守，今之塞外，其不在土垠，明矣。又考西京雜記，述此事，則云：「獵於冥山之陽。」〔三〕莊子言：「南行者至於郢，北面而不見冥山。」司馬彪注：「冥山，北海山名。」〔四〕是廣之出獵乃冥山，而非近郡之山也。新序曰：「楚熊渠子夜行，見寢石以爲伏虎，關弓射之，滅矢飲羽，下視知石也。却復射之，矢摧無迹。」〔五〕韓詩外傳、張華博物志亦同。是射石者，又熊渠而非李廣也。呂氏春秋作養由基，王充論衡同。黄氏日鈔曰：「此事每載不同，要皆野人相承之妄言耳。」即使二事偶同，而太史公所述，本無其地，今必欲指一卷之石以當之，不已惑乎。

〔一〕水經注十四鮑丘水條引魏土地記。

〔二〕水經注十四。

〔三〕西京雜記五。

〔四〕莊子十四天運篇。

〔五〕新序四雜事。

後周書李遠傳：「嘗校獵於莎栅，見石於叢薄中，以爲伏兔，射之，鏃入寸餘，就而視之，乃石也。太祖聞而異之，賜書曰：『昔李將軍親有此事，公今復爾，可謂世載其德。雖熊渠之名，不能獨羨其美。』」〔一〕李廣、熊渠二事併用。

〔一〕後周書二五。

大小山

王逸楚辭章句言：「淮南王安，博雅好古，招懷天下俊偉之士，著作篇章，分造辭賦，以類相從，故或稱小山，或稱大山。其義猶詩有小雅、大雅也。」〔一〕梁昭明太子十二月啓乃曰：「桂吐花於小山之上，梨翻葉於大谷之中。」〔二〕庾肩吾詩：「梨紅大谷晚，桂白小山秋。」〔三〕庾信枯樹賦：「小山則叢桂留人，扶風則長松繫馬。」〔四〕是以山爲山谷之山，失其旨矣。

〔一〕楚辭十二。
〔二〕昭明集三夷則七月。
〔三〕庾肩吾尋周處士弘讓詩，全梁詩七，詩紀梁十七。
〔四〕庾子山集一。

梁書：「何胤二兄求、點並棲遯。求先卒，至是胤又隱。世號點爲大山，胤爲

小山。」〔一〕

〔一〕梁書五一。

丁外人

丁外人非名，言是蓋主之外夫也。猶言齊悼惠王肥，高帝外婦之子也。史記：「齊悼惠王肥，高祖長庶男也，其母外婦也，曰曹氏。」〔一〕服虔曰：「外人，主之所幸也。」然王子侯表有山原孝侯外人，齊孝王五世孫。乘丘侯外人，中山靖王曾孫〔二〕。則是姓劉，而名外人，不知何所取義。

〔一〕史記五二。

〔二〕漢書十五上王子侯表上。

毛延壽

西京雜記曰：「元帝後宮既多，不得常見，乃使畫工圖形，案圖召幸之。諸宮人皆賂畫工，多者十萬，少者亦不減五萬，獨王嬙不肯，遂不得見。匈奴入朝求美人爲閼氏，於是上案圖以昭君行。及去，召見，貌爲後宮第一，善應對，舉止閒雅。帝悔之，而名籍已定，帝重信於外國，故不復更人。乃窮案其事，畫工皆棄市，籍其家貲，皆巨萬。畫工有杜陵毛延壽，爲人形，醜、好、老、少，必得其真。安陵陳敞、新豐劉白、龔寬，並工爲牛、馬、飛鳥，衆勢人形，好醜不逮延壽。下杜陽望亦善畫，尤善布色。樊育亦善布色。同日棄市。京師畫工，於是差稀。」〔一〕據此，則畫工之圖後宮乃平日，而非匈奴求美人時。且毛延壽特衆中之一人，又其得罪以受賂，而不獨以昭君也。後來詩人謂匈奴求美人，乃使畫工圖形，而又但指毛延壽一人，且没其受賂事，失之矣。

〔一〕西京雜記二。

名以同事而晦

吕氏春秋言：「秦穆公興師以襲鄭，過周而東。鄭賈人弦高、奚施將西市於周，遽使奚施歸告，乃矯鄭伯之命，以十二牛勞師。」〔一〕是奚施爲弦高之友，淮南子作蹇他。而左氏傳不載。淮南子言：「荆軻西刺秦王，高漸離、宋意爲擊筑而歌於易水之上。」〔二〕宋玉笛賦亦以荆卿、宋意並稱〔三〕。水經注：「漸離擊筑，宋如意和之。」〔四〕是宋意爲高漸離之侶，而戰國策、史記不載。

〔一〕吕氏春秋十六先識覽四悔過篇。
〔二〕淮南子二十泰族訓末。
〔三〕藝文類聚四四樂部。
〔四〕水經注十一易水條。

戰國策：「東孟之會，聶政、陽堅，刺相兼君。」注云：「堅，政之副，猶秦武陽。」〔一〕按聶政告嚴仲子曰：「其勢不可以多人。」未必有副。

〔一〕戰國策廿八韓策，無注。注見鮑本八卷。

淮南子注：「秦皇帝二十六年，初兼天下，有長人見於臨洮。其高五丈，足迹六尺，放寫其形，鑄金人以象之，翁仲、君何是也。」〔一〕今人但言翁仲，不言君何。

〔一〕淮南子十三氾論訓「鑄金人」注。

名以同事而章

孟子：「禹、稷當平世，三過其門而不入。」〔一〕考之書曰：「啓呱呱而泣，予弗子。」〔二〕此禹事也，而稷亦因之以受名。華周、杞梁之妻，善哭其夫而變國俗。考之列女傳曰：「哭於城下，七日而城爲之崩。」〔三〕此杞梁妻事也，而華周妻亦因之以受名。左傳但言獲杞梁，不言獲華周〔四〕。

〔一〕離婁下。

〔二〕尚書益稷。

〔三〕列女傳四。

〔四〕左傳襄廿三年。華周，齊大夫。

人以相類而誤

墨子：「文王舉閎夭、泰顛於罝網之中，授之政，而西土服。」〔一〕於傳未有此事，必太公之誤也。呂氏春秋：「箕子窮於商，范蠡流乎江。」〔二〕范蠡未嘗流江，必伍員之誤也。史記：「孫叔敖三得相而不喜，三去相而不悔。」〔三〕孫叔敖未聞去相，必令尹子文之誤也。淮南子：「吳起、張儀，車裂支解。」〔四〕張儀未嘗車裂，必蘇秦之誤也。易林：「貞良得願，微子解囚。」〔五〕微子未嘗被囚，必箕子之誤也。晉潘岳太宰魯武公誄：「秦亡蹇叔，春者不相。」〔六〕蹇叔之亡，不見於書，必百里奚之誤也。呂氏春秋：「蹇叔有子曰申與視。」注：「申，白乙丙也；視，孟明視也，皆蹇叔子也。」〔七〕按孟明視，百里奚之子。後魏穆子容太公呂望碑文：「大魏東苞碣石，西跨流沙，南極班超之柱，北窮竇憲之誌。」〔八〕班超未嘗南征，必馬援之誤也。後周庾信擬詠懷詩：「麟窮季氏罝，虎振周王圈。」〔九〕季氏未嘗獲麟，必叔孫之誤也。

〔一〕墨子卷二尚賢上。
〔二〕呂氏春秋十六先識覽四悔過篇。
〔三〕史記一一九。
〔四〕淮南子九主術訓末。
〔五〕易林三。
〔六〕藝文類聚四五。
〔七〕呂氏春秋十六先識覽四悔過篇。注，高誘注。
〔八〕待查，金石書。
〔九〕庾子山集三。

晉書夏統傳：「子路見夏南，憤恚而忼愾。」〔一〕子路未嘗見夏南，蓋衛南子之誤。

〔一〕晉書九四隱逸傳。

傳記不考世代

張衡言：「春秋元命包，有公輸班與墨翟，事見戰國，非春秋時。又言，别有益州，益州之置在於漢世。」〔一〕以證圖讖爲後人僞作。今按傳記之文，若此者甚多〔二〕。管子稱「三晉之君」，其時未有三晉；輕重篇稱「魯梁」、「秦趙」，其時未有梁、趙；稱「代王」，其時未有代王〔三〕。國語：「句踐之伯，陳蔡之君，皆入朝。」〔四〕其時有蔡無陳。説苑「句踐聘魏」，其時未有魏。又言「仲尼見梁君」，「孟簡子相梁」，其時未有梁，魯亦無孟簡子。又言「韓武子出田，欒懷子止之」，韓氏無武子。又言「楚莊王以椒舉爲上客」〔五〕，椒舉事靈王，非莊王。吕氏春秋：「晉文公師咎犯、隨會。」隨會不與文公、咎犯同時。「趙襄子攻翟，一朝而兩城下，有憂色，孔子賢之」，趙襄子爲晉卿時，孔子已卒。「顔闔見魯莊公」〔六〕，顔闔，穆公時人，去莊公十一世。史記孔子世家：「使從者爲寧武子臣於衛。」孔子時寧氏已滅。扁鵲傳：「虢君出見扁鵲於中闕。」其時虢亡已久。龜筴傳：「宋元王」〔七〕，宋有元公無元王。莊子見魯哀公，而其書有魏惠王、趙文王〔八〕，魯哀公去趙文王一百七十歲。韓非子：「扁鵲見蔡桓侯」〔九〕，桓侯與魯桓公同時，相去幾二百歲。越絶書：「晉、鄭王」，晉、鄭未嘗稱王。又言：「孔子奉雅琴見越王。」〔十〕越滅吳，孔子已卒。列子：「晏平仲問養生於管夷吾。」〔十一〕鹽鐵論：「季桓子聽政，柳下惠忽然不見。」又言：「臧文仲治魯，勝其盜而自矜，子貢非之。」〔十二〕平仲去管子，季桓子去柳下惠，子貢去臧文仲，各百餘歲。韓詩外傳：「孟嘗君請學於閔子。」閔子、孟嘗君相去幾二百歲。「冉有對魯哀公言：姚賈，監門子」〔十三〕。姚賈，秦始皇時人，相去二百餘歲。

〔一〕後漢書八九。
〔二〕漢以前之書難讀。
〔三〕管子二四輕重篇戊。
〔四〕國語十九吳語之末。
〔五〕説苑七政理，五貴德，一君道，九正諫。
〔六〕吕氏春秋卷四孟夏紀三尊師篇，卷十五慎大覽，卷十九離俗覽五適威篇。
〔七〕史記四七、一〇五、一二八。
〔八〕莊子七田子方篇見魯哀公，十説劍篇有趙文王，參釋文。
〔九〕韓非子七喻老。

〔十〕越絶書十一、八。
〔十一〕列子七楊朱篇。
〔十二〕鹽鐵論五。
〔十三〕韓詩外傳三。

日知録校注卷二十六

史記通鑑兵事

秦楚之際，兵所出入之塗，曲折變化，唯太史公序之如指掌。以山川郡國不易明，故曰東、曰西、曰南、曰北，一言之下，而形勢瞭然〔一〕。以關塞江河爲一方界限，故於項羽則曰：「梁乃以八千人渡江而西。」曰：「羽乃悉引兵渡河。」曰：「羽將諸侯兵三十餘萬行略地至河南。」曰：「羽渡淮。」曰：「羽遂引東欲渡烏江。」於高帝則曰：「出成皋玉門，北渡河。」曰：「引兵渡河，復取成皋。」〔二〕蓋自古史書兵事地形之詳，未有過此者。太史公胸中固有一天下大勢，非後代書生之所能幾也。

〔一〕叙事必明時與地，故必先有年表，有地圖。

〔二〕史記七項羽本紀、八高祖本紀。

司馬温公通鑑，承左氏而作，其中所載兵法甚詳。凡亡國之臣，盜賊之佐，苟有一策，亦具録之。朱子綱目大半削去，似未達温公之意。

史記于序事中寓論斷

古人作史，有不待論斷，而于序事之中即見其指者，惟太史公能之。平準書末載卜式語，王翦傳末載客語，荆軻傳末載魯句踐語，鼂錯傳末載鄧公與景帝語，武安侯田蚡傳末載武帝語，皆史家于序事中寓論斷法也。後人知此法者鮮矣。惟班孟堅間一有之，如霍光傳載任宣與霍禹語，見光多作威福；黄霸傳載張敞奏，見祥瑞多不以實，通傳皆褒，獨此寓貶，可謂得太史公之法者矣。

史記

史記秦始皇本紀末云：「宣公初志閏月。」〔一〕然則宣公以前皆無閏，每三十年多一年，與諸國之史皆不合矣，則秦之所用者何正邪？

〔一〕史記六。

子長作史記，在武帝太初中。高祖功臣年表，平陽侯下云：「元鼎三年，今侯宗元年。」「今侯」者，作史記時見爲侯也。下又云：「征和二年，侯宗坐太子死，國除。」則後人所續也。卷中書「征和」者二，「後元」者一。惠景間侯者年表，書「征和」者一，「後元」者三。建元以來侯者年表，書「征和」者二。漢興將相年表，有天漢、太始、征和、後元，以至昭、宣、元、成諸號。曆書亦同。楚元王世家書「地節二年」；齊悼惠王世家書「建始三年」者二；曹相國世家書「征和二年」；賈誼傳：「賈嘉至孝昭時列爲九卿」；田叔傳、匈奴傳、衛將軍傳末有戾太子及巫蠱事；司馬相如傳贊：「揚雄以爲靡麗之賦，勸百而諷一」，皆後人所續也。

河渠書：「東海引鉅定」，漢書溝洫志因之。「東海」疑是「北海」之誤。按地理志，齊郡縣十二，其五曰鉅定，下云：「馬車瀆水，首受鉅定，東北至琅槐入海。」又千乘郡博昌下云：「博水東北至鉅定，入馬車瀆。」而孝武紀曰：「征和四年春正月，行幸東萊，臨大海。」「三月，上耕於鉅定，還幸泰山修封。」計其道里，亦當在齊，去東海遠矣。

凡世家多本之左氏傳，其與傳不同者，皆當以左氏爲正。齊世家：「吾太公望子久矣。」此是妄爲之説。周之太王，齊之太公，吴之太伯，有國之始祖，謂之太祖，其義一也。

趙世家：「趙簡子除三年之喪期而已。」此因左傳「降於喪食」之文，而誤爲之解，本無其事。

敬侯十一年，魏、韓、趙共滅晉，分其地。成侯十六年，與韓、魏分晉，封晉君以端氏。此文重出。

田敬仲完世家：「敬仲之如齊，以陳氏爲田氏。」此亦太史公之誤。春秋傳未有稱田者，至戰國時始爲田耳。

仲尼弟子傳：「公孫龍字子石，少孔子五十三歲。」按漢書注，公孫龍趙人，爲堅白異同之説者，與平原君同時，去夫子近二百年。殆非也。且云少孔子五十三歲，則當田常伐魯之年，僅十三四歲爾。而曰「子張、子石請行」，豈甘羅、外黄舍人兒之比乎？

商君傳：「以鞅爲大良造，將兵圍魏安邑，降之。」此必「安邑」字誤。其下文曰：「魏惠王使使割河西之地獻於秦以和，而魏遂去安邑，徙都大梁。」乃是自安邑徙都之事耳。安邑，魏都，其王在焉，豈得圍而便降？秦本紀：「昭王二十一年，魏獻安邑。」若已降於五十年之前，何煩再獻乎？趙世家：「敬侯元年始都邯鄲。成侯二十二年，魏惠王拔我邯鄲。」亦有可疑。

虞卿傳，樓昌、樓緩，恐是一人。虞卿進説，亦是一事。記者或以爲趙王不聽，或以爲聽之。太史公兩收之，而不覺其重爾。

燕王遺樂間書，恐即樂毅事，而傳者誤以爲其子。然以二事相校，在樂毅當日，惠王信讒易將，不得不奔；其後往來復通，燕亦未失故君之禮。若樂間不過以言之不聽，而遂懟君、絶君，雖遺之書而不顧，此小丈夫之悻悻者矣。

屈原傳：「雖放流，睠顧楚國，繫心懷王，不忘欲反，卒以此見懷王之終不悟也。」似屈原放流於懷王之時。又云：「令尹子蘭聞之大怒，卒使上官大夫短屈原於頃襄王，頃襄王怒而遷之。」則實在頃襄之時矣。放流一節，當在此文之下。太史公信筆書之，失其次序爾。

隨何説英布，當書「九江王」，不當書「淮南王」。歸漢之後，始立爲淮南王也。蓋採之諸書，其稱未一。

淮陰侯傳，先云「范陽辯士蒯通」，後云「齊人蒯通」，一傳互異。

韓王信説漢王語，乃淮陰侯韓信語也，以同姓名而誤。

漢書

孝武紀：「天漢四年秋九月，令死罪人贖錢五十萬，減死一等。」「太始二年九月，募死罪人贖錢五十萬，減死罪一等。」〔一〕此一事而重見，又同是九月。

〔一〕漢書六。

高帝功臣表十八侯位次，一蕭何，二曹參，三張敖，四周勃，五樊噲，六酈商，七奚涓，八夏侯嬰，九灌嬰，十傅寬，十一靳歙，十二王陵，十三陳武，十四王吸，十五薛歐，十六周昌，十七丁復，十八蟲達〔一〕。當時所上者戰功，而張良、陳平皆居中計謀之臣，故平列在四十七，良列在六十二也。至十八侯贊〔二〕，則蕭何第一，樊噲第二，張良第三，周勃第四，曹參第五，陳平第六，張敖第七，酈商第八，灌嬰第九，夏侯嬰第十，傅寬第十一，靳歙第十二，王陵第十三，韓信第十四，陳武第十五，蟲達第十六，周昌第十七，王吸第十八。而無奚涓、薛歐、丁復。此後人論定，非當日之功次矣。且韓信已誅死，安得復在功臣之位，即此可知矣。此位次高后二年所定，故凡已絶奪在前者，皆不與。

〔一〕漢書十八，師古注。

〔二〕當作「十八侯銘」，班固撰。見古文苑十三，全後漢文二六。通典一七七末襄陽穀城條下引作「泗水亭高祖碑」，知此十八侯銘皆碑中語也。

史家之文，多據原本。或兩收而不覺其異，或並存而未及歸一。漢書王子侯表：長沙頃王子高、成節侯梁，一卷中再見，一始元元年六月乙未封，一元康元年正月癸卯封〔一〕。此並存未定，當删其一，而誤留之者也。地理志於宋地下云：「今之沛、梁、楚、山陽、濟陰、東平及東郡之須昌、壽張，皆宋分也。」於魯地下又云：「東平、須昌、壽張，皆在濟東，屬魯，非宋地也，當考。」〔二〕此並存異説以備考，當小注於下，而誤連書者也。史記田叔傳，既云：「司直田仁主閉守城門，坐縱太子，下吏誅死。」而下又云：「仁發兵，長陵令車千秋上變仁，仁族死陘城，今在中山國。」〔三〕此亦古人附注備考之文。古人著書，有疑則闕之，以待考，如越絶書記吳地傳曰：「湖，王湖當問之，丹湖當問之。」是也。楚元王傳：「劉德，昭帝時爲宗正丞，雜治劉澤詔獄。」而子向傳則云：「更生父德，武帝時治淮南獄。」〔四〕一傳之中，自爲乖異。又其更名向，在成帝即位之後，而元帝初年即曰：「徵堪、向，欲以爲諫大夫。」〔五〕此兩收而未對勘者也。禮樂志上云：「孝惠二年，使樂府夏侯寬備其簫管。」下云：「武帝定郊祀之禮，乃立樂府。」〔六〕武五子傳，上云：「長安白亭東爲戾后園。」下云：「後八歲封戾夫人曰戾后，置園奉邑。」〔七〕樂府之名，蚤立於孝惠之世；戾園之目，預見於八年之前；此兩收而未貫通者也。夫以二劉之精核，猶多不及舉正，何怪乎後之讀書者愈鹵莽矣。後周書，「蠕蠕」並作「茹茹」，惟列傳二十五卷獨作「蠕蠕」。

〔一〕漢書十五下，三頁，又十二頁。「始元元年」當作「六年」，始元元年六月丙午朔，無乙未。此條並見下文史文重出條。漢書重，日知録亦重也，且亦同在一卷。鈔本只有此，史文重出條不重出。

〔二〕漢書二八下。

〔三〕史記一〇四。

〔四〕漢書三六，五頁，又七頁。

〔五〕漢書三六。

〔六〕漢書二二，十二頁，又十三頁。「夏侯寬」上原有「令」字。

〔七〕漢書六三。

天文志〔一〕：「魏地，觜觿、參之分野也。其界自高陵以東，盡河東河內，南有陳留，及汝南之召陵、濦彊、新汲、西華、長平，潁川之舞陽、郾許、鄢陵，河南之開封、中牟、陽武、酸棗、卷，皆魏分也。」按左傳子産曰：「遷實沈於大夏，主參，故參爲晉星。」〔二〕然其疆界亦當至河而止。若志所列陳留已下郡縣，並在河南，於春秋自屬陳、鄭二國，角、亢、氐之分也，不當併入。魏，本都安邑，至惠王始徙大梁。乃據後來之疆土，割以相附，豈不謬哉？

〔一〕應作「地理志」，漢書二八下。元鈔本卷廿七已誤爲「天文志」。

〔二〕左傳昭元年。

食貨志，單穆公諫景王鑄大錢，本之周語。王弗聽，卒鑄大錢。此廢輕作重，不利於民之事，班氏乃續之曰：「以勸農，贍不足，百姓蒙利焉。」〔一〕失其指矣。

〔一〕漢書二四下。

地理志，丹陽下云：「楚之先熊繹所封，十八世，文王徙郢。」〔一〕此誤。按史記楚世家：「成王封熊繹於楚，居丹陽。」徐廣曰：「在南郡枝江縣。」〔二〕水經注曰：「丹陽城據山跨阜，周八里二百八十步。東北兩面悉臨絶澗，西帶亭下溪，南枕大江，嶮峭壁立，信天固也。楚熊繹始封丹陽之所都也。地理志以爲吳子之丹陽，尋吳楚悠隔，繿縷荊山，無容遠在吳境。非也。」〔三〕山海經：「丹山在丹陽南。」郭璞注：「今建平郡丹陽城，秭歸縣東七里。」〔四〕

〔一〕漢書二八上。
〔二〕史記四十。
〔三〕水經注卅四江水條。駁地理志。
〔四〕山海經海内南經第十。

枚乘傳，上云：「吳王不納，乘等去而之梁。」下云：「枚乘復説吳王。」〔一〕蓋吳王舉兵之時，乘已家居，而復與之書，不然，無緣復説也。

〔一〕漢書五一。

杜周傳：「周爲執金吾，逐捕桑弘羊、衛皇后昆弟子刻深。」〔一〕按百官表：「天漢三年二月，執金吾杜周爲御史大夫，四年卒。」〔二〕而衛太子巫蠱事，乃在征和二年，周之卒已四年〔三〕。其時暴勝之爲御史大夫。又十一年，昭帝元鳳元年，御史大夫桑弘羊坐燕王旦事誅。史家之謬如此。

〔一〕漢書六十。

〔二〕漢書十九下。

〔三〕應云「六年」。

王尊傳：「上行幸雍，過虢。」〔一〕按今之鳳翔縣，乃古雍城，而虢在陝，幸雍何得過虢？當是過美陽之誤。美陽故城，在今扶風縣北二十里。且上文固云自虢令轉守槐里，兼行美陽令事矣。

〔一〕漢書七六。

王商傳：「春申君獻有身妻而産懷王。」〔一〕誤，當是幽王。

〔一〕漢書八二。

外戚傳：「徙共王母及丁姬歸定陶，葬共王冢次。」〔一〕按丁姬先已葬定陶，此「及丁姬」三字衍。

〔一〕漢書九七下丁姬傳。

漢書二志小字

漢書地理、藝文二志，小字皆孟堅本文。其「師古曰」、「應劭曰」、「服虔曰」之類，乃顏氏注也。近本漢書不刻注者，誤以此爲顏氏注而并删之。

續漢郡國志〔一〕云：「本志惟郡縣名爲大書。」本志，司馬彪所撰。其山川地名悉爲細注，今進爲大字。新注證發，臣劉昭采集。是則前書小字爲孟堅本文，猶後漢之細注也；其師古等諸注，猶後漢之新注也。當時相傳之本，混作一條，未曾分别耳。

〔一〕郡國志一。「續」潘本作「後」。

漢書不如史記

班孟堅爲書，束於成格，而不得變化。且如史記淮陰侯傳末載蒯通事，令人讀之感慨有餘味。淮南王傳中，伍被與王答問語，情態横出，文亦工妙。今悉删之，而以蒯、伍合江充、息夫躬爲一傳。蒯最冤，伍次之，二淮傳〔一〕寥落不堪讀矣。

〔一〕「二淮」二字應參卷二十割并年號條。

荀悦漢紀

荀悦漢紀，改紀、表、志、傳爲編年，其叙事處，索然無復意味，間或首尾不備。其小有不同，皆以班書爲長，惟一二條可采者。杜陵陳遂，字長子。上微時，與遊戲博弈，數負遂。上即位，稍見進用，至太原太守，乃賜遂璽書曰：「制詔太原太守，官尊禄重，可以償遂博負矣。」妻君寧時在旁知狀，遂乃上書謝恩曰：「事在元平元年赦前。」其見厚如此。漢書以

「負遂」爲「負進」，又曰：「可以償博進矣。」〔一〕「進」乃悼皇考之名，宣帝不應用之。或曰：「進」即「賮」字，財貨也。史記呂不韋傳：「車乘進用不饒。」荀紀爲長。元康三年三月詔曰：「蓋聞象有罪，而舜封之有庳。骨肉之親，放而不誅，其封故昌邑王賀爲海昏侯。」漢書作：「骨肉之恩，粲而不殊。」〔二〕文義難曉，荀紀爲長。按漢書「粲而不殊」，當作「粲而不誅」。説文：「粲，糣粲散之也，從米，殺聲。」徐引左氏定公四年傳：「王於是乎殺管叔而粲蔡叔。」言放之若散米。今左傳作「蔡」，蔡叔上「蔡」字，亦音素葛反。後有善讀者，倣裴松之三國志之體，取此不同者注于班書之下，足爲史家之一助〔三〕。

〔一〕漢書九二游俠陳遵傳。遂，遵祖父也。

〔二〕漢書八宣帝紀。

〔三〕以漢紀校漢書。

紀王莽事，自始建國元年以後，則云「其二年」、「其三年」以至「其十五年」，以別於正統，而盡没其天鳳、地皇之號。

後漢書

後漢書馬援傳，上云：「帝嘗言伏波論兵，與我意合。」下乃云：「交趾女子徵側及女弟徵貳反，於是璽書拜援伏波將軍。」此是采輯諸書率爾成文，而忘其「伏波」二字之無所本也。自范氏以下，史書若此者甚多。

桓譚傳：「當王莽居攝篡弑之際，天下之士莫不競褒稱德，美作符命，以求容媚。譚獨自守，默然無言。」按前漢書翟義傳：「莽依周書作大誥。遣大夫桓譚等班行諭告當反位孺子之意，還封譚爲明告里附城。」師古曰：「如古附庸。」王莽傳：「當賜爵關内侯者，更名曰附城。」是曾受莽封爵，史爲諱之爾。光武終不用譚，當自有説。

楊震傳：「河間男子趙騰詣闕上書，指陳得失。帝怒，收考詔獄。震上疏救，不省，騰竟伏尸都市。」乃安帝時事。而張皓傳以爲：「清河趙騰，上言災變，譏刺朝政，收騰繫考。皓上疏諫，帝悟，減騰死罪一等。」又以爲順帝事。豈有兩趙騰邪？

橋玄以太尉罷官，就醫里舍。少子十歲，獨遊門次，卒有三人持杖劫執之，入舍登樓，就玄索貨。其家之不貧可知。乃云：「及卒，家無居業，喪無所殯。」史傳之文，前後矛盾。

玄以靈帝之世，三爲三公，亦豈無錢者。

劉表傳：「與同郡張儉等俱被訕議，號爲八顧。」而黨錮傳，表、儉二人列於八及，前後不同。

蒯越、韓嵩及東曹掾傅巽等，説琮降操，則是表卒之後，琮已赦嵩而出之矣。下文云：「操至州，乃釋嵩之囚。」此史家欲歸美於操，而不顧上下文之相戾也。

蔡邕傳謂：「邕亡命江海，積十二年。中平六年，靈帝崩，董卓爲司空，辟之，稱疾不就。卓切敕州郡舉邕詣府，邕不得已，到署祭酒。」而文苑傳，有議郎蔡邕薦邊讓於大將軍何進一書。按中平元年黄巾起，以何進爲大將軍，正邕亡命之時，無緣得奏記薦人也。

郡國志：「睢陽本宋國，有魚門。」引左傳僖公二十二年，升陘之戰，邾人獲公冑，縣諸魚門爲證。按杜預注，魚門，邾城門。非宋也。

三國志

蜀志譙周傳：「建興中，丞相亮領益州牧，命周爲勸學從事。」而先主未稱尊號，即有勸學從事張爽、尹默、譙周等上言，前後不同。按周卒於晉泰始六年，年七十二，而昭烈即位之年，僅二十有三，未必與勸進之列，從本傳爲是。

孫亮太平元年，孫綝殺滕胤、吕據，時爲魏高貴鄉公之甘露元年。魏志甘露二年，「以孫壹爲侍中、車騎將軍，假節交州牧」〔一〕。吴侯本傳云：「壹入魏，黄初三年死。」誤也〔二〕。

〔一〕魏志四。

〔二〕「黄初」二字衍文耳。

陸抗傳：「拜鎮軍將軍，都督西陵，自關羽至白帝。」於文難曉。按甘寧傳曰：「隨魯肅鎮益陽，拒關羽，羽號有三萬人。自擇選鋭士五千人，投縣上流十餘里淺瀨，云欲夜涉渡。肅以兵千人益寧，寧乃夜往。羽聞之，住不渡，而結柴營。今遂名此處爲關羽瀨。」據此則當云「自益陽至白帝」也。

作史不立表志

朱鶴齡〔一〕曰：「太史公史記，帝紀之後，即有十表八書。表以紀治亂興亡之大略，書以紀制度沿革之大端。班固改書爲志，而年表視史記加詳焉。蓋表所繇立，昉於周之譜牒，與紀、傳相爲出入〔二〕。凡列侯將相、王公九卿，其功名表著者，既系之以傳。此外大臣，無積勞亦無顯過，傳之不可勝書，而姓名爵里、存没盛衰之跡，要不容以遽泯，則於表乎載之。又其功罪事實，傳中有未悉備者，亦於表乎載之。年經月緯，一覽瞭如，作史體裁，莫大於是。而范書闕焉，使後之學者，無以考鏡二百年用人行政之節目，良可歎也。其失始於陳壽三國志，而范曄踵之。其後作者，又援范書爲例，年表皆在所略。姚思廉梁、陳二書，李百藥北齊書，令狐德棻周書，李延壽南北史，皆無表志。不知作史無表，則立傳不得不多。傳愈多，文愈繁，而事蹟或反遺漏而不舉。歐陽公知之，故其譔唐書，有宰相表，有方鎮表，有宗室世系表、宰相世系表，始復班、馬之舊章云。」

〔一〕朱鶴齡，字長孺，吴江人，明諸生。耆獻類徵經學一引國史館本傳。著述見提要者七種。

〔二〕表係讀史工具。

陳壽三國志、習鑿齒漢晉春秋無志，故沈約宋書諸志，并前代所闕者補之。姚思廉梁、陳二書，李百藥北齊書，令狐德棻周書，皆無志，而于志寧、李淳風、韋安仁、李延壽，別修五代史志，詔編第入隋書。古人紹聞述往之意，可謂弘矣。

史文重出

漢書王子侯表，長沙頃王子高、成節侯梁，一卷中兩見：一始元元年六月乙未封，一元康元年正月癸卯封。然則王子中多一侯矣〔一〕。馬貴與文獻通考因而録之，不知其誤。

〔一〕此段已見本卷漢書條，又重出於此。

續漢郡國志〔一〕，候城改屬玄菟，而遼東復出一候城；無慮改屬遼東屬國，而遼東復出一無慮。必有一焉宜删者，然則天下郡國中少二城矣。

〔一〕後漢書三三郡國五幽州刺史部。「續漢」潘本作「後漢」。

史文衍字

漢書吳王濞傳：「吳有鄣郡銅山。」〔一〕誤多一「豫」字。後漢書光武紀：「以前密令卓茂爲太傅。」〔二〕誤多一「高」字。黨錮傳：「黄令毛欽操兵到門。」〔三〕誤多一「外」字〔四〕。

〔一〕漢書三五，原作「豫章郡銅山」。韋昭注已正。

〔二〕後漢書一上，原作「高密令」。

〔三〕後漢書九七黨錮張儉傳，原作「外黄令」。

〔四〕非檢原文，不知衍字在何所。

後漢書皇后紀：「桓思竇皇后父諱武。」〔一〕后父不當言諱，「諱」字衍。

〔一〕後漢書十下。今殿本無「父諱武」三字，見殿本考證。

儒林傳：「立五經博士，各以家法教授。易有施、孟、梁丘、京氏，尚書歐陽、大小夏侯，詩齊、魯、韓、毛，禮大小戴，春秋嚴、顔，凡十四博士，太常差次總領焉。」〔一〕按此則十五，非十四也，蓋衍一「毛」字。其下文載建初中詔，有「古文尚書、毛詩、穀梁、左氏春秋，雖不立學官」之語。本紀建初八年詔同。又下卷云：「趙人毛萇傳詩，是爲毛詩，未得立。」賈逵傳：「建初八年，詔諸儒各選高才生，受左氏、穀梁春秋、古文尚書、毛詩，由是四經遂行於世。」〔二〕而百官志：「博士十四人。」〔三〕本注曰：「易四：施、孟、梁丘、京氏。尚書三：歐陽、大小夏侯氏。詩三：魯、齊、韓氏。禮二：大小戴氏。春秋二：公羊嚴、顔氏。徐防傳注引漢官儀曰：「易有施、孟、梁丘賀、京房，書有歐陽和伯、夏侯勝、建，詩有申公、轅固、韓嬰，春秋有嚴彭祖、顔安樂，禮有戴德、戴聖，凡十四博士。」〔四〕則此「毛」字明爲衍文也。

〔一〕漢書一〇九下。
〔二〕漢書六六。
〔三〕漢書三五百官志二。
〔四〕漢書七四。

靈帝紀：「光和三年六月詔：公卿舉能尚書、毛詩、左氏、穀梁春秋各一人，悉除議郎。」〔一〕尚書上脱「古文」二字。

〔一〕後漢書八。

史家誤承舊文

史書之中，多有仍舊文而未及改者。史記燕世家稱「今王喜」〔一〕。魏書孝靜帝紀稱「太原公今上」〔二〕。舊唐書唐臨傳，「今上」字再見〔三〕。徐有功傳、澤王上金傳，「今上」字各一見〔四〕，皆謂玄宗。韋貫之傳：「上即位」〔五〕，謂穆宗。此皆舊史之文，作書者失於改削爾。

〔一〕史記三四。
〔二〕魏書十二。
〔三〕舊唐書八五。
〔四〕舊唐書八五、八六。
〔五〕舊唐書一五八。

宋書武帝紀：「永初元年八月戊午，西中郎將、荆州刺史宜都王諱，進號鎮西將軍。」〔一〕文帝紀：「元嘉十三年九月癸丑，立第三皇子諱爲武陵王。」「二十五年八月甲子，立第十一皇子諱爲淮陽王。」〔二〕順帝紀：「昇明三年正月丁巳，以新除給事黄門侍郎蕭諱爲雍州刺史。」「三月丙午，以中軍大將軍諱爲南豫州刺史、齊公世子。」〔三〕蕭思話傳：「遣司馬建威將軍、南漢中太守蕭諱五百人前進。」〔四〕隋書高祖紀：「開皇十五年七月乙丑，晉王諱獻毛龜。」「十九年二月己亥，晉王諱來朝。」〔五〕張煚傳：「晉王諱爲揚州總管。」王韶傳：「晉王諱班師。」鐵勒傳：「晉王諱北征。」〔六〕北史李弼傳：「諭使持節太尉、柱國大將軍、大都督、尚書左僕射、隴右行臺少師、隴西郡開國公李諱。」〔七〕舊唐書中宗紀：「臨淄王諱舉兵誅韋武。」睿宗紀：「臨淄王諱與大平公主子薛崇簡等。」玄宗紀：「詔以皇太子諱充天下兵馬元帥。」〔八〕郝處俊傳：「周王諱爲西朋。」〔九〕並當時臣子之辭。

〔一〕宋書三。
〔二〕宋書五。「淮陽王」殿本作「淮南王」。
〔三〕宋書十。
〔四〕宋書七八。

〔五〕隋書二。今殿本皆作「晉王廣」。
〔六〕隋書四六、六二、八四。殿本皆作「晉王廣」。
〔七〕北史六十。
〔八〕舊唐書七、九。諸「諱」字原本皆小字旁注。
〔九〕舊唐書八四。

三國志魏后妃傳注：「甄后曰：諱等自隨夫人。」〔一〕此「諱」字明帝名，當時史家之文也。宋書武帝紀：「劉諱龍行虎步。」〔二〕後周書柳慶傳：「宇文諱忠誠奮發。」〔三〕北史魏彭城王勰傳：「帝謂勰曰：諱是何人，而敢久違先敕。」〔四〕並合稱名，史臣不敢斥之爾。然宋紀中亦有稱「劉裕」者，一卷之中往往雜見。冊府元龜：後唐莊宗同光二年二月戊寅，「幸李諱宅」。「諱」字下小注曰：「明宗也。」〔五〕

〔一〕魏志五甄后傳注引魏略。
〔二〕宋書一。
〔三〕後周書廿二。殿本作「宇文泰」。
〔四〕北史十九。殿本「諱」作「愘」。「愘」是魏宣帝諱。

〔五〕册府元龜一一四巡幸門。

文選，任昉爲齊明宗讓宣城郡公表，稱「臣公言」，爲蕭揚州薦士表，稱「臣王言」〔一〕。表辭本合稱名，而改爲公、王，亦其臣子之辭也。

〔一〕均見文選三八。

晉書

晉書宣帝紀，當司馬懿爲魏臣之時，無不稱之爲帝。至蜀將姜維聞辛毗來，謂亮曰：「辛毗杖節而至，賊不復出矣。」所謂賊者，即懿也。當時在蜀人自當名之爲賊。史家雜采諸書，不暇詳考，一篇之中，「帝」、「賊」互見。

天文志：「虛二星，冢宰之官也，主北方邑居廟堂祭祀祝禱事，又主死喪哭泣。」按此「冢宰」當作「冢人」。或以公羊傳「宰上之木拱矣」，則墓亦可稱爲宰〔一〕。又曰：「軫四星，主冢宰輔臣也。」則周官之冢宰矣。

〔一〕「宰」當爲「家」之譌。

藝術傳：「戴洋言：昔吳伐關羽，天雷在前，周瑜拜賀。」按瑜卒於建安十四年，而呂蒙之襲關羽，乃在二十四年，瑜亡已十年矣。

顧榮傳，前云「友人張翰」，後又云「吳郡張翰」。張重華傳，前云「封謝艾爲福禄伯」，後又云「進封福禄縣伯」。戴若思傳：「舉孝廉入雒。」周顗傳：「若思舉秀才入雒。」南陽王模傳：「廣平太守丁邵。」良吏傳：「丁紹。」石勒載記，前作「段就六眷」，後作「段疾六眷」，陽裕傳又作「段眷」〔一〕。呂纂載記，前作「句摩羅耆婆」，後作「鳩摩羅什」。慕容熙載記「弘光門」，馮跋載記作「洪光門」，又作「洪觀門」。

〔一〕亦見晉書六元帝紀。

宋書

宋書州郡志「廣陵太守」下云：「永初郡國又有輿、肥如、潞、真定、新市五縣。」〔一〕肥如本遼西之縣，其民南渡，而僑立於廣陵。符瑞志所云：「元嘉十九年九月戊申，廣陵肥如石梁澗中出石鐘九口。」〔二〕是廣陵之有肥如也。乃南沛太守下復云：「起居注：『孝武大明五年，分廣陵爲沛郡，治肥如縣。』時無復肥如縣，當是肥如故縣處也。二漢、晉太康地志，並無肥如縣。」〔三〕一卷之中，自相違錯。且二漢之肥如，自在遼西，安得屬之廣陵，分之沛郡乎？

〔一〕宋書三五。「潞」原作「路」。

〔二〕宋書二九。

〔三〕宋書三五。不檢本書，不知所止。

魏書

魏書崔浩傳：「浩既工書，人多託寫急就章。從少至老，初不憚勞，所書蓋以百數。必稱『馮代彊』，以示不敢犯國，其謹也如此。」〔一〕史於「馮代彊」下注曰「疑」。按急就篇有「馮漢彊」〔二〕，魏起漠北〔三〕，以漢强爲諱，故改云「代强」，魏初國號曰代故也。顔師古急就篇序曰：「避諱改易，漸就蕪舛。」正指此。酈道元水經注，以「廣漢」並作「廣魏」〔四〕，即其例也〔五〕。

〔一〕魏書三五末。日知録二一急就篇條曾引此。
〔二〕急就篇一。
〔三〕原作「魏本胡人」。
〔四〕水經注卅二羌水、涪水、梓潼水等條。
〔五〕民元，廣州改「永清門」爲「永漢門」。

梁書

劉孝綽傳：「衆惡之必監焉，衆好之必監焉。」梁宣帝諱「詧」，故改之。蓋襄陽以來，國史之原文也。乃其論則直書姚察。

書中亦有避唐諱者。顧協傳，以「虎丘山」爲「武丘山」，何點傳則爲「獸丘山」。

後周書

庾信傳，哀江南賦：「過漂渚而寄食，託蘆中而渡水。」「漂渚」當是「溧渚」之誤。張勃吴録曰：「子胥乞食處，在丹陽溧陽縣。」史記范雎傳：「伍子胥槖載而出昭關，至於陵水。」戰國策作「菱夫」。索隱曰：「劉氏云：陵水即栗水也。」〔一〕吴越春秋云：「子胥奔吴至溧陽，逢女子瀨水之上。古「溧」、「瀨」同字。子胥跪而乞餐，女子食之。既去，自投于水。後子胥欲報之，乃投白金于此水，今名其處爲投金瀨。」〔二〕金陵志曰：「江上有渚曰瀨渚是也。」或以二句不應皆用子胥事，不知古人文字不拘，如下文「生世等於龍門」四句，亦是皆用司馬子長事。

〔一〕史記七九。

〔二〕吴越春秋三。

隋　書

經籍志言：「漢哀帝時，博士弟子秦景，使伊存口授浮屠經。」又云：「後漢明帝遣郎中蔡愔及秦景使天竺，得佛經四十二章，及釋迦立像。」按自哀帝之末，至東京明帝之初，垂六十年，使秦景尚存，亦當八十餘矣，不堪再使絶域也。蓋本之陶隱居真誥，言孝明遣使者張騫、羽林郎秦景、博士王遵等十四人，之大月氏國，寫佛經四十二章，祕之蘭臺石室。作史者知張騫爲武帝時人，姓名久著，故删去之，獨言秦景。而前後失于契勘，故或以爲哀帝，或以爲明帝耳。

突厥傳，上言：「沙鉢略可汗，西擊阿波，破擒之。」下言：「雍虞閭以隋所賜旗鼓西征阿波，敵人以爲得隋兵所助，多來降附，遂生擒阿波。」此必一事而誤重書爲二事也。

北史一事兩見

北齊武成帝河清三年九月乙丑，封皇子儼爲東平王。後主天統二年五月己亥，封太上皇帝子儼爲東平王。一事兩書，必有一誤。

徐之才傳：「嘗與朝士出遊，遥望群犬競走，諸人試令目之，之才則應聲曰：爲是宋鵲，爲是韓盧，爲逐李斯東走，爲負帝女南徂。」其序傳又云：「於路見狗，温子昇戲曰：爲是宋鵲，爲是韓盧。神儁曰：爲逐丞相東走，爲共帝女南徂。」一事兩見，且序傳是延壽自述其先人，不當援他人之事以附益也。

宋齊梁三書南史一事互異

南齊書：「李安民爲吴興太守。吴興有項羽神，護郡聽事，太守不得上。太守到郡，必須祀以軛下牛。安民奉佛法，不與神牛，著屐上聽事，又於聽上八關齋。俄而牛死，葬廟側，今呼爲李公牛冢。安民卒官，世以神爲祟。」〔一〕按宋書孔季恭傳：「爲吴興太守。先是吴興頻喪太守，云項羽神爲卞山王，居郡聽事，二千石至，常避之。季恭居聽事，竟無害也。」〔二〕梁書蕭琛傳〔三〕：「遷吴興太守，郡有項羽廟，土民名爲憤王，甚有靈驗。遂於郡聽事，安施牀幕爲神座，公私請禱。前後二千石皆於廳拜祠，而避居他室。琛至，徙神還廟，處之不疑。南史云：「琛至，著屐登聽事，聞室中有叱聲，琛厲色曰：『生不能與漢祖爭中原，死據此聽事，何也？』因遷之於廟。」〔四〕又禁殺牛解祀，以脯代肉。」此似一事，而作史者，一以爲遭祟，一以爲厭邪，立論不同如此。又南齊書蕭惠基傳：「惠基弟惠休，自吳興太守徵爲右僕射。吳興郡項羽神，舊酷烈。世人云：惠休事神謹，故得美遷。」〔五〕南史同〔六〕。南史蕭猷本作淵猷傳：「爲吳興郡守，與楚王廟神交飲至一斛。每酹祀，盡歡極醉，神影亦有酒色，所禱必從。後爲益州刺史，值齊苟兒反，攻城，兵糧俱盡，乃遥禱請救。有田老逢數百騎如風，言吳興楚王來救臨汝侯。是日猷大破苟兒。」〔七〕則又以爲獲祐，益不可信矣。又南史蕭惠明傳：「泰始初，爲吳興太守。郡界有卞山，下有項羽廟。相承云，羽多居郡聽事，前後太守不敢上。惠明謂綱紀曰：『孔季恭嘗爲此郡，未聞有災。』遂盛設筵榻接賓。數日，見一人長丈餘，張弓挾矢向惠明，既而不見，因發背，旬日而卒。」〔八〕此又與李安民相類而小變其説〔九〕。按宋書惠明傳無此事。

〔一〕南齊書二七。
〔二〕宋書五四，季恭名靖。
〔三〕梁書二六。
〔四〕南史十八。

〔五〕南齊書四六。
〔六〕南史十八。
〔七〕南史五一。
〔八〕南史十八。
〔九〕此是一篇「項羽神」索引。

舊唐書

舊唐書雖頗涉繁蕪，然事蹟明白，首尾該贍，亦自可觀。其中唐臨傳，「今上」字再見；徐有功、澤王上金傳，「今上」字各一見，皆謂玄宗〔一〕。蓋沿故帙而未正者也。懿宗紀：咸通十三年十二月，「李國昌小男克用，殺雲中防禦使段文楚，據雲州，自稱防禦留後」。則既直書其叛亂之罪。而哀帝紀末云「中興之初」，王處直傳稱「莊宗」〔二〕，王鎔、鄭從讜、劉鄴、張濬傳，各有「中興」之語，自相矛盾。按此書纂於劉昫，後唐末帝清泰中爲丞相，監修國史，至晉少帝開運二年，其書始成。册府元龜言：户部侍郎張昭遠、起居郎賈緯、秘書少監趙熙、吏部郎中鄭受益、左司員外郎李爲光等修上，並賜繒綵銀器，並及前朝劉昫〔三〕。當時避晉高祖嫌名，或謂之李氏書。朝代遷流，簡牘浩富，不暇徧詳，而並存之。後之讀者，可以觀世變矣。

〔一〕已見史家誤承舊文條。
〔二〕莊宗李存勗，克用其父也。
〔三〕册府元龜五五四恩獎門。

楊朝晟一人作兩傳，一見七十二卷，一見九十四卷。

新唐書

舊唐書高宗紀：「乾封元年春正月戊辰朔，上祀昊天上帝于泰山，以高祖、太宗配饗。己巳升山，行封禪之禮。庚午禪于社首。」〔一〕是以朔日祭天于山下，明日登封，又明日禪社首，次序甚明。新書改云：「正月戊辰封于泰山，庚午禪于社首。」〔二〕是以祭天、封山二事，併爲一事，而繫於戊辰之日。文雖簡，而事不核矣。

〔一〕舊唐書五。麟德三年正月五日壬申始改爲乾封元年。
〔二〕新唐書三。

天后紀：光宅元年四月癸酉，遷廬陵王于房州。丁丑又遷于均州。垂拱元年三月丙辰，遷廬陵王于房州。中宗紀：嗣聖元年，是年九月改光宅。正月，廢居于均州，又遷于房州。按舊書，嗣聖元年二月戊午，廢皇帝爲廬陵王，幽于别所。四月丁丑，遷廬陵王于均州。垂拱元年三月，遷廬陵王于房州〔一〕。中宗紀亦同，而以四月爲五月，然無先遷房州一節〔二〕。疑舊史得之，歐公蓋博採而誤。

〔一〕舊唐書六則天皇后紀。

〔二〕舊唐書七。

代宗紀，上書「四月丁卯，幽皇后于别殿」。下書「六月辛亥，追廢皇后張氏」。曰「追廢」，則張后之見殺明矣，而不書其死，亦爲漏略。

文宗紀：「太和九年十一月壬戌，李訓及河東節度使王璠、邠寧節度使郭行餘、御史中丞李孝本、京兆少尹羅立言，謀誅中官不克，訓奔于鳳翔。」下云：「左神策軍中尉仇士良，殺王涯、賈餗、舒元輿、李孝本、羅立言、王璠、郭行餘。」而獨於李訓不言其死。況訓乃走入終南山，未至鳳翔，亦爲未當。

藝文志：「蕭方三十國春秋三十卷。」當作「蕭方等」，乃梁元帝世子，名方等。侯鯖録曰：「方等者，即周徧義。」

新唐書志，歐陽永叔所作，頗有裁斷，文亦明達。而列傳出宋子京之手，則簡而不明。二手高下，迥爲不侔矣。如太宗長孫后傳，「安業后異母兄之罪，萬死無赦，然不慈于妾，天下知之」。舊書。改曰：「安業罪，死無赦。然向遇妾不以慈，户知之。」意雖不異，而「户知之」三字，殊不成文。又如德宗王后傳：詔曰：「祭筵不可用假花果，欲祭者從之。」舊書。改曰：「有詔祭物無用寓，欲祭聽之。」不過省舊書四字，然非注不可解也。

史家之文，例無重出。若不得已而重出，則當斟酌彼此，有詳有略，斯謂之簡。如崔沔駁太常議加宗廟籩豆，其文兩載於本傳及韋縚傳，多至二三百言。又如來濟與高智周、郝處俊、孫處約四人言志，及濟領吏部，遂以處約爲通事舍人，兩見於本傳及高智周傳〔一〕。而石仲覽一人，一以爲宣城，一以爲江都。此而忽之，則亦不得謂之能簡矣。此二事已見於新唐書糾繆，今仍録之。

〔一〕後漢書、三國志無此病。

楊瑒傳言：有司帖試明經，不質大義，乃取年頭月日，孤經絶句，帖試之。法用紙帖其上下文，止留中間一二句，困人以難記。年頭如元年二年之類，月日如十有二月乙卯之類。如此則習春秋者益少矣，故請帖平文。今改曰「年頭月尾」，屬對雖工，而義不通矣。

嚴武傳：「爲成都尹，劍南節度使房琯，以故宰相爲巡内刺史。武慢倨不爲禮。最厚杜甫，然欲殺甫數矣。李白作蜀道難者，乃爲房與杜危之也。」此宋人穿鑿之論。此説又見韋臯傳。蓋因陸暢之蜀道易，而造爲之耳。李白蜀道難之作，當在開元天寶間。時人共言錦城之樂，而不知畏塗之險、異地之虞。即事成篇，别無寓意。及玄宗西幸，升爲南京，則又爲詩曰：「誰道君王行路難，六龍西幸萬人歡。地轉錦江成渭水，天迴玉壘作長安。」一人之作，前後不同如此，亦時爲之矣。

張孝忠傳：「孝忠魁偉，長六尺。」李晟傳：「長六尺。」古人以六尺爲短，今以六尺爲長，於他書未見。馬燧、楊收傳，並云「長六尺二寸」。高力士傳：「長六尺五寸。」

舊書段秀實傳：「陰説大將劉海賓、何明禮、姚令言判官岐靈岳，同謀殺泚，以兵迎乘輿。三人者，皆秀實夙所奬遇。」〔一〕此謂姚令言之判官岐靈岳，與海賓、明禮爲三人耳。按文，姚令言上當少一「及」字〔二〕。新書遂謂：「結劉海賓、姚令言、都虞候何明禮，欲圖泚。此三人者，皆秀實素所厚。」〔三〕而下文方云大吏岐靈岳。令言賊也，安有肯同秀實之謀者哉？

〔一〕舊唐書一二八。
〔二〕此亦與點句有關。
〔三〕新唐書一五三。

舊唐書高仙芝、封常清二傳，並云：「四鎮節度使夫蒙靈詧。」而李嗣業、段秀實二傳則云：「安西節度使馬靈詧。」劉全諒傳則云：「安東副都護、保定軍使馬靈詧。」按王維集有送不蒙都護詩〔一〕，注：「不蒙，蕃官姓也。」古「不」字有「夫」音，如詩「鄂不韡韡」。「不蒙」當即「夫蒙」，然未知其何以又爲「馬」也〔二〕。新書因之，兩姓並見。而突厥傳則云：「安西節度使夫蒙靈詧。」

〔一〕王維集二。
〔二〕易爲漢姓。

馬總傳：「李師道平，析鄆、曹、濮爲一道，除總節度，賜號天平軍。長慶初，劉總上幽鎮地，詔總徙天平。而召總還，將大用之。會總卒，穆公以鄆人附賴總，復詔還鎮。」〔一〕上云「詔總徙天平」，劉總也；下云「召總還」，馬總也；又云「會總卒」，劉總也；又云「鄆人附賴總」，馬總也。此於人之主賓、字之繁省，皆有所不當。當云：「詔徙天平」，而去「總」字，其下則云：「會劉總卒」，於文無加，而義明矣〔二〕。

〔一〕新唐書一六三。劉總，舊唐書一四三，新唐書二一二。

〔二〕此條極精。

舊唐書皇甫鎛傳，附柳泌事云：「泌繫京兆府，獄吏叱之曰：『何苦作此虚矯？』泌曰：『吾本無心，是李道古教我，且云壽四百歲。』府吏防虞周密，恐其隱化。及解衣就誅，一無變異。」語雖煩，而叙事則明。新書但云：「皆道古教我，解衣即刑，卒無它異。」〔一〕去其中間語，則「它異」二字何所本邪？

〔一〕新唐書一六七。

曹確傳：「太宗著令，文武官六百四十三。」按百官志，太宗省内外官，定制爲七百三十員。

舊唐書鄭綮傳：「昭宗謂有藴蓄，就常奏班簿側注云：鄭綮可禮部侍郎、平章事。中書胥吏詣其家參謁，綮笑曰：『諸君大誤，使天下人皆不識字，宰相不及鄭五也。』胥吏曰：『出自聖旨特恩，來日制下。』綮抗其手曰：『萬一如此，笑殺他人。』明日果制下。」新書改曰：「俄聞制詔下，歎曰：『萬一然，笑殺天下人。』」〔一〕制已下矣，何萬一之有？

〔一〕新唐書一八三。

禮樂志：「貞觀二十一年詔，左丘明、卜子夏、公羊高、穀梁赤、伏勝、高堂生、戴聖、毛萇、孔安國、劉向、鄭衆、賈逵、杜子春、馬融、盧植、鄭康成、服虔、何休、王肅、王弼、杜預、范甯二十二人配享。」儒學傳復出此文，而闕賈逵，作二十一人。

林藴傳：「泉州莆田人。父披，以臨汀多山鬼淫祠，民厭苦之，撰無鬼論。刺史樊晃奏署臨汀令。」此當是署令在前，作論在後，而倒其文。

凡吴氏糾謬所已及者，不更論。

昔人謂宋子京不喜對偶之文，其作史，有唐一代，遂無一篇詔令。如德宗興元之詔，不録於書。徐賢妃諫太宗疏、狄仁傑諫武后營大像疏，僅寥寥數言，而韓愈平淮西碑，則全載之。夫史以記事，詔疏俱國事之大，反不如碑頌乎？柳宗元貞符乃希恩飾罪之文，與相如之封禪頌異矣，載之尤爲無識。

宋史

宋史言朝廷與金約滅遼，止求石晉賂契丹故地，而不思營、平、灤三州，非晉賂，乃劉仁恭獻契丹以求援者。既而王黼悔，欲併得之，遣趙良嗣往請之再三，金人不與〔一〕。此史家之誤。按通鑑：「初，幽州北七百里有渝關，下有渝水通海。自關東北，循海有道，道狹處纔數尺，旁皆亂山，高峻不可越。北至進牛口，舊置八防禦軍，募土兵守之，田租皆供軍食，不入於薊。幽州歲致繒纊以供戰士衣。每歲早穫，清野堅壁以待契丹。契丹至，輒閉壁不戰，俟其去，選驍勇據隘邀之，契丹常失利走。土兵皆自爲田園，力戰有功則賜勳加賞，由是契丹不敢輕入寇。及周德威爲盧龍節度使，恃勇不脩邊備，遂失渝關之險。契丹每芻牧於營、平之間。」〔二〕又按遼史：「太祖天贊二年春正月丙申，大元帥堯骨克平州，獲刺史趙思温裨將張崇。二月，如平州。甲子，以平州盧龍軍置節度使。」〔三〕遼之天贊二年，乃後唐莊宗同光元年。是營、平二州，契丹自以兵力取之於唐，而不於劉仁恭，又非賂以求援也。若灤本平州之地，遼太祖以俘户置灤州。當劉仁恭時，尚未有此州。尤爲無據。遼史于灤州下云：「石晉割地，在平州之境。」〔四〕亦誤也。金史張覺傳：「平州自入契丹，別爲一軍，執弗與。」〔五〕

〔一〕陳邦瞻宋史紀事本末十二。
〔二〕通鑑二六九後梁貞明三年二月條。
〔三〕遼史二。
〔四〕遼史四十。
〔五〕金史一三三。

元人作宋史，于天文志中，如「胡兵大起」、「胡主憂」之類，改曰「北兵」、「北主」。昴爲胡星，改曰北星。惟北河下「一曰胡門」〔一〕，則不能改也，仍其文。

〔一〕此段四「胡」字，潘本皆作□。

書中凡「鹵」字皆改爲「敵」，至以「金鹵」爲「金敵」〔一〕，陳康伯、王大寶傳。惟胡銓二書不改〔二〕。

〔一〕「鹵」字原作「虜」。

〔二〕胡銓，宋史三七四。

阿魯圖進宋史表

元阿魯圖進宋史表曰：「厥後瀛國歸朝，吉王航海。齊亡而訪王蠋，乃存秉節之臣；楚滅而諭魯公，堪矜守禮之國。」〔一〕金史忠義傳序曰：「聖元詔修遼、金、宋史，史臣議凡例，前代之臣忠於所事者，請書之無諱，朝廷從之。」〔二〕此皆宋世以來尊經儒重節義之效。其時之人心風俗，猶有三代直道之遺，不獨元主之賢明也。五代史不爲韓通立傳。

〔一〕宋、遼、金三史表，均見歐陽圭齋集。

〔二〕金史一二一。

齊武帝使太子家令沈約撰宋書，疑立袁粲傳，審之於帝。帝曰：「袁粲自是宋室忠臣。」

遼史

宋史富弼傳言：「使契丹，爭『獻』、『納』二字，聲色俱厲。契丹主知不可奪，乃曰：『吾當自遣人議之。』復使劉六符來。弼歸奏曰：『臣以死拒之，彼氣折矣，可勿許也。』朝廷竟以『納』字與之。」〔一〕遼史興宗紀亦云：「感富弼之言，和議始定。」〔二〕而劉六符傳則曰：「宋遣使增歲幣，以易十縣。六符與耶律仁先使宋，定進貢名，宋難之。六符曰：『本朝兵强將勇，人人願從事於宋。若恣其俘獲以飽所欲，與進貢字孰多？況大兵駐燕，萬一南進，何以禦之？顧小節忘大患，悔將何及？』宋乃從之，歲幣稱貢。」〔三〕耶律仁先傳亦同。二史並脱脱監修，而不同如此。六符傳，似本其家誌狀，與其祖景同爲一傳，而有重文。

〔一〕宋史三一三。

〔二〕遼史十九重熙十一年九月條。

〔三〕遼史八六。

金史

金史大抵出劉祁、元好問二君之筆，亦頗可觀，劉祁字京叔，渾源人，著歸潛志。元好問字裕之，秀容人，著壬辰雜編。元人取之以成金史，見文藝傳及完顔奴申傳贊。然其中多重見，而涉於繁者。孔毅父雜説〔一〕謂：「自昔史書兩人一事，必曰語在某人傳。晉書載王隱諫祖約弈棋一段〔二〕，兩傳俱出，此爲文繁矣。」正同此病。

〔一〕孔平仲，字毅父，寶顔堂秘笈普集稱孔氏雜説。卷二。

〔二〕「祖約」應作「祖納」，見晉書八二隱傳，六二納傳。約乃納弟，見卷一〇〇。此誤。元本、潘本亦誤。孔氏雜説引不誤。

海陵諸子傳贊當引楚靈王曰：「余殺人子多矣，能無及此乎！」昭公十三年。而反引荀首言：「不以人子，吾子其可得乎？」似爲失當。

幽蘭之縊，承麟謚之曰哀宗，本紀。息州行省謚之曰昭宗。完顏婁室傳。史從哀宗爲定，而食貨志末及百官志，復有義宗之稱，不著何人所上。元史列傳中並稱「金義宗」。

金與元連兵二十餘年，書中雖稱大元，而内外之旨，截然不移，是金人之作，非元人之作，此其所以爲善。

承麟即位，不過一二日，而史猶稱之爲末帝，白撒傳。其與宋之二王削其帝號者絶異，故知非一人之筆矣。

元史

元史列傳，八卷速不台，九卷雪不台，一人作兩傳。十八卷完者都，十九卷完者拔都，亦一人作兩傳。蓋其成書不出于一人之手。宋濂序〔一〕云：「洪武元年十二月，詔脩元史，臣濂、臣禕總裁。二年二月丙寅開局，八月癸酉書成。紀三十七卷，志五十三卷，表六卷，傳六十三卷。順帝時無實録可徵，因未得爲完書。上復詔儀曹遣使行天下，其涉于史事者，令郡縣上之。三年二月乙丑開局，七月丁亥書成，紀十卷，志五卷，表二卷，傳三十六卷。凡前書有所未備，頗補完之。總裁仍濂、禕二臣，而纂録之士，獨趙壎終始其事。」然則元史之成，雖不出于一時一人，而宋、王二公與趙君亦難免于疏忽之咎矣。昔宋吳縝言：「方新書來上之初，若朝廷付之有司，委官覆定，使詰難糾駁，審定刊修，然後下朝臣博議可否。如此，則初修者必不敢滅裂，審覆者亦不敢依違，庶乎得爲完書，可以傳久。」〔二〕乃歷代修史之臣，皆務苟完，右文之君，亦多倦覽，未有能行其説者也。洪武中〔三〕嘗命解縉修正元史舛誤，其書留中不傳。

〔一〕元史卷末附録宋濂目録後記。

〔二〕新唐書糾謬。

〔三〕「洪武中」原作「惟我太祖」。

世祖紀：「中統三年二月，以興、松、雲三州隸上都。四年五月，陞上都路望雲縣爲雲州，松山縣爲松州。」是三年尚未陞州，預書爲州者誤。

本紀有脱漏月者，列傳有重書年者。

天文志既載月五星凌犯，而本紀復詳書之，不免重出。志末云「餘見本紀」，亦非體。

諸志皆案牘之文，並無鎔範。如河渠志言「耿參政」、「阿里尚書」，祭祀志言「田司徒」、

「郝參政」，皆案牘中之稱謂也。

張楨傳有復擴廓帖木兒書曰：「江左日思薦食上國。」此謂明〔一〕太祖也。晉陳壽上諸葛孔明集表曰：「伏惟陛下，遠蹤古聖，蕩然無忌，故雖敵國誹謗之言，咸肆其辭，而無所革諱，所以明大通之道也。」〔二〕於此書見之矣。

〔一〕「明」原作「我」。

〔二〕三國志蜀志五。

石抹宜孫傳，上言「大明兵」，下言「朝廷」。朝廷謂元也。内外之辭，明白如此。順帝紀，「大明兵取太平路」，「大明兵取集慶路」，其時國號未爲大明，曰「大明」者，史臣追書之也。古人記事之文，有不得不然者，類如此。

通鑑

呂東萊大事記曰：史記商君本傳云：「不告姦者腰斬，告姦者與斬敵首同賞，匿姦者與降敵同罰。」通鑑削「不告姦者」一句，而以匿姦之罪爲不告姦之罪。本傳又云：「民有二男以上，不分異者，倍其賦。」通鑑削之。本傳又云：「名田宅臣妾者，以家次。」通鑑削「以家次」三字。皆當以本傳爲正。以家次者，如漢賜夏侯嬰北第第一之類。

孟子以伐燕爲宣王事，與史記不同。通鑑以威王、宣王之卒，各移下十年，以合孟子之書。今按史記湣王元年，爲周顯王之四十六年，歲在著雍閹茂。又八年燕王噲讓國于相子之，又二年齊破燕殺王噲，又二年燕人立太子平，則已爲湣王之十二年。而孟子書，吾甚慙于孟子，尚是宣王。何不以宣王之卒移下十二三年，則於孟子之書無不皆合，而但拘於十年之成數邪〔一〕？

〔一〕超案：集釋此下引錢、趙、雷氏語。援庵在「雷氏曰」上批：「此等辯論之文，非以年表説明不可。」

史記萬石君列傳：「慶嘗爲太僕，御出，上問車中幾馬，慶以策數馬畢，舉手曰：六馬。慶於諸子中最爲簡易矣，然猶如此。」〔一〕太史公之意，謂慶雖簡易，而猶敬謹不敢率爾即對。其言簡易，正以起下文之意也。通鑑去「然猶如此」一句，殊失本指。

〔一〕史記一〇三。

通鑑：漢武帝元光六年，以衛尉韓安國爲材官將軍，屯漁陽。元朔元年，匈奴二萬騎入漢，殺遼西太守，略二千餘人，圍韓安國壁。又入漁陽雁門，各殺略千餘人〔一〕。夫曰「圍韓安國壁」，其爲漁陽可知，而云「又入漁陽」，則疏矣。考史記匈奴傳本文，則云：「敗漁陽太守軍千餘人，圍漢將軍安國。安國時千餘騎，亦且盡。會燕救至，匈奴引去。」〔二〕其文精密如此，通鑑改之不當。

〔一〕通鑑十八。
〔二〕史記一一〇。

漢書宣帝紀：「五鳳二年春三月，行幸雍，祠五畤。」〔一〕通鑑改之曰：「春正月，上幸甘泉，郊泰畤。」〔二〕考異引宣紀云：「三月行幸甘泉。」而宣紀本無此文，不知温公何所據？

〔一〕漢書八。

〔二〕通鑑二七。

光武自隴蜀平後，非警急，未嘗復言軍旅。皇太子嘗問軍旅之事，帝曰：「昔衛靈公問陳，孔子不對，此非爾所及。」〔一〕據後漢書本文，皇太子即明帝也。通鑑乃書於建武十三年〔二〕，則東海王彊尚爲太子，亦爲未允。

〔一〕後漢書一下光武紀末。
〔二〕通鑑四三。明帝建武十九年立爲皇太子。

唐德宗貞元二年，李泌奏：「自集津至三門，鑿山開車道十八里，以避底柱之險。」〔一〕按舊唐書李泌傳，並無此事。而食貨志〔二〕曰：「開元二十二年八月，玄宗從京兆尹裴耀卿之言，置河陰縣及河陰倉，在今汜水縣。河清縣柏崖倉，在今孟津縣。三門東集津倉，三門西鹽倉。並在今平陸縣。開三門北山十八里，以避湍險。自江淮而泝鴻溝，悉納河陰倉。自河陰送納含嘉倉，六典：東都有含嘉倉。又送納太原倉，計太原倉雖屬陝州，當在河北。謂之北運；自太原倉浮于渭，以實京師。凡三年，運七百萬石，省陸運之傭四十萬貫。」又曰：「開元二十九年，陝郡太守李齊物，鑿三門山以通運。闢三門巔，輸疑當作踰巖險之地，俾負索引艦，昇於安流，自齊物始也。天寶三載，韋堅代蕭炅，以滻水作廣運潭於望春樓之東，而藏舟焉。」是則北運始於耀卿，尚陸行十八里；河運始於齊物，則直達於長安也。下距貞元四十五年，無緣有李泌復鑿三門之事。

〔一〕通鑑二三二。

〔二〕舊唐書四九食貨志下。

通鑑不載文人

李因篤語予：「通鑑不載文人。如屈原之爲人，太史公贊之，謂與日月爭光，而不得書於通鑑。杜子美，若非『出師未捷』一詩爲王叔文所吟，則姓名亦不登於簡牘矣。」予答之曰：「此書本以資治，何暇録及文人？昔唐丁居晦爲翰林學士，文宗於麟德殿召對，因面授御史中丞。翼日制下，帝謂宰臣曰：『居晦作得此官。朕曾以時諺謂杜甫、李白輩爲四絶，問居晦。居晦曰：「此非君上要知之事。」嘗以此記得居晦，今所以擢爲中丞。』冊府元龜〔一〕。如君〔二〕之言，其識見殆出文宗下矣。」

〔一〕册府元龜六九審官門。

〔二〕君，謂李因篤。

日知録校注卷二十七

漢人注經

左氏解經，多不得聖人之意；元凱注傳，必曲爲之疏通；殆非也。鄭康成則不然，其於二禮之經，及子夏之傳，往往駁正〔一〕。如周禮職方氏：「荆州其浸潁湛。」注云：「潁水出陽城，宜屬豫州，在此非也。」「豫州其浸波溠。」注云：「春秋傳曰：『除道梁溠，營軍臨隨。』〔二〕則溠宜屬荆州，在此非也。」儀禮喪服篇：「唯子不報。」傳曰：「女子子適人者，爲其父母期，故言不報也。」注云：「唯子不報，男女同不報爾。傳以爲主謂女子子，似失之矣。」「女子子爲祖父母。」傳曰：「何以期也，不敢降其祖也。」注云：「經似在室，傳似已嫁。」「公妾以及士妾爲其父母。」傳曰：「何以期也，妾不得體君，得爲其父母遂也。」注云：「然則女君有以尊降其父母者與？春秋之義，雖爲天王后，猶曰吾季姜。是言子尊不加於父母，此傳似誤矣。」士虞禮篇「用尹祭」，注云：「尹祭脯也。大夫士祭無云脯者，今不言牲號而云尹祭，亦記者誤矣。」於禮記則尤多置駮。如檀弓篇：「齊穀王姬之喪，魯莊公爲之大功。」注云：「當爲舅之妻，非外祖母也，外祖母又小功也。」「季子皋葬其妻，犯人之禾。」注云：「恃寵虐民，非也。」「叔仲衍請繐衰而環絰。」注云：「弔服之絰服其舅，非。」月令篇：「孟夏之月，行賞封諸侯。」注云：「祭統曰：古者於禘也，發爵賜服，順陽義也；於嘗也，出田邑，發秋政，順陰義也。今此行賞可也，而封諸侯則違於古。封諸侯出土地之事，於時未可，似失之。」「斷薄刑，決小罪。」注云：「祭統曰：草艾則墨，謂立秋後也。刑無輕於墨者。今以純陽之月，斷刑決罪，與毋有壞墮自相違，似非。」「季夏之月，命漁師伐蛟，取鼉、登龜、取黿。」注云：「四者甲類，秋乃堅成。周禮曰：『秋獻龜魚。』又曰：『凡取龜用秋時。』是夏之秋也。作月令者，以爲此秋，據周之時也。周之八月，夏之六月，因書於此，似誤也。」「孟秋之月，毋以封諸侯、立大官，毋以割地、行大使、出大幣。」注云：「古者於嘗出田邑，此其嘗竝秋而禁封諸侯割地，失其義。」郊特牲篇：「季春出火。」注云：「言祭社，則此是仲春之禮也。仲春以火田，田止弊火，然後獻禽。至季春火出，而民乃用火。今云季春出火，乃牧誓社，記者誤也。」「郊之用辛也，周之始郊日以至。」注云：「言日以周郊天之月而至，陽氣新用事，順之而用辛日，此說非也。郊天之月而日至，魯禮也。三王之郊，一用夏正。魯以無冬至祭天於圜丘之事，是以建子之月郊天，示先有事也。」「尸，陳也。」注云：「尸或詁爲主，此尸神象，當從主訓之，言陳非也。」明堂位篇：「夏后氏尚明水，殷尚醴，周尚酒。」注云：「此皆其時之用耳，言尚，非。」「君臣未嘗相弑也，禮樂刑法政俗未嘗相變也。」注云：「春秋時，魯三君弑，又士之有誄，由莊公始，婦人髽而弔，始於臺駘。云君臣未嘗相弑，政俗未嘗相變，亦近誣矣。」雜記下：「或曰：主之而附於夫之黨。」注云：「妻之黨自主之，非也。」「圭，子男五寸。」注云：「子男執璧，作此贊者失之矣。」此其所駁，雖不盡當，視杜氏之專阿傳文，則不同矣。經注之中，可謂卓然者乎！

〔一〕杜、鄭不同。
〔二〕左傳莊四年。

論語「子見南子」〔一〕注，孔安國曰：「行道既非婦人之事，而弟子不説，與之祝誓，義可疑焉。」此亦漢人疑經，而不敢强通者也。

〔一〕雍也。

宋黃震言〔一〕：「杜預注左氏，獨主左氏；何休注公羊，獨主公羊；惟范甯不私於穀梁〔二〕，而公言三家之失。如曰：『左氏以鬻拳兵諫爲愛君，是人主可得而脅也；以文公納幣爲用禮，是居喪可得而昏也。穀梁以衛輒拒父爲尊祖，是爲子可得而叛也；不納子糾爲内惡，是仇讐可得而容也。公羊以祭仲廢君爲行權，是神器可得而闚也；妾母稱夫人爲合正，是嫡庶可得而齊也。』又曰：『左氏艷而富，其失也誣；穀梁清而婉，其失也短；公羊辯而裁，其失也俗。』」〔三〕今〔四〕考集解中，糾傳文者得六事：莊九年，「公伐齊納糾」。傳：「當可納而不納，齊變而後伐，故乾時之戰，不諱敗，惡内也。」解曰：「讐者無時而可與通，縱納之遲晚，又不能全保讐子，何足以惡内乎？然則乾時之戰，不諱敗，齊人取子糾殺之，皆不迂其文，正書其事。内之大惡，不待貶絶，居然顯矣。惡内之言，傳或失之。」僖元年，「公子友帥師敗莒師于麗，獲莒挐」。傳：「公子友謂莒挐曰：『吾二人不相説，士卒何罪？』屏左右而相搏。」解曰：「江熙曰：經書敗莒師，而傳云二人相搏，則師不戰，何以得敗？理自不通也。子所慎三，戰居其一。季友令德之人，豈當舍三軍之整，佻身獨鬭，潛刃相害，以決勝負者哉！此又事之不然，傳或失之。」僖十四年，「季姬及繒子遇于防，使繒子來朝」。傳：「遇者同謀也。」解曰：「魯女無故，遠會諸侯，遂得淫通，此又事之不然。左傳曰：『繒季姬來寧，公怒之，以繒子不朝，遇于防，而使來朝。』此近合人情。」襄十一年，

「作三軍」。傳：「古者天子六師，諸侯一軍。作三軍，非正也。」解曰：「周禮司馬法，王六軍，大國三軍，次國二軍，小國一軍。總云諸侯一軍，又非制也。」昭十一年，「楚子虔誘蔡侯般，殺之于申」。傳：「夷狄之君，誘中國之君而殺之，故謹而名之也。」解曰：「蔡侯般弑父之賊，此人倫之所不容，王誅之所必加。禮，凡在官者，殺無赦，豈得惡楚子殺般乎？若謂夷狄之君，不得行禮於中國者，理既不通，事又不然。」宣十一年，「楚人殺陳夏徵舒，不言入」。傳曰：「明楚之討有罪也。似若上下違反不兩立之説」。哀二年，「晉趙鞅帥師納衛世子蒯聵于戚」。傳：「納者，内弗受也。何用弗受也？以輒不受也。以輒不受父之命，受之王父也。信父而辭王父，則是不尊王父也；其弗受，以尊王父也。」解曰：「江熙曰：齊景公廢世子，世子還國，書篡。若靈公廢蒯聵立輒，則蒯聵不得復稱曩日世子也。稱蒯聵爲世子，則靈公不命輒，審矣。此矛楯之喻也。然則從王父之言，傳似失矣。經云『納衛世子』，『鄭世子忽復歸于鄭』，稱世子，明正也。明正則拒之者非邪。」以上皆糾正傳文之失。

〔一〕黄氏日鈔三一。

〔二〕范解穀梁。

〔三〕日鈔三一末。引范序。

〔四〕今，亭林。

宋吳元美作吳縝新唐書糾謬序曰：「唐人稱杜征南、顔祕書爲左丘明、班孟堅忠臣。顔師古本傳。今觀其推廣發明，二子信有功矣〔一〕。至班、左語意乖戾處，往往曲爲説以附會之，安在其爲忠也？今吳君於歐、宋大手筆，乃能糾謬纂誤，力裨前闕，殆晏子所謂獻可替否、和而不同者，此其忠何如哉！然則唐人之論忠也陋矣。」可謂卓識之言。

〔一〕杜、顔相同。

注疏中引書之誤

爾雅釋山：「多草木岵，無草木峐，疏：「峐」當作「屺」。石戴土謂之崔嵬，土戴石爲砠。」毛傳引之，互相反。鄭康成箋詩采蘩，引少牢饋食禮：「主婦被裼。」誤作禮記。皇矣引左傳「鄭公子突使勇而無剛者嘗寇而速去之」，「晉士會若使輕者肆焉其可」〔二〕，誤合爲一事。注周禮大司徒，引左傳成二年「先王疆理天下」，誤作「吾子疆理天下」。引詩「錫之山川，土田附庸」，誤作「土地」。射人，引射義「明乎其節之志，以不失其事，則功成而德行立」，誤作樂記。縣士引左傳「韓襄爲公族大夫」〔二〕，誤作「韓須」。注禮記月令，引夏小正「八月，丹鳥羞白鳥」，誤作「九月」。引詩「稱彼兕觥，萬壽無疆」〔三〕，誤作「受福無疆」。范武子解穀梁傳，莊十八年，引玉藻「天子玄冕而朝日於東門之外」，誤作王制。郭景純注爾雅〔四〕，引孟子「止或尼之」，誤作「行或尼之」。引易「鞏用黄牛之革」，「固志也」，誤以革、遯二爻合爲一傳。韋昭國語注：「公父文伯母賦緑衣之三章」〔五〕，誤引「四章」。高誘淮南子注〔六〕，引詩「鼉鼓逢逢」〔七〕，誤作「鼉鼓洋洋」。孔穎達左傳文十八年正義引孟子「柳下惠，聖之和者也」，誤作「伊尹，聖人之和者也」。蘇軾書傳伊訓，引孟子「從流下而忘反謂之流」，誤作「從流上而忘反謂之游」。朱震易傳井大象，引詩「維此哲人，謂我劬勞」，誤作「知我者，謂我劬勞」。趙汝楳易輯聞蹇大象〔八〕，引孟子「我必不仁，我必無禮」，誤作「我必不仁不義」。朱元晦中庸章句，引詩「后稷之孫，實維大王，居岐之陽，實始翦商」，誤作「至于大王」。詩集傳閔予小子，引楚辭「三公穆穆，登降堂只」〔九〕，誤作「三公揖讓」。

〔一〕隱九年、文十二年。

〔二〕昭五年。

〔三〕豳風七月。
〔四〕爾雅上釋詁。
〔五〕國語第五魯語。
〔六〕淮南子五時則訓「伐蛟取鼉」注。
〔七〕大雅靈臺。
〔八〕易輯聞四。
〔九〕大招，楚辭章句十。

朱子注論語：「夏曰瑚，商曰璉。」此仍古注之誤。記曰：「夏后氏之四璉，殷之六瑚。」是夏曰璉，商曰瑚也。享禮注引「發氣滿容」，今儀禮文作「發氣焉盈容」。漢人避惠帝諱，盈之字曰滿，此當改而不改也。

孟子「有爲神農之言」〔一〕，注：「史遷所謂農家者流也。」仁山金氏曰：「太史公六家同異，無農家。班固藝文志分九流，始有農家者流。」集注偶誤，未及改。

〔一〕滕文公上。

楊用修言：「朱子周易本義，引韓非子『參之以比物，伍之以合虛』，誤以『合虛』爲『合參』。原其故，乃自荀子注中引來，不自韓非子采出也。」〔一〕按伍所以合參，安得謂之合虛？乃今韓非子本誤。

〔一〕升庵集四一。

姓氏之誤

穀梁傳，隱九年：「天王使南季來聘。南，氏姓也；季，字也。」南非姓，「姓」字衍文。桓二年：「及其大夫孔父，孔氏父字謚也。」父非謚，「謚」字衍文。詩白華箋：「褒姒，褒人所入之女，姒，其字也。」「字」當作「姓」，此康成之誤。孔氏曰：「褒國姒姓，言姒其字者，婦人因姓爲字也。」乃是曲爲之解耳。

朱子注論語、孟子，如太公姜姓，吕氏名尚，其別姓氏甚明。至子夏，孔子弟子，姓卜名商，子禽姓陳名亢，子貢姓端木名賜，子文姓鬬名穀於菟之類，皆以氏爲姓。齊宣王姓田氏名辟疆，則併姓氏而爲一矣。豈承昔人之誤而未之正與？宋自夾漈鄭氏始著氏族略，以前人多未講此。故博古圖言，州吁姓州，而徽宗欲倣周人王姬之號，故公主謂之帝姬也。

左傳注〔一〕

隱五年：「使曼伯與子元潛軍軍其後。」按子元疑即厲公之字。昭十一年，申無宇之言曰：「鄭莊公城櫟而寘子元焉，使昭公不立。」杜以爲别是一人，厲公因之以殺曼伯而取櫟，非也。蓋莊公在時，即以櫟爲子元之邑，如重耳之蒲，夷吾之屈，故厲公於出奔之後，取之特易，而曼伯則爲昭公守櫟者也。九年，公子突請爲三覆以敗戎。桓五年，子元請爲二拒以敗王師。固即厲公一人，而或稱名或稱字耳。合三事觀之，可以知厲公之才略，而又資之以巖邑，能無篡國乎！

〔一〕晉杜預集解，唐孔穎達正義。

十一年：「立桓公而討寪氏，有死者。」言非有名位之人，蓋微者爾。如司馬昭族成濟之類。解曰：「欲以弑君之罪加寪氏，而復不能正法誅之。」非也。

桓二年，孔父嘉爲司馬。杜氏以孔父名而嘉字，非也。孔父字，而嘉其名。按家語本姓篇〔一〕曰：「宋湣公熙生弗父何，何生宋父周，周生世子勝，勝生正考父，考父生孔父嘉，其後以孔爲氏。」然則仲尼氏孔，正以王父之字，而楚成嘉，鄭公子嘉，皆字子孔，亦其證也。說文：「孔從乙，從子。乙至而得子，嘉美之也。古人名嘉字子孔。」〔二〕鄭康成注士喪禮曰：「某甫字也，若言山甫、孔甫。」甫，父通。是亦以孔父爲字。劉原父以爲已名其君於上，則不得字其臣於下。竊意春秋諸侯卒，必書名，而大夫則命卿稱字，無生卒之别，劉原父亦云：「大夫再命稱名，三命稱字。」亦未嘗以名字爲尊卑之分。桓十一年，鄭伯寤生卒。葬鄭莊公。宋人執鄭祭仲。杜氏以仲爲名而足字，亦拘於例也。十七年，蔡侯封人卒，蔡季自陳歸于蔡。名其君於上，字其臣於下也。昭二十二年，劉子單子以王猛居於皇。劉子單子以王猛入於王城。二十三年，尹氏立王子朝。二十六年，尹氏、召伯、毛伯以王子朝奔喪。爵其臣於上，名其君於下也。然則孔父當亦其字，而學者之疑，可以渙然釋矣。

〔一〕家語九。
〔二〕說文十二上乙部。

君之名，變也；命卿之書字，常也。重王命亦所以尊君也。

「其弟以千畝之戰生。」解曰：「西河介休縣南，有地名千畝。」非也。穆侯時，晉境不得至介休。按史記趙世家：「周宣王伐戎，及千畝戰。」〔一〕正義曰：「括地志云：千畝原在晉州岳陽縣北九十里。」

〔一〕史記四三。

五年，「蔡人、衛人、陳人從王伐鄭」。解曰：「王師敗不書，不以告。」非也。王師敗不書，不可書也，爲尊者諱。

六年，「不以國」。解曰：「國君之子，不自以本國爲名。」焉有君之子而自名其國者乎？謂以列國爲名，若定公名宋，哀公名蔣。

八年，「楚人上左，君必左，無與王遇」。解曰：「君，楚君也。」愚謂君謂隨侯，王謂楚王。兩軍相對，隨之左，當楚之右。言楚師左堅右瑕，君當在左，以攻楚之右師。

十三年，「及齊侯、宋公、衛侯、燕人戰，齊師、宋師、衛師、燕師敗績。」解曰：「或稱人，或稱師，史異辭也。」愚謂燕獨稱人，其君不在師。

莊十二年，「蕭叔大心」。解曰：「叔，蕭大夫名。」按，大心當是其名，而叔其字，亦非蕭大夫也。二十三年，「蕭叔朝公」。解曰：「蕭附庸國，叔名。」按唐書宰相世系表〔一〕云：「宋戴公生子衎，字樂父。裔孫大心，平南宫長萬有功，封于蕭，以爲附庸，今〔二〕徐州蕭縣是也。其後楚滅蕭。」

〔一〕新唐書七一下。
〔二〕今，唐志語。

十四年，「莊公之子，猶有八人」。解：「莊公子，傳惟見四人：子忽、子亹、子儀並死，獨厲公在。八人名字，記傳無聞。」按，「猶有八人」者，除此四人之外，尚有八人見在也。桓十四年，鄭伯使其弟語來盟，傳稱其字曰子人，亦其一也。

二十二年，「山嶽則配天」。解曰：「得太嶽之權，則有配天之大功。」非也。詩曰：「崧高維嶽，駿極于天。」言天之高大，惟山嶽足以配之。

二十五年，「夏六月辛未朔，日有食之，鼓用牲于社。非常也。惟正月之朔，慝未作，日有食之，於是乎用幣于社，伐鼓于朝」。周之六月，夏之四月，所謂正月之朔也。然則此其常也，而曰非常者何？蓋不鼓于朝，而鼓于社，不用幣而用牲，此所以謂之非常禮也。杜氏不得其說，而曰：「以長曆推之，是年失閏。」辛未實七月朔，非六月也。此則咎在司曆，不當責其伐鼓矣。又按：「唯正月之朔」以下，乃昭十七年季平子之言，今載於此，或恐有誤。

僖四年，「昭王南征而不復，寡人是問」。解曰：「不知其故而問之。」非也。蓋齊侯以爲楚罪而問之。然昭王五十一年，南征不復，至今惠王二十一年，計三百四十七年。此則孔文舉所謂丁零盜蘇武牛羊，可并案者也。

五年，「太伯不從」。不從者，謂太伯不在太王之側爾。史記述此文曰：「太伯、虞仲，太王之子也。太伯亡去，是以不嗣。」〔一〕以亡去爲不從，其義甚明。杜氏誤以不從父命爲解，而後儒遂傳合魯頌之文，謂太王有翦商之志，太伯不從。此與秦檜之言莫須有者，何以異哉！

〔一〕史記三九。

六年，「圍新密，鄭所以不時城也」。實密，而經云新城，故傳釋之，以爲鄭懼齊而新築城，因謂之新城也。解曰：「鄭以非時興土功，故齊桓聲其罪以告諸侯。」夫罪孰大於逃盟者，而但責其非時興土功，不亦細乎！且上文固曰：「以其逃首止之盟故也。」則不煩添此一節矣。

十五年，「涉河，侯車敗」。解曰：「秦伯之軍涉河，則晉侯車敗。」非也。秦師及韓，晉尚未出，何得言晉侯車敗。當是秦伯之車敗，故穆公以爲不祥，而詰之耳。此二句乃事實，非卜人之言。若下文所云「不敗何待」，則謂晉敗。古人用字，自不相蒙。

「三敗及韓」，當依正義引劉炫之説，是秦伯之車三敗。

及韓在涉河之後，此韓在河東，故曰：「寇深矣。」史記正義引括地志云：「韓原在同州韓城縣西南。」〔一〕非也。杜氏解但云「韓，晉地」，却有斟酌。

〔一〕史記四五。

十八年，「狄師還」。解曰：「邢留距衛。」非也。狄强而邢弱，邢從於狄而伐者也。言狄師還，則邢可知矣。其下年衛人伐邢，蓋憚狄之强，不敢伐，而獨用師于邢也。解曰：「邢不速退，所以獨見伐。」亦非。

二十二年，「大司馬固諫曰」。解曰：「大司馬固，莊公之孫公孫固也。」非也。大司馬即司馬子魚，固諫，堅辭以諫也〔一〕。隱三年，言召大司馬孔父而屬殤公焉。桓二年，言孔父嘉爲司馬。知大司馬即司馬也。文八年，上言「殺大司馬公子卬」。下言「司馬握節以死」。知大司馬即司馬也。定十年，「公若藐固諫曰」，知固諫之爲堅辭以諫也。

〔一〕或以爲名，或以爲非名，然則作人名索引者亦不易也。

二十四年，「晉侯求之不獲，以緜上爲之田」。蓋之推既隱，求之不得，未幾而死，故以田禄其子爾。楚辭九章云：「思久故之親身兮，因縞素而哭之。」明文公在時，之推已死。史記則云：「聞其入緜上山中，於是環緜上山中而封之，以爲介推田，號曰介山。」〔一〕然則受此田者何人乎？於義有所不通矣。

〔一〕史記三九。

三十三年，「晉人及姜戎敗秦師于殽」。解曰：「不同陳，故言及。」非也。及者殊戎翟〔一〕之辭。

〔一〕「戎翟」原作「夷狄」。

文元年，「於是閏三月，非禮也」。古人以閏爲歲之餘，凡置閏必在十二月之後，故曰歸餘於終。考經文之書閏月者，皆在歲末。文公六年，閏月不告月，猶朝于廟。哀公五年，閏月葬齊景公。是也。而左傳成公十七年、襄公九年、哀公十五年，皆有閏月，亦並在歲末。又經傳之文，凡閏不言其月者，言閏即歲之終可知也。今魯改曆法，置閏在三月，故爲非禮。漢書律曆志曰：「魯曆不正，以閏餘一之歲爲蔀首。」〔一〕是也。孟康曰：「當以閏盡歲爲蔀首。今失正，未盡一歲便以爲蔀首也。」又按漢書高帝紀〔二〕，「後九月」。師古曰：「秦之曆法，應置閏者，總致之於歲末，蓋取左傳所謂歸餘於終之意。何以明之？據漢書表及史記，漢未改秦曆之前，屢書後九月，是知曆法故然。」

〔一〕漢書廿一上。
〔二〕漢書一秦二年條。

二年，「陳侯爲衛請成於晉，執孔達以説」。此即上文所謂我辭之者也。解謂晉不聽而變計者非。

三年，「雨螽于宋」。解曰：「宋人以螽死，爲得天祐，喜而來告，故書。」夫隕石鷁退，非喜而來告也。

七年，「宣子與諸大夫皆患穆嬴，且畏偪」。解曰：「畏國人以大義來偪己。」非也。畏穆嬴之偪也，以君夫人之尊故。

十三年，「文子賦四月」。解曰：「不欲還晉。」以傳考之，但云成二國，不言公復還晉。四月之詩當取亂離瘼矣，維以告哀之意爾。

宣十二年，「宵濟，亦終夜有聲」。解曰：「言其兵衆，將不能用。」非也。言其軍囂，無復部伍。

成六年，「韓獻子將新中軍，且爲僕大夫」。必言僕大夫者，以君之親臣，故獨令之從公而入寢庭也。解未及。

十六年，「郤之師，荀伯不復從」。解曰：「荀林父奔走，不復故道。」非也。謂不復從事于楚。

「子在君側，敗者壹大，我不如子，子以君免。」敗者壹大，恐君之不免也。我不如子，子之才能以君免也。解謂軍大崩爲壹大，及御與車右不同者，非。

襄四年，「有窮由是遂亡」。解曰：「浞因羿室，不改有窮之號。」非也。哀元年稱有過澆矣，此特承上死于窮門而言，以結所引夏訓之文爾。

十年，「鄭皇耳帥師侵衛，楚令也」。猶云從楚之盟故也。解謂「亦兼受楚之敕命者」，非。

十一年，「政將及子，子必不能」。解謂：「魯次國，而爲大國之制，貢賦必重，故憂不堪。」非也。言魯國之政，將歸於季孫，以一軍之征，而供霸國之政令，將有所不給，則必改作。其後四分公室，而季氏擇二，蓋亦不得已之計，叔孫固已豫見之矣。

十八年，「塹防門而守之廣里」。解曰：「故經書圍。」非也。圍者，圍齊也，非圍防門也。

二十一年，「得罪於王之守臣」。守臣謂晉侯。玉藻：「諸侯之於天子曰，某土之守臣某。」是也。解以爲范宣子，非。

二十三年，「禮爲鄰國闕」。解曰：「禮，諸侯絶期，故以鄰國責之。」非也。杞孝公，晉平公之舅，尊同不降，當服緦麻三月。言鄰國之喪，且猶徹樂，而況於母之兄弟乎！

二十八年，「陳文子謂桓子曰：『禍將作矣，吾其何得？』對曰：『得慶氏之木百車于莊。』文子曰：『可慎守也已。』」解曰：「善其不志於貨財。」非也。邵國賢曰：「此陳氏父子爲隱語以相諭也。」愚謂木者，作室之良材；莊者，國中之要路。言將代之執齊國之權。

三十一年，「我問師故」。問齊人用師之故。解曰：「魯以師往。」非。

昭五年，「民食于他」。解曰：「魯君與民無異，謂仰食於三家。」非也。夫民生於三而君食之，今民食於三家而不知有君，是昭公無養民之政可知矣。

八年，「輿嬖袁克殺馬毁玉以葬」。解以輿爲衆，及謂「欲以非禮厚葬哀公」，皆非也。輿嬖，嬖大夫也，言輿者，掌君之乘車，如晉七輿大夫之類。馬，陳侯所乘；玉，陳侯所佩。殺馬毁玉，不欲使楚人得之。

十年，「棄德曠宗」，謂使其宗廟曠而不祀。解曰：「曠，空也。」未當。

十二年，「子産相鄭伯辭於享，請免喪而後聽命」。禮也。子産能守喪制，晉人不奪，皆爲合禮。解但得其一偏。

十五年，「福祚之不登，叔父焉在？」言忘其彝器，是福祚之不登，惡在其爲叔父乎？解以爲「福祚不在叔父，當復在誰」者，非。

十七年，「夫子將有異志，不君君矣」。日者人君之表，不救日食，是有無君之心。解以爲「安君之災」者，非。

十八年，「振除火災」，振如振衣之振，猶火之著於衣，振之則去也。解以振爲棄，未當。「鄭有他竟，望走在晉」，言鄭有他竟之憂也。解謂「雖與他國爲竟者」，非。二十三年，「先君之力可濟也」。先君謂周之先王。書言「昔我先君，文王武王」〔一〕，是也。解以爲「劉盆之父獻公」。非。

〔一〕尚書顧命。

二十七年，「事君如在國」，當時諸侯出奔，其國即別立一君，惟魯不敢，故昭公雖在外，而意如猶以君禮事之。范鞅所言，正爲此也。解以爲「書公行，告公至」，謬矣。

三十二年，「越得歲而吴伐之，必受其凶」。解曰：「星紀，吴越之分也，歲星所在，其國有福。吴先用兵，故反受其殃。」非也。吴越雖同星紀，而所入宿度不同，故歲獨在越。

定五年，「卒于房」。「房」疑即「防」字，古「阝」字作「𠂤」，脱其下而爲「阞」字，漢仙人唐公防碑可證也。漢書「汝南郡吴房」，孟康曰：「本房子國。」而史記項羽紀封陽武爲吴防侯，字亦作「防」。

哀六年，「出萊門而告之故」。解曰：「魯郭門也。」按定九年解曰：「萊門，陽關邑門。」

十一年，「爲王孫氏」。傅終言之，亦猶夫概王奔楚爲堂谿氏也。解曰：「改姓欲以辟吳禍。」非。

凡邵、陸、傅三先生之所已辯者不録。

考工記注〔一〕

考工記輪人注，鄭司農云：「掣讀爲『紛容掣參』之掣。」正義曰：「此蓋有文，今檢未得。」今按司馬相如上林賦云：「紛溶萷蔘，猗柅從風。」〔二〕字作「萷」，音蕭〔三〕，宋玉九辯：「萷櫹槮之可哀兮，形銷鑠而瘀傷。」張衡西京賦：「鬱蓊薆薱，橚爽櫹槮。」即此異文。而上文「既建而迆，崇於軫四尺」注：鄭司農云：「迆讀爲『倚移從風』之移。」正義則曰：「引司馬相如上林賦。」弓人：「居幹之道，菑栗不迆，則弓不發。」注同。疏其下句，忘其上句，蓋諸儒疏義，不出一人之手〔四〕。

〔一〕漢鄭玄注，唐賈公彥疏。

〔二〕文選八。

〔三〕字書工具未備，只憑記憶，故每有此病。

〔四〕賈疏未必出於衆手。

爾雅注〔一〕

爾雅釋詁篇：「梏，直也。」古人以覺爲梏。禮記緇衣，引詩「有覺德行」，作「有梏德行」。注未引。

〔一〕晉郭璞注，宋邢昺疏。

釋言篇：「郵，過也。」注：「道路所經過，是以爲郵傳之郵。」恐非。古人以「尤」爲「郵」，詩賓之初筵：「是曰既醉，不知其郵。」禮記王制：「郵罰麗于事。」國語〔一〕：「夫郵而效之，郵又甚焉。」家語〔二〕：「芾而麛裘，投之無郵。」漢書成帝紀：「天著變異，以顯朕郵。」〔三〕五行志：「后妾當有失節之郵。」〔四〕賈誼傳：「般紛紛其離此郵兮，亦夫子之故也。」〔五〕谷永傳：「卦氣悖亂，咎徵著郵。」〔六〕外戚傳：「班倢伃賦：猶被覆載之厚德兮，不廢捐於罪郵。」〔七〕叙傳：「譏苑扞偃，正諫舉郵。」〔八〕皆是過失之義。列子：「魯之君子，迷之郵者。」則又以爲過甚之義〔九〕。文選：盧諶贈劉琨詩：「眷同尤良，用乏驥騄。」〔十〕李善引杜氏左傳注：「郵無恤王良也。尤與郵古字通。」〔十一〕

〔一〕國語晉語十。
〔二〕應作「呂氏春秋十六先識覽」。「茀」一作「韠」。
〔三〕漢書十永始二年條。
〔四〕漢書二七下之下。
〔五〕漢書四八。
〔六〕漢書八五。
〔七〕漢書九七下。
〔八〕漢書一〇〇下。
〔九〕列子三周穆王篇末。
〔十〕文選二五。
〔十一〕「郵」字索引。

國語注〔一〕

國語之言「高高下下」者二。周太子晉諫靈王曰：「四岳佐禹，高高下下，疏川道滯，鍾水豐物。」〔二〕謂不墮高，不堙卑，順其自然之性也。申胥諫吳王曰：「高高下下，以罷民於姑蘇。」〔三〕謂臺益增而高，池益浚而深，以竭民之力也。語同而意則異。

〔一〕吳韋昭注。
〔二〕國語第三周語。
〔三〕國語第十九吳語。

「昔在有虞，有崇伯鯀。」據下文「堯用殛之於羽山」，當言「有唐」而曰「有虞」者，以其事載於虞書。

「至于玄月，王召范蠡而問焉。」爾雅釋天：「九月爲玄。」注云：「魯哀公十六年九月」，非也，當云魯哀公十六年十一月，夏之九月。

楚辭注〔一〕

九章惜往日：「甘溘死而流亡兮，恐禍殃之有再。」注謂「罪及父母與親屬者」，非也。

蓋懷王以不聽屈原而召秦禍，今頃襄王復聽上官大夫之譖，而遷之江南。一身不足惜，其如社稷何！史記所云：「楚日以削，數十年竟爲秦所滅。」〔二〕即原所謂「禍殃之有再」者也。

〔一〕漢王逸注。
〔二〕史記八四。

大招：「青春受謝。」注以「謝」爲「去」，未明。按古人讀「謝」爲「序」。儀禮鄉射禮：「豫則鉤楹內。」注：「豫讀如成周宣榭之榭，周禮作『序』。」孟子：「序者，射也。」〔一〕謂四時之序，終則有始，而春受之爾。

〔一〕滕文公上。

九思：「思丁文兮聖明哲，哀平差兮迷謬愚，吕傅舉兮殷周興，忌嚭專兮郢吳虛。」此援古賢不肖，君臣各二，丁謂商宗武丁，舉傅説者也。注以丁爲當，非。

荀子注〔一〕

荀子：「案角鹿埵，隴種東籠而退耳。」注云：「其義未詳，蓋皆摧敗披靡之貌。」新序第三卷亦言：「隴種而退。」今考之舊唐書竇軌傳：「高祖謂軌曰：公之入蜀，車騎驃騎，從者二十人，爲公所斬略盡。我隴種車騎，未足給公。」〔二〕北史李穆傳：「芒山之戰，周文帝馬中流矢，驚逸墜地。穆下馬以策擊周文背，罵曰：『籠凍軍士，爾曹主何在，爾獨住此。』」〔三〕蓋周、隋時人尚有此語〔四〕。

〔一〕唐楊倞注。

〔二〕舊唐書六一。

〔三〕北史五九。

〔四〕等於譯音，無定字。

淮南子注〔一〕

淮南子詮言訓：「羿死於桃棓。」注云：「棓大杖，以桃木爲之，以擊殺羿，自是以來，鬼畏桃也。」説山訓：「羿死桃部不給射。」注云：「桃部，地名。」按「部」即「棓」字。一人注書，而前後不同若此。

〔一〕漢高誘注。誘，盧植弟子。

史記注〔一〕

秦始皇紀：「五百石以下，不臨，遷勿奪爵。」〔二〕五百石以下，秩卑任淺，故但遷而不奪爵，其六百石以上之不臨者亦遷而不奪爵也。史文簡古，兼二事爲一條。

〔一〕宋裴駰集解，唐司馬貞索隱，張守節正義。

〔二〕史記六之十二年條。

「山鬼固不過知一歲事也。」〔一〕其時已秋，歲將盡矣，今年不驗則不驗矣。山鬼豈能知來年之事哉？退言曰：「祖龍者人之先也。」謂稱祖乃亡者之辭，無與我也，皆惡言死之意。

〔一〕史記六之三十六年條。

始皇崩於沙丘，乃又從井陘抵九原，今大同邊外。然後從直道以至咸陽〔一〕，回繞三四千里而歸者，蓋始皇先使蒙恬通道，自九原抵甘泉，塹山堙谷，千八百里。若徑歸咸陽，不果行游，恐人疑揣，故載輼輬而北行。但欲以欺天下，雖君父之尸，臭腐車中而不顧，亦殘忍無人心之極矣。

〔一〕史記六。

項羽紀：「搏牛之蝱，不可以破蟣蝨。」〔一〕言蝱之大者能搏牛，而不能破蝨，喻鉅鹿城小而堅，秦不能卒破。

〔一〕史記七。

鴻門之會，沛公但稱羽爲將軍，而樊噲則稱大王〔一〕，其時羽未王也。張良曰：「誰爲大王畫此計者？」其時沛公亦未王也。此皆臣下尊奉之辭，史家因而書之。今百世之下，辭氣宛然如見。又如黄歇上秦昭王書：「先帝文王武王。」〔二〕其時秦亦未帝。必以書法裁之，此不達古今者矣。

〔一〕史記七。應云「樊噲則稱爲大王」，此「爲」字不能少，少則稱樊噲矣。
〔二〕史記七八。「武王」原作「莊王」。

「背關懷楚」〔一〕，謂舍關中形勝之地而都彭城。如師古之解，乃背約，非背關也。

〔一〕史記七。

古人謂「倍」爲「二」，孟子：「卿禄二大夫。」「秦得百二」，言百倍也。「齊得十二」，言十倍也〔一〕。

〔一〕史記八之漢六年條。

孝文紀：「天下人民未有嗛志。」〔一〕與樂毅傳「先王以爲慊於志」〔二〕同，皆厭足之意。荀子：「惆然不慊」，又曰：「由俗謂之道盡嗛也。」又曰：「嚮萬物之美，而不能嗛也。」又曰：「不自嗛其行者言濫過。」〔三〕戰國策：「齊桓公夜半不嗛。」又曰：「膳啗之嗛於口。」〔四〕竝是「慊」字而誤从口。大學：「此之謂自謙。」亦「慊」字而誤从言。呂氏春秋：「苟可以傔劑貌辨者，吾無辭爲也。」〔五〕亦「慊」字而誤从人〔六〕。

〔一〕史記十。

〔二〕史記八十。

〔三〕荀子十三禮論末；十五解蔽篇；十六正名篇末；十九大略篇末。

〔四〕戰國策廿三魏策；廿一趙策。如果引書注卷數，則趙策必引在前。

〔五〕呂氏春秋九季秋紀三知士篇。

〔六〕「慊」字索引。

「三年，復晉陽中都民三歲。」〔一〕正義曰：「晉陽故城在汾州平遥縣西南。」此當言中都故城，在汾州平遥縣西南，言晉陽誤也。然此注已見卷首中都下。

〔一〕史記十。

文帝前后死，竇氏，妾也。「諸侯皆同姓」〔一〕，謂無甥舅之國可娶。索隱解非。漢書無此句。

〔一〕史記十。

「十一月晦，日有食之。」〔一〕漢書多有食晦者，蓋置朔參差之失。其云：「十二月望，日又食。」此當作「月」耳。

〔一〕史記十。

「民或祝詛上，以相約結而後相謾。」〔一〕謂先共祝詛，已而欺負，乃相告言也，故詔令若此者，勿聽治。注並非。

〔一〕史記十。

孝武紀：「其後三年，有司言，元宜以天瑞命，不宜以一二數。一元曰建元，二元以長星曰元光，三元以郊得角獸一曰元狩云。」〔一〕本封禪書〔二〕。是建元、元光之號，皆自後追爲之，而武帝即位之初，亦但如文、景之元，尚未有年號也。

〔一〕史記十二。

〔二〕史記二八。

天官書：「疾其對國。」〔一〕謂所對之國。如漢書五行志所謂：「歲在壽星，其衝降婁。」〔二〕左氏傳，襄二十八年：「歲棄其次，而旅於明年之次，以害鳥帑，周楚惡之。」杜氏解，謂失次於北，禍衝在南者也。

〔一〕史記二七。
〔二〕漢書二七下之下。

「四始者候之日」〔一〕，謂歲始也，冬至日也，臘明日也，立春日也。正義專指正月旦，非也。

〔一〕史記二七。

「星隕如雨」〔一〕，乃宋閔公之五年，言襄公者，史文之誤。正義以「僖公十五年隕石于宋五」注之，非也。

〔一〕史記二七。

封禪書：「成山斗入海。」〔一〕謂斜曲入之如斗柄然，古人語也。匈奴傳：「漢亦棄上谷之斗，辟縣造陽地以予胡。」〔二〕又云：「匈奴有斗入漢地，直張掖郡。」〔三〕

〔一〕史記二八。
〔二〕史記一一〇。此「胡」字潘本不作□。
〔三〕此乃漢書九四下匈奴傳語，成帝時事。

「各以勝日駕車辟惡鬼。」〔一〕勝日，謂五行相克之日也。索隱非。

〔一〕史記二八。

「天子病鼎湖甚。」〔一〕湖當作「胡」，鼎胡宮名。漢書揚雄傳：「南至宜春鼎胡，御宿昆吾。」〔二〕是也。三輔黄圖：「宜春宮在長安城東南杜縣東，近下杜，御宿苑在長安城南御宿川。」〔三〕則鼎胡當在其中間也。故卒起幸甘泉，而行右内史界。索隱以爲湖，縣在今之閿鄉，絶遠，且無行宮。

〔一〕史記二八。
〔二〕漢書八七上。
〔三〕三輔黄圖三。

「唯受命而帝者，心知其意而合德焉。」〔一〕按此即謂武帝。服虔以爲高祖，非。

〔一〕史記二八。

「奉車子侯暴病，一日死。」〔一〕死於海上，非死於泰山下也。索隱所引新論之言殊謬。

〔一〕史記二八。

河渠書：「引洛水至商顔下。」〔一〕服虔曰：「顔音崖。」崖當作「岸」。漢書古今人表〔二〕，「屠岸賈」作「屠顔賈」是也。師古注謂「山領象人之顔額者」，非〔三〕。其指商山者尤非，劉攽〔四〕已辯之。

〔一〕史記二九。

〔二〕漢書二十。

〔三〕師古注見溝洫志。

〔四〕應作「劉奉世」。攽，奉世之叔父。

伯也。衛世家：「頃侯厚賂周夷王，夷王命衛爲侯。」〔一〕是頃侯以前之稱伯者，乃伯子男之伯也。索隱以爲方伯之伯，雖有詩序「旄丘責衛伯」之文可據，鄭氏箋曰：「衛康叔封爵稱侯，今曰伯者，時爲州伯。周禮九命作伯。」然非太史公意也。且古亦無以方伯之伯而繫謚者。周公、召公二伯也，其謚則曰文公、康公。

〔一〕史記三七。

楚世家：「武王使隨人請王室尊吾號，王弗聽，還報楚，楚王怒，乃自立，爲楚武王。」〔一〕「乃自立」爲一句，「爲楚武王」爲一句。蓋言自立爲王，後謚爲武王耳。古文簡，故連屬言之〔二〕。如管蔡世家：「楚公子圍弒其王郟敖而自立，爲靈王。」〔三〕衛世家、鄭世家皆云：「楚公子棄疾弒靈王自立，爲平王。」〔四〕司馬穰苴傳：「至常曾孫和，因自立爲齊威王。」〔五〕又如韓世家：「晉作六卿，而韓厥在一卿之位，號爲獻子。」〔六〕與此文勢正同。劉炫云：「號爲武」，「武」非謚也。此説鑿矣。項梁立楚懷王孫心爲楚懷王，尉佗自立爲南越武帝，此後世事爾。

〔一〕史記四十。
〔二〕「爲」上有「是」字則更明了矣。
〔三〕史記三五。
〔四〕史記三七、四二。
〔五〕史記六四。
〔六〕史記四五。

「西起秦患，北絶齊交，則兩國之兵必至。」〔一〕此兩國，即謂秦、齊也。索隱以爲韓、魏，非也。

〔一〕史記四十。

越世家：「乃發習流二千」〔一〕，習流，謂士卒中之善泅者，别爲一軍。索隱乃曰：「流放之罪人。」非也。庾信哀江南賦：「彼鋸牙而鉤爪，又巡江而習流。」

〔一〕史記四一。

「不者，且得罪」〔一〕，言欲兵之。

〔一〕史記四一。

趙世家：「吾有所見子晰也。」〔一〕晰者，分明之意。易大有象傳：「明辨晢也。」即此字，音折，又音制。索隱誤以爲鄭子晳之「晳」。

〔一〕史記四三。

魏世家：「王之使者出，過而惡安陵氏於秦。」〔一〕安陵氏，魏之别封。蓋魏王之使過安陵，有所不快，而毁之於秦也。

〔一〕史記四四。

孔子世家：「余低回留之不能去云。」〔一〕按玉篇彳部：「彽，除饑切。彽徊，猶徘徊也。」然則字本當作「彽徊」，省爲「低回」耳。今讀爲高低之低，失之。楚辭九章抽思：「低佪夷猶，宿北姑兮。」「低」一作「俳」。

〔一〕史記四七。

絳侯世家：「此不足君所乎？」〔一〕謂此豈不滿君意乎？蓋必條侯辭色之間，露其不平之意，故帝有此言，而條侯免冠謝也。

〔一〕史記五七。

「建德代侯坐酎金不善，元鼎五年，有罪，國除。」〔一〕當云：「元鼎五年，坐酎金不善，國除。」衍「有罪」二字。

〔一〕史記五七。

梁孝王世家：「乘布車。」〔一〕謂微服而行，使人不知耳，無降服自比喪人之意。

〔一〕史記五八。

伯夷傳〔一〕：「其重若彼」，謂俗人之重富貴也；「其輕若此」，謂清士之輕富貴也。

〔一〕史記六一。

管晏傳：「方晏子伏莊公尸哭之，成禮然後去，豈所謂見義不爲無勇者邪？」〔一〕此言晏子之勇於爲義也。古人著書引成語而反其意者，多矣。左傳僖九年：「君子曰，詩所謂：『白圭之玷，尚可磨也；斯言之玷，不可爲也。』〔二〕荀息有焉。」言荀息之能不玷其言也。後人持論過高，以荀息贊獻公立少爲失言，以晏子不討崔杼爲無勇，非左氏、太史公之指。

〔一〕史記六二。
〔二〕大雅抑。

孫臏傳：「重射。」〔一〕謂以千金射也。索隱解以爲好射，非。

〔一〕史記六五。

「批亢擣虛。」〔一〕索隱曰：「亢言敵人相亢拒也。」非也。此與劉敬傳〔二〕「搤其肮」之「肮」同。張晏曰：「喉嚨也。」下文所謂「據其街路」〔三〕是也。以敵人所不及備，故謂之虛。

〔一〕史記六五。
〔二〕史記九九。
〔三〕史記六五。

軒縣。」注謂軒縣者，闕其南面。

蘇秦傳：「前有樓闕軒轅。」〔一〕當作「軒縣」。周禮小胥：「正樂縣之位，王宮縣，諸侯

〔一〕史記六九。

即自剄不殊。」〔三〕

「殊而走。」〔一〕說文繫傳曰：「斷絕分析曰殊。」〔二〕謂斷支體而未及死。淮南王傳：「太子

〔一〕史記六九。
〔二〕說文繫傳八歺部。
〔三〕史記一一八。

樗里子傳：「今伐蒲入於魏，衛必折而從之。」〔一〕此文誤，當依索隱所引戰國策文爲正。

〔一〕史記七一。

甘茂傳：「其居於秦累世重矣。」〔一〕謂歷事惠王、武王、昭王。

〔一〕史記七一。

孟子荀卿傳：「始也濫耳。」〔一〕濫者，氾而無節之謂，猶莊子之「洸洋自恣」也。注引濫觴之義以爲初者，非。

〔一〕史記七四。

「儻亦有牛鼎之意乎？」〔一〕謂伊尹負鼎，百里奚飯牛之意。藉此説以干時，非有仲尼、孟子守正不阿之論也。

〔一〕史記七四。

孟嘗君傳：「嬰卒，謚爲靖郭君。」〔一〕以號爲謚，猶之以氏爲姓，皆漢初時人語也。呂不韋傳：「謚爲帝太后。」〔二〕與此同。王褒賦：「幸得謚爲洞簫兮。」〔三〕亦是作號字用。

〔一〕史記七五。
〔二〕史記八五。
〔三〕文選十七洞簫賦。

平原君傳：「非以君爲有功也而以國人無動。」〔一〕當作一句讀，言非國人無功而不封，君獨有功而封也。

〔一〕史記七六。

信陵君傳：「如姬資之三年。」〔一〕謂以資財求客報仇。

〔一〕史記七七。

「徒豪舉耳」〔一〕，謂特貌爲豪傑舉動，非真欲求有用之士也。

〔一〕史記七七。

蔡澤傳：「豈道德之符，而聖人所謂吉祥善事者與？」〔一〕「豈」下當有「非」字。

〔一〕史記七九。

樂毅傳：「室有語不相盡，以告隣里。」〔一〕謂一室之中，有不和之語，乃不自相規勸而告之隣里，此爲情之薄矣。正義謂必告者，非。

〔一〕史記八十。

魯仲連傳：「鄒魯之臣，生則不得事養，死則不得賻禭。」〔一〕謂二國貧小，生死之禮不備。索隱謂君弱臣强者，非。

〔一〕史記八三。

「楚攻齊之南陽。」〔一〕南陽者，泰山之陽。孟子：「一戰勝齊，遂有南陽。」〔二〕

〔一〕史記八三。
〔二〕孟子告子下。

賈生傳〔一〕：「斡棄周鼎兮而寶康瓠。」應劭曰：「斡音筦，筦轉也。」「斡流而遷兮，或推而還。」索隱曰：「斡音烏活反，斡轉也。」義同而音異。今説文〔二〕云：「斡，蠡柄也，从斗軌聲。」揚雄、杜林説，皆以爲軺車輪。斡，烏括切。」按「軌」字，古案切，説文既云軌聲，則不得爲烏括切矣。顔師古匡謬正俗〔三〕云：「聲類、字林竝音管。賈誼服鳥賦云：『斡流而遷。』〔四〕張華勵志詩云：『大儀斡運。』〔五〕皆爲轉也。楚辭云：『筦維焉繫。』〔六〕此義與斡同，字即爲『筦』。故知斡、管二音不殊，近代流俗音烏括切，非也。」漢書食貨志：「浮食奇民，欲擅斡山海之貨。」師古曰：「斡謂主領也，讀與管同。」〔七〕

〔一〕史記八四。
〔二〕説文十四上斗部。
〔三〕匡謬正俗七斡筦條。賈賦、張詩、楚辭皆顔引。
〔四〕文選十三。
〔五〕文選十九。
〔六〕楚辭三。
〔七〕漢書二四下。

張敖傳：「要之置。」〔一〕置驛也。如曹相國世家「取祁善置」〔二〕，田横傳「至尸鄉厩置」〔三〕之「置」。漢書馮奉世傳：「燔燒置亭。」〔四〕

〔一〕史記八九。
〔二〕史記五四。
〔三〕史記九四。
〔四〕漢書七九。

淮陰侯傳：「容容無所倚。」〔一〕「容容」即「顒顒」字。

〔一〕史記九二。

盧綰傳：「匈奴以爲東胡盧王。」〔一〕封之爲東胡王也。以其姓盧，故曰東胡盧王。

〔一〕史記九三。

田榮傳：「榮弟横，收齊散兵得數萬人，反擊項羽於城陽。」〔一〕正義以爲濮州雷澤縣，非也。漢書：「城陽郡治莒。」〔二〕史記呂后紀言：「齊王乃上城陽之郡。」〔三〕孝文紀言：「以齊劇郡，立朱虚侯章爲城陽王。」〔四〕而淮陰侯傳言：「擊殺龍且於濰水上，齊王廣亡去，信遂追北至城陽。」〔五〕皆此地。按戰國策：「貂勃對襄王曰：昔王不能守王之社稷，走而之城陽之山中。安平君以敝卒七千禽敵，反千里之齊。當是時，闔城陽而王天下，莫之能止，然爲棧道木閣，而迎王與后於城陽之山中，王乃復反，子臨百姓。」〔六〕則古齊時已名城陽矣。

〔一〕史記九四。
〔二〕漢書二八下。
〔三〕史記九。
〔四〕史記十。
〔五〕史記九二。
〔六〕戰國策十三齊策。

「無不善畫者莫能圖。」〔一〕謂以横兄弟之賢，而不能存齊。

〔一〕史記九四。

陸賈傳〔一〕：「尉佗魋蹶然起坐謝陸生。」坐者，跪也。

〔一〕史記九七。

「數見不鮮。」〔一〕意必秦時人語，猶今人所謂常來之客不殺雞也。賈乃引此以爲父之於子，亦不欲久慁。當時之薄俗可知矣。

〔一〕史記九七。

袁盎傳：「調爲隴西都尉。」〔一〕此今日調官字所本。「調」有更易之意，猶琴瑟之更張乃調也。張釋之傳：「十年不得調。」〔二〕如淳訓爲選，未盡。

〔一〕史記一〇一。
〔二〕史記一〇二。

扁鵲傳：「醫之所病，病道少。」〔一〕言醫之所患，患用其道者少，即下文六者是也。

〔一〕史記一〇五。

倉公傳：「臣意年盡三年，年三十九歲也。」〔一〕按徐廣注，高后八年，意年二十六。當作「年盡十三年，年三十九歲也」。脱「十」字。孝文本紀：「十三年除肉刑。」〔二〕

〔一〕史記一〇五。
〔二〕史記十。

武安傳：「與長孺共一老秃翁。」〔一〕謂爾我皆垂暮之年，無所顧惜，當直言以決此事也。索隱以爲共治一老秃翁者，非。

〔一〕史記一〇七田蚡傳。

因匈奴犯塞而有衛、霍之功，故序匈奴於衛將軍驃騎傳〔一〕之前。

〔一〕匈奴，史記一一〇；衛青，史記一一一。

南越尉佗傳：「發兵守要害處。」〔一〕按漢書西南夷傳〔二〕注，師古曰：「要害者，在我爲要，於敵爲害也。」此解未盡。要害謂攻守必爭之地，我可以害彼，彼可以害我，謂之害。人身亦有要害。素問：「岐伯對黄帝曰，脉有要害。」後漢書來歙傳：「中臣要害。」〔三〕

〔一〕史記一一三。
〔二〕漢書九五。
〔三〕後漢書四五。

司馬相如傳：「其爲禍也，不亦難矣。」〔一〕衍「亦」字。

〔一〕史記一一七。

汲黯傳〔一〕，「愚民安知」爲一句。

〔一〕史記一二〇。

鄭當時傳：「高祖令諸故項籍臣名籍。」〔一〕謂奏事有涉項王者，必斥其名曰項籍也。

〔一〕史記一二〇。

酷吏傳：「尸亡去歸葬。」〔一〕言其家人竊載尸而逃也。謂尸能自飛去，怪矣。

〔一〕史記一二二。

游俠傳：「近世延陵、孟嘗、春申、平原、信陵之徒，皆因王者親屬，藉於有土卿相之富厚。」〔一〕延陵謂季札，以其偏游上國，與名卿相結，解千金之劍，而繫冢樹，有俠士之風也。

〔一〕史記一二四。

而行，多怨。貨殖傳：「廉吏久，久更富，廉賈歸富。」又曰：「貪賈三之，廉賈五之。」〔一〕夫放於利而行，多怨。廉者知取知予，無求多於人，義然後取，人不厭其取。是以取之雖少而久，久更富，廉者之所得乃有其五也。注非。

〔一〕史記一二九。

「洛陽街，居在齊、秦、楚、趙之中。」〔一〕說文：「街，四通道。」〔二〕鹽鐵論：「燕之涿薊，趙之邯鄲，魏之溫軹，韓之滎陽，齊之臨淄，楚之宛丘，鄭之陽翟，二周之三川，皆爲天下名都，居五諸侯之衢，跨街衝之路。」〔三〕

〔一〕史記一二九。
〔二〕說文二下行部。
〔三〕鹽鐵論一。

「盡椎埋去就，與時俯仰。」〔一〕「椎埋」當是「推移」二字之誤〔二〕。

〔一〕史記一二九。

〔二〕參下條漢書注趙王彭祖傳。

太史公自序：「申呂肖矣。」〔一〕「肖」乃「削」字，脱其旁耳。與孟子「魯之削也滋甚」〔二〕義同。徐廣注以爲「痟」者，非。

〔一〕史記一三〇。

〔二〕告子下。

漢書注

漢書叙例，顔師古撰，其所列姓氏鄧展、文穎下，並云「魏建安中」。建安乃漢獻帝年號，雖政出曹氏，不得遽名以魏。

是。蓋羽入咸陽，而諸侯自留軍戲下爾。他處固有以「戲」爲「麾」者，但云「罷麾下」，似不成文。

高帝紀：「諸侯罷戲下，各就國。」〔一〕注引一説云：「時從項羽在戲水之上。」此説爲

〔一〕漢書一上。

「不因其幾，而遂取之。」〔一〕訓「幾」爲「危」，未當。「幾」即「機」字，如書「若虞機張」〔二〕之「機」。

〔一〕漢書一上末。
〔二〕尚書商書太甲上。

「遺詔相國府署行義年。」〔一〕謂書其平日爲人之實迹。如昭帝紀：「元鳳元年三月，賜郡國所選有行義者，涿郡韓福等五人帛。」〔二〕宣帝紀：「令郡國舉孝弟有行義聞於鄉里者各一人。」〔三〕是也。劉邠改「義」爲「儀」，謂若今團貎，非。

〔一〕漢書一下。
〔二〕漢書七。
〔三〕漢書八。

武帝紀：「元封元年詔，用事八神。」〔一〕謂東巡海上而祠八神也。即封禪書所謂八神，一曰天主祠天齊之屬。文穎以爲祭太一開八通之鬼道者，非。

〔一〕漢書六。

「天漢元年秋，閉城門大搜。」〔一〕與二年及征和元年之大搜同，皆搜索奸人也，非踰侈者也。

〔一〕漢書六。

昭帝紀：「三輔太常郡，得以叔（即菽字）粟當賦。」〔一〕漢時田租本是叔粟，今并口算雜征之，用錢者，皆令以叔粟當之。其獨行於三輔太常郡者，不獨爲穀賤傷農，亦以減漕三百萬石，慮儲偫之乏也。

〔一〕漢書七。

元帝紀：「永光元年秋罷。」〔一〕如淳曰：「當言罷某官某事，爛脱失之。」是也。左傳成二年「夏有」亦是闕文。杜氏解曰：「失新築戰事。」

〔一〕漢書九。

建昭三年，「戊己校尉」〔一〕。師古曰：「戊己校尉者，鎮安西域，無常治處。亦猶甲乙丙丁、庚辛壬癸〔二〕各有正位，而戊己四季寄王，故以名官也。時有戊校尉，又有己校尉。一説戊己位在中央，今所置校尉，處三十六國之中，故曰戊己也。」百官公卿表注亦載二説〔三〕。漢官儀曰：「戊己中央，鎮覆四方。」又：「開渠播種，以爲厭勝，故稱戊己焉。」〔四〕按馬融廣成頌曰：「校隊案部，前後有屯，甲乙相伍，戊己爲堅。」〔五〕則不獨西域，雖平時校獵，亦有部伍也。又知其甲乙八名皆有，而西域則但置此戊己二官爾。王莽傳：「右庚刻木校尉，前丙耀金都尉。」〔六〕其所名，或有所本。車師傳：「置戊己校尉屯田，居車師故地。」〔七〕烏孫傳：「漢徙己校屯姑墨。」〔八〕而後漢書耿恭傳：「恭爲戊校尉，屯後王部金蒲城，謁者關寵爲己校尉，屯前王柳中城。」〔九〕故師古以爲無常治。

〔一〕漢書九。
〔二〕紀注作「甲乙等」，此據百官公卿表注加。
〔三〕漢書十九上。
〔四〕後漢書一一八。
〔五〕後漢書九十上。
〔六〕漢書九九下。
〔七〕漢書九六下。
〔八〕漢書九六下。
〔九〕後漢書四九。今殿本恭、寵均作「戊己校尉」。

哀帝紀：「非赦令也，皆蠲除之。」〔一〕猶成帝紀言：「其吏也遷二等。」〔二〕同一文法。蓋赦令不可復反，故但此一事不蠲除也〔三〕。

〔一〕漢書十一建平二年條。
〔二〕漢書十永始二年條。
〔三〕以上紀。

王子侯表：「瓡節侯息，城陽頃王子。」師古曰：「瓡即『瓠』字也。又音孤。」〔一〕地理志北海郡下，瓡，侯國。師古曰：「瓡即『執』字。」〔二〕二音不同。而功臣表「瓡讘侯杆」者，師古曰：「瓡、狐同。」〔三〕河東郡下作「狐讘」〔四〕。又未知即此一字否也。

〔一〕漢書十五。
〔二〕漢書二八上。
〔三〕漢書十七。
〔四〕漢書二八上。

百官表：「長水校尉，掌長水宣曲胡騎。」〔一〕師古曰：「長水，胡名也。宣曲，觀名。胡騎之屯於宣曲者。」按長水非胡名也〔二〕。郊祀志〔三〕：「霸產豐澇，涇渭長水，以近咸陽，盡得比山川祠。」〔四〕史記索隱曰：「百官表有長水校尉，沈約宋書云：『營近長水，因

名。』〔五〕水經云：『長水出白鹿原，今之荆溪水。』〔六〕是也。」〔七〕

〔一〕漢書十九上。

〔二〕此等「胡」字，潘本不作□。

〔三〕漢書廿五上。

〔四〕引郊祀志何不引史記封禪書？

〔五〕宋書四十百官志作「厩近長水，故以爲名」。

〔六〕水經十九渭水條。

〔七〕史記廿八封禪書「長水灃滂」下。宋書、水經皆索隱引。

「元鳳四年，蒲侯蘇昌爲太常。十一年，坐籍霍山書，泄祕書，免。」〔一〕師古曰：「以祕書借霍山。」非也。蓋籍没霍山之書中有祕記，當密奏之，而輒以示人，故以宣泄罪之耳。山本傳言：「山坐寫秘書。顯爲上書，獻城西第，入馬千匹，以贖山罪。」〔二〕若山之祕書從昌借之，昌之罪將不止免官，而元康四年，昌復爲太常〔三〕。薄責昌而厚繩山，非法之平也。且如顏説，當云「坐借霍山祕書，免。」足矣，何用文之重、辭之複乎？

〔一〕漢書十九下。
〔二〕漢書六八。
〔三〕漢書十九下。

「建昭三年七月戊辰，衛尉李延壽爲御史大夫。一姓繁。」〔一〕師古曰：「繁音蒲元反。」陳湯傳：「御史大夫繁延壽。」〔二〕師古曰：「繁音蒲胡反。」蕭望之傳，師古音婆〔三〕。谷永傳，師古音蒲河反〔四〕。蒲元則音盤，蒲胡則音蒲，蒲河則音婆，三音互見，竝未歸一。然「繁」字似有婆音。左傳定四年：「殷民七族繁氏」，「繁」音步河反。儀禮鄉射禮注：「今文皮樹爲繁豎，『皮』古音婆。」史記張丞相世家：「丞相司直繁君。」〔五〕索隱曰：「繁音婆。」文選「繁休伯」，吕向音步何反。則「繁」之音婆，相傳久矣。廣韻八戈部中有「繁」字，注曰：「音蒲波切，姓也，又音煩。」此字或作「縏」，玉篇：「搫」字亦音步波、步丹二切〔六〕。

〔一〕漢書十九下。
〔二〕漢書七十。
〔三〕漢書七八。
〔四〕漢書八五。

〔五〕史記九六。

〔六〕「繁」字索引。

律曆志：「壽王候課比三年下。」〔一〕謂課居下也。下文言：「竟以下吏。」乃是下獄。師古注非。

〔一〕漢書二一上。

食貨志：「學六甲五方書計之事。」〔一〕六甲者，四時六十甲子之類，五方者，九州嶽瀆列國之名，書者六書，計者九數。瓚說未盡。

〔一〕漢書二四上。

「國亡捐瘠者。」〔一〕瘠，古「胔」字，謂死而不葬者也。婁敬傳：「徒見羸胔老弱。」〔二〕史記作「瘠」。後漢書彭城靖王恭傳：「毀胔過禮。」〔三〕大戴禮：「羸醜以胔。」皆是「瘠」

字。則此「瘠」乃「胔」字之誤，當從孟康之說。蘇林音漬，是。

〔一〕漢書二四上。
〔二〕漢書四三。
〔三〕後漢書八十。

「課得穀皆多，其旁田，晦一斛以上。」〔一〕蓋壖地乃久不耕之地，地力有餘，其收必多，所以作代田之法也。

〔一〕漢書二四上。

「天下大氐無慮皆鑄金錢矣。」〔一〕無慮猶云無算，言多也。

〔一〕漢書二四下。

「布貨十品。」〔一〕師古曰：「布即錢耳，謂之布者，言其分布流行也。」按本文，錢、布自是二品，而下文復載改作貨布之制，安得謂布即錢乎？ 莽傳曰：「貨布長二寸五分，廣一寸，直貨錢二十五。」〔二〕今貨布見存，上狹下廣，而岐其下，中有一孔。 師古當日或未之見也。

〔一〕漢書二四下。
〔二〕漢書九九下王莽傳。

郊祀志：「文公獲若石，云于陳倉北坂城祠之。 其神或歲不至，或歲數來也。 常以夜，光煇若流星，從東方來，集於祠城，若雄雞，其聲殷，云野雞夜鳴。」如淳曰：「野雞，雉也。呂后名雉，改曰野雞。」〔一〕五行志：「天水冀南山，大石鳴，聲隆隆如雷，有頃止，壄野同雞皆鳴。」師古曰：「雉也。」〔二〕竊謂野雞者，野中之雞耳，注拘於荀悅云：「諱雉之字曰野雞。」夫諱恒曰常，諱啓曰開，史固有言常言開者，豈必其皆爲恒與啓乎？ 又此文本史記封禪書，其上文云：「有雉登鼎耳雊。」其下文云：「公孫卿言，見僊人跡緱氏城上，有物如雉，往來城上。」又云：「縱遠方奇獸飛禽及白雉諸物。」〔三〕漢書同此二條。 並無所諱。 而漢書地理志：「南陽郡有雉縣」，「江夏郡有下雉縣」〔四〕。 五行志：王音等上言：「雉者聽察，先聞雷聲。」〔五〕則漢時未嘗諱雉也〔六〕。

〔一〕漢書二五上，亦見史記二八封禪書。注引史記注，而文冠以郊祀志，偶失檢照。

〔二〕漢書二七上。

〔三〕史記二八。

〔四〕漢書二八上。

〔五〕漢書二七中之下。

〔六〕「雉」字索引。

「木寓龍一駟。木寓車馬一駟。」〔一〕李奇曰：「寓，寄也，寄生龍形於木。」此説恐非。古文偶、寓通用，偶亦音寓。木寓，木偶也。史記孝武紀作「木偶馬」〔二〕，而韓延壽傳曰：「賣偶車馬下里僞物者，棄之市道。」〔三〕古人用以事神及送死，皆木偶人、木偶馬，魯相史晨孔廟後碑云：「餝治桐車馬于瀆上。」〔四〕今人代以紙人紙馬。又史記殷本紀：「帝武乙無道，爲偶人，謂之天神。」索隱曰：「偶音寓。」〔五〕酷吏傳：「匈奴至爲偶人象郅都。」索隱曰：「漢書作寓人。」〔六〕可以證「寓」之爲「偶」矣〔七〕。

〔一〕漢書二五上。
〔二〕史記十二。
〔三〕漢書七六。
〔四〕隸釋一。
〔五〕史記三。
〔六〕史記一二二。
〔七〕「偶」、「寓」字索引。

五行志：「吳王濞封有四郡，五十餘城。」〔一〕「四」當作「三」。古「四」字積畫以成，與「三」易混，猶左傳「陳、蔡、不羹三國」之爲四國也。

〔一〕漢書二七下之上。

「隱公三年二月己巳，日有食之，其後鄭獲魯隱。」〔一〕按狐壤之戰，事在其前〔二〕，乃隱公爲太子時。此劉向誤説，班史因之，不必曲爲之解。

〔一〕漢書二七下之上。
〔二〕狐壤事見左傳隱十一年追述。

溝洫志：「内史稻田租挈重。」〔一〕挈，偏也。説文有「觢」字，注云：「角一俯一仰。」〔二〕意同〔三〕。

〔一〕漢書二九。
〔二〕説文四下角部。
〔三〕以上志。

楚元王傳「孫卿」〔一〕。師古曰：「荀況，漢以避宣帝諱改之。」按漢人不避嫌名，荀之爲孫，如孟卯之爲芒卯、司徒之爲申徒，語音之轉也。

〔一〕漢書三六。

「上數欲用向爲九卿，輒不爲王氏居位者及丞相御史所持，故終不遷。」〔一〕衍一「不」

字。當云：「輒爲王氏居位者及丞相御史所持。」持者，挾制之義，而非挾助之解也。

〔一〕漢書三六劉向傳末。

季布傳「難近」〔一〕，謂令人畏而遠之。師古以「近」爲近天子爲大臣，非也。

〔一〕漢書三七。

樊噲傳：「項羽既饗軍士，中酒。」〔一〕中酒，謂酒半也。呂氏春秋謂之中飲〔二〕。晉靈公發酒於宣孟，宣孟知之，中飲而出。戰國策：「楚王觴張儀，中飲，再拜而請。」〔三〕凡事之半曰中。左傳昭公二十八年「中置」，謂饋之半也。上云「饋之始至」，下云「饋之畢」。史記河渠書：「中作而覺」〔四〕，謂工之半也。呂氏春秋「中關音彎而止」〔五〕，謂關弓弦正半而止也。中酒猶今人言半席，師古解以不醉不醒故謂之中，失之矣。司馬相如傳〔六〕：「酒中樂酣。」師古曰：「酒中，飲酒中半也。」一人注書，前後不同。

〔一〕漢書四一。
〔二〕吕氏春秋十五愼大覽四報更篇。
〔三〕戰國策十六楚策。
〔四〕史記二九。
〔五〕吕氏春秋二三貴直論壅塞。
〔六〕漢書五七上。

淮南厲王傳：「命從者刑之。」〔一〕史記作「剄之」〔二〕。當從「剄」，音相近而訛。下文「太子自刑不殊」，又云「王自刑殺」，史記亦皆作「剄」也。

〔一〕漢書四四。
〔二〕史記一一八。

「孝先自告反，告除其罪。」〔一〕按史記無下「告」字〔二〕，是衍文。師古曲爲之説。

〔一〕漢書四四衡山王傳。

〔二〕史記一一八。

萬石君傳〔一〕，「内史坐車中自如，固當」者，反言之也。言貴而驕人，當如此乎？

〔一〕漢書四六。

賈誼傳：「上數爽其憂。」〔一〕謂秦之所憂者在孤立，而漢之所憂者在諸侯；漢初之所憂者在異姓，而今之所憂者在同姓。

〔一〕漢書四八。

張敖不反，故添一「貫高爲相」句〔一〕。古人文字之密。

〔一〕漢書四八。

「植遺腹，朝委裘，而天下不亂。」〔一〕必古有是語，所謂君薨而世子生者也。季桓子命其臣正常曰：「南孺子之子男也，則以告而立之。」〔二〕遺腹之爲嗣，自人君以至於大夫一也。

〔一〕漢書四八。
〔二〕左傳哀三年。

鄒陽傳：「宋任子冉之計，囚墨翟。」〔一〕史記作「子罕」〔二〕。文穎曰：「子冉，子罕也。」按子罕是魯襄公時人，墨翟在孔子之後，子冉當别是一人。

〔一〕漢書五一。
〔二〕史記八三。

「秦皇帝任中庶子蒙之言。」〔一〕師古曰：「蒙者，庶子名也，今流俗書本〔二〕，『蒙』下輒加『恬』字，非也。」按史記，秦王寵臣中庶子蒙嘉，爲先言於秦王〔三〕。非蒙恬，蒙亦非名，傳文脱一「嘉」字。

〔一〕漢書五一。
〔二〕「書」字，潘本無，漢書注有。
〔三〕史記八六荆軻傳。

趙王彭祖傳「椎埋」〔一〕，即掘冢也，新葬者謂之埋。師古曰：「椎殺人而埋之。」恐非〔二〕。

〔一〕漢書五三。原文：「又使人椎埋攻剽，爲姦甚衆。」
〔二〕參上文史記注條末。

李廣傳：「彌節白檀。」〔一〕「彌」與「弭」同。司馬相如傳：「於是楚王乃弭節俳佪。」〔二〕注：郭璞曰：「弭，猶低也。節，所杖信節也。」

〔一〕漢書五四。

〔二〕漢書五七上。

「陵當發出塞，迺詔彊弩都尉令迎軍。」〔一〕言當俟陵出塞之後，乃詔博德迎之。

〔一〕漢書五四。

蘇武傳：「陵惡自賜武，使其妻賜武牛羊數十頭。」〔一〕今人送物與人，而託其名於妻者，往往有之。其謂之賜者，陵在匈奴已立爲王故也。云「惡自賜武」，蓋嫌於自居其名耳。師古注謂「若示己於匈奴中富饒以夸武者」，非。

〔一〕漢書五四。

司馬相如傳〔一〕「子虛之賦」，乃游梁時作，當是侈梁王田獵之事而爲言耳。後更爲楚稱齊難，而歸之天子，則非當日之本文矣。若但如今所載子虛之言，不成一篇結構。

〔一〕漢書五七上。

張安世傳：「無子，子安世小男彭祖。」〔一〕謂賀無見存之子，而以安世小男爲子。其蚤死之子，别有一子，乃下文所謂孤孫霸，非無子也。

〔一〕漢書五九。

杜周傳：「吏所增加，十有餘萬。」〔一〕謂辭外株連之人。

〔一〕漢書六十。

張騫傳：「竟不能得月氏要領。」〔一〕古人上衣下裳，舉裳者執要，舉衣者執領〔二〕。

〔一〕漢書六一。

〔二〕既云「上衣下裳」，何以不云「領要」？

廣陵王胥傳：「女須泣曰：孝武帝下我。」〔一〕言孝武帝降憑其身而言。

〔一〕漢書六三。

「千里馬兮駐待路。」〔一〕言神魂飛揚，將乘此馬而遠適千里之外。張晏注以爲驛馬，非。

〔一〕漢書六三。

嚴助傳：「臣聞道路言，閩越王弟甲弒而殺之。」〔一〕即下文所云「會閩越王弟餘善殺王以降」者也。當淮南王上書之時，不知其名，故謂之甲，猶云某甲耳。師古曰：「甲者，閩越王弟之名。」非。

〔一〕漢書六四上。

朱買臣傳：「買臣入家中。」〔一〕即會稽邸中也。邸如今京師之會館。

〔一〕漢書六四上。「家」原作「室」。

東方朔傳：「以劍割肉而去之。」〔一〕裴松之注魏志〔二〕云：「古人謂藏爲去。」蘇武傳：「掘野鼠去屮實而食之。」〔三〕師古曰：「去謂藏之也。」

〔一〕漢書六五。
〔二〕三國志魏志二九華佗傳「何忍無急去藥」注。
〔三〕漢書五四。

楊惲傳〔一〕，「廷尉當惲大逆無道」者，以書中有君父送終之語。

〔一〕漢書六六。

梅福傳：「諸侯奪宗。」〔一〕如帝摯立不善崩，而堯自唐侯升爲天子是也。

〔一〕漢書六七。

梅福傳贊：「殷鑑不遠，夏后所聞。」〔一〕謂福引呂霍上官之事，以規切王氏。師古注謂封孔子後，非。

〔一〕漢書六七末。

霍光傳：「張章等言，霍氏皆讎有功。」〔一〕晉灼曰：「讎，等也。」非也。此如詩「無言不讎」之讎解。詩正義：「相對謂之讎。」左傳僖五年：「無喪而慼，憂必讎焉。」注：「讎猶對也。」律曆志：「廣延宣問以理星度，未能讎也。」鄭德曰：「相應爲讎也。」〔二〕郊祀志：「其方盡多不讎。」〔三〕伍被傳贊：「忠不終而詐讎。」〔四〕魏其傳〔五〕：「上使御史簿責嬰，所言灌夫頗不讎。」〔六〕

〔一〕漢書六八。

〔二〕漢書二一上。此所引乃史記二六曆書，作「以理」，漢書作「以考」。「鄭德」亦索隱引。

〔三〕漢書二五上。
〔四〕漢書四五末。
〔五〕魏其是竇嬰，應爲漢書五二灌夫傳。
〔六〕「讐」字索引。

趙充國傳：「微將軍誰不樂此者。」〔一〕言豈獨將軍苟安貪便，人人皆欲爲之。師古注以「微」字屬上句讀，非。

〔一〕漢書六九。

辛慶忌傳：「衛青在位，淮南寢謀。」〔一〕謂伍被言，大將軍數將習兵未易當，又言雖古名將不過是，爲淮南所憚。

〔一〕漢書六九。

于定國傳：「萬方之事，大録于君。」〔一〕按今所傳王肅注舜典「納于大麓」，曰：「麓，録也。納舜使大録萬機之政。」蓋西京時已有此解，故詔書用之。章帝即位，以太傅趙熹、太尉牟融並録尚書事。

〔一〕漢書七一。

于定國傳贊：「哀鰥哲獄。」〔一〕毛詩、禮記，凡「鰥寡」之「鰥」，皆作「矜」，此亦「矜」之誤。「哲」則「折」之誤也。師古以傳中有哀鰥寡語，遂以釋此文，而以「哲」爲「明哲」之「哲」。

〔一〕漢書七一末。

龔勝傳：「勿隨俗動吾冢，種柏作祠堂。」〔一〕師古曰：「多設器備，恐被發掘，爲動吾冢。」非也。古人族葬，勝必已自有墓，若隨俗人之意，更於冢上種柏作祠堂，則是動吾冢也。蓋以朝代遷革，一切飾終之禮，俱不欲用。

〔一〕漢書七二。

韋賢傳：「歲月其徂，年其逮耇，於昔君子，庶顯于後。」〔一〕孟自言年老，慕昔之君子，垂令名于後，欲王信老成之言，而用之也。在鄒詩曰：「既耇且陋」，則此爲孟之自述可知。

〔一〕漢書七三。

「下從者，與載送之。」〔一〕「下」如爰盎傳「下趙談」〔二〕之「下」，與之共載，復送至其家也。

〔一〕韋賢傳無此文，文見七三玄成傳，賢少子。

〔二〕漢書四九。

尹翁歸傳：「高至於死。」〔一〕高謂罪名之上者，猶言上刑。

〔一〕漢書七六。

王尊傳：「猥被共工之大惡。」〔一〕謂御史大夫匡衡奏，尊以靖言庸違，象共滔天。

〔一〕漢書七六。

蕭育傳：「鄠名賊，梁子政。」〔一〕名賊，猶言名王，謂賊之有名號者也。師古曰：「名賊者，自顯其名，無所避匿，言其彊也。」非。

〔一〕漢書七八。

宣元六王傳贊：「貪人敗類。」〔一〕大雅桑柔之詩，師古注誤以爲蕩。

〔一〕漢書八十末。

張禹傳：「兩人皆聞知，各自得也。」〔一〕崇以禹爲親之，宣以禹爲敬之，故各自得。

〔一〕漢書八一。

翟方進傳：「萬歲之期，近慎朝暮。」〔一〕謂宮車晏駕。故下文郎賁麗以爲可移於相也。

〔一〕漢書八四。

揚雄傳：「不知伯僑周何別也。」〔一〕謂不知是何王之別子。

〔一〕漢書八七上。

「冠倫魁能。」〔一〕「能」字當屬上句，言爲能臣之首〔二〕。

〔一〕漢書八七上。
〔二〕劉攽、劉敞已有是説。

史書之文，中有誤字，要當旁證以求其是，不必曲爲之説。如此傳解謿篇〔一〕中：「欲談者宛舌而固聲」，「固」乃「同」之誤；「東方朔割名於細君」，「名」乃「炙」之誤；有文選可證，而必欲訓之爲「固」、爲「名」，此小顔之癖也〔二〕。顔氏家訓〔三〕云：「穀梁傳：『孟勞者，魯之寶刀也。』僖元年。有姜仲岳讀『刀』爲『力』，謂公子左右姓孟名勞，多力之人，爲國所寶，與吾〔四〕苦諍。清河郡守邢峙，當世碩儒，助吾證之，赧然而服。」此傳「割名」之解，得無類之。

〔一〕漢書八七下。

〔二〕參本卷漢人注經條末段。

〔三〕顔氏家訓上勉學篇八。

〔四〕吾，顔之推。

顯官。儒林傳：「弟子行雖不備，而至於大夫郎、掌故，以百數。」〔一〕謂不必皆有行誼，而多

〔一〕漢書八八申公傳。

貨殖傳：「爲平陵石氏持錢。」〔一〕持錢猶今人言掌財也。如氏、苴氏皆平陵富人，而石氏訾亦次之。

〔一〕漢書九一程鄭傳。

游俠傳：「酒市趙君都、賈子光。」服虔曰：「酒市中人也。」〔一〕非也。按王尊傳：「長安宿豪大猾，箭張禁、酒趙放。」晉灼曰：「此二人作箭、作酒之家。」〔二〕今此上文有箭張回，即張禁也，君都亦即放也，名偶異耳。

〔一〕漢書九二萬章傳。
〔二〕漢書七六。

佞幸傳：「朕惟噬膚之恩未忍。」〔一〕是取易睽六五「厥宗噬膚」，言貴戚之卿，恩未忍絶。

〔一〕漢書九三董賢傳。

匈奴傳：「孤僨之君。」〔一〕僨如左傳「張脈僨興」〔二〕之「僨」。倉公傳所謂：「病得之欲男子而不可得也。」〔三〕

〔一〕漢書九四上。

〔二〕左傳僖十五年。

〔三〕史記一〇五。

「衛律爲單于謀，穿井築城，治樓以藏穀，與秦人守之。」〔一〕師古曰：「秦時有人亡入匈奴者，今其子孫尚號秦人。」非也。彼時匈奴謂中國人爲秦人，猶今言漢人耳〔二〕。西域傳：「匈奴縛馬前後足，置城下，馳言秦人，我匄若馬。」師古曰：「謂中國人爲秦人，習故言也。」〔三〕是矣。其言與秦人守者，匈奴以轉徙爲業，不習守禦，凡穿井築城之事，非秦人不能爲也。大宛傳：「聞宛城中新得秦人，知穿井。」〔四〕亦謂中國人。後漢書鄧訓傳：「發湟中秦胡。」袁紹傳：「許賞賜秦胡。」〔五〕秦者，中國人；胡者，胡人。猶後人之言蕃漢也。

〔一〕漢書九四上。
〔二〕此條極精。
〔三〕漢書九六下渠犁城。
〔四〕史記一二三大宛傳。亦見漢書六一李廣利傳，作「新得漢人」。
〔五〕後漢書四六、一〇四下。

「去胡來王唐兜。」〔一〕師古曰：「爲其去胡而來降漢，故以爲王號。」非也。西域傳：「婼羌國王，號去胡來王。」〔二〕

〔一〕漢書九四下匈奴傳。
〔二〕漢書九六上。

「臣知父呼韓邪單于蒙無量之恩。」〔一〕其時尚未更名，當曰「臣囊知牙斯」，作史者從其後更名録之耳。

〔一〕漢書九四下。

故印已壞，乃云「因上書求故印」者〔一〕，求更鑄如故印之式，去「新」字而言「璽」。

〔一〕漢書九四下。

南粵傳：「朕高皇帝側室之子。」〔一〕師古曰：「言非正嫡所生。」非也。春秋左氏桓公二年傳曰：「卿置側室。」杜解：「側室衆子也。」文公十二年傳曰：「趙有側室曰穿。」

〔一〕漢書九五。

西域傳：「康居國王，東羈事匈奴。」〔一〕言不純臣，但羈縻事之，與烏孫羈屬意同。當用彼注，删此注。

〔一〕漢書九六上。

「宜給足，不可乏。」〔一〕當作「可不乏」。

〔一〕漢書九六下渠犂城。

外戚傳：「常與死爲伍。」〔一〕言濱於死。

〔一〕漢書九七上呂后傳。

「其條刺史大長秋來白之。」〔一〕「史」當作「使」。

〔一〕漢書九七下孝成許后傳。

「丞知是何等兒也。」〔一〕言藏之以辨是男非女，師古注非。

〔一〕漢書九七下孝成趙后傳。

「奈何令長信得聞之。」〔一〕謂何道令太后聞之。

〔一〕漢書九七下孝成趙后傳。

「終没，至迺配食於左座。」〔一〕謂合葬渭陵，配食元帝。

〔一〕漢書九七下孝哀傅后傳。

王莽傳：「治者掌寇大夫陳成自免去官。」〔一〕蓋先幾而去。

〔一〕漢書九九中始建國元年末。

「自稱廢漢大將軍」者〔一〕，自稱漢大將軍也。下文云「亡漢將軍」，同此意。自莽言，謂之「廢漢」、「亡漢」耳。

〔一〕漢書九九中始建國二年。

「會省户下。」〔一〕省户即禁門也。蔡邕獨斷曰：「禁中者，門户有禁，非侍御者不得入，故曰禁中。」孝元皇后父大司馬陽平侯名禁，當時避之，故曰「省中」。

〔一〕漢書九九下。

「右庚刻木校尉。」〔一〕「刻」、「克」同，取金克木。

〔一〕漢書九九下。

叙傳：「劉氏承堯之後，氏族之世，著乎春秋。」〔一〕左氏昭公二十九年傳：「陶唐氏既衰，其後有劉累者，學擾龍于豢龍氏，以事孔甲。」師古引「士會奔秦，其處者爲劉氏」，則又其苗裔也。

〔一〕漢書一〇〇上。

「彤落洪支。」〔一〕謂中山東平之獄。服虔以爲廢退王氏，非。

〔一〕漢書一〇〇下述哀紀。

後漢書注

光武紀：「今此誰賊，而馳騖擊之乎？」〔一〕注：「誰，謂未有主也。」非。言此何等賊，不足煩主上親擊也。

〔一〕後漢書一上建武元年條。

「敢拘制不還，以賣人法從事。」〔一〕言比略賣人口律罪之，重其法也。

〔一〕後漢書一下建武七年條。

質帝紀：「先，能通經者，各令隨家法。」〔一〕注：「儒生爲詩者，謂之詩家，爲禮者，謂之禮家。」非也。謂如詩有齊、魯、韓、毛，通齊詩者，自以爲齊詩教授；通魯詩者，自以爲魯詩教授；韓、毛及五經皆然，乃所謂家法耳。魯丕傳言：「法異者，各令自說師法。」〔二〕徐防傳言：「伏見太學試博士弟子，皆以意說，不循今本誤作「修」〔三〕。家法」〔四〕。是也。左雄傳注：「儒有一家之學，故稱家。」此得之矣。

〔一〕後漢書六本初元年條。
〔二〕後漢書五五。
〔三〕殿本作「脩」。
〔四〕後漢書七四。

安帝紀：「永初元年九月癸酉，調揚州五郡租米，贍給東郡、濟陰、陳留、梁國、下邳、山陽。」〔一〕注：「五郡，謂九江、丹陽、廬江、吳郡、豫章也。揚州領六郡，會稽最遠，蓋不調也。」按順帝紀：「永建四年，分會稽爲吳郡。」〔二〕安帝時未有吳郡，止五郡，無可疑者。注非。

〔一〕後漢書五。
〔二〕後漢書六。

馮異遺李軼書：「苟令長安，尚可扶助，延期歲月，疏不間親，遠不踰近，季文豈能居一隅哉？」〔一〕言季文於更始，爲親近之臣，當在朝秉政，豈得居此一隅。注失其指，反以爲疏遠，非。

〔一〕後漢書四七。季文，李軼字。

景丹傳：「邯鄲將帥數言我發漁陽、上谷兵，我聊應言然。」〔一〕謂邯鄲將帥有此言，我亦聊以此言應之，不能必二郡之果來也。本文自明，注乃謂王郎欲發之，謬矣。

〔一〕後漢書五二。

鮑永傳：「太守趙興歎曰：我受漢茅土，不能立節，而鮑永死之，豈可害其子也。」〔一〕「永」字誤，當作「鮑宣」〔二〕。

〔一〕後漢書五九。
〔二〕殿本作「鮑宣」。宣，永父也。

楊厚傳：「陰臣近戚妃黨當受禍。」〔一〕陰臣謂婦人，下文宋阿母是也。注：「陰，私也。」非。

〔一〕後漢書六十上。

郎顗傳：「思過念咎，務消祇悔。」〔一〕注：「祇，大也。」非也。按易復初九：「无祇悔。」九家本作「多」，古人「多」、「祇」二字通用。論語：「多見其不知量也。」〔二〕正義曰：「古人多、祇同音。」左傳襄二十九年：「多見疏也。」服虔本作「祇」。

〔一〕後漢書六十下。

〔二〕子張。

朱浮傳：「自損盛時。」〔一〕「損」當作「捐」〔二〕。

〔一〕後漢書六三。

〔二〕殿本作「捐」。

賈逵傳〔一〕：「鄉人有所計爭，輒令祝少賓。」司馬均。注云：「祝，詛也。爭曲直者，輒言敢祝少賓乎？」非也。言敢于少賓之前發誓乎？事之如神明也。古人文簡爾。

〔一〕後漢書六六。

鍾離意傳〔一〕：「光武得奏以見霸。」侯霸。「見」當作「視」。古「示」字作「視」，謂以意奏示霸也。

〔一〕後漢書七一。

張禹傳：「祖父況，爲常山關長，會赤眉攻關城。」〔一〕按前漢志，常山郡之縣十八，其十二曰關。續漢志無此縣，世祖所省也。其地當即今之故關。建武十五年，徙雁門、代郡、上谷三郡民置常山關、居庸關以東〔二〕。

〔一〕後漢書七四。

〔二〕後漢書一下。

梁節王暢傳：「今陛下爲臣收污天下。」〔一〕收污，猶左氏傳所謂「國君含垢」〔二〕。

〔一〕後漢書八十。

〔二〕宣公十五年。

李雲傳：「當有黄精代見。」〔一〕注：「黄精謂魏氏將興也。」按雲本不知是魏，故下言陳、項、虞、田、許氏爾。黄之代赤，自是五運之序，王莽亦自以爲祖黄帝也。

〔一〕後漢書八七。

曹騰傳：「潁川堂谿趙典等。」〔一〕按蔡邕傳作「五官中郎將堂谿典」〔二〕，注：「堂谿，姓也。」此文衍一「趙」字。趙典本傳〔三〕，是成都人，非潁川，靈帝初官衛尉卒。又黨錮傳云：「唯趙典名見而已。」〔四〕是後漢有兩趙典。

〔一〕後漢書一〇八宦者列傳。
〔二〕後漢書九十下。
〔三〕後漢書五七。
〔四〕後漢書九七黨錮傳序末。

文選注

阮嗣宗詠懷詩：「西游咸陽中，趙李相經過。」〔一〕顏延年注：「趙，漢成帝后趙飛燕也。李，武帝李夫人也。」按成帝時自有趙李。漢書谷永傳言：「趙、李從微賤專寵。」〔二〕外戚傳：「班倢伃進侍者李平，平得幸，亦爲倢伃。」〔三〕叙傳：「班倢伃供養東宮，進侍者李平爲倢伃，而趙飛燕爲皇后。自大將軍王鳳薨後，富平定陵侯張放、淳于長等，始愛幸。出爲微行，行則同輿執轡，入侍禁中，設宴飲之會，及趙、李諸侍中，皆引滿舉白，談笑大噱。」〔四〕史傳明白如此，而以爲武帝之李夫人，何哉？

〔一〕文選二三。
〔二〕漢書八五。
〔三〕漢書九七下。
〔四〕漢書一〇〇上。

陶淵明詩注

西溪叢語〔一〕：「陶淵明詩云：『聞有田子春，節義爲士雄。』漢書燕王劉澤傳〔二〕云：『高后時，齊人田生，游乏資，以書干澤。澤大悦之，用金二百斤爲田生壽。田生如長安求事，幸謁者張卿，諷高后立澤爲琅玡王。』晉灼曰：『楚漢春秋云：田生字子春。』」非也。此詩上文云：「辭家夙嚴駕，當往至無終。」下文云：「生有高世名，既没傳無窮。」其爲田疇可知矣。三國志：「田疇，字子泰，右北平無終人也。」〔三〕「泰」一作「春」。若田生游説取金之人，何得有高世之名而爲靖節之所慕乎！

〔一〕西溪叢語下。
〔二〕漢書三五。
〔三〕魏志十一。「農人告余以春及，將有事於西疇。」

「遂盡介然分，終死歸田里。」是用方望辭隗囂書：「雖懷介然之節，欲潔去就之分。」

「多謝綺與角，精爽今何如？」多謝者，非一言之所能盡，今人亦有此語。漢書〔一〕：「趙廣漢爲京兆尹，常記召湖都亭長，西至界上。界上亭長戲曰：爲我多問趙君。」注：「多問者，言殷勤。若今〔二〕人千萬問訊也。」

〔一〕漢書七六。

〔二〕今，師古時。

李太白詩注〔一〕

李太白飛龍引：「雲愁海思令人嗟。」〔二〕是用梁豫章王綜聽雞鳴辭：「雲悲海思徒淹抑。」胡無人篇：「太白入月敵可摧。」是用北齊書宋景業傳：「太白與月并，宜速用兵。」二事前人未注。

〔一〕有宋楊齊賢等集注。

〔二〕李太白詩集二。

太白詩有古朗月行，又云：「今人不見古時月。」王伯厚引抱朴子曰：「俗士多云，今日不及古日之熱，今月不及古月之朗。」〔一〕是則然矣。而又云：「狂風吹古月，竊弄章華臺。」又曰：「海動山傾古月摧。」此所謂古月，則明是「胡」字，不得曲爲之解也。然太白用此，亦有所本。晉書苻堅載記：「古月之末亂中州，洪水大起健西流。」〔二〕此其本也。或曰：析字之體，止當著之讖文，豈可以入詩乎？「藁砧今何在，山上復有山。」古詩固有之矣。晉書郭璞傳〔三〕：「有姓崇者，構璞於敦。」而史臣論曰：「竟斃山宗之謀。」

〔一〕困學紀聞十八。

〔二〕晉書一一四。

〔三〕晉書七二。

「誰憐李飛將，白首没三邊。」昔人譏其以「飛將軍」翦截爲「飛將」者，然古人自有此語。後漢書班勇傳：「班將能保北鹵不爲邊害乎？」〔一〕後魏唐永，正光中爲北地太守，數與賊戰，未嘗敗北。時人語曰：「莫陸梁，恐爾逢唐將。」〔二〕竝以「將軍」爲「將」。

〔一〕後漢書七七。「鹵」原文爲「虜」。

〔二〕北史七唐永傳。

「海上碧雲斷，單于秋色來。」單于是地名。通典：「麟德元年，改雲中都護府爲單于大都護府。領縣一，曰金河，有長城，有金河、李陵臺、王昭君墓。」〔一〕舊唐書突厥傳：「車鼻既破之後，突厥盡爲封疆之臣。於是分置單于、瀚海二都護府。單于都護領狼山、雲中、桑乾三都督，蘇農等一十四州。」〔二〕新書言：「磧以北蕃州，悉隸瀚海，南隸雲中。雲中者，義成公主所居也。頡利滅，李靖徙突厥羸破數百帳居之，以阿史德爲之長。衆稍盛，即建言願以諸王爲可汗遥統之。帝曰：今可汗，古單于也。乃改雲中府爲單于大都護府，以殷王旭輪即睿宗爲單于都護。」〔三〕裴行儉傳：「突厥阿史德温傳反，單于管内二十四州並叛應之。」〔四〕范希朝傳：「單于城中舊少樹，希朝于他處市柳，命軍人種之，俄遂成林。」〔五〕田歸道傳：「默啜奏請六胡州及單于都護府之地，則天不許。」〔六〕回紇傳：「遣使北收單于兵馬倉糧。」〔七〕通鑑注引宋白曰：「唐振武軍，舊單于都護府，即漢定襄郡之盛樂縣也，在陰山之陽，黄河之北。」〔八〕後魏所都盛樂是也。唐平突厥，於此置雲中都督府，後改單于府。」新唐書地理志曰：「唐之盛時，開元、天寶之際，東至安東，西至安西，南至日南，北至單于府。」〔九〕徐九皋詩題曰：「送部四鎮人往單于。」崔顥詩題曰：「送單于裴都護赴西河。」岑參輪臺即事詩：「輪臺風物異，地是古單于。」〔十〕是也。

〔一〕通典一七九州郡。
〔二〕舊唐書一九四上。「二都護府」句潘本無「府」字。

〔三〕新唐書二一五上突厥。

〔四〕舊唐書八四。

〔五〕舊唐書一五一。

〔六〕舊唐書一八五上。

〔七〕舊唐書一九五。

〔八〕通鑑卷一九九永徽元年九月條。

〔九〕新唐書三七。

〔十〕據此，「單」是平聲。

杜子美詩注〔一〕

寄臨邑舍弟詩：「徐關深水府。」送舍弟潁赴齊州詩：「徐關東海西。」徐關在齊境，今不可考。左傳成公二年：齊師敗于鞍，齊侯自徐關入。十七年：齊侯與國佐盟于徐關而復之。

〔一〕明以前杜集注甚多，有九家注、十家注等。

行次昭陵詩：「威定虎狼都。」注引蘇秦傳：「秦虎狼之國，甚爲無理。」〔一〕此乃用秦本紀贊：「據狼弧，蹈參伐。」〔二〕參爲白虎，秦之分星也。

〔一〕史記六九。
〔二〕史記六。

「往者災猶降，蒼生喘未蘇」，謂武、韋之禍。「指麾安率土，蕩滌撫洪鑪」，謂玄宗再造唐室也，本於太宗之遺德在人，故詩中及之。錢氏謂此詩天寶亂後作，而改「鐵馬」爲「石馬」，以合李義山詩「昭陵石馬」之説，非矣。其朝享太廟賦曰：「弓劍皆鳴，汗鑄金之風馬。」此在未亂以前，又將何説？必古記有此事，而今失之爾。今昭陵六馬見存，皆琢石爲屏，而刻馬於上，其文凸起，非金馬也。乾陵石雁亦然。

奉贈韋左丞丈詩：「殘杯與冷炙，到處潛悲辛。」顔氏家訓：「古來名士多所愛好，惟不可令有稱譽，見役勳貴，處之下坐，以取殘杯冷炙之辱。」〔一〕

〔一〕顔氏家訓卷下雜藝篇十九。

高都護驄馬行：「安西都護胡青驄。」魏書吐谷渾傳：「吐谷渾嘗得波斯草馬，放入海，因生驄駒，能日行千里，世傳青海驄者是也。」〔一〕

〔一〕魏書一〇一。

送蔡希魯還隴右詩：「涼州白麥枯。」杜氏通典：「涼州貢白小麥十石。」〔一〕

〔一〕通典六食貨。

天育驃騎歌：「伊昔太僕張景順，監牧攻駒閲清峻，遂令大奴守天育，別養驥子憐神駿。」按史言玄宗初即位，牧馬有二十四萬匹，以太僕卿王毛仲爲内外閑厩使，少卿張景順副之。開元十三年，玄宗東封，有馬四十三萬匹，牛羊稱是。上嘉毛仲之功，加開府儀同三司。是景順特毛仲之副爾，今斥毛仲爲大奴，而歸其功於景順，殆以詩人之筆而追黜陟之權乎？

哀王孫詩：「但道困苦乞爲奴。」南史：「齊明帝爲宣城王，遣典籤柯令孫殺建安王子真。子真走入牀下，令孫手牽出之，叩頭乞爲奴」，不許而死〔一〕。

〔一〕南史四四子真傳。南齊書四十不載此事。

「朔方健兒好身手。」顔氏家訓：「頃世離亂，衣冠之士，雖無身手，或聚徒衆。」〔一〕

〔一〕顔氏家訓卷下誡兵篇。

大雲寺贊公房詩：「狺狺國多狗。」韓非子外儲説右上：「夫國亦有狗。有道之士，陳其術而欲以明萬乘之主，大臣爲猛狗，迎而齕之。此人主之所以蔽脅，而有道之士所以不用也。」〔一〕戰國策：江乙以狗喻昭奚恤〔二〕。

〔一〕韓非子十三。

〔二〕戰國策十四楚策。

晚行口號：「遠愧梁江總，還家尚黑頭。」劉辰翁評曰：「人知江令自陳入隋，不知其自梁時已達官矣。自梁入陳，自陳入隋，歸尚黑頭，其人物心事可知。著一『梁』字而不勝其愧矣。詩之妙如此，豈待罵哉。」〔一〕按陳書江總傳：「侯景寇京都，詔以總權兼太常卿。臺城陷，總避難崎嶇至會稽郡，復往廣州依蕭勃。及元帝平侯景，徵總爲明威將軍、始興内史。會江陵陷不行，總因此流寓嶺南積歲。天嘉四年，以中書侍郎徵還朝。」〔二〕以本傳總之年計之，梁太清三年己巳，臺城陷，總年三十一，自此流離於外十四五年，至陳天嘉四年癸未還朝，總年四十五，即所謂「還家尚黑頭」也。總集有詒孔中丞奂詩曰：「我行五嶺表，辭鄉二十年。」子美遭亂崎嶇，略與總同，而自傷其年已老，故發此歎爾，何暇罵人哉！傳又云：「京城陷，入隋爲上開府。開皇十四年卒於江都，時年七十六。」去禎明三年己酉陳亡之歲又已五年，頭安得黑乎？其臺城陷而避亂，本在梁時，自不得蒙以陳氏，何罵之有？且子美詩有云：「莫看江總老，猶被賞時魚。」有云：「管寧紗帽淨，江令錦袍鮮。」有云：「江總外家養，謝安乘興長。」亦已亟稱之矣〔三〕。李義山贈杜牧之詩云：「前身應是梁江總。」〔四〕此又何所譏哉！

〔一〕集千家注杜詩卷三。辰翁宋遺民，故有此感。

〔二〕陳書二七，南史三六。

〔三〕證不嫌多。

〔四〕李義山文集五。

北征詩：「君誠中興主，經緯固密勿。」漢書劉向傳引詩「密勿從事」，師古曰：「密勿猶黽勉。」〔一〕

〔一〕漢書三六。

「不聞夏殷衰，中自誅褒妲。」不言周，不言妺喜，此古人互文之妙。自八股學興，無人解此文法矣。

晚出左掖詩：「騎馬欲鷄栖。」蓋欲效古人敝車羸馬之意。後漢書陳蕃傳：「朱震字伯厚，爲州從事，奏濟陰太守單匡贓罪，并連匡兄中常侍車騎將軍超。桓帝收匡下廷尉，以譴超，超詣獄謝，三府語曰：『車如鷄栖馬如狗，疾惡如風朱伯厚。』」〔一〕鷄栖言車小也。余聞之張錦衣紀云。唐席豫高都公楊府君碑銘曰：「獬豸之角，初見觸邪；鷄栖之車，遠聞疾惡。」

〔一〕後漢書九六陳蕃傳末。

垂老別詩：「土門壁甚堅，杏園度亦難。」土門在井陘之東，今獲鹿縣西南十里。杏園度在衛州汲縣，臨河而守以遏賊，使不得度。皆唐人控制河北之要地也。舊唐書：「郭子儀自杏園渡河，圍衛州。」〔一〕「史思明遣薛岌圍令狐彰于杏園。」〔二〕「李忠臣爲濮州刺史，移鎮杏園渡。」〔三〕今河南徙而故蹟不可尋矣。唐崔峒送馮將軍詩：「想到滑臺桑葉落，黄河東注杏園秋。」

〔一〕舊唐書一二〇郭子儀傳。
〔二〕舊唐書一二四令狐彰傳。
〔三〕舊唐書一四五李忠臣傳。

秦州雜詩：「西戎外甥國。」注引吐蕃表稱外甥爲證。按册府元龜載吐蕃書，皆自稱外甥，稱上爲皇帝舅〔一〕。開元二十一年從公主言，樹碑於赤嶺，其碑文曰：「維大唐開元二十一年，歲次壬申，舅甥修其舊好，同爲一家。」則盟誓之文、詔敕之語，已載之矣。

〔一〕冊府元龜九五八國邑門。

「胡舞白題斜。」按南史，裴子野爲著作舍人，時西北遠邊有白題國，遣使繇岷山道入貢。此國歷代弗賓，莫知所出。子野曰：「漢潁陰侯斬白題將一人。」〔一〕服虔注云：「白題，胡名也。」然則白題乃是國名。梁武帝普通三年，白題國遣使獻方物〔二〕。冊府元龜：白題國，在滑國東〔三〕。而此詩以爲白額，儻亦詞家所謂借用者乎？

〔一〕南史三三。
〔二〕梁書三。
〔三〕冊府元龜九五八。

喜聞官軍已臨賊境二十韻：「家家賣釵釧，準擬獻香醪。」南史庾杲之傳：「杲之嘗兼主客郎，對魏使。使問杲之曰：『百姓那得家家題名帖賣宅？』答曰：『朝廷既欲掃蕩京雒，克復神州，所以家家賣宅耳。』」〔一〕

〔一〕南史四九。

送鄭虔貶台州司户詩：「酒後常稱老畫師。」舊唐書閻立本傳：「太宗嘗與侍臣學士泛舟於春苑池中，有異鳥隨波容與，召立本令寫鳥。閤外傳呼云：畫師閻立本。」〔一〕

〔一〕舊唐書七七。「寫鳥」原作「寫焉」。

寄岳州賈司馬六丈巴州嚴八使君詩：「賈筆論孤憤，嚴君賦幾篇。」是用史記賈誼至長沙弔屈原事〔一〕。漢書藝文志：「嚴助賦三十五篇。」〔二〕

〔一〕史記八四。
〔二〕漢書三十。

古人經史，皆是寫本，久客四方，未必能攜，一時用事之誤，自所不免，後人不必曲爲之諱。子美寄岳州賈司馬六丈巴州嚴八使君詩：「弟子貧原憲，諸生老伏虔。」本用濟南伏生事，伏生名勝，非虔。後漢有服虔，非「伏」也。示獠奴阿段詩：「曾驚陶侃胡奴異。」蓋謂士行有胡奴，可比阿段。胡奴，侃子範小字，非奴也。又如上兜率寺詩：「何顒好不忘。」當是周顒〔一〕，見葉少藴避暑録話。

〔一〕何顒，見後漢書黨錮傳。周顒，見南齊書四一。「周」、「何」二字相似，傳寫誤耳。

佐還山後寄詩：「分張素有期。」後魏高允徵士頌：「在者數子，仍復分張。」〔一〕北史：「嬬嬬阿那瓌言：老母在彼，萬里分張。」〔二〕後周庾信傷心賦〔三〕：「兄弟則五郡分張，父子則三州離散。」〔四〕

〔一〕魏書四八高允傳。「仍」作「然」。
〔二〕北史九八。
〔三〕庾子山集一。
〔四〕「分張」索引。

蜀相詩：「三顧頻繁天下計。」入衡州詩：「頻繁命屢及。」蜀志費禕傳：「以奉使稱旨，頻繁至吳。」〔一〕晉書刑法志：「詔旨使問頻繁。」〔二〕山濤傳：「手詔頻繁。」〔三〕文選庾亮讓中書令表：「頻繁省闥，出總六軍。」〔四〕潘尼贈張正治詩：「張生拔幽華，頻繁登二宫。」〔五〕陸雲夏府君誄：「頻繁幃幄。」〔六〕答兄平原書：「錫命頻繁。」〔七〕唯費禕、山濤二傳作「頻」，蓋後人減筆書爾〔八〕。

〔一〕三國志四四蜀志十四。
〔二〕晉書三十。
〔三〕晉書四三。「繁」原作「煩」。
〔四〕文選三八。
〔五〕藝文類聚三一。
〔六〕陸士龍集五。
〔七〕陸士龍集三。
〔八〕「頻繁」索引。

題郭明府茅屋詩：「頻驚適小國。」左傳僖公七年：「楚文王戒申侯無適小國。」

寄韓諫議詩：「色難腥腐餐楓香。」漢書佞幸傳：「太子齰癰，而色難之。」〔一〕

〔一〕漢書九三鄧通傳。

送李卿詩，上四句謂李卿，下四句乃公自道。「晉山雖自棄」，是用介之推入緜上山中事。

傷春詩：「大角纏兵氣。」後漢書董卓傳贊：「矢延王輅，兵纏魏象。」〔一〕

〔一〕後漢書一〇二末。

「鉤陳出帝畿。」水經注：「紫微有鉤陳之宿，主鬬訟兵陳。」〔一〕

〔一〕水經注五河水條。

「耆舊把天衣。」南齊書輿服志：「袞衣，漢世出陳留、襄邑所織。宋末用繡及織成。齊建武中，乃彩畫爲之，加飾金銀薄，時亦謂天衣。」〔一〕梁庾肩吾和皇太子重雲殿受戒詩：「天衣初拂石，豆火欲然薪。」〔二〕唐姚元景光宅寺造佛像讚：「姜被承歡，曳天衣而下拂。」〔三〕

〔一〕南齊書十七。「齊建武中」，「齊」字顧所加，「時」原作「世」，「謂」下有「爲」。

〔二〕藝文類聚七六。

〔三〕待查。

贈王二十四侍御詩：「女長裁褐穩，男大卷書勻。」南齊書張融傳：「與從叔征北將軍永書曰：世業清貧，民生多待。榛栗棗修，女贄既長；束帛禽鳥，男禮已大。勉身就官，十年七仕，不欲代耕，何至此事？」〔一〕

〔一〕南齊書四一。

八哀詩：「長安米萬錢。」漢書高帝紀：「關中大饑，米斛萬錢。」〔一〕食貨志：「米至石萬錢。」〔二〕

〔一〕漢書一上，漢二年。

〔二〕漢書二四下。

解悶詩：「何人爲覓鄭瓜州。」公自注：「今鄭秘監審。」劉辰翁曰：「因金陵有瓜州，號鄭瓜州。」謬甚。按瓜洲唐時屬潤州，非金陵，別有考，在第三十一卷。且其字作「洲」，非「州」也。本文竝無金陵，即令秘監流寓金陵，遂可以二百里外江中之一洲爲此君之名號乎？唐書地理志：「瓜州晉昌郡下都督府，武德五年析沙州之常樂置。」〔一〕屬隴右道。蕭嵩傳：「開元十五年，吐蕃陷瓜州，執刺史田元獻。以嵩爲兵部尚書、河西節度使，嵩奏以命張守珪爲瓜州刺史，修築州城，招輯百姓，令其復業。」〔二〕張守珪傳：「以戰功加銀青光禄大夫，仍以瓜州爲都督府，以守珪爲都督。」〔三〕岑參爲宇文判官詩：「君從萬里使，聞已到瓜州。」蓋必鄭審嘗官此州，故以是稱之，今不可考矣〔四〕。

〔一〕新唐書四十。
〔二〕舊唐書九九。
〔三〕舊唐書一〇三。
〔四〕「瓜州」索引。

夔府書懷詩：「蒼生可察眉。」列子：「晉國苦盜，有郄雍者，能視盜之貌，察其眉睫之間而得其情。」

觀公孫大娘弟子舞劍器行，序記於郾城觀公孫氏舞劍器渾脱。舊唐書郭山惲傳：「中宗引近臣宴集，將作大匠宗晉卿舞渾脱。」〔一〕胡三省注通鑑：「長孫無忌以烏羊毛爲渾脱氈帽，人多效之，謂之趙公渾脱，因演以爲舞。」〔二〕中宗神龍二年三月，并州清源縣尉吕元泰上疏〔三〕言：「比見都邑坊市，相率爲渾脱，駿馬胡服，名爲蘇莫遮，非雅樂也。」〔四〕

〔一〕舊唐書一八九下。
〔二〕通鑑二〇九景龍三年二月條。
〔三〕册府元龜五七〇夷樂。
〔四〕「渾脱」索引。

遣懷詩：「元和辭大鑪。」揚雄解難：「陶冶大鑪。」

秋興詩：「直北關山金鼓震。」史記封禪書：「遂因其直北，立五帝壇。」〔一〕

〔一〕史記二八。

「波漂菰米沈雲黑。」梁庾肩吾奉和皇太子納涼梧下應令詩：「黑米生菰葉，青花出稻苗。」〔一〕

〔一〕藝文類聚五，題作「奉和山子納涼詩」，「葉」作「葑」。

久居夔府將適江陵四十韻：「擺闔盤渦沸。」鬼谷子有捭闔篇。「捭」、「擺」，古今字通。

哭李尚書詩：「奉使失張騫。」舊唐書蔣王惲傳〔一〕：「惲孫之芳〔二〕幼有令譽，頗善五言詩，宗室推之。開元末，爲駕部員外郎。天寶十三載，安禄山奏爲范陽司馬。禄山反，自拔歸西京，授右司郎中，歷工部侍郎，太子右庶子。廣德元年，遣之芳兼御史大夫，使吐蕃，被留境上，二年而歸，除禮部尚書，尋改太子賓客。」

〔一〕舊唐書七六。

〔二〕之芳乃惲子煌之孫。

「秋色凋春草，王孫若箇邊。」五臣注文選招隱士曰：「屈原與楚同姓，故云王孫。」

宴王使君宅詩：「留歡卜夜閒。」「閒」字當從「月」，甫父名閑，自不須諱此「閒」字。説文：「閒，隙也。」〔一〕閒暇之閒，本從隙生義，祇是一字。至日遣興詩：「朱衣只在殿中閒。」音異字同。

〔一〕説文十二上門部。

韓文公詩注〔一〕

韓文公游青龍寺贈崔大補闕詩：「側耳酸腸難濯澣。」是用詩柏舟：「如匪澣衣。」秋懷詩：「感感抱虚警。」是用陸士衡歎逝賦：「節循虚而警立。」〔二〕注皆不及。

〔一〕宋廖瑩中輯注。

〔二〕文選八。

通鑑注〔一〕

「賦於民而食，人二鷄子。」〔二〕賦於民而食者，取之於民也。人二鷄子者，每人令出二鷄子也。胡氏未注。

〔一〕元胡三省注。
〔二〕通鑑一周安王二十五年條。

「幾能令臧三耳矣。」〔一〕言幾令人以爲實有三耳。

〔一〕通鑑三周赧王十七年條。

漢武帝太初三年，「膠東太守延廣爲御史大夫。」注：「延廣，史逸其姓。」〔一〕按，延即姓也。三十九卷，南鄭人延岑〔二〕注：「延姓岑名。」四十五卷有京兆尹南陽延篤〔三〕。

〔一〕通鑑二一太初三年正月條。文見百官公卿表。胡注據史記二二漢興以來將相名臣年表。荀紀作「膠東相王延廣」。

〔二〕延岑見後漢書光武紀及公孫述等傳，南陽人。

〔三〕延篤，後漢書九四有傳。皆南陽人。

諸葛亮出師表云：「後值傾覆，受任於敗軍之際，奉命於危難之間，爾來二十有一年矣。」所謂敗軍，乃當陽長坂之敗。其云奉命，則求救於江東也。注乃云：「事見上卷文帝黃初四年。」〔一〕非。

〔一〕通鑑七十魏太和元年三月條。

虞翻作表示呂岱，爲愛憎所白。語出吳書。注曰：「讒佞之人，有愛有憎，而無公是非，故謂之愛憎。」〔一〕愚謂愛憎，憎也。言憎而竝及愛，古人之辭，寬緩不迫故也。又如得失，失也。史記刺客傳：「多人不能無生得失。」〔二〕利害，害也。史記吳王濞傳：「擅兵而別，多佗利害。」〔三〕緩急，急也。史記倉公傳：「緩急無可使者。」游俠傳：「緩急人之所時有也。」〔四〕成敗，敗也。後漢書何進傳：「先帝嘗與太后不快，幾至成敗。」〔五〕同異，異也。

吳志孫皓傳注：「蕩異同如反掌。」〔六〕晉書王彬傳：「江州當人强盛時，能立異同。」〔七〕贏縮，縮也。吳志諸葛恪傳：「一朝贏縮，人情萬端。」〔八〕禍福，禍也。晉歐陽建臨終詩：「潛圖密已構，成此禍福端。」〔九〕皆此類。

〔一〕通鑑七二魏太和六年三月條。
〔二〕史記八六。
〔三〕史記一〇六。
〔四〕史記一〇五、一二四。
〔五〕後漢書九九。
〔六〕三國志吳志三，注引干寶晉紀。
〔七〕晉書七六。
〔八〕三國志吳志十九恪傳末。
〔九〕文選二三。

「庾亮出奔，左右射賊，誤中柂工，應弦而倒。船上咸失色欲散，亮不動，徐曰：此手何可使著賊。」注曰：「言射不能殺賊，而反射殺柂工，自恨之辭也。」〔一〕非也。亮意蓋謂有此善射之手，使著賊身，亦必應弦而倒耳。解嘲之語也。

〔一〕通鑑九四晉咸和三年二月條。

宋明帝泰始三年，沈文秀攻青州刺史明僧暠，帝遣輔國將軍劉懷珍浮海救之。進至黔陬，文秀所署長廣太守劉桃根，將數千人戍不其城。懷珍軍于洋水，遣王廣之將百騎襲不其城，拔之。注云：「洋水即巨洋水。」〔一〕按不其城在今即墨縣西南，而巨洋水乃今之巨蔑河，在臨朐、益都、壽光三縣之境，與黔陬、不其相去三四百里，安能以百騎而襲取之乎？水經注云：「拒艾水出黔陬縣，西南拒艾山，又謂之洋洋水。」〔二〕膠州志曰：「洋河在州南三十里，發源鐵橛山，東流入于海。」此即懷珍所屯軍處耳。

〔一〕通鑑一三二泰始三年二月條。

〔二〕水經注二六膠水條。

梁武帝大通二年，魏爾朱榮欲討山東群盜，請敕蠕蠕主阿那瓌發兵，東趨下口，以躡其背。注云：「下口蓋指飛狐口。」〔一〕非也，此即居庸下口。一百六十六卷注曰：「幽州軍都縣西北，有居庸關。濕餘水出上谷沮陽縣之東，南流出關，謂之下口。」〔二〕

〔一〕通鑑一五二大通二年二月條。
〔二〕通鑑一六六梁紹泰元年六月條。

周主從容問鄭譯曰：「我脚杖痕，誰所爲也？」對曰：「事由烏丸軌、宇文孝伯。」謂由此二人也。下云：「因言軌捋須事」，亦是譯言之也。故軌見殺，而孝伯亦賜死。注以宇文孝伯屬下讀，而云：「孝伯何爲出此言。」〔一〕誤矣。

〔一〕通鑑一七三陳太建十一年二月條。

突厥立劉武周爲定楊可汗。注云：「將使之定揚州。」〔一〕非也。楊者隋姓。下條云：「劉武周爲定楊天子，郭子和爲平楊天子。」猶言定隋、平隋爾。「楊」字從「木」。

〔一〕通鑑一八三隋義寧元年三月條。

武后永昌元年二月丁酉，尊魏忠孝王曰周忠孝太皇，妣曰忠孝太后。文水陵曰章德陵，咸陽陵曰明義陵。注云：「武氏之先葬文水，士彠及其妻葬咸陽。」〔一〕非也。后父士彠葬文水，母楊氏葬咸陽。後章德改名昊陵，明義改名順陵，其碑文云然。

〔一〕通鑑二〇四。

劉肅大唐新語：「中宗宴興慶池，侍宴者並唱迴波詞。給事中李景伯歌曰：『迴波詞，持酒巵。微臣職在箴規，侍宴既過三爵，諠譁竊恐非儀。』」首二句三言，下三句六言，蓋迴波詞體也。今通鑑作「迴波爾時酒巵」〔一〕，恐傳寫之誤〔二〕。

〔一〕通鑑二〇九景龍三年二月條。
〔二〕超案：集釋于此段末引錢大昕語，據孟棨本事詩，當時有以「迴波爾時」四字開端，大唐新語當是傳寫之誤，顧氏轉引爲據，翻疑通鑑。援庵批語：「以不誤爲誤。古所謂訓詁學，今所謂語言學，皆重要。『爾時』自是當時語。」

唐穆宗長慶元年，劉總奏，分所屬爲三道：以幽、涿、營爲一道，平、薊、嬀、檀爲一道，瀛、莫爲一道。注云：「營州治柳城，道里絶遠。劉總奏以爲一道，必有説。」〔一〕按唐書地理志：「營州柳城郡，萬歲通天元年爲契丹所陷。聖曆二年僑治漁陽。開元五年，又還治柳城。」〔二〕意者中唐之世，復僑治於幽、薊之間，而史家自天寶亂後，於東北邊事，略而不詳，故今無所考耶？

〔一〕通鑑二四一末。
〔二〕新唐書三九。

李茂貞不敢稱帝，但開岐王府，置百官，名其所居爲宫殿，妻稱皇后。注曰：「自爲岐王，而妻稱皇后，妻之貴踰於其夫矣。」〔一〕竊謂此事理之必不然，「皇后」乃「王后」之誤。

〔一〕通鑑二六六梁開平元年四月條。

後漢高祖紀，吴越内牙指揮使諸温。注：「漢書地理志：琅邪郡有諸縣，蓋以邑爲氏也。」〔一〕非。按越有大夫諸稽郢。

〔一〕通鑑二八六後漢天福十二年二月條。

周太祖廣順元年，慕容彦超遣使入貢。帝慮其疑懼，賜詔慰安之曰：「今兄事已至此，言不欲繁，望弟扶持，同安億兆。」〔一〕今兄者，太祖自謂也。「事已至此」，謂爲衆所推而即帝位也。觀下文稱之爲弟，語意相對可知。注以漢祖爲彦超之兄，改作「令兄」者，非〔二〕。

〔一〕通鑑二九〇正月條。
〔二〕注據薛史作「令兄」。

日知録校注卷二十八

拜稽首

古人席地而坐。引身而起，則爲長跪；首至手則爲拜手；手至地則爲拜；首至地則爲稽首。此禮之等也。君父之尊，必用稽首，拜而後稽首，此禮之漸也。必以稽首終，此禮之成也。今大明會典曰：「後一拜，叩頭成禮。」此古之遺意也。

古人以稽首爲敬之至。周禮太祝：「辨九𢷎，一曰稽首。」注：稽首拜中最重，臣拜君之禮。禮記郊特牲：大夫之臣不稽首，非尊家臣，以避君也。左傳僖公二十三年，秦伯享晉公子重耳，公賦六月，公子降拜稽首，公降一級而辭焉。襄公三年，盟于長樗。公稽首，知武子曰：「天子在而君辱稽首，寡君懼矣。」二十四年，鄭伯如晉，鄭伯稽首，宣子辭。子西相曰：「以陳國之介，恃大國而陵虐於敝邑，寡君是以請罪焉，敢不稽首。」哀公十七年，盟于蒙，齊侯稽首，公拜。齊人怒，孟武伯曰：「非天子，寡君無所稽首。」國語，襄王使召公過及内史過賜晉惠公命，晉侯執玉卑，拜不稽首。内史過歸以告王曰：「執玉卑，替其贄也；拜不稽首，誣其上也。替贄無鎮，誣王無民。」〔一〕可以見稽首之爲重也。自敵者皆從頓首，李陵報蘇武書稱頓首。

〔一〕國語一周語上。

陳氏禮書〔一〕曰：「稽首者，諸侯於天子、大夫士於其君之禮也。然君於臣亦有稽首。書稱太甲稽首於伊尹、成王稽首於周公是也。大夫於非其君，亦有稽首。儀禮公勞賓，賓再拜稽首；勞介，介再拜稽首是也。蓋君子行禮，於其所敬者，無所不用其至，則君稽首於其臣者，尊德也；大夫士稽首於非其君者，尊主人也。春秋之時，晉穆嬴抱太子頓首於趙宣子〔二〕，魯季平子頓首於叔孫〔三〕，則頓首非施於尊者之禮也。」禮書以「頓首爲首頓於手而已。」〔四〕

〔一〕陳祥道禮書八七拜儀上。
〔二〕左傳文七年。

〔三〕左傳昭廿五年。平子稽顙於叔孫昭子，非頓首。
〔四〕亦見禮書八七拜儀上。

荀子言：「平衡曰拜，下衡曰稽首，至地曰稽顙。」〔一〕似未然。古惟喪禮始用稽顙，蓋以頭觸地，其與稽首，乃有容、無容之别。

〔一〕荀子十九大略篇。

稽首頓首

今表文皆云稽首、頓首。蔡邕獨斷：「漢承秦法，群臣上書，皆言昧死言。王莽盜位，慕古法，去昧死曰稽首。光武因而不改，朝臣曰稽首頓首，非朝臣曰稽首再拜。」

百拜

「百拜」字出樂記。古人之拜，如今之鞠躬，故通計一席之間，賓主交拜，近至於百。注云：「壹獻，士飲酒之禮，百拜以喻多。」是也〔一〕。徐伯魯〔二〕曰：「按鄉飲酒禮，無百拜，此特甚言之耳。」若平禮止是一拜再拜，即人臣於君亦止再拜，孟子「以君命將之，再拜稽首而受」〔三〕是也。禮至末世而繁。自唐以下，即有四拜。大明會典：四拜者，百官見東宮親王之禮。見其父母亦行四拜禮。其餘官長及親戚朋友相見，止行兩拜禮。是四拜唯於父母得行之。今人書狀，動稱百拜，何也？

〔一〕萬分、萬歲、萬年不敗，皆極言多，非真有萬。如百姓，如萬國、千祈，皆然。
〔二〕徐師曾，字伯魯，嘉靖卅二年進士。有禮記集注三十卷。即本書卷一「游魂爲變」注所引之「魯庵徐氏」。
〔三〕萬章下。

古人未有四拜之禮。唐李涪刊誤曰：「夫郊天祭地，止於再拜。其禮至重，尚不可加。今代婦謁姑章，其拜必四。詳其所自，初則再拜，次則跪獻衣服、文史，承其筐篚，則跪而受之。常於此際授受，多誤，故四拜相屬耳。」〔一〕

〔一〕刊誤下。

戰國策：「蘇秦路過雒陽，嫂蛇行匍伏，四拜，自跪而謝。」〔一〕此四拜之始，蓋因謝罪而加拜，非禮之常也。黄庭經「十讀四拜朝太上」，亦是加拜。

〔一〕戰國策三秦策。

今人上父母書，用百拜，亦爲無理。若以古人之拜乎，則古人必稽首然後爲敬，而百拜僅賓主一日之禮，非所施於父母；若以今人之拜乎，則天子止於五拜，而又安得百也。此二者過猶不及，明知其不然而書之，此以僞事其親也。

洪武三年，上諭中書省臣曰：「今人書劄，多稱頓首再拜百拜，皆非實禮，其定爲儀式，令人遵守。」〔一〕於是禮部定儀：凡致書於尊者，稱端肅奉書，答則稱端肅奉復；敵己者稱奉書、奉復；上之與下稱書寄、書答；卑幼與尊長，則曰家書敬復；尊長與卑幼，則曰書付某人。

〔一〕太祖實録五二，洪武三年五月癸巳條。

九頓首三拜

九頓首，出春秋傳。然申包胥元是三頓首，未嘗九也。杜注：無衣三章，章三頓首，每頓首必三。此亡國之餘，情至迫切，而變其平日之禮者也。七日夜哭於鄰國之庭，古人有此禮乎？七日哭也、九頓首也，皆亡國之禮也，不可通用也。

韓之戰，秦獲晉侯，晉大夫三拜稽首。古但有再拜稽首，無三拜也。申包胥之九頓首，晉大夫之三拜也。

楚語：「湫舉遇蔡聲子，降三拜，納其乘馬。」〔一〕亦亡人之禮也。

〔一〕國語十七楚語上。

周書宣帝紀，詔諸應拜者，皆以三拜成禮〔一〕。後代變而彌增，則有四拜。不知天元自擬上帝，凡冕服之類，十二者皆增爲二十四，而笞棰人，亦以百二十爲度，名曰天杖，然未有四拜。

〔一〕周書七。

東向坐〔一〕

古人之坐，以東向爲尊，故宗廟之祭，太祖之位東向。即交際之禮，亦賓東向而主人西向。漢書注：如淳曰：「君臣位南北面，賓主位東西面。」新序：「楚昭奚恤爲東面之壇一。秦使者至，昭奚恤曰：君，客也，請就上位。」〔二〕是也。史記趙奢傳言：「括東向而朝軍吏。」〔三〕田單傳言：「引卒東鄉坐，師事之。」〔四〕淮陰侯傳言：「得廣武君，東鄉坐，西鄉對〔五〕，師事之。」王陵傳言：「項王東鄉坐陵母。」〔六〕周勃傳言：「每召諸生説士東鄉坐，責之，趣爲我語。」〔七〕田蚡傳言：「召客飲，坐其兄蓋侯南鄉，自坐東鄉，以爲漢相尊，不可以兄故私撓。」〔八〕南越傳言：「王太后置酒，漢使者皆東鄉。」〔九〕漢書蓋寬饒傳言：「許伯請之迺往，從西堦上，東鄉特坐。」〔十〕樓護傳言：「王邑父事護，時請召賓客，邑居樽下，稱賤子上壽，坐者百數，皆離席伏。護獨東向正坐，字謂邑曰：『公子貴如何？』」〔十一〕後漢書鄧禹傳言：「顯宗即位，以禹先帝元功，拜爲太傅，進見東向。」〔十二〕桓榮傳言：「乘輿嘗幸太常府，令榮坐東面，天子親自執業。」〔十三〕皆待以賓師之位。此皆東向之見於史者〔十四〕。曲禮：

「主人就東階，客就西階。」自西階而升，故東鄉；自東階而升，故西鄉。而南鄉特其旁位，如廟中之昭，故田蚡以處蓋侯也。

〔一〕初刻六之十四。無注。
〔二〕新序一雜事。
〔三〕史記八一。
〔四〕史記八二。
〔五〕史記九二。初刻作「韓信傳」，潘刻作「淮陰傳」，「侯」字後加。
〔六〕王陵，漢書四十有傳，史記五六附陳丞相世家。
〔七〕史記五七。
〔八〕史記一〇七。
〔九〕史記一一三。
〔十〕漢書七七。
〔十一〕漢書九二。
〔十二〕後漢書四六。
〔十三〕後漢書六七。
〔十四〕自此以下，初刻作「若如今世之人以南向爲尊，是蓋侯貴於武安君矣」。

孝文紀：「西鄉讓者三，南鄉讓者再。」〔一〕注：「賓主位東西面，君臣位南北面。是時群臣至代邸上議，則代王爲主人，故西鄉。」

〔一〕史記十。

舊唐書：「盧簡求子汝弼爲河東節度副使。府有龍泉亭，簡求節制時，手書詩一章，在亭之西壁。汝弼復爲亞帥，每亭中讌集，未嘗居賓位，西向俛首而已。」〔一〕是唐人亦以東向爲賓位也。

〔一〕舊唐書一六三末。

坐

古人席地而坐，西漢尚然。漢書雋不疑傳：「登堂坐定，不疑據地曰：『竊伏海濱，聞暴公子威名舊矣。』」〔一〕是也。

〔一〕漢書七一。

古人之坐，皆以兩膝著席。有所敬，引身而起，則爲長跪矣。史記范雎傳〔一〕言「秦王跽而請」，「秦王復跽」。而褚先生補梁孝王世家：「帝與梁王俱侍坐太后前。太后謂帝曰：『吾聞殷道親親，周道尊尊，其義一也。』帝跪席舉身曰諾。」〔二〕是也。禮記「坐」皆訓「跪」。三國志注引高士傳言：「管寧嘗坐一木榻，積五十餘年，未嘗箕股，其榻上當膝處皆穿。」〔三〕以此。

〔一〕史記七九。
〔二〕史記五八。
〔三〕魏志十一管寧傳。

土 炕

北人以土爲牀，而空其下以發火，謂之炕。古書不載。詩瓠葉傳：「炕火曰炙。」正義曰：「炕，舉也。謂以物貫之而舉於火上以炙之。」左傳：「宋寺人柳熾炭于位，將至則去之。」〔一〕新序：「宛春謂衛靈公曰：君衣狐裘，坐熊席，陬隅有竈。」〔二〕漢書蘇武傳：「鑿地爲坎，置煴火。」〔三〕是蓋近之，而非炕也。庾信小園賦：「管寧藜牀，雖穿而可坐；嵇康鍛竈，既煗而堪眠。」〔四〕舊唐書東夷高麗傳：「冬月皆作長坑，下然煴火以取煖。」〔五〕此即今之土炕也，但作「坑」字。

〔一〕左傳昭十年。
〔二〕新序六刺奢。
〔三〕漢書五四。
〔四〕庾子山集一。
〔五〕舊唐書一九九上。

水經注：「土垠縣有觀雞寺，寺內有大堂，甚高廣，可容千僧。下悉結石爲之，上加塗塈，基內疏通，枝經脈散，基側室外，四出爨火，炎勢內流，一堂盡溫。」〔一〕此今人煖房之制，形容盡之矣。

〔一〕水經注十四鮑丘水條。

冠服

漢書五行志曰：「風俗狂慢，變節易度，則爲剽輕奇怪之服，故有服妖。」〔一〕余所見五六十年，服飾之變，亦已多矣〔二〕，故録其所聞，以視後人焉。

〔一〕漢書二七中之上。

〔二〕此下原有「卒至於裂冠毀冕而戎制之」十一字。

豫章漫鈔〔一〕曰：「今人所戴小帽，以六瓣合縫，下綴以簷如筩。閻憲副閎謂予言，亦太祖所製，若曰六合一統云爾。楊維楨廉夫以方巾見太祖，問其製，對曰：『四方平定巾。』上喜，令士人皆得戴之。商文毅用自編民，亦以此巾見。」〔二〕

〔一〕豫章漫鈔，陸深撰，四卷，儼山外集及明人小說。四庫總目無。下文左衽條，引書加人名，此不加，在當時其書甚通行也。

〔二〕豫章漫鈔卷二。

太康縣志〔一〕曰：「國初時，衣衫褶，前七後八。弘治間，上長下短，褶多。正德初，上短，下長三分之一，士大夫多中停。冠則平頂，高尺餘，士夫不減八九寸。嘉靖初，服上長下短，似弘治時。市井少年，帽尖長，俗云邊鼓帽。弘治間，婦女衣衫僅掩裙腰，富者用羅緞紗絹織金彩通袖，裙用金彩膝襴。髻高寸餘。正德間，衣衫漸大，裙褶漸多，衫唯用金彩補子，髻漸高。嘉靖初，衣衫大至膝，裙短褶少，髻高如官帽，皆鐵絲胎，高六七寸，口周回尺二三寸餘。」

〔一〕引縣志不戴年號，是舊法。

内丘縣志曰：「萬曆初，童子髮長猶總角，年二十餘始戴網。天啓間，則十五六便戴網，不使有總角之儀矣。萬曆初，庶民穿腿靸，儒生穿雙臉鞋。非鄉先生首戴忠靖冠者，不得穿廂邊雲頭履。俗呼朝鞋。至近日而門快輿皁，無非雲履，醫卜星相，莫不方巾，又有晉巾、唐巾、樂天巾、東坡巾者。先年婦人非受封不敢戴梁冠，披紅袍，繫拖帶，今富者皆服之。又或著百花袍，不知創自何人。萬曆間，遼東興冶服，五彩炫爛，不三十年而遭屠戮〔一〕。兹花袍幾二十年矣，服之不衷，身之災也，兵荒之咎，其能免〔二〕與！」

〔一〕「遭屠戮」原作「淪於虜」。
〔二〕「能免」，原作「將不遠」。

衩衣

通鑑：「唐僖宗乾符元年，王凝、崔彦昭同舉進士。凝先及第，嘗衩衣見彦昭。」〔一〕衩，楚懈反。廣雅：「梢袺袛謂之潰衩，一曰襢衣。」〔二〕李義山詩：「芙蓉作裙衩。」又曰：「裙衩芙蓉小。」〔三〕

〔一〕通鑑二五二乾符元年八月條，追述彦昭舉進士時事，非謂其乾符元年舉進士也。
〔二〕廣雅七釋器。
〔三〕李義山集卷一。

對襟衣

太祖實録：「洪武二十六年三月，禁官民步卒人等服對襟衣，惟騎馬許服，以便於乘馬故也。其不應服而服者，罪之。」〔一〕今之罩甲即對襟衣也。戒庵漫筆云：「罩甲之制，比甲稍長，比襖減短。正德間，創自武宗，近日士大夫有服者。」〔二〕按説文：「無袂衣謂之⿰衤有。」〔三〕趙宧光曰：「半臂衣也。武士謂之蔽甲，方俗謂之披襖，小者曰背子，即此製也。」魏志楊阜傳：「阜嘗見明帝著帽，被縹綾半袖，問帝曰：『此於禮，何法服也？』」〔四〕則當時已有此製。

〔一〕實録二二六。
〔二〕戒庵漫筆一。
〔三〕説文八上衣部。
〔四〕三國志魏志二五。

胡服〔一〕

自古承平日久，風氣之來，必有其漸，而變中夏爲夷狄，未必非一二好異之徒啓之也。春秋傳僖公二十二年：「初，平王之東遷也，辛有適伊川，見被髮而祭於野者曰：不及百年，此其戎乎，其禮先亡矣。秋，秦晉遷陸渾之戎於伊川。」後漢五行志：「靈帝好胡服、胡帳、胡牀、胡坐、胡飯、胡箜篌、胡笛、胡舞，京都貴戚皆競爲之，此服妖也。其後董卓多擁胡兵，填塞街衢，虜掠宮掖，發掘園陵。」〔二〕晉書五行志：「泰始之後，中國相尚用胡牀、貊槃，及爲羌煮貊炙。貴人富室，必畜其器。吉享嘉會，皆以爲先。太康中，又以氈爲絈頭及絡帶袴口，百姓相戲曰：中國必爲胡所破。夫氈毳産於胡，而天下以爲絈頭、帶身、袴口，胡既三制之矣，能無敗乎？至元康中，氐、羌互反。永嘉後，劉、石遂篡中都。自後四夷迭據華土，是服妖之應也。」〔三〕大唐新語：「武德、貞觀之代，宮人騎馬者依周禮舊儀，多著羃䍦。雖發自戎夷，而全身障蔽。永徽之後，皆用帷帽，施裙到頸，甚爲淺露。顯慶中，冊府元龜咸亨二年九月〔四〕。詔曰：百官家口，咸預士流，至於衢路之間，豈可全無障蔽？比來多著帷帽，遂棄羃䍦，曾不乘車，只坐擔子。過於輕率，深失禮容，宜行禁止。神龍之末，羃䍦殆絶。開元初，宫人馬上始著胡帽，靚粧露面，士庶咸效之。天寶中，士流之妻，或衣丈夫服，鞾衫鞭帽，内外一貫矣。」〔五〕唐書車服志：「武德間，婦人曳履及線鞾。開元中，初有線鞋。侍兒則著履，奴婢服襴衫，而士女衣胡服。其後安禄山反，當時以爲服妖之應。」〔六〕禮樂志：「玄宗好羯鼓，嘗稱爲八音之領褏，諸樂不可方也。蓋本戎羯之樂，其音太簇一均，龜兹、高昌、疏勒、天竺部皆用之。其聲焦殺，特異衆樂。開元二十四年，升胡部於堂上。而天寶樂曲，皆以邊地名，若涼州、伊州、甘州之類。後又詔道調、法曲，與胡部新聲合作。明年安禄山反，涼州、伊州、甘州皆陷吐蕃。」〔七〕元微之詩自注：「太常丞宋沇傳漢中王舊説云：玄宗雖雅好度曲，然未嘗使蕃漢雜奏。天寶十三載始詔道調、法曲與胡部新聲合作，識者異之。明年禄山叛。」此皆已事之見於史書者也，嗚呼，可不戒哉！

〔一〕此條刻本全删，據鈔本補。

〔二〕後漢書二三五行志一。

〔三〕晉書二七。

〔四〕册府元龜一五九革弊門。

〔五〕大唐新語十釐革門。

〔六〕新唐書二四。

〔七〕新唐書二二二。

册府元龜：「後漢高祖天福十二年，左衛將軍許敬遷奏：臣伏見天下鞍轡器械，竝取契丹樣裝飾以爲美好，安有中國之人反效戎虜之俗？請下明詔毀棄，須依漢境舊儀。敕曰：『近者中華人情浮薄，不依漢禮，却慕胡風，果致狂戎來侵。諸夏應有契丹樣鞍轡、器械、服裝等，竝令逐處禁斷。』」〔一〕

〔一〕册府元龜一六〇革弊門。

宋乾道二年，臣僚言：「臨安府風俗好爲胡樂，如吹鷓鴣、撥胡琴、作胡舞，所在而然，傷風敗俗，不可不懲。望檢坐紹興三十一年指揮，嚴行禁止。」〔一〕

〔一〕潘自牧記纂淵海七八。

太祖實録：「初，元世祖起自朔漠以有天下，悉以胡俗變易中國之制。士庶咸辮髮椎髻，深簷胡帽。衣服則爲袴褶窄袖及辮線腰褶。婦女衣窄袖短衣，下服裙裳，無復中國衣冠之舊。甚者易其姓字爲胡名，習胡語。俗化既久，恬不爲怪。上久厭之。洪武元年二月壬子，詔復衣冠如唐制。士民皆束髮於頂，官則烏紗帽、圓領袍、束帶黑鞾。士庶則服四帶巾，洪武三年二月改製四方平定巾。雜色盤領衣，不得用黄、玄。樂工冠青卍字頂巾，繫紅緑帛帶。士庶妻首飾許用銀鍍金，耳珠用金珠，釧鐲用銀，服淺色團衫，用紵絲綾羅紬絹。其樂妓則帶明角冠、皂褙子，不許與庶民妻同，不得服兩截胡服。其辮髮椎髻，胡服、胡語、胡姓，一切禁止。斟酌損益，皆斷自聖心。於是百有餘年胡俗，悉復中國之舊矣。」〔一〕

〔一〕太祖實録三十。

英宗實録：「正統七年十二月，禮部尚書胡濙等奏：向者山東左參政沈固言：中外官舍軍民，戴帽穿衣，習尚胡制，語言跪拜，習學胡俗。垂纓插翎，尖頂禿袖。以中國之人，效犬戎之服，忘貴從賤，良爲可耻。昔北魏本胡人也，遷雒之後，尚禁胡俗，况聖化度越前古，豈可使無知小民，效尤成習。今山東右參政劉璉亦以是爲言，請令都察院出榜，俾巡按監察御史嚴禁。從之。」〔二〕

〔一〕英宗實録九九。

河間府志：「陳士彦曰：今河間男子或有左衽者，而婦人尤多。至於孺子，環狐狗之尾以爲冠，而身被毛革以爲服，謂之達粧。阮漢聞言：中州之人亦然。夫被髮野祭，辛有卜其爲戎。晉太康中，俗以氈爲絈頭及絡帶袴口，彼此互相嘲戲以爲胡兒。未幾劉、石之變遂起。」〔一〕此書作於萬曆四十三年，不二朞而遼東之難作矣。至於今日，「胡服縵纓，咸爲戎俗，高冠重履，非復華風」。梁敬帝詔云〔二〕。有識之士，得不悼其横流，追其亂本哉！

〔一〕萬曆河間府志卷四風土志風俗。
〔二〕陳書一。

左衽

宋周必大二老堂詩話云：「陳益爲奉使金國屬官，過滹沱光武廟，見塑像左衽。」〔一〕岳珂桯史云：「至漣水宣聖殿，像左衽。泗州塔院設五百應真像，或塑或刻，皆左衽。」〔二〕

此制蓋金人爲之，迄於明初〔三〕而未盡除。其見於實録者，永樂八年，撫安山東給事中王鐸之奏；宣德七年，河南彰德府林縣訓導杜本之奏；正統十三年，山西絳縣訓導張幹之奏。屢奉明旨，而未即改正〔四〕。

〔一〕二老堂詩話上。
〔二〕桯史十四。
〔三〕「明初」原作「國初」。
〔四〕此下原有「信乎夷狄之難革也」八字。

喪大記：「小斂、大斂，祭服不倒，皆左衽。」〔一〕注：「左衽，衽鄉左，反生時也。」正義曰：「衽，衣襟也。生鄉右，左手解抽帶便也。死則襟鄉左，示不復解也。」〔二〕

〔一〕禮記十三。
〔二〕此段潘本無。

行縢

詩：「邪幅在下。」〔一〕箋云：「邪幅如今行縢也，偪束其脛，自足至膝。」左傳：「帶裳幅舄。」〔二〕注同〔三〕。亦作「偪」。禮記：「偪屨著綦。」釋名：「偪，所以自逼束，今謂之行縢。言以裹脚，可以跳騰輕便也。」戰國策：「蘇秦羸縢負書擔囊。」〔四〕吳志：「吕蒙爲兵作絳衣行縢。」〔五〕舊唐書：「德宗入駱谷，值霖雨，道塗險滑，衛士多亡歸朱泚。東川節度使李叔明之子昇及郭子儀之子曙、令狐彰之子建等六人，恐有姦人危乘輿，相與齧臂爲盟，著行縢釘鞵，更鞚上馬，以至梁州，它人皆不得近。及還京師，上皆以爲禁衛將軍，寵遇甚厚。」〔六〕

〔一〕詩小雅采菽。
〔二〕左傳桓二年。
〔三〕同，謂若今行縢也。
〔四〕戰國策三秦策。作「擔橐」，此從鮑本。

〔五〕三國志吳志九呂蒙傳。

〔六〕通鑑二三二貞元三年六月條。舊唐書無此語。

古人之襪，大抵以皮爲之。春秋左氏傳注曰：「古者臣見君解韤。」〔一〕既解韤，則露其邪幅，而人得見之。采菽之詩，所以爲詠。今之村民往往行縢而不韤者，古人之遺制也。吳賀邵，爲人美容止，坐常著襪，始从「衣」字。希見其足。則漢魏之世，不襪而見足者多矣。

〔一〕左傳哀廿五年。「韤」从韋。

樂府〔一〕

樂府是官署之名。其官有令，有音監，有游徼。漢書張放傳：「使大奴駿等四十餘人，群黨盛兵弩，白晝入樂府，攻射官寺。」〔二〕霍光傳：「奏昌邑王，大行在前殿發樂府樂器。」〔三〕續漢書〔四〕律曆志：「元帝時，郎中京房知五聲之音，六十律之數。上使太子太傅韋玄成，諫議大夫章雜試問房于樂府。」〔五〕是也。後人乃以樂府所采之詩，即名之曰樂府，誤矣。曰古樂府，尤誤。後漢書馬廖傳言：「哀帝去樂府。」〔六〕注云：「哀帝即位，詔罷鄭衛之音，減郊祭及武樂等人數。」是亦以樂府所肆之詩，即名之樂府也。

〔一〕初刻六之十五，注同。

〔二〕漢書五九。今漢書九三佞幸傳目有張放名，應移五九。

〔三〕漢書六九。

〔四〕潘本作「後漢書」。

〔五〕續漢書十一律曆志。「六十律」，志無「十」字，潘本有，元鈔本作「大十律」。「諫議大夫章」，無姓。

〔六〕後漢書五四。

寺〔一〕

「寺」字自古至今，凡三變。三代以上，凡言寺者，皆奄豎之名。周禮「寺人」注：「寺之言侍也。」詩云「寺人孟子」，易之「閽寺」〔二〕，詩之婦寺，左傳寺人貂、寺人披、寺人孟張、寺人惠牆、伊戾、寺人柳、寺人羅〔三〕，皆此也。崔杼使圉人駕，寺人御而出。自秦以宦者任外廷之職，而官舍通謂之寺。說文：「寺，廷也，有法度者也。」〔四〕此亦是漢時解耳〔五〕。漢人以太常、光禄勳、衛尉、太僕、廷尉、大鴻臚、宗正、大司農、少府爲九寺。又，御史府亦謂之御史大夫寺。漢書元帝紀注，師古曰：「凡府庭所在，皆謂之寺。」風俗通曰：「寺，司也。」〔六〕唐書楊收傳：「漢制，總群官而聽曰省，分務而專治曰寺。」〔七〕諸官府所止皆曰寺。後漢書安帝紀：「皇太后幸雒陽寺及若盧獄，録囚徒。」注：「寺，官舍也。」〔八〕張湛傳：「告歸平陵，望寺門而步。」注：「寺門，即平陵縣門也。」〔九〕樂恢傳：「父爲縣吏，得罪於令。恢年十一，常俯伏寺門。」〔十〕吴志淩統傳亦云：「過本縣，步入寺門。」〔十一〕又變而浮屠之居，亦謂之寺矣。石林燕語〔十二〕：「漢以來，九卿官府皆名曰寺，鴻臚其一也，本以待四裔賓客。明帝時，攝摩騰、竺法蘭，自西域以白馬負經至，舍於鴻臚寺。既死，尸不壞，因留寺中，後遂以爲浮屠之居，即雒中白馬寺也。僧居稱寺本此。」〔十三〕

〔一〕初刻六之十六。

〔二〕易説卦傳十一。

〔三〕左傳僖二年、僖五年、成十七年、襄廿六年、昭六年、哀十五年。

〔四〕説文三下寸部。

〔五〕初刻注無此二節。

〔六〕風俗通佚文二。

〔七〕新唐書一八四。

〔八〕後漢書五，無注。注乃通鑑四九胡注引。

〔九〕後漢書五七。

〔十〕後漢書七三。

〔十一〕三國志吳志十。

〔十二〕石林燕語八，「四裔」原作「四夷」。

〔十三〕初刻注只廿三字，云：「漢以鴻臚寺待異方之賓客。釋教始來，寓於其寺，因以名焉。」

省

十三布政使司，今人謂之十三省者，沿元之舊而誤稱之也。元時爲行中書省者十一，曰遼陽等處，曰鎮東，曰陝西等處，曰四川等處，曰河南江北等處，曰雲南等處，曰江浙等處，曰江西等處，曰湖廣等處，曰甘肅等處，曰嶺北等處。國初沿元制，立行中書省。洪武七年，以京畿、應天等府直隸六部，改行中書省爲布政使司。今當稱十三布政使司〔一〕，不當稱省。

〔一〕潘本作「十三布政司」，無「使」字。

職官受杖〔一〕

撻郎之事，始於漢明。後代因之，有杖屬官之法。曹公性嚴，掾屬公事，往往加杖。魏略：「韓宣以當受杖，豫脱袴纏褌面縛。」〔二〕宋劉道錫爲廣州刺史，杖治中荀齊文垂死。魏劉仁之監作晉陽城，杖前殷州刺史裴瑗、并州刺史王綽。隋文帝詔諸司，論屬官罪，有律輕情重者，聽於律外斟酌決杖〔三〕。燕榮爲幽州總管，元弘嗣除長史，懼辱固辭。上知之，敕榮曰：「弘嗣杖十已上罪皆奏聞。」榮忿曰：「豎子何敢弄我！」乃遣弘嗣監納倉粟，颺得一糠一粃皆罰之，每笞不滿十，然一日中或至三數。杜子美送高三十五詩：「脱身簿尉中，始與捶楚辭。」唐時自簿尉以上，即不加捶楚，優於南北朝多矣。

〔一〕「杖」字索引。
〔二〕魏略十四。
〔三〕隋書二開皇十七年三月條；又見二五刑法志。

黄氏日鈔〔一〕：「讀韓文公贈張功曹詩云：『判司卑官不堪説，未免捶楚塵埃間。』通鑑注：「唐謂州曹諸司參軍爲判司。」然則唐之判司、簿尉類然與？然唐人之待卑官雖嚴，而卑官猶得以自申其法。如劉仁軌爲陳倉尉，擅殺折衝都尉魯寧是也。我朝〔二〕判司、簿尉以待新進士，而筦庫監當，不以辱之，視唐重矣。乃近日上官苦役苛責，甚於奴僕。官之辱，法之屈也，此事關繫世道。」〔三〕

〔一〕南宋黄震撰。
〔二〕我朝，宋也。
〔三〕黄氏日鈔五九至此止。

唐自兵興以後，杖決之行，即不止於簿尉。張鎬杖殺豪州刺史閭丘曉，嚴武杖殺梓州刺史章彝，韓皋杖殺安吉令孫澥，柳仲郢杖殺南鄭令權奕。劉晏爲觀察，自刺史六品以下，得杖而後奏，則著之於令矣。宋史：「理宗淳祐二年三月詔：今後州縣官有罪，帥司毋輒加杖責。」〔一〕

〔一〕宋史四二。

就。」〔一〕則不獨外吏矣。晉書王濛傳：「爲司徒左西屬。濛以此職有譴則應受杖，固辭。詔爲停罰，猶不一日并受千杖。」〔二〕南齊書陸澄傳：「郎官舊有坐杖，有名無實。澄在官，積前後罰，乃密啓曰：『郎有杖，起自後漢。南史蕭琛傳〔三〕：「齊明帝用法嚴峻，尚書郎坐杖罰者，皆即科行。琛史二十人，士人多耻爲此職。自魏晉以來，郎官稍重，今方參用高華，吏部又近於通貴，不應官高昔品，而罰遵曩科。所以從來彈舉，止是空文，許以推遷，或逢赦恩，或入春令，便得息停。宋元嘉、大明中有被罰者，别繇犯忤主心，非關常準。泰始、建元以來，並未施行。自奉敕之後，已行倉部郎江重欣杖督五十，無不人懷慙懼。乞特賜輸贖，使與令史有異，以彰優緩之澤。』帝納之。自是應受罰者，依舊不行。」〔四〕此今日公譴擬杖之所自始。

〔一〕晉書九三。
〔二〕南齊書三九。
〔三〕南史十八。

〔四〕南史蕭琛傳止。

世說：「桓公在荆州，耻以威刑肅物。令史受杖，正從朱衣上過。桓式年少，從外來云：『向從閤下過，見令史受杖，上捎雲根，下拂地足。』桓公曰：『我猶患其重。』」〔一〕是令史服朱衣而受杖也。南史孔覬傳：「爲御史中丞，鞭令史，爲有司所糾，原不問。」〔二〕

〔一〕世説卷上之下政事篇。
〔二〕南史二七。

南齊書張融傳：「大明五年制：二品清官，行僮幹杖，不得出十。」〔一〕梁書江蒨傳：「弟葺，爲吏部郎，坐杖，曹中幹免官。」〔二〕郎官之杖，虛杖也，故至於千；僮幹之杖，實杖也，不得過十。然亦失中之法。

〔一〕南齊書四一。
〔二〕梁書二一。

沈統〔一〕大明〔二〕中爲著作佐郎。「先是，五省官所給幹僮，不得雜役。太祖世坐以免官者前後數百人，統役僮過差，有司奏免。世祖詔曰：『自頃幹僮多不祗給，主可量聽行杖。』得行幹杖，自此始也。」

〔一〕沈統，宋書六三附演之傳，目無名。演之，統子。「沈」集釋本誤作「忱」，潘本、鈔本不誤。

〔二〕大明，宋孝武年號，即世祖。

北朝政令，比之南朝，尤爲嚴切。高允傳言：「魏初法嚴，朝士多見杖罰。」〔一〕孝昭帝紀言：「尚書郎中，剖斷有失，輒加捶楚。」而及其末世，則有如高陽王雍之以州牧而杖殺職官，任城王澄傳〔二〕。唐邕之以録尚書而撾撻朝士本傳〔三〕者矣。

〔一〕魏書四八。

〔二〕魏書十九中。

〔三〕北齊書四十。

押字〔一〕

集古録有五代時帝王將相等署字一卷〔二〕。所謂署字者，皆草書其名，今俗謂之畫押，不知始於何代。岳珂古冢盆杅記言：「得晉永寧元年甓，有匠者姓名，下有文如押字。」〔三〕則晉已有之，然不可考。南齊書：「太祖在領軍府，令紀僧真學上手迹下名，報答書疏，皆付僧真。上觀之，笑曰：『我亦不復能別也。』」〔四〕何敬容署名，「敬」字則大作「苟」，小爲「文」，「容」字大爲「父」。陸倕戲曰：「公家苟既奇，大父亦不小。」〔五〕魏書：「崔玄伯尤善行押之書，特盡精巧，而不見遺迹。」〔六〕北史：「斛律金不識文字，初名敦，苦其難署，改名爲金，從其便易，猶以爲難，神武乃指屋角令識之。」〔七〕北齊書：「厙狄干不知書，署名爲『干』字，逆上畫之，時人謂之穿錐。又有武將王周，署名先爲『吉』，而後成其外。」〔八〕陳書：「蕭引善隸書，高宗嘗披奏事，指引署名曰：此字筆勢翩翩，似鳥之欲飛。」〔九〕唐書：「董昌僭位，下制詔，皆自署名。或曰帝王無押詔，昌曰：不親署，何由知我爲天子。」〔十〕今人亦謂之花字。北齊後主紀：「開府千餘，儀同無數，領軍一時二十，連判文書，各作花字，北史「各作依字」。不具姓名，莫知誰也。」〔十一〕黄伯思謂「魏晉以來法書，梁御府所藏，皆是朱异、唐懷克、沈熾文、姚懷珍等題名于首尾紙縫間，故或謂之押縫，或謂之押尾。後人花押，蓋沿于此。」又云：「唐人及國初前輩，與人書牘，或只用押字，與名用之無異，上表章亦或爾。」〔十二〕近世遂施押字於檄移。癸辛雜識：「古人押字謂之花押印，是用名字稍花之，如韋陟五雲體是也。」〔十三〕不知南北諸史，言押字者如此之多。而韓非子言：「田嬰令官具押券斗石參升之計。」〔十四〕則戰國時已有之，又不始於後世也。

〔一〕「押字」索引。

〔二〕歐陽修集古録十。

〔三〕古冢盆杅記一。

〔四〕南齊書五六紀僧真傳。

〔五〕「何敬容」上應有「南史」二字，不然則蒙上南齊矣。梁書三七敬容傳不載此事，此事見南史三十。

〔六〕魏書二四。

〔七〕北史五四斛律金傳。「神武乃指屋角令識之」，原作「司馬子如教爲『金』字，作屋況之」。

〔八〕北齊書十五。

〔九〕陳書二一。

〔十〕新唐書二二五下逆臣董昌傳。

〔十一〕北齊書八、北史八，「花字」均作「依字」。今北齊書乃從北史補。宋本亦作「依」。
〔十二〕東觀餘論上。
〔十三〕癸辛雜識後集。
〔十四〕韓非子十四外儲説右下。

三國志少帝紀注：世説及魏氏春秋〔一〕並云：「姜維寇隴右，時安東將軍司馬文王鎮許昌，徵還擊維。至京師，帝御平樂觀以臨軍，過中領軍許允與左右小臣謀，因文王辭殺之，勒其衆以退大將軍。已書詔於前，文王入，帝方食粟，優人雲午等唱曰：『青頭雞，青頭雞。』青頭雞者，鴨也。帝懼不敢發。」按鴨者，勸帝押詔書耳。是則以親署爲押，已見於三國時矣。南北朝謂之畫敕。

〔一〕魏志四齊王芳紀嘉平六年條注引世語及魏氏春秋，此作「世説」誤。「食粟」應作「食栗」。

邸報

宋史劉奉世傳：「先是，進奏院每五日具定本報狀，上樞密院，然後傳之四方。而邸吏輒先期報下，或矯爲家書，以入郵置。奉世乞革定本，去實封，但以通函騰報。從之。」〔一〕呂溱傳：「儂智高寇嶺南，詔奏邸毋得輒報。溱言一方有警，使諸道聞之，共得爲備，今欲人不知，此意何也？」〔二〕曹輔傳：「政和後，帝多微行。始民間猶未知，及蔡京謝表，有『輕車小輦，七賜臨幸』，自是邸報聞四方。」〔三〕「邸報」字見于史書，蓋始於此時。然唐孫樵集中有讀開元雜報一篇〔四〕，則唐時已有之矣。

〔一〕宋史三一九。
〔二〕宋史三二〇。
〔三〕宋史三五二。
〔四〕孫可之集十。

酒禁

先王之於酒也，禮以先之，刑以後之。周書酒誥：「厥或告曰：群飲，汝勿佚，盡執拘以歸於周，予其殺。」此刑亂國用重典也。周官萍氏：「幾酒謹酒」，而司虣：「禁以屬遊飲食于市者。若不可禁，則搏而戮之。」〔一〕此刑平國用中典也。一獻之禮，賓主百拜，終日飲酒，而不得醉焉，則未及乎刑，而坊之以禮也。故成康以下，天子無甘酒之失，卿士無酣歌之愆。至于幽王，而「天不湎爾」之詩始作，其教嚴矣。漢興，蕭何造律，三人以上，無故群飲酒，罰金四兩。曹參代之，自謂遵其約束，乃園中聞吏醉歌呼，而亦取酒張飲，與相應和，是并其畫一之法而亡之也。坊民以禮，酇侯既闕之於前；糾民以刑，平陽復失之於後。弘羊踵此，從而榷酤，夫亦開之有其漸乎！

〔一〕秋官、地官。

武帝天漢三年，初榷酒酤。昭帝始元六年，用賢良文學之議罷之，而猶令民得以律占租賣酒，升四錢，遂以爲利國之一孔，而酒禁之弛，實濫觴於此。困學紀聞謂榷酤之害，甚於魯之初稅畝〔一〕。然史之所載，自孝宣已後，有時而禁，有時而開。至唐代宗廣德二年十二月，詔天下州縣，各量定酤酒户，隨月納税，除此之外，不問官私，一切禁斷〔二〕。自此名禁，而實許之酤，意在榷錢，而不在酒矣。宋仁宗乾興初，言者以天下酒課，月比歲增，無有藝極，非古禁群飲節用之意〔三〕。孝宗淳熙中，李燾奏，謂設法勸飲，以斂民財〔四〕。周煇雜志〔五〕以爲惟恐其飲不多而課不羨，此榷酤之弊也。至今代則既不榷緡，而亦無禁令，民間遂以酒爲日用之需，比于饔飧之不可闕。若水之流，滔滔皆是。而厚生正德之論，莫有起而持之者矣。

〔一〕困學紀聞四萍氏幾酒條。
〔二〕册府元龜五〇四榷酤門。
〔三〕宋史一八五食貨下七。
〔四〕周必大敷文閣學士李文簡公神道碑，文忠集六六。
〔五〕清波雜志六。

邴原之游學，未嘗飲酒，大禹之疏儀狄也；諸葛亮之治蜀，路無醉人，武王之化妹邦也。

舊唐書楊惠元傳〔一〕：「充神策京西兵馬使，鎮奉天。詔移京西戍兵萬二千人以備關東。帝御望春樓賜宴，諸將列坐。酒至神策，將士皆不飲。帝使問之，惠元時爲都將，對曰：『臣初發奉天，本軍帥張巨濟與臣等約曰：斯役也，將策大勳，建大名，凱旋之日，當共爲歡；苟未戎捷，無以飲酒。故臣等不敢違約而飲。』既發，有司供餼於道路，唯惠元一軍，鉼罍不發。上稱歎久之，降璽書慰勞。及田悦叛，詔惠元領禁兵三千，與諸將討伐，御河〔二〕，奪三橋，皆惠元之功也。」〔三〕能以衆整如此，即治國何難哉？沈括筆談言：「太宗朝禁卒買魚肉及酒入營門者有罪。」〔四〕

〔一〕「楊」原作「陽」，舊唐書一四四。新唐書一五六已改易。

〔二〕「御河」上原有「戰」字，不能省。

〔三〕以下爲亭林語。

〔四〕夢溪筆談二五。

魏文成帝大安四年，釀酤飲者皆斬。金海陵正隆五年，朝官飲酒者死。元世祖至元二十年，造酒者本身配役，財産、女子没官。可謂用重典者矣。然立法太過，故不久而弛也。水爲地險，酒爲人險。故易爻之言酒者，無非坎卦。而萍氏「掌國之水禁」〔一〕，水與酒同官。黄魯直作黄彝字説云：「酒善溺人，故六彝皆以舟爲足。」徐尚書石麒有云：「傳曰：『水懦弱，民狎而玩之，故多死焉。』酒之禍烈於火，而其親人甚於水，有以夫世盡殀於酒而不覺也。」讀是言者，可以知保生之道。螢雪叢説言：「頃年陳公大卿生平好飲。一日席上與同僚談，舉知命者不立乎巖牆之下問之，其人曰：酒亦巖牆也。陳因是有聞，遂終身不飲。」〔二〕頃者米醪不足，而煙酒興焉，則真變而爲火矣。

〔一〕周禮秋官。

〔二〕螢雪叢説下。

賭博

萬曆之末，太平無事，士大夫無所用心，間有相從賭博者。至天啓中，始行馬弔之戲。而今之朝士，若江南山東，幾於無人不爲此，有如韋昭論所云「窮日盡明，繼以脂燭，人事曠而不修，賓旅闕而不接」者〔一〕，吁！可異也。考之漢書，安丘侯張拾、邔其己反侯黄遂、樊侯蔡辟方，竝坐搏揜，免爲城旦〔二〕。貨殖傳：「掘冢博揜，犯姦成富。」〔三〕王符潛夫論：「以游博持掩爲事。」師古曰：「搏或作博，六博也。揜，意錢之屬也。」後漢書梁冀傳：「能挽滿、彈棊、格五、六博、蹴鞠、意錢之戲。」〔四〕皆戲而賭取財物。」宋書王景文傳：「爲右衛將軍，坐與奉朝請毛法因蒱戲，得錢百二十萬，白衣領職。」〔五〕劉康祖傳：「爲員外郎十年，再坐樗蒲戲免。」〔六〕南史王質傳：「爲司徒左長史，坐招聚博徒免官。」〔七〕金史刑志：「大定八年，制品官犯賭博法，贓不滿五十貫者，其法杖聽贖，再犯者杖之。上曰：『杖者所以罰小人也。既爲職官，當先廉耻，既無廉耻，故以小人之罰罰之。』」〔八〕今律犯賭博者，文官革職爲民，武官革職隨舍，餘食糧差操，亦此意也。但百人之中，未有一人坐罪者，上下相容，而法不行故也。晉陶侃勤於吏職，終日斂膝危坐，閫外多事，千緒萬端，罔有遺漏。諸參佐或以談戲廢事者，命取其酒器蒱博之具，悉投於江，將吏則加鞭朴。卒成中興之業，爲晉名臣。唐宋璟爲殿中侍御史，同列有博于臺中者，將責名品而黜之，博者惶恐自匿，後爲開元賢相。而史言文宗切於求理，每至刺史面辭，必殷勤戒敕曰：「無嗜博，無飲酒。」內外聞之，莫不悚息。然則勤吏事而糾風愆，乃救時之首務矣。

〔一〕韋昭博弈論，見三國志吳志二十韋曜傳，又見文選五二。
〔二〕漢書十六功臣表。
〔三〕漢書九一。
〔四〕後漢書六四。
〔五〕宋書八五。
〔六〕宋書五十。

〔七〕南史二三。

〔八〕金史四五。

唐書言：「楊國忠以善樗蒲，得入供奉，常後出，專主蒱簿，計算鈎畫，分銖不誤。帝悅曰：度支郎才也。」〔一〕卒用之而敗。玄宗末年荒佚，遂以小人乘君子之器，此亦國家之妖孽也。今之士大夫不慕姚崇、宋璟，而學楊國忠，亦終必亡而已矣。

〔一〕新唐書二〇六。舊唐書一〇六無。

山堂考索〔一〕：「宋大中祥符五年三月丁酉，上封者言：進士蕭玄之本名琉，嘗因賭博抵杖刑，今易名赴舉登第。詔有司召玄之詰問，引伏。奪其敕，贖銅四十斤遣之。」〔二〕宋制之嚴如此。今之進士，有以不工賭博爲恥者矣。

〔一〕宋章如愚撰，四庫類書一。

〔二〕山堂考索後集卅七士門貢舉類。四庫文津本「玄之」作「立之」。

晉中興書〔一〕載陶士行言：「樗蒲，老子入胡所作外國戲耳。」〔二〕近日士大夫多爲之，安得不胥天下而爲外國乎？

〔一〕何法盛撰。
〔二〕世說政事篇注引。潘本「胡」作□。

遼史：「穆宗應曆十九年正月甲午，與群臣爲葉格戲。」〔一〕解曰：「宋錢僖公家有葉子揭格之戲。」按應曆十九年，爲宋太祖之開寶二年。是契丹先有此戲，不知其所自來。而其年二月己巳即爲小哥等所弒。君臣爲謔，其禍乃不旋踵。此不祥之物，而今士大夫終日執之，其能免於效尤之咎乎？

〔一〕遼史七。

宋史太宗紀：「淳化二年閏月己丑，詔犯蒱博者斬。」〔一〕元史世祖紀：「至元十二年，禁民間賭博，犯者流之北地。」〔二〕刑亂國用重典，固當如此。

〔一〕宋史五。
〔二〕元史八。

今日致太平之道何繇？曰：君子勤禮，小人盡力。

京債

赴銓守候，京債之累，於今爲甚。舊唐書武宗紀：「會昌二年二月丙寅，中書奏：『赴選官多京債，到任填還，致其貪求，罔不由此。今年三銓，於前件州府河東、鳳翔、鄜坊、邠寧等道。得官者，許連狀相保，户部各備兩月加給料錢，至支時折下。所冀初官到任，不帶息債，衣食稍足，可責清廉。』從之。」〔一〕蓋唐時有東選、南選，其在京銓授者，止關内、河東兩道採訪使所屬之官，不出一千餘里之内。而猶念其舉債之累，先於户部給與兩月料錢，非惟恤下之仁，亦有勸廉之法。與今之職官到任，先辦京債，剥下未足，而或借庫銀以償之者，得失之數，較然可知已。

〔一〕舊唐書十八上。

若夫聖主之所行，有超出於前代者。太祖實録：「吴元年七月丙子，除郡縣官二百三十四人，賜知府、知州、知縣文綺四、絹六、羅二、夏布六，父如之，母、妻及長子各半；府、州、縣佐貳官，視長官半之，父如之，母、妻及長子又半之；各府經歷、知事，同佐貳官；州縣吏目、典史，視佐貳官，又半之。父、母、妻、子皆如之。其道里費，知府賜白金五十兩，知州三十五兩，知縣三十兩，同知視知府五之三，治中半之，通判推官五之二，州同知視府通判，經歷及州判官視府同知半之，縣丞、主簿視知縣又半之，知事、吏目、典史皆十兩。著爲令。上曰：『今新授官多出布衣，到任之初，或假貸於人，則他日不免侵漁百姓。不有以養其廉而責之奉公，難矣。』」〔二〕「洪武元年二月詔，中書省自今新除府州縣官，給賜白金一十兩，布六匹。」〔二〕「十年正月甲辰，上謂中書省臣曰：『官員聽選之在京者，宜早與銓注，即令赴任。聞久住客邸者，日有所費，甚至空乏，假貸於人。昔元之弊政，此亦一端。其常選官，淹滯在京者，資用既乏，流爲醫卜。使人喪其所守，實朝廷所以待之者非其道也。自今銓選之後，以品爲差，皆與道里費，仍令有司給舟車送之。著爲令。』」〔三〕「十七年七月癸丑，北平稅課司大使熊斯銘言：仕者得禄養親，此人子之所願也。然有道遠而不得養其父母者，乞令有司給以舟車，俾得迎養，以盡人子之情。廷議以雲南、兩廣、四川、福建官員家屬赴任者，官爲給舟車，已有定例。自今凡一千五百里以外者，宜依例給之。制可。」〔四〕二十二年八月，命故官妻子還鄉者，亦給舟車〔五〕。豈非愛民之仁，先於恤吏者乎？

〔一〕太祖實禄十九。
〔二〕太祖實録三十。
〔三〕太祖實録一一一。
〔四〕太祖實録一六三。
〔五〕太祖實録一九七。

居官負債

居官負債，雖非君子之行，似乎不干國法。乃考之於古，有以不償債而免列侯者。漢書：「孝文三年，河陽侯陳信，坐不償人債，過六月，免。」〔一〕免侯爵。是也。有以不償債而貶官者。舊唐書：「李晟子甚，累官至右龍武大將軍，沈湎酒色，恣爲豪侈，積債至數千萬。

其子貸回鶻錢一萬餘貫，不償，爲回鶻所訴，文宗怒，貶甚爲定州司法參軍。」〔二〕是也。然此猶前代之事，使在今日，則回鶻當更貸之以錢，而爲之營其善缺矣。

〔一〕漢書十六功臣表。
〔二〕舊唐書一三三末。

元史：「太宗十二年，以官民貸回鶻金償官者，歲加倍，名羊羔息，其害爲甚，詔以官物代還，凡七萬六千錠。仍命凡假貸歲久，惟子本相侔而止。著爲令。」〔一〕

〔一〕元史二。

納　女〔一〕

漢王商爲丞相，「皇太后嘗詔問商女，欲以備後宮。時女病，商意亦難之，以病對，不入。及商以閨門事見考，自知爲王鳳所中，惶怖更欲内女爲援。迺因新幸李婕妤家，白見其女。爲大中大夫張匡所奏，免相，歐血薨，諡曰戾侯。」〔一〕後魏鄭羲「爲西兖州刺史，貪鄙，納女爲嬪，徵爲祕書監。及卒，尚書諡曰宣。詔曰：蓋棺定謚，激濁揚清。羲雖夙有文業，而治闕廉清，尚書何乃情遺至公，愆違明典？依謚法，博文多見曰文，不勤成名曰靈，謚曰文靈。」〔三〕古之士大夫以納女後宫爲恥，今人則以爲榮矣。

〔一〕潘本此下三條有目無文。
〔二〕漢書八二。
〔三〕魏書五六。

古之名士，猶不肯與戚畹同列。魏夏侯玄爲散騎黄門侍郎，嘗進見，與皇后弟毛曾並坐，玄恥之，不悦，形之於色〔一〕。宋路太后頗豫政事，弟子瓊之宅，與太常王僧達並門。嘗盛車服衛從造僧達，僧達不爲之禮。瓊之以訴太后，太后大怒，告上曰：「我尚在，而皆陵我家，死後乞食矣。」欲罪僧達。上曰：「瓊之年少，自不宜輕造諸王，僧達貴公子，豈可以此事加罪。」〔二〕

〔一〕三國志魏志九。
〔二〕南史二一。

王女棄歸

漢書衡山王傳：「太子女弟無采嫁棄歸。」〔一〕以王女之貴爲人妻，而猶有見棄者，近古七出之條猶存，而王者，亦不得以非禮制其臣下也。

〔一〕漢書四四。

罷官不許到京師

後漢書言：「漢法：罷免守令，非徵召不得妄到京師。」〔一〕蘇不韋傳。今制，内外官員至京師，必謁鴻臚寺報名見朝，至南京必謁孝陵，罷職者不得入國門。成化十三年九月壬申，詔逐罷閒官吏人等。此漢人之成法，所以防夤緣、清輦轂之意深矣。

〔一〕後漢書六一。「罷免」原作「免罷」，「徵召」原作「詔徵」。

冊府元龜載：「後唐明宗長興二年九月丙戌，太傅致仕王建立，不由詔旨至京，建立先以上章，允歸鄉里。通事不敢引對，留于閤門。久之自至後樓召見，帝以故將不之罪。」〔一〕則知五代之朝，此法亦未嘗弛也。

〔一〕冊府元龜四一寬恕門。

日知録校注卷二十九

騎

詩云：「古公亶父，來朝走馬。」〔一〕古者馬以駕車，不可言走。董氏曰：「顧野王作『來朝趣馬』。」曰走者，單騎之稱。古公之國，鄰於戎翟〔二〕，其習尚有相同者。程大昌雍録曰：「古皆乘車，今曰走馬，恐此時或已變乘爲騎。蓋避翟之遽，不暇駕車。」〔三〕然則騎射之法，不始於趙武靈王也〔四〕。

〔一〕詩大雅緜。
〔二〕「翟」原作「狄」，下同。
〔三〕雍録一。
〔四〕滕文公好馳馬試劍。

左傳昭公二十五年：「左師展將以公乘馬而歸。」正義曰：「古者服牛乘馬，馬以駕車，不單騎也。」至六國之時，始有單騎。蘇秦所云「車千乘，騎萬匹」是也。曲禮云：「前有車騎者。」禮記，漢世書耳，經典無「騎」字也。劉炫謂此左師展將以公乘馬而歸，欲共公單騎而歸，此騎馬之漸也。周禮大司馬「師帥執提」注：「提謂馬上鼓，有曲木提，持鼓立馬髦上者，故謂之提。」正義曰：「先鄭蓋據當時已有單騎，舉以況周。其實周時皆乘車，無輕騎法也。」王應麟謂：「六韜言騎戰，其書當出於周末。」又引公羊傳：「齊侯唁公，以鞍爲几。」〔一〕公羊亦周末之書也。

〔一〕公羊傳昭廿五年。

春秋之世，戎翟之雜居於中夏者，大抵皆在山谷之間，兵車之所不至。齊桓、晉文僅攘而卻之，不能深入其地者，用車故也。中行穆子之敗，翟於大鹵得之，毀車崇卒。而智伯欲伐仇，猶遺之大鐘以開其道，其不利於車可知矣。勢不得不變而爲騎，騎射所以便山谷也，胡服所以便騎射也。是以公子成之徒，諫胡服而不諫騎射，意騎射之法，必有先武靈而用之者矣。

騎利攻，車利守。故衛將軍之遇虜，以武剛車自環爲營。

史記項羽本紀叙鴻門之會曰：「沛公則置車騎」，「脱身獨騎」〔一〕，上言車騎，則車駕之馬，來時所乘也；下言獨騎，則單行之馬，去時所跨也。樊噲、夏侯嬰、靳彊、紀信四人，則皆步走也。樊噲傳曰：「沛公留車騎，獨騎馬，噲等四人步從。」〔二〕是也。

〔一〕史記七。

〔二〕史記九五。

驛〔一〕

漢書高帝紀：「乘傳詣雒陽。」〔二〕師古曰：「傳若今之驛。古者以車，謂之傳車。其後又單置馬，謂之驛騎。」竊疑此法春秋時當已有之。如楚子乘馹會師于臨品，祁奚乘馹而見范宣子，楚子以馹至於羅汭，子木使馹謁諸王。楚人謂游吉曰：「吾將使馹奔問諸晉而以告。」國語：「晉文公乘馹自下脱會秦伯于王城。」〔三〕呂氏春秋：「齊君乘馹而自追晏子，及之國郊。」〔四〕皆事急不暇駕車，或是單乘驛馬，而注疏家未之及也。戴侗云：「以車曰傳，以騎曰馹。晉侯以傳召伯宗，則是車也。」〔五〕説文：「傳，遽也。」〔六〕左傳：「弦高且使遽告于鄭。」〔七〕注：「遽，傳車。」按韓非子言：「齊景公游少海，傳騎從中來謁。」〔八〕則騎亦可以謂之傳。

〔一〕「駟」字索引。
〔二〕漢書一下漢五年。
〔三〕國語十晉語。
〔四〕吕氏春秋十二季冬紀二士節篇。
〔五〕六書故十七。
〔六〕說文八上人部。
〔七〕左傳僖卅三年。
〔八〕韓非子十一外儲說左上。

謝在杭五雜俎〔一〕曰：「古者乘傳皆驛車也。史記：『田横與客二人乘傳詣雒陽。』〔二〕注：『四馬高足爲置傳，四馬中足爲馳傳，四馬下足爲乘傳。』然左傳言鄭子産乘遽而至〔三〕，則似單馬騎矣。釋文以車曰傳，以馬曰遽。子産時相鄭國，豈乏車乎？懼不及，故乘遽，其爲驛馬無疑矣。漢初尚乘傳車，如鄭當時、王温舒皆私具驛馬。後患其不速，一概乘馬矣。」

〔一〕五雜俎三地部。

〔二〕史記九四。

〔三〕左傳昭二年。

驢驘

自秦以上，傳記無言驢者。意其雖有，而非人家所常畜也。爾雅無驢，而有鼳鼠，身長須而賊，秦人謂之小驢〔一〕。逸周書：「伊尹爲獻令，正北空同、大夏、莎車、匈奴、樓煩、月氏諸國，以橐駝、野馬、騊駼、駃騠爲獻。」驢父馬母曰驘，馬父驢母曰駃騠。古今注以牡馬牝驢所生謂之駏〔二〕。呂氏春秋：「趙簡子有兩白騾，甚愛之。」〔三〕李斯上秦王書言：「駿良駃騠。」〔四〕鄒陽上梁王書亦云：「燕王按劍而怒，食以駃騠。」〔五〕是以爲貴重難得之物也。司馬相如上林賦：「騊駼橐駞，蛩蛩驒騱，駃騠驢驘。」〔六〕王褒僮約：「調治馬驢，兼落三重。」〔七〕其名始見於文。而賈誼弔屈原賦：「騰駕罷牛兮驂蹇驢。」〔八〕日者列傳：「騏驥不能與罷驢爲駟。」〔九〕東方朔七諫：「要褭奔亡兮，騰駕橐駞。」〔十〕劉向九歎：「郤騏驥以轉運兮，騰驢驘以馳逐。」〔十一〕揚雄反離騷：「騁驊騮以曲囏兮，驢騾連蹇而齊足。」〔十二〕則又賤之爲不堪用也。嘗考驢之爲物，至漢而名，至孝武而得充上林，至孝靈而貴幸。續漢書五行志：「靈帝於宮中西園駕四白驢，躬自操轡，驅馳周旋，以爲大樂。於是公卿貴戚轉相放效，至乘輜軿以爲騎從，互相侵奪，賈與馬齊。」〔十三〕然其種大抵出於塞外〔十四〕。自趙武靈王騎射之後，漸資中國之用。鹽鐵論：「驘驢馲駞，銜尾入塞，驒奚騵馬，盡爲我畜。」〔十五〕杜篤論都賦：「虜儌侲，驅騾驢，馭宛馬，鞭駃騠。」〔十六〕霍去病傳：「單于遂乘六驘。」〔十七〕匈奴傳：「其奇畜，則槖駞、驢驘、駃騠、駒駼、驒奚。」〔十八〕西域傳：「鄯善國有驢馬，多槖它，烏秅國有驢無牛，而龜茲王學漢家儀，外國人〔十九〕皆曰驢非驢，馬非馬，若龜茲王所謂驘也。」〔二十〕可見外國之多産此種，而漢人則以爲奇畜耳。人亦有以父母異種爲名者，魏書鐵弗劉虎傳：「北人謂胡父鮮卑母爲鐵弗。」〔二一〕

〔一〕爾雅下釋獸。
〔二〕古今注卷中鳥獸。
〔三〕吕氏春秋八仲秋紀五愛士篇。
〔四〕文選三九。
〔五〕漢書五一。
〔六〕文選八。
〔七〕古文苑十七。

〔八〕文選六十。
〔九〕史記一二七。
〔十〕楚辭十三。
〔十一〕楚辭十六。
〔十二〕漢書八七上。
〔十三〕續漢書五行志一。
〔十四〕「塞外」原作「胡地」。
〔十五〕鹽鐵論一。
〔十六〕後漢書一一〇上。
〔十七〕漢書五五。
〔十八〕史記一一〇。
〔十九〕「外國人」原作「胡人」。
〔二十〕漢書九六上。
〔二一〕魏書九五。

軍行遲速

魏明帝遣司馬懿征遼東，其時自雒陽出軍，不過三千餘里，而帝問往還幾日，懿對以往百日，攻百日，還百日，以六十日爲休息，如此一年足矣。此猶是古人師行日三十里之遺意。夏侯淵爲將，赴急疾，常出敵之不意，軍中爲之語曰：「典軍校尉夏侯淵，三日五百，六日一千。」〔一〕此可偶用之於二三百里之近，不然，「百里而趨利者蹶上將」〔二〕，固兵家所忌也。

〔一〕三國志魏志九。
〔二〕史記六五。

木罌缻渡軍

史記淮陰侯傳：「從夏陽以木罌缻渡軍。」〔一〕服虔曰：「以木押縛罌缻以渡是也。」古文簡不言縛爾。吳志孫靜傳：「策詐令軍中促具罌缶數百口，分軍夜投查瀆。」〔二〕亦此法也。其狀圖於喻龍德兵衡〔三〕，謂之甕筏。

〔一〕史記九二。

〔二〕三國志吳志六。
〔三〕兵衡，今未見。

海師

海道用師，古人蓋屢行之矣。吴徐承率舟師自海入齊。此蘇州下海至山東之路。越王句踐命范蠡、舌庸率師沿海泝淮以絶吴路。此浙東下海至淮上之路。唐太宗遣强偉於劍南伐木造舟艦，自巫峽抵江揚趨萊州。此廣陵下海至山東之路。漢武帝遣樓船將軍楊僕，從齊浮渤海擊朝鮮。魏明帝遣汝南太守田豫，督青州諸軍，自海道討公孫淵。秦苻堅遣石越率騎一萬，自東萊出右逕襲和龍。唐太宗伐高麗，命張亮率舟師自東萊渡海趨平壤。薛萬徹率甲士三萬，自東萊渡海入鴨緑水。此山東下海至遼東之路。漢武帝遣中大夫嚴助，發會稽兵浮海救東甌。横海將軍韓説，自句章浮海擊東越。此浙江下海至福建之路。劉裕遣孫處、沈田子自海道襲番禺。此京口下海至廣東之路。隋伐陳，吴州刺史蕭瓛，遣燕榮以舟師自東海至吴。此又淮北下海而至蘇州也。公孫度越海攻東萊諸縣，侯希逸自平盧浮海據青州。此又遼東下海而至山東也。宋李寶自江陰率舟師敗金兵于膠西之石臼島。此又江南下海而至山東也。此皆古人海道用師之效。

海運

唐時海運之事，不詳於史。蓋柳城陷没之後，至開元之初，新立治所，唐書地理志：「營州柳城郡，萬歲通天元年爲契丹所陷。聖曆二年，僑治漁陽。開元五年又還治柳城。」〔一〕乃轉東南之粟以餉之耳。及其樹藝已成，則不復資於轉運，非若元時以此爲恒制也。舊唐書宋通典作「宗」慶禮傳：「張九齡駁謚議曰：『營州鎮彼戎夷，扼喉斷臂，逆則制其死命，順則爲其主人。是稱樂都，其來尚矣。往緣趙翽作牧，馭之非才。自經隳廢，便長寇孽。大明臨下，聖謀獨斷，恢祖宗之舊，復大禹之迹，以數千之役徒，無甲兵之强衛，指期遂往，禀命而行。於是量畚築，執鼛鼓，親總其役，不愆所慮，俾柳城爲金湯之險，林胡生腹心之疾。尋而罷海運，收歲儲，邊庭晏然，河朔無擾。與夫興師之費，轉輸之勞，較其優劣，孰爲利害？』」〔二〕此罷海運之一證。

〔一〕新唐書三九，已見前卷二七通鑑注條。

〔二〕舊唐書一八五下。

舊唐書懿宗紀〔一〕：「咸通三年，南蠻陷交阯，徵諸道兵赴嶺南。時湘灕泝運，功役艱難，軍屯廣州乏食。潤州人陳磻石詣闕上書言：『江西湖南，泝流運糧，不濟軍師，士卒食盡則散，此宜深慮。臣有奇計，以饋南軍。』天子召見，磻石因奏：『臣弟聽思曾任雷州刺史，家人隨海船至福建。往來大船一隻，可致千石。自福建裝船，不一月至廣州。得船數十艘，便可致三萬石至廣府。』又引劉裕海路進軍破盧循故事。執政是之，以磻石爲鹽鐵巡官，往揚子院專督海運。於是康承訓之軍，皆不闕供。」〔二〕

〔一〕舊唐書十九上。

〔二〕集釋在此下引山居贅論等。援庵批：「贅論未見。」

燒荒

守邊將士，每至秋月草枯，出塞縱火，謂之燒荒。唐書：「契丹每入寇幽薊，劉仁恭歲燎塞下草，使不得留，牧馬多死，契丹乃乞盟。」〔一〕是也。其法自七國時已有之。戰國策：「公孫衍謂義渠君曰：中國無事於秦，則秦且燒焫，獲君之國。」〔二〕

〔一〕新唐書二一九北狄傳。
〔二〕戰國策四秦策。

英宗實録〔一〕：「正統七年十一月，錦衣衛指揮僉事王瑛言：『禦鹵莫善於燒荒。蓋鹵之所恃者馬，馬之所恃者草。近年燒荒，遠者不過百里，近者五六十里，鹵馬來侵，半日可至。乞敕邊將，遇秋深率兵約日同出數百里外，縱火焚燒，使鹵〔二〕馬無水草可恃。如此，則在我雖有一時之勞，而一冬坐卧可安矣。』」翰林院編修徐珵後改名有貞亦請每年九月，盡敕坐營將官巡邊，分爲三路，一出宣府抵赤城、獨石，一出大同抵萬全，一出山海抵遼東，各出塞三五百里燒荒。哨瞭如遇邊〔三〕寇出没，即相機勦殺。此先朝〔四〕燒荒舊制，誠守邊之良法也。

〔一〕英宗實録九八。

〔二〕前二「鹵」原作「虜」，後二「鹵」原作「胡」。
〔三〕「邊」原作「虜」。
〔四〕「先朝」原作「本朝」。

家兵

古之爲將者，必有素豫之卒。春秋傳：「冉求以武城人三百爲己徒卒。」〔一〕後漢書朱儁傳：「交阯賊反，拜儁刺史，令過本郡簡募家兵。」「張燕寇河内，逼近京師，出儁爲河内太守，將家兵擊却之。」〔二〕三國志呂虔傳：「領泰山太守，將家兵到郡，郭祖、公孫犢等皆降。」〔三〕晉書王渾傳：「爲司徒。楚王瑋將害汝南王亮，渾辭疾歸第，以家兵千餘人閉門距瑋，瑋不敢逼。」〔四〕

〔一〕左傳哀十一年。
〔二〕後漢書一〇一。
〔三〕魏志十八。
〔四〕晉書四二。

少林僧兵

少林寺中，有唐太宗爲秦王時賜寺僧教，其辭曰：「王世充叨竊非據，敢違天常。法師等並能深悟幾變，早識妙因，擒彼兇孽，廓兹淨土。聞以欣尚，不可思議。今東都危急，旦夕殄除，並宜勉終茂功，以垂令範。」〔一〕是時立功十有三人，裴漼少林寺碑所稱，志操、惠瑒、曇宗等，惟曇宗拜大將軍，餘不受官，賜地四十頃。此少林僧兵所起。考之魏書〔二〕：「孝武帝西奔，以五千騎宿于瀍西揚王别舍，沙門都維那惠臻負璽持千牛刀以從。」舊唐書：「元和十年，嵩山僧圓淨與淄青節度使李師道謀反。結勇士數百人，伏于東都進奏院，乘雒城無兵，欲竊發，焚燒宫殿。小將楊進、李再興告變，留守吕元膺乃出兵圍之。賊突圍而出，入嵩岳山棚，盡擒之。」〔三〕宋史：「范致虚以僧趙宗印充宣撫司參議官，兼節制軍馬。宗印以僧爲一軍，號尊勝隊，童子行爲一軍，號淨勝隊。」〔四〕然則嵩、雒之間固世有異僧矣。

〔一〕金石續鈔一。

〔二〕魏書稱出帝，北史稱孝武帝。此北史五，孝武帝永熙三年七月事，魏書無之。

〔三〕舊唐書十五，八月條。紀作淄青節度使李師道陰與嵩山僧圓淨謀反。

〔四〕宋史三六二。

嘉靖中，少林僧月空，受都督萬表檄，禦倭於松江。其徒三十餘人，自爲部伍，持鐵棒擊殺倭甚衆，皆戰死〔一〕。嗟乎！能執干戈以扞疆埸，則不得以其髡徒而外之矣。宋靖康時，有五臺僧真寶，與其徒習武事於山中。欽宗召對便殿，命之還山，聚兵拒金。晝夜苦戰，寺舍盡焚，爲金〔二〕所得，誘勸百方，終不顧，曰：「吾法中有口回之罪。吾既許宋皇帝以死，豈當妄言也。」怡然受戮〔三〕。而德祐之末，常州有萬安僧起義者，作詩曰：「時危聊作將，事定復爲僧。」〔四〕其亦有屠羊説之遺意者哉。

〔一〕待考。

〔二〕「金」原作「酋」。

〔三〕宋史四五五忠義傳十。「口回」當作「口四」。

〔四〕宋史四五五忠義傳十。

毛葫蘆兵

元史順帝紀：「至正十三年，立南陽、鄧州等處毛葫蘆義兵萬户府，募土人爲軍，免其差役，令防城自效。因其鄉人自相團結，號毛葫蘆軍，故以名之。」〔一〕朵爾直班傳：「金、商義兵以獸皮爲矢房，如瓠，號毛葫蘆軍，甚精鋭。」〔二〕大學衍義補：「今唐、鄧山居者，以毒藥漬矢以射獸，應弦而倒，謂之毛葫蘆。」〔三〕

〔一〕元史四三。
〔二〕元史一三九。
〔三〕大學衍義一二二。

成化三年，國子監學録黄明義言：「宋時多剛縣夷爲寇，用白艻子兵破之。白艻子者，即今之民壯也。」〔一〕

〔一〕見明史三一二四川土司二永寧宣撫司。「明義」作「明善」。

方音

五方之語，雖各不同，然使友天下之士，而操一鄉之音，亦君子之所不取也。故仲由之喭，夫子病之；鴃舌之人，孟子所斥。而宋書謂高祖「雖累葉江南，楚言未變，雅道風流，無聞焉爾。」〔一〕又謂長沙王道憐「素無才能，言音甚楚，舉止施爲，多諸鄙拙」〔二〕。世説言：劉真長見王丞相，既出，人問見王公云何，答曰：「未見他異，惟聞作吳語耳。」又言：「王大將軍年少時，舊有田舍名，語音亦楚。」又言：「支道林入東，見王子猷兄弟還，人問見諸王何如？答曰：見一群白項烏，但聞喚啞啞聲。」〔三〕北史謂丹楊王劉昶：「呵罵僮僕，音雜夷夏，雖在公坐，諸王每侮弄之。」〔四〕夫以創業之君，中興之相，不免時人之議，而況於士大夫乎！北齊楊愔稱裴讞之曰：「河東士族，京官不少，惟此家兄弟，全無鄉音。」〔五〕其所賤可知矣。至於著書作文，尤忌俚俗。公羊多齊言，淮南多楚語，若易傳、論語，何嘗有一字哉！若乃講經授學，彌重文言，是以孫詳、蔣顯曾習周官，而音乖楚夏，左思魏都賦：「蓋音有楚夏者，士風之乖也。」〔六〕則學徒不至。梁書儒林傳陸倕云〔七〕。李業興學問深博，而舊音不改，則爲梁人所笑。北史本傳。鄴下人士，音辭鄙陋，風操蚩拙，則顏之推不願以爲兒師。家訓。是則惟君子爲能通天下之志，蓋必自其發言始也。

〔一〕宋書五二傳論。
〔二〕宋書五一本傳。
〔三〕世説卷下之下排調。
〔四〕北史二九本傳。
〔五〕北齊書三五。
〔六〕文選六。
〔七〕梁書四八儒林沈峻傳，倕薦峻有云。

金史國語解序曰：「今文尚書，辭多奇澀，蓋亦當世之方音也。」

荀子每言「案」〔一〕，楚辭每言「羌」，皆方音。劉勰文心雕龍云：「張華論韻，謂士衡多楚，可謂銜靈均之聲餘，失黄鍾之正響也。」〔二〕

〔一〕荀子十三禮論末。

〔二〕文心雕龍七聲律篇。

國語

後魏初定中原，軍容號令，皆本國語〔一〕。後染華俗，多不能通，故録其本言，相傳教習，謂之國語。孝文帝命侯伏、侯可、悉陵，以國語〔二〕譯孝經之旨，教於國人，謂之國語孝經。並隋書經籍志。而歷考後魏、北齊二書，若孟威以明解北人語，敕在著作，以備推訪。孫搴以能通鮮卑語，宣傳號令。祖珽以解鮮卑語免罪，復參相府。劉世清以能通四裔〔三〕語，爲當時第一，後主命作突厥語，翻涅槃經以遺突厥可汗。並見遇時主，寵絶群僚。然其官名制度，無一不用漢語。而魏孝文太和十九年六月己亥詔：不得以北俗之語言於朝廷，違者免所居官。魏書咸陽王禧傳：「孝文引見朝臣，詔斷北語，一從正音。禧贊成其事。於是詔年三十已上，習性已久，容或不可卒革；三十已下，見在朝廷之人，語音不聽仍舊。若有故爲，當降爵黜官。若仍舊俗，恐數世之後，伊、雒之下，復成被髪之人。朕嘗與李沖論此，沖言：四方之語，竟知誰是？帝者言之，即爲正矣，何必改舊從新？沖之此言，應合死罪，乃謂沖曰：卿實負社稷！沖免冠陳謝。」〔四〕北齊書高昂傳：「於時鮮卑共輕中華朝士，唯憚服於昂。高祖每申令三軍，常鮮卑語，昂若在列，則爲華言。」〔五〕孝文用夏變夷之主，齊神武亦英雄有大略者也。契丹偏居北陲，始以本國之言爲官名號令，而遼史創立國語解一篇，自是金元亦多循之，而北俗之語，遂載之史書，傳於後代矣。

〔一〕「皆本國語」原作「皆以夷語」。
〔二〕「國語」原作「夷語」。
〔三〕「四裔」原作「四夷」。
〔四〕此全引北史十九禧傳，何云魏書？且魏書稱高祖，北史乃稱孝文，亦常識也。
〔五〕北齊書廿一。

後魏平陽公丕傳：「丕雅愛本風，不達新式。至於變俗、遷雒，改官制服，禁絶舊言，皆所不願。帝亦不逼之，但誘示大理，令其不生同異。」〔一〕變俗之難如此。今則拓跋、宇文之語不傳於史册者，已蕩然無餘，一時衆楚之咻，固不能勝三紀遷殷之化也。

〔一〕魏書十四。「帝亦不逼之」原作「高祖知其如此，亦不逼之」。

後唐康福善諸蕃語，明宗聽政之暇，每召入便殿，咨訪時事，福即以蕃語奏之。樞密使安重誨惡焉，嘗面戒之曰：「康福但亂奏事，有日斬之。」

外國風俗〔一〕

歷九州之風俗，考前代之史書，中國之不如外國〔二〕者有之矣。遼史言：「契丹部族，生生之資，仰給畜牧，績毛飲湩，以爲衣食。各安舊風，狃習勞事，不見紛華異物而遷。故家給人足，戎備整完，卒之虎視四方，强朝弱附。」〔三〕金史：世宗嘗謂宰臣曰：「朕嘗見女直風俗，迄今不忘。今之燕飲音樂，皆習漢風，非朕心所好。東宮不知女直風俗，第以朕故，猶尚存之。恐異日一變此風，非長久之計。」〔四〕他日與臣下論及古今，又曰：「女直舊風，雖不知書，然其祭天地，敬親戚，尊耆老，接賓客，信朋友，禮意款曲，皆出自然，其善與古書所載無異。汝輩不可忘也。」〔五〕乃禁女直人不得改稱漢姓，學南人衣裝，犯者抵罪〔六〕。又曰：「女直舊風，凡酒食會聚，以騎射爲樂。今則弈碁雙陸，宜悉禁止，令習騎射。」〔七〕又曰：「遼不忘舊俗，朕以爲是。海陵習學漢人風俗，是忘本也。若依國家舊風，四境可以無虞，此長久之計也。」〔八〕邵氏聞見録〔九〕言：「回紇風俗樸厚，君臣之等不甚異。故衆志專一，勁健無敵。自有功於唐，賜遺豐腆。登里可汗始自尊大，築宮室以居，婦人有粉黛文繡之飾，中國爲之虚耗，而其俗〔十〕亦壞。」〔十一〕昔者祭公謀父之言，犬戎樹惇，能帥舊德，而守終純固。由余之對穆公，言戎夷之俗，上含淳德以遇其下，下懷忠信以事其上。一國之政，猶一身之治。其所以有國而長世，用此道也。及乎蔫居日久，漸染華風，不務詩書，唯徵玩好，服飾競於無等，財賄溢于靡用，驕淫矜侉，浸以成習，於是中行有變俗之譏，賈生有五餌之策。又其末也，則有如張昭遠以皇弟皇子喜俳優，飾姬妾，而卜沙陀之不永。張舜民見太孫好音樂、美姝、名茶、古畫，而知契丹之將亡〔十二〕。後之君子，誠監於斯，則知所以勝之之道矣。

〔一〕原作「夷狄風俗」。
〔二〕「外國」原作「夷狄」。
〔三〕遼史三二部族上。
〔四〕金史七。
〔五〕金史七。
〔六〕金史八。
〔七〕金史八十阿里補傳。
〔八〕金史八九移剌子敬傳。鈔本無此四十一字，潘本有之。

〔九〕應作「邵氏聞見後録」，邵氏聞見録，邵伯温撰；後録，其子博撰。

〔十〕「其俗」原作「虜俗」。

〔十一〕邵氏聞見後録卷八。此下爲亭林語。

〔十二〕自此以下，原作：「此固人情之所必至，而戎狄之敗特速於中華者，他日未嘗學問也。」

史記言：「匈奴獄久者不過十日，一國之囚，不過數人。」〔一〕鹽鐵論言：「匈奴之俗，略於文而敏於事。」〔二〕宋鄧肅對高宗言：「外國〔三〕之巧，在文書簡，簡故速。中國之患，在文書繁，繁故遲。」〔四〕遼史言：「朝廷之上，事簡職專，此遼之所以興也。」〔五〕又曰：「皇帝四時巡守，宰相已下於中京居守，一切公事，除拜官僚，止行堂帖權差，俟行在所取旨，出給誥敕。文官縣令録事已下，更不奏聞，聽中書銓選。」然則外國〔六〕之能勝於中國者，惟其簡易而已。若舍其所長，而效人之短，吾見其立弊也。

〔一〕史記一一〇。

〔二〕鹽鐵論九。

〔三〕「外國」原作「外夷」。

〔四〕宋史三七五。

〔五〕遼史四五。
〔六〕「外國」原作「戎狄」。

金史食貨志言：「金起東海，其俗純實，可與返古。初入中夏，民多流亡，土多曠閒，遺黎惴惴，何求不獲。於斯時，縱不能復井地溝洫之制，若用唐之永業、口分以制民產，放其租庸調之法以足國計，何至百年之内，所爲經畫，紛紛然與其國相終始邪？其弊在於急一時之利，踵久壞之法。及其中葉，鄙遼儉朴，襲宋繁縟之文；懲宋寬柔，加遼操切之政。是棄二國之所長，而併用其所短也。繁縟勝，必至於傷財；操切勝，必至於害民。訖金之世，國用易匱，民心易離，豈不繇是與？作法不慎厥初，變法以救其弊，祇益甚焉耳。」〔一〕其論金時之弊，至爲明切〔二〕。

〔一〕金史四六。
〔二〕此下原有「今之爲金者有甚於此」九字。

魏太武始制反逆殺人奸盜之法，號令明白，政事清簡，無繫訊連逮之煩，百姓安之。宋余靖言：「燕薊之地，陷入契丹且百年，而民亡南顧心者，以契丹之法簡易，鹽麴俱賤，科役不煩故也。」〔一〕是則省刑薄斂之效，無所分於中外矣〔二〕。

〔一〕宋史一八一食貨志下三。
〔二〕「無所分於中外矣」，原作「無論於華夷矣」。

徙戎

武后時，外國〔一〕多遣子入侍，其論欽陵、阿史德元珍、孫萬榮等，皆因充侍子，得偏觀中國形勢，其後竟爲邊害。先是，天授三年，左補闕薛謙光上疏〔二〕曰：「臣聞戎夏不雜，自古所誡。蠻貊〔三〕無信，易動難安，故斥居塞外，不邇中國。前史所稱，其來久矣。然而帝德廣被，有時朝謁，願受向化之誠，請納梯山之禮。貢事畢，則歸其父母之國，導以指南之車，此三王之盛典也。自漢魏以後，遂革其風，務飾虛名，徵求侍子，諭令解辮，使襲衣冠，築室京師，不令歸國，此又中葉之故事也。較其利害，則三王是而漢魏非；論其得失，則距邊長而徵質短。殷鑑在昔，豈可不慮？昔郭欽獻策於武皇〔四〕，江統納諫於惠主，咸以戎翟入居，必生事變。晉帝不用二臣之遠策，好慕向化之虛名，縱其習史、漢等書，官之以五部都尉，此皆計之失也。竊惟突厥、吐蕃、契丹等，往因入侍，竝叨殊獎。或執戟丹墀，策名戎秩；或曳裾庠序，高步黌門。服改氈裘，語兼中夏。明習漢法，覩衣冠之儀；目覽朝章，知經國之要。窺成敗於圖史，察安危於古今，識邊塞之盈虛，知山川之險易。或委以經略之功，令其展效；或矜其首丘之志，放使歸蕃。於國家雖有冠帶之名，在戎人〔五〕廣其縱橫之智。雖有慕化之美，苟悅於當時；而狼子野心，旋生於異日。及歸部落，鮮不稱兵，邊鄙罹災，實繇於此。故老子曰：『國之利器，不可以示人。』在於齊人，猶不可以示之，況於寇戎乎？謹按楚申公巫臣奔晉，而使於吳，使其子狐庸爲吳行人，教吳戰陳，使之叛楚。吳於是伐楚取巢、取駕、克棘、入州來，子反一歲七奔命〔六〕。其所以能謀楚，良以此也。又按漢書，桓帝遷五部匈奴於汾晉，其後卒有劉石之難。向使五部不徙，則晉祚猶未可量也。鮮卑不遷幽州，則慕容無中原之僭。又按漢書陳湯云：『夫匈奴〔七〕兵五而當漢兵一，何者？兵刃朴鈍，弓弩不利。今聞頗得漢巧，然猶三而當一。』繇是言之，利兵尚不可使敵人得法，況處之中國，而使之習見哉？昔漢東平王請太史公書，朝臣以爲太史公書有戰國從橫之說，不可以與諸侯。此則本朝諸王尚不可與，況外國乎？臣竊計秦并天下，及劉項之際，累載用兵，人户彫散。以晉惠方之，八王之喪師，輕於楚漢之割地；冒頓之全實，過於五部之微弱。當曩時冒頓之彊盛，乘中國之虛弊，高祖餒戹平城，而冒頓不能入中國者，何也？非兵不足以侵諸夏，力不足以破汾晉，其所以解圍而縱高祖者，爲不習中土之風，不安中國之美。生長磧漠之北，以穹廬勝於城邑，以氈罽美於章紱。既安其所習而樂其所生，是以無窺中國之心者，爲生不習漢故也。豈有心不樂漢，而欲深入者乎？劉元海五部離散之餘，而卒能自振於中國者，爲少居内地，明習漢法，非但元海悅漢，而漢亦悅之。一朝背誕，四人謂四民響應，遂鄙單于之號，竊帝王之名，賤沙漠而不居，擁平陽而鼎峙者，爲居漢故也。向使元海不曾内徙，正當劫邊人繒綵麴蘖，以歸陰山之北，安能使倡亂邪？當今皇風遐覃，含識革面，凡在虺性，莫不懷馴，方使由余效忠，日磾盡節。以臣愚慮者，國家方傳無窮之祚於後，脱備守不謹，邊臣失圖，則狡寇〔八〕稱兵，不在方外，非所以肥中國，削外蕃，經營萬乘之業，貽厥孫謀之道也。臣愚以爲願充侍子者，一皆禁絶。必若先在中國者，亦不可更使歸蕃，則戎人保疆，邊邑無事矣。」〔九〕

〔一〕「外國」原作「四夷」。

〔二〕薛謙光後改名登，見舊唐書一〇一，新唐書一一二。此疏舊書不載，新書略載之。册府元龜五三二規諫門、五四四直諫門均載。此蓋採自五四四，較詳。亦見全唐文二八一。

〔三〕原作「夷狄」。

〔四〕漢、晉、後魏均有郭欽。「武皇」指司馬炎。此事見晉書九七匈奴傳。文選四九干寶晉紀總論注引晉紀，又群書治要二九晉書注引晉紀。郭欽，太康初侍御史。

〔五〕此「戎人」及下文之「寇戎」原均作「夷狄」。

〔六〕「吳於是伐楚取巢」句見左傳襄二十六年。

〔七〕此「匈奴」及下文之「敵」，原均作「胡」。

〔八〕「狡寇」原作「夷狄」，下文「外蕃」原作「四夷」，「戎人」原作「夷人」。

〔九〕薛謙光疏至此止。

明〔一〕永樂宣德間，韃靼〔二〕來降，多乞留居京師，授以指揮、千百户之職，賜之俸禄，及銀鈔、衣服、房屋、什器，安插居住，名曰降人〔三〕。正統元年十二月，行在吏部主事李賢言〔四〕：「臣聞帝王之道，在赤子黎民，而禽獸蠻貊〔五〕。待黎民如赤子〔六〕，親之也；待蠻貊如禽獸〔七〕，疏之也。雖聖人一視同仁，其施也必自親以及疏。未有赤子不得其所，而先施惠於禽獸，況奪赤子之食以養禽獸，聖人忍爲之哉？竊見京師降人〔八〕不下萬餘，較之畿民三分之一。其月支俸米，較之在朝官員亦三分之一，而實支之數，或全或半，又倍蓰矣。且以米俸言之，在京指揮使正三品，該俸三十五石，實支一石，而達官〔九〕則實支十七石五斗，是贍京官十七員半矣。夫以有限之糧而資無限之費，欲百姓富庶而倉廩充實，未之有也。近者連年荒旱，五穀不登，而國家之用則不可缺。是以天下米粟，水陸竝進，歲入京師數百萬石，而軍民竭財殫力，涉寒暑，冒風霜，苦不勝言，然後一夫得數斛米至京師者，幸也。若其運至中塗，食不足，衣不贍，而有司督責之愈急，是以不暇救死，往往枕籍而亡者不可勝計。其降人坐享俸禄，施施自得。嗚呼！既奪赤子之食以養禽獸，而又驅其力使餽之，赤子卒至於饑困以死，而禽獸則充實厭足，仁人君子所宜痛心者。若夫俸禄，所以養廉也。今在朝官員，皆實關俸米一石。以一身計之，其日用之費，不過十日，況其父母妻子乎？臣以爲欲其無貪，不可得也。備邊所以禦侮也，今邊軍長居苦寒之地，其所以保妻子、禦饑寒者，月糧而已。糧不足以贍其所需，欲其守死，不可得也。今若去此降人，臣愚以爲除一害而得三利焉。何則？計降人一歲之俸，不下數十萬，省之可以全生民之命，可以贍邊軍之給，可以足京官之俸。全生民之命，則本固而邦寧也；贍邊軍之給，則效死而守職也；足京官之俸，則知恥而守廉也。得此三者，利莫大焉。臣又聞聖王之道，貴乎消患於未萌。易曰：『履霜堅冰至。』〔十〕臣竊見達人來降，絡繹不絶，朝廷授以官職，足其俸禄，使之久處不去，腥羶畿内。無益之費，尚不足惜，又有甚焉者。夫蕃人〔十一〕貪而好利，乍臣乍叛，荒忽無常。彼來降者，非心悦而誠服也，實慕中國之利也。且降人在彼〔十二〕未必不自種而食，自織而衣。今在中國，則不勞力而坐享其有。是故其來之不絶者，中國誘之也。誘之不衰，則來之愈廣。一旦邊方有警，其勢必不自安矣。前世劉石〔十三〕之亂，可不鑑哉？是故聖人以禽獸畜之，其來也懲而禦之，不使之久處；其去也守而備之，不誘其復來。其爲社稷生民之慮，至深遠也。近日邊塵數警，而降人群聚京師，臣嘗恐懼而不安寢。伏願陛下，斷自宸衷，爲萬世長久之計。乞敕兵部將降人漸次調除天下各都司衛所。彼勢既分，必能各安其生，不惟省國家萬萬無益之費，而又消其未萌之患矣。」上是其言。

〔一〕原作「本朝」。
〔二〕原作「達虜」。
〔三〕「降人」原作「達官」，下同。
〔四〕英宗實録二五。
〔五〕「蠻貊」原作「夷狄」，下同。
〔六〕此句原作「夫黎民而赤子」。
〔七〕此句原作「待夷狄而禽獸」。
〔八〕「降人」原作「達人」，下同。
〔九〕此「達官」潘本未改。

〔十〕易坤卦文言。
〔十一〕「蕃人」原作「夷狄人面獸心」。
〔十二〕「彼」原作「胡」。
〔十三〕「劉石」原作「五胡」。

土木〔一〕之變，達官達軍〔二〕之編〔三〕置近畿者，一時蠢動，肆掠村莊〔四〕，至有驅迫漢人以歸寇〔五〕者。户科給事中王竑、翰林院侍講劉定之竝言，宜設法遷徙，俾居南土。於是命左都督毛福壽充左副總兵，選領河間、東昌達軍，往湖廣辰州等處征苗。巡撫江西刑部右侍郎楊寧奏：請賊平之後，就分布彼處各衛所守禦。然其去者無多。天順元年七月丁丑，兵部奏：「自正統七年至景泰七年，調去雲南、廣東、廣西、福建等處隨征達官達軍，共一千八百人。」而天順初，兵部尚書陳汝言阿附權宦，盡令取回，遂令曹欽得結其驍豪，與之同反。而河間、東昌之間，至今響馬不絶，亦自達軍倡之也〔六〕。

〔一〕土木，宣化府土木堡，英宗被瓦剌所擒處。
〔二〕「達軍」原作「東人」。
〔三〕「編」原作「偏」。

〔四〕此下原有「人謂之家達子」六字。

〔五〕「寇」原作□，當是「虜」字。

〔六〕此下原有「戎有中國誰之咎」七字。

明初〔一〕安置土達於寧夏甘涼等處。承平日久，種類蕃息，至成化四年，遂有滿四之變。

〔一〕「明初」原作「國初」。

樓煩

樓煩乃趙西北邊之國，其人强悍，習騎射。史記趙世家：「武靈王行新地，遂出代，西遇樓煩王於西河，而致其兵。」〔一〕「致」云者，致其人而用之也。是以楚漢之際，多用樓煩人，别爲一軍。高祖功臣侯年表：「陽都侯丁復以趙將從起鄴，至霸上爲樓煩將。」〔二〕而項羽本紀：「漢有善騎射者樓煩。」〔三〕應劭曰：「樓煩，胡也。今樓煩縣。」按樓煩地大，不止一縣之人。則漢有樓煩之兵矣。灌嬰傳：「擊破柘公王武，斬樓煩將五人，攻龍且，生得樓煩將十人，擊項籍軍陳下，斬樓煩將二人。攻黥布別將于相，斬樓煩將三人。」〔四〕功臣表：「平定侯齊受以驍騎都尉，擊項籍，得樓煩將。」則項王及布，亦各有樓煩之兵矣。蓋自古用蠻夷攻中國者，始自周武王牧野之師，有庸、蜀、羌、髳、微、盧、彭、濮。而晉襄公敗秦于殽，實用姜戎爲犄角之勢。大者王，小者霸。於是武靈王踵此，用以謀秦，而鮮卑、突厥、回紇、沙陀，自此不絕於中國矣。

〔一〕史記四三。
〔二〕史記十八。
〔三〕史記七。
〔四〕史記九五。

吐蕃回紇

大抵外國之音〔一〕，皆無正字。唐之吐蕃，即今之土魯番是也。唐之回紇，即今之回回是也。唐書：「回紇一名回鶻。」〔二〕元史有畏兀兒部，「畏」即「回」，「兀」即「鶻」也，其曰「回回」者，亦「回鶻」之轉聲也。遼史天祚紀有回回國王〔三〕。元史太祖紀以回鶻、回回爲二國〔四〕，恐非。其曰「畏吾兒」者，又「畏兀兒」之轉聲也。冊府元龜按國史叙鐵勒種類云：「伊吾以西，焉耆以北，有契弊、烏護、紇骨等部。」〔五〕「契弊」則「契苾」也。「烏護」則「烏紇」也，後爲「回鶻」。「紇骨」則「紇扢斯」也，轉爲「黠戛斯」。蓋夷音有緩急，即傳譯語不同。大明會典：哈密古伊吾廬地，在燉煌北大磧外，爲西域諸番往來要路。其國部落與回回、畏兀兒三種雜居，則回回與畏兀兒又爲二種矣。鄭所南心史：「畏吾兒乃韃靼爲父，回回爲母者也。自唐會昌中，回紇衰弱，降幽州者，前後三萬餘人，皆散隸諸道，始雜居於中華而不變其本俗。杜子美留花門詩：「連雲屯左輔，百里見積雪。」李衛公上尊號玉冊文：「種類磐互，縞衣如荼，挾邪作蠱，浸淫宇内。」今之遺風，亦未衰於昔日也。

〔一〕此句原作「大抵夷音」。
〔二〕新唐書二一七上。
〔三〕遼史三十。
〔四〕元史一。
〔五〕冊府九五六種族。

舊唐書憲宗紀：「元和二年正月庚子，回紇請於河南府、太原府置摩尼寺。許之。」〔一〕此即今禮拜寺之所從立也。

〔一〕舊唐書十四。

新唐書常袞傳〔一〕言：「始回紇有戰功者，得留京師。戎〔二〕性易驕，後乃創邸第佛祠，或伏甲其間，數出中渭橋，與軍人格鬬，奪含光門魚契〔三〕走城外。」然則自肅、代以來，回紇固已有居京師者矣。

〔一〕新唐書一五〇。
〔二〕「戎」原作「虜」。
〔三〕魚契，虎符之屬。

實録：「正統元年六月乙卯，徙甘州、涼州寄居回回於江南各衛，凡四百三十六户，一千七百四十九口。」〔一〕其時西陲有警，不得已爲徙戎之策，然其種類遂蕃於江左矣。正統三年八月，有歸附回回二百二人，自涼州徙至浙江。

〔一〕英宗實録十八。

明〔一〕初於其來降者待之雖優，而防之未嘗不至。福建漳州衛指揮僉事楊榮因進表至京，爲回回之編置漳州者，寄書於其同類。奉旨坐以交通外夷，黜爲爲事官，於大同立功。正統四年七月辛未。其後文教涵濡，戎心〔二〕漸革，而蠻貊〔三〕之裔，遂有登科第、襲冠裳者。惟回回自守其國俗，終不肯變。結成黨夥，爲暴閭閻。以累朝之德化而不能訓其頑獷之習，所謂食桑葚而懷好音，固難言之矣〔四〕。

〔一〕「明」原作「國」。
〔二〕「戎心」原作「夷風」。
〔三〕「蠻貊」原作「夷狄」。
〔四〕「食桑葚」而下原作「鐵中錚錚，庸中佼佼者乎」。

天子無故不殺牛，而今之回子終日殺牛爲膳，宜先禁此，則夷風可以漸革。唐時赦文，每曰：「十惡五逆，火光行劫，持刃殺人，官典犯贓，屠牛鑄錢，合造毒藥，不在原赦之限。」可見古法以屠牛爲重也。若韓滉之治江東，以賊非牛酒不嘯結，乃禁屠牛以絶其謀。此又明識之士所宜豫防者矣。

西域天文

西域人善天文，自古已然。唐書：「泥婆羅國，頗解推測盈虚，兼通曆術事。」「天竺國，善天文曆算之術。」「罽賓國，遣使進天文經。」「拂菻國，其王城門樓中，懸一大金稱，以金丸十二枚屬於衡端，以候日之十二時。爲一金人，其大如人，立於側。每至一時，其金丸輒落，鏗然發聲引唱，以紀日時，毫釐無失。」〔一〕蓋不始於回回、西洋也。元史張思明傳：「大德初，擢左司都事。有獻西域稱法，思明以惑衆不用。」〔二〕

〔一〕舊唐書一九八西域傳。

〔二〕元史一七七。

王忠文禕集有阿都剌除回回司天少監誥曰：「天文之學，其出於西域者，約而能精。雖其術不與中國古法同，然以其多驗，故近代多用之，別設官署，以掌其職。」〔一〕

〔一〕王忠文集九。

册府元龜載：「開元七年，吐火羅國王上表，獻解天文人大慕闍，智慧幽深，問無不知。伏乞天恩喚取，問諸教法，知其人有如此之藝能，請置一法堂，依本教供養。」〔二〕此與今之利瑪竇天主堂相似，而不能行於玄宗之世者，豈非其時在朝多學識之人哉。

〔二〕册府元龜九九七技術門。

三　韓

今人謂遼東爲三韓者，考之書序：「成王既伐東夷。」傳：「海東諸夷：駒麗、扶餘、馯貊之屬。」正義：「漢書有高駒麗、扶餘韓，無此馯，馯即韓也，音同而字異耳。」後漢光武紀：「建武二十年，東夷韓國人率衆詣樂浪内附。」〔一〕東夷傳：「韓有三種，一曰馬韓，二曰辰韓，三曰弁辰。晉、梁二書作「弁韓」。馬韓在西，有五十四國，其北與樂浪，南與倭接；辰韓在東，十有二國，其北與濊貊接；弁辰在辰韓之南，亦十有二國，其南亦與倭接。凡七十八國，百濟是其一國焉。大者萬餘户，小者數千家，各在山海間。地合方四千餘里，東西以海爲限，皆古之辰國也。馬韓最大，共立其種爲辰王，盡王三韓之地。」〔二〕漢書朝鮮傳：「真番辰國欲上書見天子，又雍閼弗通。」〔三〕師古曰：「辰謂辰韓之國。」史記誤作「真番旁衆國」。三國魏志：「齊王正始七年，幽州刺史毌丘儉破高句驪、濊貊、韓、那奚等數十國，各率種落降。」「陳留王景元二年，樂浪外夷韓、濊貊各率其屬來朝貢。」〔四〕晉書張華傳：「東夷馬韓、新彌諸國，依山帶海，去州四千餘里，歷世未附者二十餘國，竝遣使朝獻。」〔五〕杜氏通典：「三韓之地，在海島之上，朝鮮之東南。」〔六〕此其封域與朝貢之本末也。劉熙釋名：「韓羊、韓兔、韓雞，本法出韓國所爲也。」〔七〕後魏陽固演賾賦：「覩三韓之累累兮，見卉服之悠悠。」〔八〕此其風土也。宋史天文志：「狗國四星，在建星東南，主三韓、鮮卑、烏桓、玁狁、沃沮之屬。」〔九〕此其占象也。宋史高麗傳言：「崇寧後始鑄三韓通寶。」〔十〕而遼史外紀有高麗王子、三韓國公勳、三韓國公顒、三韓國公俁〔十一〕。其地理志有高州三韓縣，辰韓爲扶餘，弁韓爲新羅，北史以辰韓爲新羅〔十二〕。馬韓爲高麗。開泰中，聖宗伐高麗，俘三國之遺人置縣〔十三〕。

據此，乃俘三國之人置縣於内地，而取三韓之名爾。正如漢時上郡有龜兹縣，不可便以爲西域之國。今人乃謂遼東爲三韓，是以内地而目之爲外國也。原其故，本於天啓初失遼陽以後，章奏之文，遂有謂遼人爲三韓者，外之也。今遼人乃以之自稱，夫亦自外也已。

〔一〕後漢書一下。
〔二〕後漢書一一五。
〔三〕漢書九五。
〔四〕魏志四。
〔五〕晉書三六。
〔六〕通典一八五邊防。
〔七〕釋名四釋飲食。
〔八〕魏書七二陽尼傳。
〔九〕宋史五十。
〔十〕宋史四八七。
〔十一〕遼史一一五。
〔十二〕北史九四。
〔十三〕遼史三九。

北史：「新羅者，其先本辰韓種也，地在高麗東南。辰韓亦曰秦韓，相傳言，秦世亡人避役，來適馬韓，割其東界居之，以秦人故，名之曰秦韓。其言語名物，有似中國人。辰韓王常用馬韓人作之，世世相傳。辰韓不得自立王，明其流移之人故也，恒爲馬韓所制。辰韓之始有六國，稍分爲十二，新羅則其一也。」〔一〕此又與前史不同。而唐書東夷傳：「顯慶五年，平百濟，分其地置五都督府。」〔二〕其一曰馬韓。

〔一〕北史九四。

〔二〕舊唐書一九九上百濟傳。

大秦

今之佛經皆題云「大秦鳩摩羅什譯」。謂是姚興國號，非也。大秦乃西域國名。後漢書西域傳言：「大秦國在海西，地方數千里，有四百餘城，小國役屬者數十。」又云：「天竺國，西與大秦通。」〔一〕此其國名之偶同，而傳以爲其人民皆長大平正，有類中國，故謂之大秦，固未必然。而晉書載記：「石季龍時，有安定人侯子光自稱佛太子，謂大秦國來，當王小秦國。」〔二〕以中國爲小秦，則益爲誇誕矣。

〔一〕後漢書一一八。
〔二〕晉書一〇六。

干陀利

韓文公廣州記〔一〕有干陀利，注家皆闕。按梁書海南諸夷傳：「干陀利國在南海洲上，其俗與林邑、扶南略同。出斑布、吉貝、檳榔。檳榔特精好，爲諸國之最。」〔二〕梁王僧孺有謝賜干陀利所獻檳榔啓。周弘正傳〔三〕：「有罪應流徙，敕以賜干陀利國。」陳書世祖紀：「天嘉四年，干陀利國遣使獻方物。」〔四〕惟宋書孝武帝紀：「孝建二年，斤陀利國遣使獻方物。」南史同〔五〕。以「干」爲「斤」，疑誤〔六〕。

〔一〕韓文公集二一送鄭權序。
〔二〕梁書五四。「最」原作「極」。

〔三〕應云「南史周弘正傳」。

〔四〕陳書三。

〔五〕宋書六，南史二。

〔六〕超案：集釋此下有黄汝成案語：「梁書無周宏正傳，傳見陳書。至『有罪應流徙』云云，則見南史。考原本亦誤，當是傳寫時脱『南史』二字。」上有援庵批語：「黄釋日知録，應以此條注法爲標準。」

日知録校注卷三十

天文

三代以上，人人皆知天文。「七月流火」〔一〕，農夫之辭也。「三星在天」〔二〕，婦人之語也。「月離于畢」〔三〕，戍卒之作也。「龍尾伏晨」〔四〕，兒童之謡也。後世文人學士，有問之而茫然不知者矣。若曆法，則古人不及近代之密。

〔一〕詩豳風七月。
〔二〕詩唐風綢繆。
〔三〕詩小雅漸漸之石。
〔四〕左傳僖五年。「伏晨」應作「伏辰」。

樊深河間府志曰：「愚初讀律書，見私習天文者有禁。後讀制書，見仁廟語楊士奇等曰：『此律自爲民間設耳，卿等安得有禁？』遂以天元玉曆祥異賦賜群臣。由律書之言觀之，乃知聖人所憂者深；由制書之言觀之，乃知聖人之所見者大。」

日食

劉向言：「春秋二百四十二年，日食三十六。今連三年比食。自建始以來，二十歲間而八食，率二歲六月而一發，古今罕有。異有大小希稠，占有舒疾緩急。」〔一〕余所見崇禎之世，十七年而八食，二年五月乙酉朔，四年十月辛丑朔，七年三月丁亥朔，九年七月癸卯朔，十年正月辛丑朔，十二月乙未朔，十四年十月癸卯朔，十七年八月丙辰朔。與漢成略同，而稠急過之矣。然則謂日食爲一定之數，無關於人事者，豈非溺於疇人之術，而不覺其自蹈於邪臣之説乎〔二〕？

〔一〕漢書三六劉向傳。
〔二〕幼稚可笑。

春秋昭公二十一年秋七月壬午朔，日有食之。公問於梓慎曰：「是何物也？禍福何爲？」對曰：「二至二分，日有食之，不爲災。日月之行也，分同道也，至相過也。其他月則爲災。」非也。夫日月之在於天，莫非一定之數。然天象見於上而人事應於下矣。爲此言者，殆於後世以天變不足畏之説進其君者也。漢書五行志亦知其説之非，而依違其間，以爲「食輕不爲大災，水旱而已」〔一〕。然則食重也如之何？是故日食之咎，無論分至。

〔一〕漢書二七下之下。

月食

日食，月揜日也；月食，地揜月也。今西洋天文説如此。自其法未入中國，而已有此論。陸文裕金臺紀聞〔一〕曰：「嘗聞西域人算日月食者，謂日月與地同大，若地體正掩日輪上，則月爲之食。」南城萬實月食辨曰：「凡黄道平分各一百八十二度半强，對衝處必爲地所隔，望時月行適當黄道交處，與日正相對，則地隔日光，而月爲之食矣。」按其説亦不始於近代。漢張衡靈憲曰：「當日之衝，光常不合者，蔽於地也。是謂闇虚在星，星微月過則食。」載續漢天文志中〔二〕。俗本「地」字有誤作「他」者〔三〕，遂疑别有所謂闇虚，而致紛紛之説。宋史天文志〔四〕：「日火外明，其對必有闇氣，大小與日體同者。」非。

〔一〕金臺紀聞一。

〔二〕續漢書二十續天文志上注。

〔三〕殿本作「他」。

〔四〕宋史五二。

静樂李鱸〔一〕習西洋之學，述其言曰：「月本無光，借日之照以爲光曜。至望日，與地、日爲一線，月見地不見日，不得借光，是以無光也。或曰：『不然，曾有一年月食之時，當在日没後，乃日尚未沈，而出地之月已食矣。東月初升，西日未没，人兩見之，則地固未嘗遮日月也，何以云見地不見日乎？』答曰：『子所見者非月也，月之影也，月固未嘗出地也。何以驗之？今試以一文錢置虚器中，前之卻之不見錢形矣，卻貯水令滿，而錢見，則知所見者非錢也，乃錢之影也。日將落時，東方蒼蒼涼涼，海氣升騰，猶夫水然，其映而升之，亦月影也。如必以東方之月爲真月，則是以水面之錢爲真錢也，然乎？否乎？又如漁者見魚浮水面，而投叉刺之，必稍下於魚，乃能得魚。其浮於水面者，魚之影也。舟人刺篙，其半在水，視之若曲焉，此皆水之能影物也。然則月之受隔於地，又何疑哉？』」

〔一〕年譜康熙十六年六十五歲條引此，謂李鱸即李又泉。

歲星

吳伐越，歲在越，故卒受其凶。苻秦滅燕，歲在燕，故燕之復建，不過一紀。二者信矣。慕容超之亡歲在齊，而爲劉裕所破，國遂以亡。豈非天道有時而不驗邪？是以天時不如地利。

歲星固有居其國而不吉者，其行有贏縮。春秋傳：「歲棄其次，而旅於明年之次。」〔一〕史記天官書：「已居之，又東西去之，國凶。」〔二〕淮南子：「當居不居，越而之他處。」〔三〕以近事考之，歲星當居不居，其地必有殃咎。考授時曆段目，歲星未有不退之時。但晨退四十六日，夕退四十六日，各有奇，共止得九度七十六分有奇，而十二宮大約各三十度，以出宮爲災，不出宮不爲災也。

〔一〕左傳襄廿八年。

〔二〕史記二七。

〔三〕淮南子三天文訓。

五星聚

史言：「周將伐殷，五星聚房；齊桓將伯，五星聚箕。」沈約宋書天文志云〔一〕。竹書紀年：「帝辛三十二年，五星聚於房。」〔二〕漢元年十月，五星聚東井。唐天寶九載八月，五星聚尾箕。大曆三年七月，五星聚東井。宋乾德五年三月，五星聚奎。景德四年六月，司天監言：五星聚而伏于鶉火。淳熙十三年閏七月，五星聚軫。元太祖二十一年十一月，五星聚見於西南。明〔三〕嘉靖三年正月丙子，五星聚營室。天啟四年七月丙寅，五星聚張。丙寅月之十四日，日在張九度，木十六度，火七度，土三度，金三度，水一度，凡聚者四日。占曰：「五星若合，是謂易行。有德受慶，改立王者，奄有四方，子孫蕃昌。無德受殃，離其國家，滅其宗廟，百姓離去，被滿四方。」考之前史所載，惟天寶不吉，蓋玄宗之政荒矣。或曰：漢從歲，宋從填，唐從熒惑云。

〔一〕宋書二五。
〔二〕竹書紀年上。
〔三〕「明」上原有「皇」字。

四星之聚，占家不以爲吉。驗之前代：于張，光武帝漢。蜀志：劉豹等言：「建安二十一年，太白、熒惑、填星常從歲星。」〔一〕于牛女，中宗紹晉。晉書懷帝紀：「永嘉六年七月，歲星、熒惑、太白聚于斗牛。」〔二〕天文志同，但云：「聚于牛女。」〔三〕而元帝紀則云：「永嘉中，歲、填、熒惑、太白聚牛女之間。」〔四〕一云四星，一云三星，不同。庾信哀江南賦：「值五馬之南奔，逢三星之東聚。」〔五〕于觜、參，神武王齊。于危，文宣代魏。于東井，肅宗復唐。于張，高祖王周。皆爲有國之祥也。故漢獻帝初，韓馥以四星會于箕尾，欲立劉虞爲帝。唐咸通十年，熒惑、填星、太白、辰星會于畢昴，詔王景崇被袞冕，軍府稱臣以厭之。然亦有不同者，如慕容超之滅，四星聚奎、婁；姚泓之滅，四星聚東井。至德二載四月壬寅，四星聚鶉首。後晉天福五年，術士孫智永以四星聚斗分野有災，勸南唐主巡東都。宋靖康元年，太白、熒惑、歲、填四星合于張。嘉熙元年，太白、歲、辰、熒惑合于斗，詔避殿減膳，以圖消弭。此則天官家所謂「四星若合，其國兵喪並起，君子憂，小人流」〔六〕。而不可泥於一家之占者矣。

〔一〕三國志蜀志二先主傳，建安廿五年條。
〔二〕晉書五作「牛斗」。
〔三〕晉書十二天文志。
〔四〕晉書六作「斗牛」。
〔五〕庚子山集一。
〔六〕漢書廿六天文志。史記廿七天官書亦載之，然無「其國」二字，知非引自天官書也。

海中五星二十八宿

漢書藝文志：「海中星占驗十二卷，海中五星經雜事二十二卷，海中五星順逆二十八卷，海中二十八宿國分二十八卷，海中二十八宿臣分二十八卷，海中日月彗虹雜占十八卷。」〔一〕海中者，中國也。故天文志曰：「甲乙海外，日月不占。」〔二〕蓋天象所臨者廣，而二十八宿專主中國，故曰海中二十八宿。

〔一〕漢書三十。
〔二〕漢書二六。

星名

今天官家所傳星名，皆起於甘石。如郎將、羽林，三代以下之官；左更、右更，三代以下之爵；王良、造父，三代以下之人；巴蜀、河間，三代以下之國。春秋時無此名也。

人事感天

易傳言：「先天後天。」考之史書所載，人事動於下，而天象變於上，有驗於頃刻之間，而不容遲者。宋武帝欲受晉禪，乃集朝臣宴飲，日晚坐散，中書令傅亮叩扉入見，請還都謀禪代之事。及出，已夜，見長星竟天，拊髀歎曰：「我常不信天文，今始驗矣。」隋文帝立晉王廣爲皇太子，其夜烈風大雪，地震山崩，民舍多壞，壓死者百餘口。唐玄宗爲臨淄王，將誅韋氏，與劉幽求等微服入苑中。向二鼓，天星散落如雪，幽求曰：「天道如此，時不可失。」文宗以右軍中尉王守澄之言，召鄭注對于浴堂門，是夜彗出東方，長三尺。然則荆軻爲燕太子丹謀刺秦王，而白虹貫日；衛先生爲秦昭王畫長平之事，而太白食昴；固理之所有。孟子言：「氣壹則動志。」〔一〕其此之謂與？

〔一〕孟子公孫丑上。

黄河清

漢桓帝延熹九年，濟陰東郡濟北平原河水清。襄楷上言：「河者，諸侯位也。清者屬陽，濁者屬陰。河當濁而反清者，陰欲爲陽，諸侯欲爲帝也。」〔一〕明年帝崩，靈帝以解瀆亭侯入繼。隋書言：「齊武成帝河清元年四月，河濟清。後十餘歲，隋有天下。隋煬帝大業三年，武陽郡河清數里。十二年龍門河清。後二歲唐受禪。」〔二〕金衛紹王大安元年，徐沛黄河清，臨洮人楊珪上書，亦引襄楷之言，後四歲宣宗立〔三〕。元順帝至正二十一年十一月戊辰，黄河自平陸三門磧下至孟津，五百餘里皆清，凡七日，而明〔四〕太祖興。至先朝〔五〕尤驗。正德河清，世宗以興王即位；泰昌河清，崇禎帝〔六〕以信王即位〔七〕。

〔一〕後漢書六十下。

〔二〕隋書二三五行志火沴水條。
〔三〕金史二三五行志。
〔四〕「明」原作「我」。
〔五〕「先朝」原作「本朝」。
〔六〕「崇禎帝」原作「先帝」。
〔七〕無聊。

妖人闌入宫禁

自古國家中葉，多有妖人闌入宫禁之事。固氣運之疵，亦是法紀廢弛所致。如漢武帝征和元年，上居建章宫，一男子帶劍入中龍華門，疑其異人，命收之。男子捐劍走，逐之弗獲。上怒斬門候〔一〕。成帝建始三年十月丁未，渭水虒上小女陳持弓，年九歲，走入横城門，入未央宫尚方掖門，殿門門衛户者莫見，至句盾禁中而覺得〔二〕。綏和二年八月庚申，鄭通里男子王褒，師古曰：「鄭縣之通里。」衣絳衣小冠，帶劍入北司馬門、殿東門，上前殿，入非常室中，解帷組結佩之。收縛考問，褒故公車大誰〔三〕卒，病狂易，不自知入宫狀。下獄死〔四〕。後漢靈帝光和元年五月壬午，有人白衣入德陽門，言梁伯夏教我上殿爲天子。中黃門桓賢等，呼門吏僕射欲收縛，吏未到，須臾還走，求索不得，不知姓名。四年，魏郡男子張博送鐵盧詣太官。博上書室殿山居屋後宮禁，落屋讙呼。上收縛考問，辭忽不自覺〔五〕。晉惠帝太安元年四月癸酉，有人自雲龍門入殿前，北面再拜曰：「我當作中書監。」即收斬之。五行志：干寶曰：「夫禁庭尊秘之處，今賤人徑入而門衛不覺者，宮室將虛，而下人踰之之妖也。」〔六〕成帝咸康五年十一月，有人持柘杖絳衣詣止車門上列爲聖人使求見天子，門候受辭，辭稱姓呂名賜，其言王和女可右足下有七星，星皆有毛，長七寸，天令命可爲天下母。奏聞即伏誅，并下晉陵誅可〔七〕。秦苻堅時有人入明光殿，大呼曰：「甲申乙酉，魚羊食人，悲哉，無復遺。」堅命執之，俄而不見〔八〕。陳後主爲太子時，有婦人突入東宮，大言曰：「畢國主。」〔九〕唐高宗永隆二年九月一日，萬年縣女子劉凝靜，乘白馬著白衣，男子從者八九十人，入太史局，升令廳牀坐，勘問比有何災異，太史令姚玄辨執之以聞。是夜彗見西方天市中，長五尺。武后神功元年二月庚子，有人走入端門，又入則天門，至通天宮，閽者及仗衛不之覺。睿宗太極元年，狂人段萬謙潛入承天門，登太極殿，升御牀，自稱天子，呼宿衛兵士，令稱萬歲。德宗貞元八年二月丁亥，許州人李狗兒持杖入含元殿，擊欄檻，擒得伏誅。敬宗即位長慶四年三月戊辰，狂人徐忠信闌入浴堂門。杖四十，配流天德〔十〕。文宗開成二年十一月癸亥，新書作「太和二年十月」。狂人劉德廣突入含光殿，詔付京兆府杖殺之〔十一〕。宋高宗建炎二年十一月，帝在揚州，郊祀後數日，有狂人具衣冠，執香爐，携絳囊，拜於行宫門外，自言天遣我爲官家兒。書於囊紙，刻於右臂，皆是語。鞫之不得姓名，帝以其狂，釋不問。孝宗淳熙十四年正月，紹興府有狂人突入恩平郡王第，升堂踐王坐曰：「我太上皇孫來赴郡。」鞫訊，終不語〔十二〕。元順帝至正十年春，京師麗正門樓斗拱内，有人伏其中，不知何自而至，遠近聚觀之。有旨取付法司鞫問，但云薊州人，詰其所從來，皆惘若無知，乃以不應之罪笞之，忽不知所在〔十三〕。史家并書之以爲異，先朝〔十四〕景泰三年五月癸巳朔，以明日立太子，具香亭於奉天門。有一人自外徑入，執紅棍擊香亭曰：「先打東方甲乙木。」内使執之，命付錦衣衛，亦書於英宗實録。然未有若萬曆〔十五〕四十三年張差一事，宫中府中，幾成莫解之禍，更歷五朝，流言未息。天乎人乎？吾不得而知之矣。

〔一〕通鑑二二二。

〔二〕漢書二七下之上五行志。

〔三〕大誰，官名。

〔四〕漢書二七下之上五行志。

〔五〕續漢書五行志。

〔六〕晉書二九五行志載之。但顧所引是宋書三四五行志。宋書作「踰之」，晉書作「踰上」也。

〔七〕宋書三四五行志載之，但顧所引是晉書二九五行志。晉書名賜，宋書名錫也。

〔八〕晉書一一三苻堅載記。

〔九〕隋書二三五行志，南史十陳紀下。

〔十〕新唐書三六五行志。

〔十一〕舊唐書三七五行志。

〔十二〕宋史六五五行志。

〔十三〕元史五一五行志。

〔十四〕「先朝」原作「本朝」。

〔十五〕「萬曆」上原有「今」字。

周禮閽人職云：「奇服怪民不入宮。」注曰：「怪民狂易。」是則先王固知其有此事，而豫爲之防矣。

詐稱太子

建炎南渡，有詐稱徐王棣者，詐稱信王榛者，詐稱越王偲次子者，詐稱淵聖第二皇子者，詐稱榮德帝姬者，詐稱柔福帝姬者，莫不伏法，訖無異言。乃弘光時王之明一事，中外流言，洶洶不息，藩鎮稱兵，遂以藉口，至今民間尚有疑以爲真者，此亦亡國之妖也已。

衛太子自殺於湖，武帝爲築歸來望思之臺〔一〕，事狀明白。十年之後，猶有如成方遂之乘黄犢車，詣北闕，吏民聚觀至數萬人，公卿莫敢發言者〔二〕。況值非常之變，事未一年，吾君之子，天下屬心，衆口諠騰，卒難徧喻者乎？寄之中城獄舍，不加刑鞫，是爲得理，不可以亡國之君臣，而加之誣詆也。

〔一〕漢書六三武五子傳。戾太子，衛皇后生。

〔二〕成方遂詐稱衛太子，見漢書七一雋不疑傳。

晉會稽王道子爲桓玄所害，以臨川王寶子修之爲道子嗣，尊妃王氏爲太妃。義熙中，有稱元顯道子世子子秀熙，避難蠻中而至者。太妃請以爲嗣，於是修之歸於别第。劉裕意其詐而案驗之，果散騎郎滕羨奴勺藥也，竟坐棄市。太妃不悟，哭之甚慟。本傳〔一〕。近時之論，多有似乎此者。

〔一〕晉書六四簡文三子會稽文孝王傳。

外國應天象〔一〕

昔人言，朔漠〔二〕諸國，唯占於昴北，亦不盡然。晉志云：「是時雖二石僭號，而其彊弱常占於昴，不關太微紫宫。」〔三〕考之史，流星入紫宫，而劉聰死；熒惑守心，而石虎死；孛星太微、大角、熒惑、太白入東井，而苻生弑；彗起尾箕掃東井，而燕滅秦；彗起奎、婁掃虚危，而慕容德有齊地；太白犯虚危，而南燕亡；熒惑在匏瓜中忽亡入東井，而姚秦亡；熒惑守心，而李勢亡；熒惑犯帝座，而吕隆滅；月掩心、大星，而魏宣武弑；熒惑入南斗，而孝武西奔；月掩心星，而齊文宣死；彗星見，而武成傳位；彗星歷虚危，而齊亡；太白犯軒轅，而周閔帝弑；熒惑入軒轅，而明帝弑；歲星掩太微上將，而宇文護誅；熒惑入太微，而武帝死。若金時，則太白入太微，而海陵弑；白氣貫紫微，而高琪殺胡沙虎；彗星起大角，而哀宗滅。其他難以悉數。夫中國之有都邑，猶人家之有宅舍，星氣之失，如宅舍之有妖祥，主人在，則主人當之，主人不在，則居者當之，此一定之理。而以中外〔四〕爲限斷，乃儒生之見，不可語於天道也〔五〕。

〔一〕原題「五胡應天象」。

〔二〕「朔漠」原作「五胡」。

〔三〕晉書十三天文志。

〔四〕「中外」原作「華□」。

〔五〕無聊！

魏明帝問黄權曰：「天下鼎立，何地爲正？」對曰：「當驗天文。往者熒惑守心而文帝崩，吴蜀無事，此其徵也。」〔一〕晉康帝建元二年，歲星犯天關，安西將軍庾翼與兄冰書曰：「歲星犯天關，占云：關梁當分。比來江東無他故，江道亦不艱難，而石虎頻年再閉關，不通信使，此復是天公憒憒，無皂白之徵也。」〔二〕梁武帝中大通六年，先是熒惑入南斗，去而復還，留止六旬。上以諺云：「熒惑入南斗，天子下殿走。」乃跣而下殿以禳之。及聞魏主西奔，慙曰：「鹵〔三〕亦應天象邪？」〔四〕

〔一〕三國志蜀志十三黄權傳注引蜀記。

〔二〕晉書十三天文志下。作「二年」。

〔三〕「鹵」原作「虜」。

〔四〕通鑑一五六中大通六年八月條。

星事多凶

淮南王安以客言「彗星長竟天，天下兵當大起」，謀爲畔逆，而自剄國除。眭孟言，大石自立，僵柳復起，當有從匹夫爲天子者，而以袄言誅。趙廣漢問太史知星氣者，言今年當有戮死大臣，即上書告丞相罪，而身坐要斬。甘忠可推漢有再受命之運，而以罔上惑衆，下獄病死。弟子夏賀良等用其説，以誅。齊康侯知東郡有兵，私語門人，爲王莽所殺。卜者王況以劉氏復興，李氏爲輔，爲李焉作讖書十餘萬言，莽皆殺之。國師公劉秀女愔言，宫中當有白衣會，乃以自殺。西門君惠語王涉，以國師公姓名當爲天子，遂謀以所部兵劫莽，事發被誅。王郎明星曆，嘗以河北有天子氣，而以僭位誅死。襄楷言，天文不利，黄門常侍當族滅，而卒陷王芬自殺。劉焉聞董扶言，益州有天子氣，求爲益州牧，而以天火燒城，憂懼病卒，子璋降於昭烈。孔熙先推宋文帝必以非道晏駕，禍由骨肉，江州當出天子，而卒與范曄等謀反棄市，并害彭城王。郭馨言代吕者王，又言涼州分野有大兵，故舉事，先推王詳，後推王乞基，而卒之代吕隆者王尚。又言滅秦者晉，遂南奔，秦人追而殺之。劉靈助占爾朱當滅，又言：「三月末，我必入定州。」遂舉兵，以三月被擒，斬於定州。苗昌裔言，太祖後當再有天下，趙子崧習聞其說，靖康末起兵，檄文頗涉不遜，卒以貶死。成祖永樂末，欽天監官王射成言，天象將有易主之變。孟賢等信之，謀立趙王高燧，並以伏誅。是數子者之占，不可謂不驗，而適以自禍其身。是故占事知來之術，惟正人可以學。

漢書謂：「夫子之言性與天道，不可得聞。而仲舒下吏，夏侯囚執，眭孟誅戮，李尋流放，此學者之大戒。」眭兩夏侯京翼李傳贊〔一〕。又曰：「星事凶悍，非湛密者弗能由也。」藝文志〔二〕。蜀漢杜瓊精於術學，初不視天文，無所論說。譙周常問其意，瓊曰：「欲明此術甚難。須當身視，識其形色，不可信人也。晨夜苦劇，然後知之。復憂漏泄，不如不知。是以不復視也。」後魏高允精於天文，游雅數以災異問允，允曰：「陰陽災異，知之甚難。既已知之，復恐漏泄，不如不知也。天下妙理至多，何遽問此？」雅乃止。北齊權會明風角玄象，學徒有請問者，終無所說。每云：「此學可知不可言，諸君並貴游子弟，不由此進，何煩問也？」惟有一子，亦不授此術。

〔一〕漢書七五末傳贊。

〔二〕漢書三十藝文志天文。此二段原注最佳。

石虎之太史令趙攬以天文死，苻生之太醫令程延以方脈死。故淮南子曰：「好事者未嘗不中。」〔一〕注：「中，傷也。」

〔一〕淮南子一原道訓。

圖讖

史記趙世家〔一〕：「扁鵲言：秦穆公寤，而述上帝之言，公孫支書而藏之，秦讖於是出矣。」〔二〕秦本紀：「燕人盧生使入海還，以鬼神事，因奏録圖書曰：亡秦者胡也。」〔三〕然則讖記之興，實始於秦人，而盛於西京之末也。褚先生三代世表論引黃帝終始傳〔四〕。

〔一〕引書書名，大字或小注，其例不一。

〔二〕史記四三。

〔三〕史記六。

〔四〕史記十三。

始皇備匈奴，而亡秦者少子胡亥。漢武殺中都官詔獄繫者，而即帝位者皇曾孫病已。苻生殺魚遵，而代生者東海王堅。宋廢帝欲南巡湘中，而代子業者湘東王彧。齊神武惡見沙門，而亡高者宇文。周武殺紇豆陵，而篡周者楊堅。見隋書王劭傳〔一〕。隋煬族李渾，而禪隋者李淵。唐太宗誅李君羨，而革唐者武后。周世宗代張永德，而繼周者藝祖。

〔一〕隋書六九。

孔子閉房記

自漢以後，凡世人所傳帝王易姓受命之説，一切附之孔子。如沙丘之亡，卯金之興，皆謂夫子前知，而預爲之讖，其書蓋不一矣。魏高祖太和九年詔：「自今圖讖秘緯及名爲孔子閉房記者，一皆焚之，留者以大辟論。」〔一〕舊唐書王世充傳：「世充將謀篡位，有道士桓法嗣者，自言解圖讖，乃上孔子閉房記，畫作丈夫持一竿以驅羊。釋云：隋楊姓也，干一者，『王』字也。王居羊後，明相國代隋爲帝也。世充大悦。」〔二〕詳此，乃似今人所云推背圖者。今則託之李淳風，而不言孔子。隋書藝術傳：「臨孝恭著孔子馬頭易卜書一卷。」〔三〕

〔一〕魏書七上孝文紀上。
〔二〕舊唐書五四。
〔三〕隋書七八。

百刻

一日十二時，計刻則以百刻爲日。今曆家每時有十刻，則一百二十刻矣。何以謂之百刻乎？曰曆家有大刻，有小刻，初一、初二、初三、初四，正一、正二、正三、正四，謂之大刻。合一日計之，得九十六刻。其不盡者，置一初初於初一之上，置一正初於正一之上，謂之小刻，每刻止當大刻六分之一。合一日計之，爲初初者十二，爲正初者十二，又得四大刻，合前爲百刻。

宋王逵蠡海集，言百刻之説：「每刻分爲六十分，百刻共得六千分，散於十二時，每時得五百分。如此則一時占八刻零二十分，將八刻截作初正各四刻，卻將二十分零數分作初、正初微刻各一十分也。」〔一〕困學紀聞所載易氏之説亦同。

〔一〕蠡海集一。

周禮挈壺氏注：「漏箭晝夜共百刻。」「刻」字始見漢書宣帝紀，五鳳三年詔曰：「神光竝見，燭燿齋宮，十有餘刻。」又曰：「鸞凰集長樂宮東闕樹上，飛下止地，留十餘刻。」〔一〕禮記樂記：「百度得數而有常。」注：「百度，百刻也。」靈樞經：「漏水下百刻以分晝夜。」説文：「漏以銅受水刻節，晝夜百節。」〔二〕隋書天文志：「昔黄帝創觀漏水制器，取則以分晝夜，其後因以命官，周禮挈壺氏則其職也。其法總以百刻分於晝夜。梁天監六年，武帝以晝夜百刻，分配十二辰，辰得八刻，仍有餘分，乃以晝夜爲九十六刻，一辰有全刻八焉。」〔三〕漢哀、新莽以百二十刻爲日，梁武以九十六刻爲日。是知每辰得八刻，仍有餘分者，古法也。五代史馬重績傳：「重績言漏刻之法，以中星考晝夜爲一百刻，八刻六十分刻之二十爲一時，時以四刻十分爲正，此自古所用也。今〔四〕失其傳，以午正爲時始，下侵未四刻十分而爲午。由是晝夜昏曉，皆失其正，請依古改正。從之。」〔五〕五代會要：「晉天福三年，司天監奏漏刻經云：晝夜一百刻，分爲十二時，每時有八刻三分之一。六十分爲一刻，一時有八刻二十分。」〔六〕玉海：「每時初行一刻，至四刻六分之一爲時正，終八刻三分之一則交入次時。國史志：每時八刻二十分，每刻一擊鼓，八鼓後進時牌，餘二十分爲鷄唱，唱絶，擊一十五鼓爲時正。」〔七〕

〔一〕漢書八。
〔二〕説文十一上水部。
〔三〕隋書十九，漏刻。
〔四〕今，重續時。
〔五〕新五代史五七。
〔六〕五代會要十。
〔七〕玉海十一。

雨　水

禮記月令：「仲春之月，始雨水，桃始華，倉庚鳴，鷹化爲鳩。」始雨水者，謂天所雨者水，而非雪也。今曆去此一句，嫌於雨水爲正月中氣也。鄭康成月令注曰：「夏小正，正月啓蟄，漢始亦以驚蟄爲正月中。」疏引漢書律曆志云：「正月立春節雨水中，二月驚蟄節春分中。」是前漢之末，劉歆作三統曆改驚蟄爲二月節也。然淮南子先雨水，後驚蟄〔一〕。則漢初已有此説。逸周書周月解：「春三中氣：雨水、春分、穀雨。」而蔡邕月令問答云：「問者曰：『既不用三統，以驚蟄爲正月中，雨水爲二月節，皆三統法也，獨用之何？』曰：『孟春月令曰：

蟄蟲始震，今作「振」。在正月也。仲春始雨水，則雨水二月也。以其合故用之。』是則三統未嘗改雨水在驚蟄之前也，改之者四分曆耳，記疏誤也〔二〕。今二月間尚有雨雪，唯南方地煖，有正月雨水者。南史宋孝武帝紀：「大明元年正月庚午，都下雨水。」〔三〕蓋以雨水爲異。左傳桓五年：「啓蟄而郊。」注：「啓蟄，夏正建寅之月。夏小正，正月啓蟄。」王應麟曰：「改啓爲驚，蓋避景帝諱。」〔四〕則當依古以驚蟄爲正月中，雨水爲二月節爲是。律曆志，又先穀雨後清明。

〔一〕淮南子三天文訓。
〔二〕今陽曆二月立春、雨水，三月驚蟄、春分，四月清明、穀雨。
〔三〕南史二。
〔四〕困學紀聞六原注。

五行

淮南子：「五行子生母曰義，母生子曰保，子母相得曰專，母勝子曰制，子勝母曰困。」〔一〕抱朴子引靈寶經謂：「支干上生下曰寶，下生上曰義，上克下曰制，下克上曰伐，上下同曰專。」〔二〕以「保」爲「寶」，以「困」爲「伐」，今曆家承用之。

〔一〕淮南子三天文訓。

〔二〕抱朴子内篇十七登涉篇。「寶」者寶日，「義」者義日，「制」者制日，「伐」者伐日。

建除

建除之名，自斗而起，始見於太公六韜云：「開牙門常背建向破。」越絶書：「黄帝之元執辰破巳，霸王之氣見於地户。」〔一〕淮南子天文訓：「寅爲建，卯爲除，辰爲滿，巳爲平，午爲定，未爲執，申爲破，酉爲危，戌爲成，亥爲收，子爲開，丑爲閉。」〔二〕漢書王莽傳：「十一月壬子直建，戊辰直定。」〔三〕蓋是戰國後語，史記日者傳有建除家〔四〕。

〔一〕越絶書七。

〔二〕收、開、閉、建、除、滿、平、定、執、破、危、成。

〔三〕漢書九九上。

〔四〕史記一二七。

解縉封事言：「治曆明時，授民作事，但伸播種之宜，何用建除之謬。方向煞神，事甚無謂，孤虚宜忌，亦且不經。東行西行之論，天德月德之書，臣料唐虞之曆，必無此等之文。所宜著者，日月之行，星辰之次，仰觀俯察，事合逆順，七政之齊，正此類也。」〔一〕

〔一〕明史一四七。

艮巽坤乾

曆家天盤二十四時，有所謂艮、巽、坤、乾者，不知其所始。按淮南子天文訓曰：「子午、卯酉爲二繩，丑寅、辰巳、未申、戌亥爲四鉤。東北爲報德之維，西南爲背陽之維，東南爲常羊之維，西北爲蹏通之維。斗指子則冬至。加十五日指癸，則小寒。加十五日指丑，則大寒。加十五日指報德之維，則越陰在地。故曰，距日冬至四十六日而立春。加十五日指寅，則雨水。加十五日指甲，則雷驚蟄。加十五日指卯，中繩。故曰春分則雷行。加十五日指乙，則清明風至。加十五日指辰，則穀雨。加十五日指常羊之維，則春分盡。故曰，有四十六日而立夏。加十五日指巳，則小滿。加十五日指丙，則芒種。加十五日指午，則陽氣極。故曰，有四十六日而夏至。加十五日指丁，則小暑。加十五日指未，則大暑。加十五日指背陽之維，則夏分盡。故曰，有四十六日而立秋。加十五日指申，則處暑。加十五日指庚，則白露降。加十五日指酉，中繩。故曰秋分。加十五日指辛，則寒露。加十五日指戌，則霜降。加十五日指蹏通之維，則秋分盡。故曰，有四十六日而立冬。加十五日指亥，則小雪。加十五日指壬，則大雪。加十五日指子。」〔一〕所謂報德之維、常羊之維、背陽之維、蹏通之維，即艮、巽、坤、乾也。後人省文，取卦名當之爾。

〔一〕天文訓之文止此。

太一

太一之名，不知始於何時。吕東萊大事記曰：「古之醫者，觀八風之虚實、邪正以治病，因有太一九宫之説。」〔一〕黄氏日鈔注：「吕氏春秋太一曰：此時未爲神名也。」〔二〕史記天官書：「中宫天極星，其一明者，爲太一常居。」〔三〕周禮注：「昊天上帝又名太一。」封禪書：「亳人謬忌奏：祠太一方曰，天神貴者太一，太一佐曰五帝。古者天子以春秋祭太一東南郊，用太牢，七日，爲壇，開八通之鬼道。於是天子令太祝立其祠長安東南郊，常奉祠如忌方。其後人有上書言：『古者天子三年一用太牢，祠神三：一天，一地，一太一。』天子許之，令太祝領祠之於忌太一壇上，如其方。」〔四〕此太一之祠所自起。易乾鑿度曰：「太一取其數以行九宮。」河圖之數，戴九履一，左三右七，二四爲肩，六八爲足，五居中央，從横十五，故曰太一。取其數以行九宮。鄭玄注曰：「太一者，北辰神名也。下行八卦之宮，每四乃還於中央。中央者地神「地神」疑作「北辰」之所居，故謂之九宮。天數以陽出，以陰入。陽起於子，陰起於午。是以太一下行九宮，從坎宮始，自此而坤宮，又自此而震宮，既又自此而巽宮，所行者半矣。還息於中央之宮。既又自此而乾宮，自此而兑宮，自此而艮宮，自此而離宮，行則周矣。上游息於太一之宮，而反紫宮，行起從坎宮，終於離宮也。」後漢黄香作九宮賦。南齊書高帝紀：「案太一九宮占曆，推自漢高帝五年，至宋順帝昇明元年，太一所在。」〔五〕易乾鑿度曰：「太一取其數以行九宮。九宮者，一爲天蓬，以制冀州之野；二爲天内，以制荆州之野；三爲天衝，其應在青；四爲天輔，其應在徐；五爲天禽，其應在豫；六爲天心，七爲天柱，八爲天任，九爲天英，其應在雍、在梁、在兖、在揚。天衝者，木也；天輔者，亦木也，故木行太過不及，其眚在青在徐。天柱，金也；天心亦金也，故金行太過不及，其眚在梁在雍，惟水無應宫也。此謂以九宮制九分野也。」山堂考索：「漢立太一祠，即甘泉泰畤也。唐謂之太清紫極宮，宋謂之太一宮。宋朝尤重太一之祠，以太一飛在九宫，每四十餘年而一徙所臨之地，則兵疫不興，水旱不作。在太平興國中，太宗立祠於東南郊而祀之，則謂之東太一。在天聖中，仁宗立祠於西南郊而祀之，則謂之西太一。在熙寧中，神宗建集福宫〔六〕而祀之，則謂之中太一。」〔七〕

〔一〕大事記解題十二。

〔二〕黄氏日鈔五六。

〔三〕史記二七。

〔四〕史記二八。

〔五〕南齊書一高帝紀上史臣論。

〔六〕文津本四庫「福」作「禧」。

〔七〕山堂考索前集三二禮門仲春群祀太一之祀條，「一」均作「乙」，無前四句，自「宋朝尤重」起至末。

宋史劉黻傳言：「西太一之役，佞者進曰：『太一所臨分野則有福，近歲自吴移蜀。』信如祈禳之説，西北坤維，按堵可也。當作「西南」。今五六十州，安全者不能十數，敗降者相繼，福何在耶？武帝祠太一於長安，至晚年以虚耗受禍，而後悔方士之謬。雖其悔之弗早，猶愈於終不知悔者也。」〔一〕

〔一〕宋史四〇五。

正五九月〔一〕

唐朝新格，以正五九月爲忌月，今人相沿以爲不宜上任。考唐書武德二年正月甲子，詔自今正月、五月、九月，不得行刑，禁屠殺〔二〕。詔曰：「釋典微妙淨業，始於慈悲；道教沖虛至德，去其殘殺。四時之禁，無伐麛卵；三驅之化，不取前禽。蓋欲敦崇仁惠，蕃衍庶物，立政經邦，咸率兹道。朕祗膺靈命，撫遂群生，言念亭育，無忘鑑寐。殷帝去網，庶踵前修；齊王捨牛，實符本志。自今以後，每年正月、五月、九月，及每月十齋日，並不得行刑。所在公私，宜斷屠殺。」白居易在杭州詩曰：「仲夏齋戒月，三旬斷腥羶。」〔三〕雲麓漫鈔曰：「釋氏智論云：天帝釋以大寶鏡照四大神洲，每月一移，察人善惡。正、五、九月照南贍部洲，唐太宗崇其教，「太宗」當作「高祖」。故正、五、九月不食葷，百官不支羊錢，其後因此，遂不上官。」〔四〕菽園雜記謂：「新官上任，應祭告神祇，必須宰殺，故忌之也。」〔五〕愚按正、五、九月不上任，自是五行家言，不緣屠宰。其傳已久，亦不始於唐時。南齊書張融傳：「攝祠部、倉部二曹。倉曹以正月俗人所忌，太倉爲可開不？融議不宜拘束小忌。」〔六〕北齊書宋景業傳：「顯祖將受魏禪，或曰：『陰陽書五月不可入官，犯之終於其位。』景業曰：

『王爲天子，無復下期，豈得不終於其位乎？』顯祖大悦。」〔七〕南史王鎮惡傳：「鎮惡以五月五日生，其祖猛曰：昔孟嘗君以惡月生而相齊。」〔八〕是以五月爲惡月。又考左傳：「鄭厲公復公父定叔之位，使以十月入，曰：良月也，就盈數焉。」〔九〕而顔師古注漢書：「李廣數奇，以爲命隻不耦。」段會宗傳：「亦足以復雁門之踦。」應劭曰：「踦，隻也。會宗從沛郡下爲雁門，又坐法免，爲踦隻不耦也。」〔十〕霍去病傳：「諸宿將常留落不耦。」〔十一〕是則以雙月爲良，隻月爲忌，喜耦憎奇，古人已有之矣。後漢書桓譚傳言：「卜數隻偶之類。」〔十二〕蓋古已有此術。遼史：「正旦日，上於腮間擲米團，得隻數爲不利。」〔十三〕

〔一〕初刻六之十七，只有一、四段。
〔二〕新唐書一高祖紀。「不得行刑」，原作「不行死刑」。
〔三〕白氏長慶集八。初刻注全段只有「白居易」一節。
〔四〕雲麓漫鈔卷八。
〔五〕菽園雜記十一。
〔六〕南齊書四一。
〔七〕北齊書四九方伎傳。
〔八〕南史十六。
〔九〕左傳莊十六年。

〔十〕漢書七十。

〔十一〕漢書五五。

〔十二〕後漢書五八上。

〔十三〕遼史一一六國語解。

冊府元龜：「德宗貞元十五年九月乙巳詔：自今二月一日、九月九日，每節前，放開屠一日。」〔一〕中和、重陽二節。

〔一〕冊府元龜六四發號令門，無「乙巳」二字。九月壬寅朔，四日乙巳。然舊紀作「己巳」，廿八日也。上有丙辰十五日，下有辛酉二十日，則此「己巳」當爲丁巳十六，或己未十八之譌。會要四一不載。

唐人正、五、九月齋戒，不禁閏月。白居易有閏九月九日獨飲詩云：「自從九月持齋戒，不醉重陽十五年。」是閏九月可以飲酒也。

冊府元龜載唐開元二十二年十月敕曰：「道家三元，誠有科誡，朕嘗精意，禱亦久矣，而初未蒙福，念不在兹。今月十四日十五日是下元齋日，都内人應有屠宰，令河南尹李適之句當，總與贖取。其百司諸厨，日有肉料，亦責數奏來。并百姓間，是日竝停宰殺漁獵等兼肉料食。自今以後，兩都及天下諸州，每年正月七月十月元日，起十三至十五，兼宜禁斷。」〔一〕又舊唐書武宗紀〔二〕：「會昌四年春正月乙酉朔，敕：齋月斷屠，出於釋氏。國家創業，猶近梁隋。卿相大臣，或沿兹弊。鼓刀者既獲厚利，糾察者潛受請求。正〔三〕以萬物生植之初，宜斷三日，列聖忌斷一日，仍準開元二十二年敕，三元日各斷三日，餘月不禁。」此則道家之説，乃正、七、十月，而非正、五、九月，又與武德二年之詔不同。今人所謂三官齋用此〔四〕。

〔一〕册府元龜五三尚黄老門。

〔二〕舊唐書十八上。初刻無此以下文字。

〔三〕「正」下原有「月」字。

〔四〕初刻無注。

後漢書南匈奴傳：「匈奴俗，歲有三龍祠，常以正月、五月、九月戊日祭天神。」〔一〕此與三隻月同。

〔一〕後漢書一一九。

古今神祠

史記封禪書〔一〕言：秦雍旁有百數十祠，而陳寶尤著。「其神或歲不至，或歲數來。來常以夜，光輝若流星，從東南來，集於祠城，則若雄雞，其聲殷殷，云野雞夜雊。」又云：「雍菅廟有杜主。杜主故周之右將軍，其在秦中最小，鬼之神者。」自西京以下，而秦時所奉之神，絶無影響。後漢劉盆子傳：「軍中常有齊巫鼓舞，祠城陽景王，以求福助。巫狂言景王大怒曰：『當爲縣官，何故爲賊？』有笑巫者輒病，軍中驚動。」〔二〕琅邪王京傳：「國中有城陽景王祠，吏人奉祀。神數下言，官中多不便利。」〔三〕魏書：「初，城陽景王劉章，以有功於漢，故其國爲立祠。青州諸郡，轉相倣效，濟南尤盛，至六百餘祠。賈人或假二千石輿服，導從作倡樂，奢侈日甚，民坐貧窮。歷世長吏，無敢禁絶者。太祖到，時爲濟南相。皆毁壞祠屋，止絶官吏民不得祠祀。」〔四〕應劭風俗通曰：「自琅邪青州六郡，及渤海都邑，鄉亭聚落，皆爲立祠。造飾五工千石車，商人次第爲之，立服帶綬，備置官屬，烹殺謳歌，紛籍連日。轉相誑耀，言有神明，其譴問禍福立應。歷載彌久，莫之匡糾。惟樂安太傅陳蕃，濟南相曹操，一切禁絶，肅然政清。陳、曹之後，稍復如故。」〔五〕然考之於史，晉時猶有其祠。晉書五行志：「臨淄有大蛇負二小蛇入漢城陽景王祠中。」〔六〕慕容德載記：「德如齊城，登營丘，至漢城陽景王廟。」〔七〕而今并無其廟。宋書元凶劭傳：「以輦迎蔣侯神像於宮内，啓即「稽」字顙乞恩，拜爲大司馬，封鍾山郡王，食邑萬户，加節鉞。蘇侯爲驃騎將軍。」〔八〕胡三省通鑑注曰：「蘇侯神，即蘇峻。」南齊書崔祖思傳：「爲都昌令，隨青州刺史垣護之入堯廟。廟有蘇侯神偶坐，護之曰：『唐堯聖人，而與蘇侯神共坐，今欲正之如何？』祖思曰：『使君若清蕩此坐，則是堯廟重去四凶。』繇是諸雜神竝除。」〔九〕禮志：「明帝立九州廟於雞籠山，大聚群神。蔣侯加爵位至相國、大都督中外諸軍事、鍾山王，蘇侯至驃騎大將軍。」〔十〕南史齊東昏侯紀：「迎蔣侯神入宮，晝夜祈禱。自誅始安王遥光，遂加位相國，末又號爲靈帝，車服羽儀，一依王者。」〔十一〕曹景宗傳：「梁武帝時旱甚，詔祈蔣帝神，十旬不雨，帝怒，命載荻欲焚其廟。將起火，當神上，忽有雲如繖，倏忽驟雨如瀉，臺中宮殿皆自振動。帝懼，馳詔追停，少時還静，自此帝畏信遂深。自踐阼以來，未嘗躬自到廟，於是備法駕，將朝臣修謁。」〔十二〕陳書武帝紀：「十月乙亥，即皇帝位，丙子幸鍾山，祀蔣帝廟。」〔十三〕宋書孔季恭傳：「先是吴興頻喪太守，云項羽神爲卞山王，居郡聽事，二千石至，常避之。」〔十四〕南齊書李安民傳：「太守到郡，必須祀以軛下牛。安民奉佛法，不與神牛，著屐上聽事，又於廳上八關齋。俄而牛死，安民亦卒，世以神爲祟。」〔十五〕今南京十廟雖有蔣侯，湖州亦有卞山王，而亦不聞靈響。魏書：「任城王澄除揚州刺史，下車毁蔣子文之廟。」〔十六〕梁簡文帝集有吴興楚王神廟碑云：「楚王既弘茲釋教，止獻車牛。」是神牛自武帝時革之也。江總下山楚廟詩：「盛祀流百世，英威定幾何？」而梓潼二郎、三官、純陽之類，以後出而反受世人之崇奉。關壯繆之祠，至徧於天下，封爲帝君。豈鬼神之道，亦與時爲代謝者乎？應劭言：「平帝時，天地六宗已下，及諸小神，凡千七百所。今營寓夷泯，宰器闕亡。蓋物盛則衰，自然之道，天其或者欲反本也。而水經注引吴猛語廬山神之言，謂神道之事，亦有换轉〔十七〕。昔夫子荅宰我黄帝之問，謂生而民得其利百年，死而民畏其神百年，亡而民用其教百年，故曰黄帝三百年。烈山氏之子曰柱，食于稷，湯遷之而祀棄。以帝王神聖且然，則其他人鬼之屬又可知矣。

〔一〕史記二八。
〔二〕後漢書四一。
〔三〕後漢書七二。
〔四〕三國志魏志一武帝紀，裴注引王沈魏書。略見宋書十七禮志。劉章，齊悼惠王肥次子，封朱虚侯，見漢書三八。
〔五〕風俗通九。
〔六〕晉書二九。
〔七〕晉書一二七。
〔八〕宋書九九。通鑑一二七宋元嘉三十年四月條採此。

〔九〕南齊書二八，「垣護之」作「劉懷珍」。此引南史四七，誤作「南齊書」。
〔十〕宋書十七末。
〔十一〕南史五。
〔十二〕南史五五。
〔十三〕陳書二。
〔十四〕宋書五四。
〔十五〕南齊書二七，參二六。
〔十六〕魏書十九中。
〔十七〕水經注三九廬江水條。

春秋之世，猶知淫祀之非，故衛侯夢夏相，而甯子弗祀；晉侯卜桑林，而荀罃弗禱。楚昭王有疾，卜曰河爲祟，王弗祭，曰：「三代命祀祭不越望，江漢睢漳，楚之望也，不穀雖不德，河非所獲罪也。」至屈原之世，而沅湘之間，竝祀河伯。豈所謂楚人鬼而越人禨，亦皆起於戰國之際乎？ 夫以昭王之所弗祭者，而屈子歌之，可以知風俗之所從變矣。雲麓漫鈔言：「自釋氏書入中國，有龍王之說，而河伯無聞矣。」〔一〕

〔一〕雲麓漫鈔卷四。

洪武三年六月癸亥，詔曰：「五嶽五鎮、四海四瀆之封，起自唐世。崇名美號，歷代有加。在朕思之，則有不然。夫嶽鎮海瀆，皆高山廣水，自天地開闢，以至於今，英靈之氣，萃而爲神，必皆受命於上帝，幽微莫測，豈國家封號之所可加？瀆禮不經，莫此爲甚。至如忠臣烈士，雖可加以封號，亦惟當時爲宜。夫禮，所以明神人，正名分，不可以僭差。今宜依古定制，凡嶽鎮海瀆，竝去其前代所封名號，止以山水本名稱其神，郡縣城隍神號一體改正。歷代忠臣烈士，亦依當時初封，以爲實號，後世溢美之稱，皆與革去。庶幾神人之際，名正言順，於禮爲當，用稱朕以禮事神之意。」〔一〕其東嶽祝文曰：「神有歷代之封號，予詳之再三，畏不敢效。」可謂卓絶千古之見。乃永樂七年正月丙子，進封漢秣陵尉蔣君之神爲忠烈武順昭靈嘉佑王，則何不考之聖祖之成憲也。

〔一〕太祖實録五三。

佛寺

晉許榮上疏言：「臣聞佛者，清遠玄虚之神。今僧尼往往依傍法服，五戒麄法，尚不能遵，而流惑之徒，競加敬事，又侵漁百姓，取財爲惠，亦未合布施之道也。」〔一〕雒陽伽藍記有：「比丘惠凝，死去復活，見閻羅王，閱一比丘，是靈覺寺寶明。自云出家之前，嘗作隴西太守，造靈覺寺成，棄官入道。閻羅王曰：『卿作太守之日，曲理枉法，刼奪民財，假作此寺，非卿之力，何勞説此？』付司送入黑門。」〔二〕此雖寓言，乃居官〔三〕佞佛者之箴砭也。

〔一〕晉書六四會稽王道子傳。

〔二〕雒陽伽藍記二，津逮秘書本。

〔三〕「居官」原作「當今」。

梁武帝問達磨曰：「朕自即位以來，造寺寫經，度僧不可勝紀，有何功德？」答曰：「竝無功德。」帝曰：「何以無功德？」答曰：「此但人天小果，有漏之因，如影隨形，雖有非實。」〔一〕在彼法中已有能爲是言者。

〔一〕出五燈會元一，而五燈又本景德傳燈録三也。

宋明帝以故第爲湘宫寺，備極壯麗。欲造十級浮圖而不能，乃分爲二。新安太守巢尚之罷郡入見，上謂曰：「卿至湘宫寺未？此是我大功德，用錢不少。」通直散騎侍郎虞願侍側，曰：「此皆百姓賣兒貼婦錢所爲，佛若有知，當慈悲嗟憫。罪高浮圖，何功德之有？」〔一〕

〔一〕通鑑一三三泰始七年條，亦見南齊書五三虞願傳，又見南史七十。册府元龜一九四引，無「罪高浮圖」句。

泰山治鬼

嘗考泰山之故，仙論起於周末，鬼論起於漢末。左氏、國語未有封禪之文，是三代以上無仙論也。史記、漢書未有考鬼之説，是元、成以上無鬼論也。鹽鐵論云：「古者庶人，魚菽之祭，士一廟，大夫三，以時有事於五祀，無出門之祭。今富者祈名嶽，望山川，椎牛擊鼓，戲倡舞像。」〔一〕則出門進香之俗，已自西京而有之矣。自哀、平之際，而讖緯之書出，然後有如遁甲開山圖所云：「泰山在左，亢父在右，亢父知生，梁父主死。」博物志所云：「泰山一曰天孫，言爲天帝之孫，主召人魂魄，知生命之長短者。」〔二〕其見於史者，則後漢書方術傳：「許峻自云，嘗篤病，三年不愈，乃謁泰山請命。」〔三〕烏桓傳：「死者神靈歸赤山。赤山在遼東西北數千里，如中國人死者，魂神歸泰山也。」〔四〕三國志管輅傳：「謂其弟辰曰：但恐至泰山治鬼，不得治生人，如何？」〔五〕而古辭怨詩行云：「齊度游四方，各繫泰山録，人間樂未央，忽然歸東嶽。」〔六〕陳思王驅車篇云：「魂神所繫屬，逝者感斯征。」〔七〕劉楨贈五官中郎將詩云：「常恐游岱宗，不復見故人。」〔八〕應璩百一詩云：「年命在桑榆，東嶽與我期。」〔九〕然則鬼論之興，其在東京之世乎？

〔一〕鹽鐵論六。
〔二〕博物志一地條。
〔三〕後漢書一一二下。作「太山」。
〔四〕後漢書一二〇。作「岱山」，范蔚宗避父諱。
〔五〕魏志二九。
〔六〕樂府四一。

〔七〕樂府六四。
〔八〕文選二三。
〔九〕詩紀魏七。

或曰地獄之説，本於宋玉招魂之篇。長人、土伯，則夜叉、羅刹之倫也。爛土、雷淵，則刀山、劍樹之地也。雖文人之寓言，而意已近之矣。於是魏晉以下之人，遂演其説，而附之釋氏之書。昔宋胡寅謂閻立本寫地獄變相，而周興、來俊臣得之，以濟其酷。又孰知宋玉之文，實爲之祖。孔子謂爲俑者不仁，有以也夫！

蕃俗信鬼〔一〕

蕃俗信鬼，匈奴欲殺貳師，貳師駡曰：「我死必滅匈奴！」遂屠貳師以祠。會連雨雪數月，畜産死，人民疫病，穀稼不熟，單于恐，爲貳師立祠室。慕容儁斬冉閔於龍城遏陘山，山左右七里，草木悉枯，蝗蟲大起。人言閔爲祟，儁遣使祀之，謚曰悼武天王，其日大雪。魏太祖殺和跋，誅其家。後世祖西巡五原，回幸豺山校獵，忽遇暴風，雲霧四塞。世祖怪而問之，群下言：「跋世居此土，祠冢猶存，或者能致斯變。」帝遣古弼祭以三牲，霧即除散。後世祖蒐狩之日，每先祭之。蓋伯有爲厲，理固有之，而蕃俗之畏鬼神，則又不可以常情論矣。

〔一〕「蕃俗」原作「胡俗」，下同。末「蕃俗」原作「胡人」。

日知録校注卷三十一

河東山西

河東、山西一地也。唐之京師在關中，而其東則河，故謂之河東；元之京師在薊門，而其西則山，故謂之山西。各自其畿甸之所近而言之也。

古之所謂山西，即今關中。史記太史公自序：「蕭何填撫山西。」〔一〕方言：「自山而東，五國之郊。」〔二〕郭璞解曰：「六國惟秦在山西。」王伯厚地理通釋曰：「秦漢之間，稱山北、山南、山東、山西者，皆指太行。以其在天下之中，故指此山以表地勢。」〔三〕正義以爲華山之西，非也。

〔一〕史記一三〇。

〔二〕方言七。

〔三〕通鑑地理通釋二歷代州域總叙中。

陝西〔一〕

續漢郡國志：「陝縣有陝陌，即今之陝州。二伯所分。」〔二〕故有陝東、陝西之稱。水經注：「河水又東得七里澗，澗在陝西七里。」〔三〕宋書柳元景傳：「龐季明率軍向陝西七里谷。」〔四〕北史魏孝武帝紀：「高昂率勁騎及帝於陝西。」〔五〕舊唐書太宗紀：「貞觀十一年九月丁亥，河溢，壞陝西河北縣。今平陸縣。」〔六〕肅宗紀：「乾元三年四月庚申，以右羽林大將軍郭英乂爲陝州刺史、陝西節度潼關防禦等使。」〔七〕肅宗諸子傳：「杞王倕可充陝西節度大使。」〔八〕李渤傳：「澤潞節度使郗士美卒，渤充弔祭使，路次陝西。」〔九〕按其疏云，已至閿鄉縣。回紇傳：「廣平王副元帥郭子儀領回紇兵馬與賊戰於陝西。」〔十〕皆謂今陝州之西。後人遂以潼關以西通謂之陝西。

〔一〕「陝西」索引。
〔二〕後漢書二九郡國志一。

〔三〕水經注四河水。
〔四〕宋書七七。
〔五〕北史五。
〔六〕舊唐書三。
〔七〕舊唐書十。
〔八〕新唐書八二。
〔九〕舊唐書一七一。
〔十〕舊唐書一九五。

晉時以關中爲陝西。晉書宣帝紀：「西屯長安，天子命之曰：昔周公旦輔成王，有素雉之貢，今君受陝西之任，有白鹿之獻。」〔一〕張實傳：「愍帝末，拜都督陝西諸軍事。」〔二〕張華祖道梁王彤應詔詩：「二跡陝西，實在我王。」〔三〕是也。東晉則以荆州爲陝西。南齊書曰：「江左大鎮，莫過荆、揚。周世二伯總諸侯，周公主陝東，召公主陝西，故稱荆州爲陝西也。」〔四〕宋書，荆州刺史下云：「王敦治武昌，陶侃前治沔陽，後治武昌，王廙治江陵，庾亮治武昌，庾翼進襄陽，復還夏口，桓温治江陵，桓沖治上明，王説還江陵，此後遂治江陵。」〔五〕而晉孝武於襄陽僑立雍州。考之於史，桓沖爲荆州刺史，安帝詔曰：「故太尉沖昔藩陝西，忠誠王室。」〔六〕毛穆之傳：「庾翼專威陝西。」〔七〕劉毅爲荆州刺史，安帝詔曰：「劉毅推轂陜西。」〔八〕南史宋文帝紀：「命王華知州府，留鎮陜西。」〔九〕宋書：「蔡興宗爲輔國將軍、南郡太守，行荆州事。袁顗曰：舅今出居陜西。」〔十〕鄧琬傳：「晉安王子勛檄曰：前將軍荆州刺史臨海王子頊練甲陜西，獻徒萬數。」〔十一〕是也。

〔一〕晉書一魏青龍四年條。
〔二〕晉書八六。
〔三〕藝文類聚二九人部。
〔四〕南齊書十五州郡志荆州條。
〔五〕宋書三七州郡志。
〔六〕晉書七四桓胤傳。
〔七〕晉書八一。
〔八〕晉書八五劉毅傳。
〔九〕南史二。
〔十〕宋書五七。
〔十一〕宋書八四。

亦有稱陝東者，晉書載記：「劉聰署石勒大都督陝東諸軍事。又加崇爲陝東伯。」〔一〕慕容暐載記：「秦揚兵講武，運粟陝東。」〔二〕唐太宗爲秦王時，拜使持節陝東道大行臺。

〔一〕晉書一〇四。

〔二〕晉書一一一。

山東河内〔一〕

古所謂山東者，華山以東。管子言：「楚者，山東之强國也。」〔二〕史記引賈生言：「秦并兼諸侯山東三十餘郡。」〔三〕後漢陳元傳言：「陛下不當都山東。」〔四〕謂光武都雒陽。蓋自函谷關以東總謂之山東，唐人則以太行山之東爲山東。杜牧謂：「山東之地，禹畫九土，曰冀州。」是也。而非今之但以齊魯爲山東也。古所謂河内者，在冀州三面距河之内。史記正義曰：「古帝王之都，多在河東、河北，故呼河北爲河内，河南爲河外。」又云：「河從龍門，南至華陰，東至衛州，東北入海，曲繞冀州，故言河内。」蓋自大河以北，總謂之河内，而非若今之但以懷州爲河内也。

〔一〕初刻八之六，注同。

〔二〕管子二四輕重戊「桓公聞於管子」句。此言管子，指書不指人。

〔三〕史記六。

〔四〕後漢書六六。

吳會〔一〕

宋施宿會稽志〔二〕曰：「按三國志，吳郡、會稽爲吳、會二郡。張紘謂：『收兵吳、會，則荆、揚可一。』孫賁傳云：『策已平吳、會二郡。』朱桓傳云：『使部伍吳、會二郡。』全琮傳云：『分丹陽、吳、會三郡險地爲東安郡。』是也。前輩讀爲都會之會，殆未是。」〔三〕錢康功曰：「今平江府署之南，名吳會坊。漢書吳王濞傳：『上患吳會輕悍。』」按今本史記、漢書竝作「上患吳會稽」〔四〕，不知順帝時，始分二郡，順帝紀：「永建四年分會稽爲吳郡。」〔五〕漢初安得言「吳會稽」？當是錢所見本未誤，後人妄增之。本傳：「吳有章郡銅山」，亦爲後人於「章」上妄增一「豫」字，正與此同。魏文帝詩：「吹我東南行，行行至吳會。」〔六〕陳思王求自試表曰：「撫劍東顧，而心已馳於吳會矣。」〔七〕晉文王與孫皓書曰：「惠矜吳會，施及中土。」〔八〕魏元帝加晉文王九錫文曰：「埽平區宇，信威吳會。」〔九〕阮籍爲鄭沖勸晉王箋曰：「朝服濟江，埽除吳會。」〔十〕陳壽上諸葛亮集曰：「身使孫權，求援吳會。」〔十一〕羊祜上疏曰：「西平巴蜀，南和吳會。」〔十二〕荀勖食舉樂東西廂歌曰：「既禽庸蜀，吳會是賓。」〔十三〕左思魏都賦曰：「覽麥秀與黍離，可作謡於吳會。」〔十四〕武帝問劉毅曰：「吾平吳會，一同天下。」〔十五〕石崇奏惠帝曰：「吳會僭逆，幾於百年。」〔十六〕石勒表王浚曰：「晉祚淪夷，遠播吳會。」〔十七〕慕容廆謂高瞻曰：「翦鯨豕於二京，迎天子于吳會。」〔十八〕丁琪諫張祚曰：「先公累執忠節，遠宗吳會。」〔十九〕此不得以爲會稽之「會」也。蓋漢初元有此名，如曰吳都云爾。胡三省通鑑辨誤：「太史公謂吳爲江南一都會，故後人謂吳爲吳會。」〔二十〕若孫賁、朱桓傳，則後人之文，偶合此二字，不可以證吳王濞傳也〔二一〕。

〔一〕初刻八之七。「吳會」索引。

〔二〕即嘉泰會稽志。

〔三〕會稽志卷一注，稍有改易。全琮傳是亭林所加。

〔四〕北宋景祐本有「稽」字，鄭樵通志七十八引，亦有「稽」字。

〔五〕初刻全段只有此注。

〔六〕文選二九。

〔七〕文選三七。
〔八〕漢晉春秋二。
〔九〕晉書二。
〔十〕文選四十。
〔十一〕三國志蜀志五。
〔十二〕晉書三四。
〔十三〕樂府十三。
〔十四〕文選六。
〔十五〕晉書四五，原作「混一天下」。亦見通典十一食貨。
〔十六〕晉書三三。
〔十七〕晉書一〇四。
〔十八〕晉書一〇八。
〔十九〕晉書八六張祚載記。
〔二十〕通鑑辨誤卷十二。
〔二一〕集釋此段亦引錢大昕説。援庵批：「顧主吳會是一地，錢主吳會是二地，顧主濞傳無『稽』字。」

江西廣東廣西〔一〕

江西之名，殆不可曉。全司之地，竝在江南，不得言西。考之六朝以前，其稱江西者，竝在秦郡、今六合。歷陽、今和州。廬江今廬州府。之境，蓋大江自歷陽斜北下京口，故有東西之名。胡三省通鑑注：「大江東北流，故自歷陽至濡須口，皆謂之江西，而建業謂之江東。」〔二〕史記項羽本紀：「江西皆反。」〔三〕揚子法言：「楚分江西。」〔四〕三國志魏武帝紀：「進軍屯江西郝谿。」〔五〕吴主傳：「民轉相驚，自廬江、九江、今壽州。蘄春、廣陵户十餘萬，皆東渡江，江西遂虚，合肥以南，惟有皖城。」〔六〕孫瑜傳：「賓客諸將，多江西人。」〔七〕晉書武帝紀：「安東將軍王渾出江西。」〔八〕穆帝紀：「江西乞活，郭敞等執陳留内史劉仕而叛。」〔九〕時分北譙置陳留郡。郗鑒傳：「拜安西將軍、兗州刺史，都督揚州江西諸軍事，鎮合肥。」〔十〕桓伊傳：「進督豫州之十二郡，揚州之江西五郡軍事。」〔十一〕今之所謂江北，昔之所謂江西也。故晉地理志以廬江九江，自合肥以北至壽春，皆謂之江西〔十二〕。南齊書州郡志：「左僕射王儉啓，江西連接汝潁。」〔十三〕今人以江、饒、洪、吉諸州爲江西，是因唐貞觀十年，分天下爲十道，其八曰江南道。開元二十一年，又分天下爲十五道，而江南爲東西二道，江南東道理蘇州，江南西道理洪州，後人省文，但稱江東、江西爾。始見於舊唐書李峘傳：「乾元初，兼御史大夫，持節都統淮南江東江西節度宣慰觀察處置等使。」〔十四〕德宗紀：「建中三年十月辛亥，以嗣曹王皋爲洪州刺史、江西節度使。」〔十五〕劉禹錫和吴方之詩：「今歲雒中無雨雪，眼前風景是江西。」亦是中唐以後始有此稱〔十六〕。今之作文者，乃曰大江以西，謬矣。

〔一〕初刻八之四。
〔二〕初刻無此注。
〔三〕史記七。
〔四〕法言十。
〔五〕三國志一建安廿二年條。
〔六〕吴志二孫權傳。
〔七〕吴志六。
〔八〕晉書三。
〔九〕晉書八。
〔十〕晉書六七。
〔十一〕晉書八一。
〔十二〕晉書十五。
〔十三〕南齊書十四南豫州條。初刻無此注。
〔十四〕舊唐書一一二。
〔十五〕舊唐書十二。
〔十六〕初刻無此注。

今之廣東、廣西，亦廣南東路、廣南西路之省文也〔一〕。文獻通考：太宗至道三年，分天下爲十五路。其後又增三路，其十七曰廣南東路，其十八曰廣南西路〔二〕。

〔一〕宋廣南東路、廣南西路之省文。

〔二〕文獻通考三一五。

四川〔一〕

唐時劍南一道，止分東西兩川而已。至宋則爲益州路、後改爲成都府路。梓州路、後改爲潼川府路，即今潼川州。利州路、今保寧府廣元縣。夔州路，謂之川峽四路，後遂省文名爲四川〔二〕。

〔一〕初刻八之五，注同。

〔二〕宋「川峽四路」之省文。

史記菑川國薛縣之誤

漢魯國有薛縣。史記公孫弘傳：「齊菑川國薛縣人也。」〔一〕言齊又言菑川，而薛竝不屬二國，殊不可曉。正義曰：「表云：菑川國，文帝分齊置，都劇。括地志云：『故劇城在青州壽光縣南三十一里，故薛城在徐州滕縣界。』地理志：『薛縣屬魯國。』按薛與劇隔兗州及泰山，未詳。」〔二〕今考儒林傳言：「薛人公孫弘。」〔三〕是弘審爲薛人，上言齊菑川者，誤耳。

〔一〕史記一一二。
〔二〕括地志及地理志皆正義所引。按，亦正義按。
〔三〕史記一二一。

續漢郡國志：「薛本國。」注引地道記曰：「夏車正奚仲所封冢，在城南二十里山上。」皇覽曰：「靖郭君冢，在魯國薛城中東南陬；孟嘗君冢，在城中向門東。」〔一〕向門，出北邊門也。詩云：「居常與許。」鄭玄曰：「『常』或作『嘗』，在薛之旁，爲孟嘗君食邑。」〔二〕史記越世家：「願齊之試兵南陽莒地，以聚常、郯之境。」索隱曰：「常，邑名，蓋田文所封者。」〔三〕魏書地形志：「薛縣彭城郡有奚公山、奚仲廟、孟嘗君冢。」〔四〕水經注：「今薛縣故城側，猶有文冢，結石爲郭，作制嚴固，瑩麗可尋。」〔五〕而史記孟嘗君傳，正義曰：「薛故城在徐州滕縣南四十四里。」〔六〕今淄川縣志，據公孫弘傳之誤文，而以爲孟嘗君封邑，失之矣。路史云：「公孫弘生山，今淄川南四十里。」〔七〕亦誤。又按地理志：菑川國三縣：劇、東安平、樓鄉〔八〕。劇在今壽光縣西南，東安平在今臨淄縣東南一十里，樓鄉未詳所在。又高五王傳：「武帝爲悼惠王冢園在齊，迺割臨菑東圜悼惠王冢園邑，盡以予菑川。」〔九〕足明菑川在臨菑之東矣。今之淄川，不但非薛，并非漢之菑川，乃般陽縣耳。以爲漢之菑川，而又以爲孟嘗君之薛，此誤而又誤也。

〔一〕後漢書三十郡國志二。皇覽亦志注所引。
〔二〕詩魯頌閟宫。
〔三〕史記四一。
〔四〕魏書一〇六中。
〔五〕水經注二五泗水條。
〔六〕史記七五。
〔七〕路史國名記一薛國條注。
〔八〕漢書二八下。
〔九〕漢書三八。

曾子南武城人

史記仲尼弟子傳：「曾參南武城人。澹臺滅明武城人。」〔一〕同一武城，而曾子獨加「南」字。南武城故城，在今費縣西南八十里石門山下。正義曰：「地理志：定襄有武城，清河有武城，故此云南武城。」春秋襄公十九年：「城武城。」杜氏注云：「泰山南武城縣。」然漢書泰山郡無南武城，而有南成縣，屬東海郡〔二〕。續漢志作「南城」，屬泰山郡〔三〕。至晉始爲南武城，此後人之所以疑也。宋程大昌澹臺祠友教堂記〔四〕曰：「武城有四，左馮翊、泰山、清河、定襄皆以名縣。而清河特曰東武城者，史記平原君傳：封于東武城。以其與定襄皆隸趙，且定襄在西故也。若子游之所宰，其實魯邑，而東武城者，魯之北也，故漢儒又加『南』以別之。史遷之傳曾參曰『南武城人』者，創加也。子羽傳次曾子，省文但曰『武城』。而水經注引京相璠曰：今泰山南武城縣有澹臺子羽冢，縣人也〔五〕。可以見武城之即爲南武城也。」孟子言：「曾子居武城，有越寇，或曰：『寇至，盍去諸？』曰：『無寓人於我室，毀傷其薪木。』」新序則云：「魯人攻鄪，即「費」字。曾子辭于鄪君曰：請出，寇罷而後復來，毋使狗豕入吾舍。」〔六〕仁山金氏言：曾子書有此事，作魯人攻費。戰國策甘茂亦言：「曾子處費。」〔七〕則曾子所居之武城，費邑也。哀公八年傳：「吳伐我，子洩率故道險從武城。」又曰：「吳師克東陽，而進舍于五梧。」續漢志云：「南城有東陽城。」引此爲證〔八〕。今費縣西南七十里關陽鎮。又可以見南城之即爲武城也。南城之名，見於史記。齊威王曰：「吾臣有檀子者，使守南城，則楚人不敢爲寇。東取泗上，十二諸侯皆來朝。」〔九〕漢書但作「南成」。孝武封城陽共王子貞爲南城侯〔十〕。而後漢王符潛夫論云：「鄗畢之山，南城之冢。」〔十一〕章懷太子注：「南城〔十二〕，曾子父所葬，在今沂州費縣西南。」此又「南成」之即「南城」而在費之證也。晉書：南武城縣屬泰山郡。費縣屬琅邪郡〔十三〕。成化中，或言嘉祥之南武山有曾子墓，有漁者陷入其穴，得石碣而封志之。疑周世未有石碣，科斗古文亦非今人所識。嘉靖十二年，吏部侍郎顔鼎臣奏求曾氏後，得裔孫質粹於吉安之永豐，遷居嘉祥。十八年，授翰林院五經博士世襲。夫曹縣之冉堌，爲秦相穰侯魏冉之冢。史記：穰侯卒于陶，因葬焉〔十四〕。水經注：濟水又東逕秦相魏冉冢南〔十五〕。而近人之撰志者，以爲仲弓。如此之類，蓋難以盡信也。

〔一〕史記六七。
〔二〕漢書二八上地理志。
〔三〕後漢書三一郡國志三。

〔四〕待考。
〔五〕水經注二二渠水條。
〔六〕説苑八尊賢篇。顧誤説苑爲新序。
〔七〕戰國策四秦策。
〔八〕後漢書三一郡國志三。
〔九〕史記四六。
〔十〕漢書十五上王子侯表。
〔十一〕後漢書七九浮侈篇末。
〔十二〕「南城」下原有「山」字。
〔十三〕晉書十四、十五。
〔十四〕史記七二。
〔十五〕水經注七濟水條。

漢書二燕王傳〔一〕

漢書燕王定國傳：「殺肥如令郢人。」〔二〕按地理志，肥如自屬遼西郡〔三〕，不屬燕。武帝本紀，元朔元年秋，匈奴入遼西，殺太守〔四〕。諸侯王表言：武帝下推恩之令，而藩國自析。長沙、燕、代，雖有舊名，皆亡南北邊矣〔五〕。然則肥如令之殺於燕，必在元朔以前未析邊郡之時也。燕王旦傳：「發民會圍，大獵文安縣，以講士馬。」其上云：「武帝時，旦坐臧匿亡命，削良鄉、安次、文安三縣。」〔六〕是文安已削，不屬燕。又云：「昭帝立，大將軍霍光秉政，褒賜燕王錢三千萬，益封萬三千户。」〔七〕昭帝本紀亦云：「始元元年益封燕王、廣陵王，及鄂邑長公主，各萬三千户。」〔八〕然則文安縣之仍屬於燕，必在益封萬三千户之後也。此皆史文之互見者，可以參考而得之也。

〔一〕初刻八之九。
〔二〕漢書三五。
〔三〕漢書二八下。
〔四〕漢書六。
〔五〕漢書十四。
〔六〕漢書六三。
〔七〕漢書六三。
〔八〕漢書七。

徐樂傳〔一〕

漢書：「徐樂，燕郡無終人也。」〔二〕地理志無燕郡，而無終屬右北平〔三〕。考燕王定國以元朔二年秋有罪自殺，國除。而元狩六年夏四月，始立皇子旦爲燕王，而〔四〕其間爲燕郡者十年，而志軼之也。徐樂上書，當在此時。而無終以其時屬燕，後改屬右北平耳。

〔一〕初刻八之十。
〔二〕漢書六四上。
〔三〕漢書二八下。
〔四〕「而」原作「則」，潘本亦作「而」。

水經注大梁靈丘之誤〔一〕

左傳桓九年：「梁伯伐曲沃。」注：「梁國在馮翊夏陽縣。」邵芮曰：「梁近秦而幸焉。」

是也。漢書地理志云：「馮翊夏陽縣，故少梁也。」〔二〕水經注〔三〕乃曰：「大梁，周梁伯之居也。梁伯好土功，大其城，號曰新里。民疲而潰，秦遂取焉。後魏惠王自安邑徙都之。竹書紀年：梁惠成王六年四月甲寅，徙都於大梁。是也。」〔四〕是誤以少梁爲大梁，而不知大梁不近秦也。續漢志：「河南尹，梁故國，伯翳後。」注引博物記曰：「梁伯好土功，今梁多有城。」〔五〕亦誤。漢書「代郡靈丘」，應劭曰：「趙武靈王葬其東南二十里，故縣氏之。」〔六〕水經注曰：「史記趙敬侯二年，敗齊于靈丘，則名不因靈王也。」〔七〕按史記田敬仲完世家：「齊威王元年，三晉因齊喪，來伐我靈丘。」〔八〕六國表及趙魏韓世家竝同。趙世家：「惠文王十四年，相國樂毅將趙、秦、韓、魏、燕攻齊，取靈丘。十五年，趙與韓、魏、燕共擊齊，湣王敗走，燕獨深入取臨菑。」〔九〕而孟子謂蚳鼃曰：「子之辭靈丘而請士師。」〔十〕此別一靈丘，必在齊境，後入於趙。胡三省以爲即漢清河郡之靈縣〔十一〕。今之高唐、夏津皆其故地。于欽齊乘則云：「今滕縣東三十里，明水河之南有靈丘故城。」未知何據。趙岐孟子注但云：「靈丘，齊下邑。」〔十二〕而孝成王以靈丘封楚相春申君，益明其不在代郡矣。水經注云云，是誤以趙之靈丘爲齊之靈丘，而不知齊境不得至代也。孟子正義引地理志，代郡有靈丘縣。史記正義曰：「靈丘，蔚州縣。」〔十三〕竝誤。

〔一〕初刻八之八。

〔二〕漢書二八上。

〔三〕水經注三二渠水條。

〔四〕竹書下。竹書紀年乃酈注引。

〔五〕後漢書二九郡國志一。

〔六〕漢書二八下。無「東南二十里」等字。

〔七〕水經注十一滱水條。

〔八〕史記四六。

〔九〕史記四三。

〔十〕孟子公孫丑下。

〔十一〕通鑑一周安王廿四年注。

〔十二〕初刻無此注。

〔十三〕史記四三。

三輔黄圖〔一〕

漢西京宫殿甚多，讀史殊不易曉。三輔黄圖叙次頗悉，以長樂、未央、建章、北宫、甘泉宫爲綱，而以其中宫室臺殿爲目，甚得體要。但其無所附麗者，悉入北宫及甘泉宫下，則舛矣。雍録駮此書思子宫、萬歲宫隸甘泉之誤，而謂元書已亡，此出唐人所作〔一〕。誠然。今當以明光宫、太子宫二〔二〕宫别爲一條，爲長安城内諸宫。永信宫、中安宫、養德宫别爲一條，爲長安宫異名。長門宫、鉤弋宫、儲元宫、宣曲宫别爲一條，爲長安城外離宫。昭臺宫、犬臺宫、扶荔宫、蒲萄宫别爲一條，爲上林苑内離宫。宜春宫、五柞宫、集靈宫、鼎湖宫、「湖」當作「胡」，見漢書揚雄傳〔四〕。思子宫、黄山宫、池陽宫、步壽宫、萬歲宫、梁山宫、回中宫、首山宫别爲一條，爲各郡縣離宫。程大昌曰：「思子宫在湖，萬歲宫在汾陰，今皆以隸甘泉，與史不合。」〔五〕别有明光宫不知其地，附列於後，而梁山宫當并入秦梁山宫下，則區分各當矣。

〔一〕初刻八之十一。

〔二〕雍録一。

〔三〕〔二〕原作「長門宫三」，無下文之「長門宫」。

〔四〕漢書八七上。

〔五〕初刻只有此注。

大明一統志〔一〕

永樂中，命儒臣纂天下輿地書，至天順五年乃成，賜名曰大明一統志，御製序文。而前代相傳如括地志、太平寰宇記之書皆廢。今考其書，舛謬特甚，略摘數事，以資後人之改定云。

〔一〕原題作「大明一統志之謬」。

一統志：「三河本漢臨泃縣地。」今考兩漢書，竝無臨泃縣。唐書地理志幽州范陽郡潞縣下云：「武德二年置臨泃縣。貞觀元年，省臨泃。」而薊州漁陽郡三河下云：「開元四年，析潞縣置。」〔一〕故知本是一地，先分爲臨泃，後分爲三河，皆自唐，非漢也。

〔一〕新唐書三九。

一統志引古事外戾最多，未有若密雲山之可笑者。晉書石季龍載記〔一〕：「段遼棄令支奔密雲山，遣使詐降。季龍使征東將軍麻秋迎之。遼又遣使降于慕容皝曰：『彼〔二〕貪而無謀，吾今請降求迎，彼不疑也。若伏重兵要之，可以得志。』皝遣子恪伏兵於密雲，麻秋統兵三萬迎遼，爲恪所襲，死者什六七，秋步遁而歸。」是段遼與燕合謀而敗趙之衆也。今一統志云：「密雲山在密雲縣南一十五里，亦名横山。昔燕趙伏兵於此，大獲遼衆。」是反以爲趙與燕謀而敗遼之衆，又不言段而曰遼，似以遼爲國名。豈修志諸臣并晉書而未之見乎？

〔一〕晉書一〇六。

〔二〕「彼」原作「胡」。

一統志：「楊令公祠，在密雲縣古北口，祀宋楊業。」按宋史楊業傳：「業本太原降將，太宗以業老於邊事，遷代州兼三交今陽曲縣駐泊兵馬都部署。會契丹入雁門，業領麾下數千騎，自西京而出，由小陘至雁門北口，南嚮背擊之，契丹大敗，以功遷雲州觀察使。雍熙三年，大兵北征，以忠武軍節度使潘美爲雲應路行營都部署，命業副之。以西上閤門使、蔚州刺史王侁，軍器庫使、順州團練使劉文裕護其軍。諸軍連拔雲、應、寰、朔四州，師次桑乾河。會曹彬之師不利，諸路班師，美等歸代州。未幾，詔遷四州之民於內地，令美等以所部兵護之。時契丹復陷寰州，侁令業趨雁門北川。業以爲必敗，不可。侁偪之行，業指陳家谷口曰：『諸君於此張步兵强弩爲左右翼以援。』美即與侁領麾下兵陳於谷口。自寅至巳，侁使人登托邏臺望之，以爲契丹敗走，欲爭其功，即領兵離谷口。美不能制，乃緣交河西南行二十里。俄聞業敗，即麾兵却走。業力戰至谷口，望見無人，即拊膺大慟，再率帳下士力戰。身被數十創，士卒殆盡，業猶手刃數十人，馬重傷不能進，爲契丹所擒，不食三日死。」〔一〕是業生平未嘗至燕。況古北口又在燕東北二百餘里，地屬契丹久矣，業安得而至此？且史明言雁門之北口，而以爲密雲之古北口，是作志者東西尚不辨，何論史傳哉？

又按遼史聖宗紀：「統和四年七月丙子，樞密使斜軫奏，復朔州，擒宋將楊繼業。」〔二〕耶律斜軫傳：「繼業敗走至狼牙村，衆軍皆潰，繼業爲飛矢所中，被擒。」〔三〕與宋史略同。密雲縣志：「威靈廟，在古北口北門外一里，祀宋贈太尉、大同軍節度使楊公。」成化十八年，禮部尚書周洪範記，引宋史全文，而不辨雁門北口之非其地。豐潤縣志：「令公村，在縣西十五里，宋楊業屯兵拒遼於此有功，故名。」并承一統志而誤。

〔一〕宋史二七二。

〔二〕遼史十一。

〔三〕遼史八三。

一統志：「遼章宗陵在三河縣北五十五里。」考遼無章宗，其一代諸帝，亦無葬三河者。一統志：「金太祖陵、世宗陵，俱在房山縣西二十里三峰山下。宣宗陵、章宗陵，俱在房山縣西大房山東北。」按金史海陵紀〔一〕：貞元三年三月乙卯，命以大房山雲峰寺爲山陵，建行宫其麓。五月乙卯，命判太宗正事京等如上京奉遷太祖、太宗梓宫。十一月乙巳朔，梓宫發丕承殿。戊申，山陵禮成。正隆元年七月己酉，命太保昂如上京奉遷始祖以下梓宫。八月丁丑，如大房山行視山陵。十月乙酉，葬始祖以下十帝於大房山。閏月己亥朔，山陵禮成。又太祖紀：太祖葬睿陵。太宗紀：太宗葬恭陵。世宗紀：世宗葬興陵。章宗紀：章宗葬道陵。又熙宗紀：帝被弑，葬於皇后裴滿氏墓中。貞元三年改葬於大房山蓼香甸，諸王同兆域。大定初，追上謚號，陵曰思陵。二十八年，改葬於峨眉谷，仍號思陵。又海陵紀：葬於大房山鹿門谷。後降爲庶人，改葬於山陵西南四十里。又睿宗紀：大定二年，改葬於大房山，號景陵。顯宗紀：大定二十五年十一月庚寅，葬於大房山。章宗即位，號曰裕陵〔二〕。是則金代之陵，自上京而遷者十二帝，其陵曰光、曰熙、曰建、曰輝、曰安、曰定、曰永、曰泰、曰獻、曰喬、曰睿、曰恭。其崩於中都而葬者二帝，其陵曰興、曰道。被弑者一帝，其陵曰思。追謚者二帝，其陵曰景、曰裕，被弑而降爲庶人者一帝，葬在兆域之外。而宣宗則自即位之二年，遷於南京。三年五月，中都爲蒙古所陷，葬在大梁，非房山矣。今一統志止有四陵，而誤列宣宗，又躋於章宗之上，諸臣不學之甚也。

〔一〕金史五。

〔二〕見金史二、三、八、十二、四、五、十九。

漢書地理志〔一〕：樂浪郡之縣二十五，其一曰朝鮮。應劭曰：「故朝鮮國，武王封箕子於此。」志曰：「殷道衰，箕子去之朝鮮。」山海經曰：「朝鮮在列陽東海北山南。」注：「朝鮮，今樂浪縣，箕子所封也。」〔二〕在今高麗國境内。慕容氏於營州之境立朝鮮縣，魏又於平州之境立朝鮮縣，但取其名，與漢縣相去則千有餘里。一統志乃曰：「朝鮮城，在永平府境内，箕子受封之地。」則是箕子封於今之永平矣。當日儒臣令稍知今古者爲之，何至於此？爲之太息。

〔一〕漢書二八下。
〔二〕山海經海内北經第十二。

一統志登州府名宦下云：「劉興居，高祖孫，齊悼惠王肥子。誅諸吕有功，封東牟侯，惠澤及於邦人，至今廟祀不絶。」考史記、漢書本紀、年表，興居以高后六年四月丁酉封。孝文帝二年冬十月，始令列侯就國。春二月乙卯，立東牟侯興居爲濟北王。其明年秋以反誅。是興居之侯於東牟僅三年，其奉就國之令，至立爲濟北王，相距僅五月，其曾到國與否不可知，安得有惠澤及人之事，歷二千年而思之不絶者乎？甚矣修志者之妄也。

王文公虔州學記：「虔州江南地最曠，大山長谷，荒翳險阻。」〔一〕以「曠」字絶爲一句，「谷」字絶爲一句，「阻」字絶爲一句〔二〕，文理甚明。今一統志贛州府形勝條下，摘其二語曰：「地最曠大，山長谷荒。」句讀之不通而欲從事於九丘之書，真可謂千載笑端矣。

〔一〕文見臨川集八二。
〔二〕可删十字，作「以『曠』字、『谷』字、『阻』字絶句」。

交阯

大學衍義補〔一〕曰：「交阯，本秦漢以來中國郡縣之地，秦爲象郡地。漢武帝平南越，置交趾、九真、日南三郡。五代時，爲劉隱所并。至宋初，始封爲郡王，然猶授中國官爵勳階，如所謂特進、檢校太尉、靜海軍節度觀察等使，及賜號推誠順化功臣，皆如內地之臣，未始以國稱也。其後封南平王，奏章文移，猶稱安南道。孝宗時，始封以王，稱國，而天下因以高麗、真臘視之，不復知其爲中國之郡縣矣。李氏傳八世，陳氏傳十二世，至日焜爲黎季犛所篡。季犛上表，竄姓名爲胡一元，子蒼，易名查，詐稱陳氏絶嗣，查爲甥，求權署國事。太宗〔二〕皇帝從其請。逾年，陳氏孫名添平者，始遁至京，愬其實。季犛乃表請迎添平還國，朝廷不逆其詐，遣使送添平歸。抵其境，季犛伏兵殺之，并及使者。事聞，太宗偏告於天地神祇，聲罪致討，遣征夷將軍朱能等征之。能道卒，命副將張輔總其兵，生禽季犛及其子蒼、澄，獻俘京師。詔求陳氏遺裔立之，國人咸稱季犛殺之盡，無可繼者，僉請復古郡縣。遂如今制，立交阯都、布、按三司，及各府州縣衛所諸司，一如內地。其後有黎利者，乃彼中么麽小醜耳〔三〕，中官庇之，遂至猖肆，上表請立陳氏後。宣宗皇帝謂，此皇祖意也，遂聽之，即棄其地，俾復爲國。嗚呼！自秦并百粵，交阯之地已與南海、桂林同入中國。漢武立嶺南九郡，而九真、日南、交阯與焉。在唐中葉，江南之人仕中國，顯者猶少，而愛州人姜公輔，唐書：姜公輔，愛州日南人。已仕中朝爲學士宰相，與中州之士相頡頏矣。奈何世歷五代，爲土豪所據。宋興不能討之，遂使兹地淪於蠻夷之域，而爲侏儷藍縷之俗。三百餘年，而不得與南海、桂林等六郡同爲衣冠禮樂之區，一何不幸哉！」按交阯自漢至唐爲中國之地，在宋爲化外州，雖貢賦版籍不上户部，然聲教所及，皆邊州帥府領之。永樂間平定其地，設交阯都指揮使司、布政使司、按察司各一，衛十、千户所二、府十三、六年十月，自州陞爲府者二。州四十一、縣二百八、市舶提舉司一、巡檢司百、税課司局等衙門九十二。而升遐之後，上尊謚議，以復交阯郡縣於數千載之後，驅漢北殘寇〔四〕於數萬里之外爲言。既述武功之成，亦侈輿圖之廣。後以兵力不及而棄之。乃天順中修一統志，竟以安南與占城、暹羅等國同爲一卷。天順八年七月實録：「寧遠州本中國地，國初屬雲南布政司。宣德初，黎利叛，朝廷予之故地，乃并寧遠州及廣西太平府之禄州爲所占。當時有司失於檢察，今遂陷於夷。嗟乎！巴、濮、楚、鄧，吾南土也。狃域中之見，而忘無外之規，吾不能無議夫儒臣者。

〔一〕大學衍義補一五三。

〔二〕「太宗」上原有「我」字。
〔三〕此句原作「乃其夷中之夷也」。
〔四〕「漢」原作「漢」，「寇」原作「虜」。

大明清類天文分野書，洪武十七年閏十月進。其中如上都、大寧、遼東諸郡縣，並載前代沿革，而云「本朝未立」。内地如河間府之莫州、莫亭、會川、樂壽，亦具前代沿革，而云「本朝未立」。不以一時郡縣之有無而去歷代相因之版籍，甚爲有體。

薊〔一〕

漢書：「薊故燕國，召公所封。」〔二〕後漢書：「薊本燕國，刺史治。」〔三〕自七國時燕都於此。項羽立臧荼爲燕王，都薊，高帝因之，爲燕國。元鳳元年，燕刺王旦自殺，國除爲廣陽郡。本始元年爲廣陽國。建武十三年省屬上谷。永平八年，一作「永元六年」。復爲廣陽郡。晉復爲燕國。魏爲燕郡。隋開皇初廢，大業初置涿郡。唐天寶元年更名范陽郡，並治薊。水經：「㶟水過廣陽薊縣北，又東至漁陽雍奴縣。」注：「今城内西北隅有薊丘，因丘以名邑也。」〔四〕後漢書彭寵傳：「寵反漁陽，自將二萬餘人攻朱浮於薊。」〔五〕晉書載記：「魏圍燕中山，清河王會自龍城遣兵赴救。建威將軍餘崇爲前鋒，至漁陽，遇魏千餘騎，鼓譟直進，殺十餘人，魏騎潰去，崇亦引還。會乃上道徐進，始達薊城。」〔六〕即此三事，可見薊在漁陽之西。唐書地理志：「幽州范陽郡，治薊。開元十八年，析置薊州漁陽郡，治漁陽。」〔七〕及遼改薊爲析津縣，因此薊之名，遂没於此，而存於彼。今人乃以漁陽爲薊，而忘其本矣。史記樂毅書：「薊丘之植，植於汶篁。」〔八〕此即水經注所言薊丘。

〔一〕以下均北地。
〔二〕漢書二八下。
〔三〕後漢書郡國志五幽州廣陽郡。
〔四〕水經注十三灅水條。「㶟」爲「灅」之誤。
〔五〕後漢書四二。
〔六〕晉書未見，通鑑一〇九隆安元年三月條載此。
〔七〕新唐書三九。
〔八〕史記八十。

禮記樂記：「武王克殷反商，未及下車，而封黄帝之後於薊。」史記及水經注並云「堯後」。疏云：「今涿郡薊縣是也，即燕國之都。」孔安國、司馬遷及鄭皆云：燕祖召公，與周同姓。按黄帝姓姬，召公蓋其後也。穀梁傳曰：「燕，周之分子也。」〔一〕皇甫謐因謂召公爲文王之庶子，而范甯注又以爲成王所封，然考左傳富辰之言，不叙及燕。按此以薊、燕爲一國，而召公即黄帝之後。史記周本紀：「武王封帝堯之後於薊，封召公奭於北燕。」〔二〕正義曰：「按周封以五等之爵。薊、燕二國，俱武王立，因燕山、薊丘爲名，其地足自立國，後薊微燕盛，乃并薊居之。」其説爲長。

〔一〕穀梁傳莊三十年。

〔二〕史記四。

夏謙澤

晉書載記：「慕容寶盡徙薊中府庫北趨龍城，魏石河頭引兵追及之于夏謙澤。」〔一〕胡三省通鑑注：「夏謙澤，在薊北二百餘里。」〔二〕恐非。按水經注：「鮑丘水東南流，逕潞城南，又東南入夏澤。澤南紆曲，渚一十餘里，北佩謙澤，眇望無垠也。」下云：「鮑丘水又東與泃河合。」〔三〕三河志：「鮑丘河，在縣西二十五里，源自口外南流，逕九莊嶺，過密雲，合道人溪，至通州之米莊村，合沽水入泃河。」今三河縣西三十里，地名夏店，舊有驛，鮑丘水逕其下，而泃河自縣城南至寶坻下入於海。疑夏店之名，因古夏澤。其東彌望皆陂澤，與水經注正合。自薊至龍城，此其孔道。寶以丙辰行，魏人以戊午及之，相距二日，適當其地也。

〔一〕晉書一二四慕容寶載記無，此實引通鑑一〇九。

〔二〕通鑑一〇九晉隆安元年三月條。

〔三〕水經注十四。

石門

後漢書公孫瓚傳：「中平中，張純與烏桓丘力居等入寇。瓚追擊，戰於屬國石門，大敗之。」注：「石門山在今營州柳城縣西南。」〔一〕而水經注云：「濡水又東南逕石門峽，山高嶄絶，壁立洞開，俗謂之石門口。漢中平五年，公孫瓚討張純，戰于石門，大破之。」〔二〕

今薊州東北六十里石門驛，即水經注之石門是也。按史本紀但言石門，而傳言屬國石門，明有兩石門。北齊書：「皮慶賓，正光中，因使懷朔，遇世亂，遂家廣寧之石門縣。」〔三〕水經注所指，乃漁陽之石門，非遼東屬國之石門〔四〕，當以柳城爲是。通典：柳城有石門山〔五〕。

〔一〕後漢書一〇三。
〔二〕水經注十四鮑丘水條。
〔三〕北齊書四一。
〔四〕「石門」之名常見於各地。
〔五〕通典一七八州郡。

無終

玉田，漢無終縣。漢書地理志：「故無終子國，浭水西至雍奴入海。」〔一〕史記：「項羽封韓廣爲遼東王，都無終。」〔二〕後漢書：「吳漢將二十騎，先馳至無終。」〔三〕韋昭國語解：「無終山戎之國，今爲縣，在北平。」〔四〕水經注：「藍水出北山，東屈而南流，逕無終縣故城東。故城，無終子國也。魏氏土地記曰：「右北平城西北百三十里有無終城。」〔五〕無終之爲今玉田，無可疑者。然左傳襄公四年：「無終子使孟樂如晉，因魏莊子納虎豹之皮以請和諸戎。」昭公元年：「晉中行穆子，敗無終及群狄于太原。」漢書樊噲傳：「擊陳豨，破得綦毋卬、尹潘軍於無終廣昌。」〔六〕則去玉田千有餘里。豈無終之國，先在雲中代郡之境，而後遷于右北平與？左傳正義曰：「釋例土地名，以北戎、山戎、無終三名爲一。北平有無終縣，太原即太原郡晉陽縣是也。計無終在太原東北二千許里，遠就太原來與晉戰，不知其何故也？蓋與諸戎近晉者相率而來也。」〔七〕

〔一〕漢書二八下。
〔二〕史記七。
〔三〕後漢書四八。
〔四〕國語十三晉語。
〔五〕水經注十四鮑丘水條。土地記乃酈注引。
〔六〕漢書四一。
〔七〕左傳昭公元年正義。

柳城

史言：慕容皝以柳城之北，龍山之西，福德之地，乃營立宗廟宮闕，命曰龍城〔一〕。一統志：柳城在永平府西二十里，龍山在府西四十里。永平府舊志：「柳城在昌黎縣西南六十里。漢末爲烏桓所據，曹操滅之。歷魏、晉爲慕容氏父子所據。隋置縣，屬遼西郡。唐置營州。元省入昌黎，爲靜安社。」其説與史不同。今府西二十里，全無遺迹，而靜安社，則嘉靖三十一年立爲堡，然皆非柳城之舊也。按唐書營州柳城郡下云：「城西四百八十里，有渝關守捉城。」又云：「西北接奚，北接契丹。」〔二〕通典，營州柳城郡下云：「東至遼河四百八十里，南至海二百六十里，西至北平郡七百里，北至契丹界五十里，東南到安東府二百七十里，西南到北平郡七百里，西北到契丹界七十里，東北到契丹界九十里。」而平州北平郡下云：「東至柳城郡七百里，西至漁陽郡三百里，東北到柳城郡七百里。」〔三〕是柳城在今永平之東北七百里，而慕容氏之龍城、昌黎，及魏以後之營州，並在其地。唐萬歲通天元年，爲契丹所陷。聖曆二年，僑治漁陽。開元五年，又還治柳城。舊唐書宋慶禮傳：「初營州都督府置在柳城，控帶奚、契丹。則天時，都督趙文翽政理乖方，兩蕃反叛，攻陷州城。其後移於幽州東二百里漁陽城安置。

開元五年，奚、契丹各款塞歸附。玄宗乃詔慶禮及太子詹事姜師度、左驍衛將軍邵宏等充使，更於柳城築營州城，興役三旬而畢。」〔四〕詔書見册府元龜。而今之昌黎，乃金之廣寧縣。大定二十九年，改爲昌黎，名同而地異也。

〔一〕前燕。語見十六國春秋䟽傳。寰宇記七一營州條，御覽一六二營州條均引之。水經注十四大遼水條白狼水下亦用其語，而未著書名。通鑑九六咸康七年正月作「龍城之西」。

〔二〕新唐書三九地理志。

〔三〕通典一七八。

〔四〕舊唐書一八五下。

三國志：「魏武帝用田疇之言，上徐無山，塹山堙谷五百餘里，經白檀，歷平岡，涉鮮卑庭，東指柳城。」〔一〕徐無山在今玉田，則柳城在玉田之東北數百里也。北齊書：「顯祖伐契丹，以十月丁酉，至平州，從西道趨長塹，辛丑至白狼城，壬寅至昌黎城。」〔二〕是昌黎在平州之東，北齊主之行急，猶五日而後至也。隋書：「漢王諒伐高麗，軍出臨渝關，至柳城。」〔三〕唐書：「太宗伐高麗還，以十月丙午，次營州。詔遼東戰亡士卒骸骨，並集柳城東南，命有司設大牢，上自作文以祭之。丙辰，皇太子迎謁於臨渝關。」〔四〕關在今撫寧之東，則柳城又在其東。太宗之行遲，故十日而後至也。

〔一〕魏志一武帝紀建安十二年七月條，又略見卷十一田疇傳。

〔二〕北齊書四天保四年。

〔三〕通鑑一七八開皇十八年六月條，亦見隋書八一高麗傳。此引通鑑。

〔四〕通鑑一九八貞觀十九年條。新唐書二太宗紀貞觀十九年條略載之。此實引通鑑。

遼史載柳城曰：「興中府，古孤竹國，漢柳城縣地。慕容皝以柳城之北，龍山之南，福德之地，乃築龍城，構宮廟，改柳城爲龍城縣，而遷都之，號曰和龍宮。慕容垂復居焉。垂都鄴，其子寶始遷龍城，非垂也。後爲馮跋所滅。高雲滅慕容氏，馮跋代高雲，非跋滅慕容氏也。魏取之爲遼西郡。隋平高寶寧，置營州。煬帝改柳城郡。唐武德初，改營州總管府，尋爲都督府。萬歲通天元年，陷李萬榮。神龍初，徙府幽州。開元四年，復治柳城，八年徙漁陽，十年還柳城。後爲奚所據。舊唐書奚傳：「李大輔與契丹首領李失活，請於柳城依舊置營州都督府。」從之。太祖平奚及俘燕民，將建城，命韓知方擇其處。乃完葺柳城，號霸州彰武軍節度。重熙十年，升興中府。有太華山、小華山、香高山、麝香崖、天授皇帝刻石在焉，駐龍峪、神射泉、小靈河。統州二、縣四，其一曰興中縣，本漢柳城縣地。太祖掠漢民居此，置霸城縣。重熙中置府，更名。」〔一〕此文述柳城之故，頗爲詳備。元世祖至元七年十月己丑，降興中府爲州。以地圖案之，當在今前屯衛之北。但唐書平州下云：「又有柳城軍，永泰元年置。」〔二〕蓋唐時柳城之地，屢被陷没，移徙無常。此其在平州者，或即今之靜安社未可知。通典：「醫無閭山在遼東。今於柳城郡東置祠遥禮。」此即是移置之柳城。然不可以永泰元年之柳城，爲古之柳城也。

〔一〕遼史三九地理志三。
〔二〕新唐書三九地理志。

一統志采輯諸書，不出一人之手。如柳城廢縣，既云「在府城西二十里」矣，而於土産則云：「人參、麝香、豹尾，俱廢柳城縣出。」今府西二十里，乃灤河之西，洞山之南，沙土之地，其能出此三物乎？按唐書：營州柳城郡，貢人葠、麝香、豹尾、皮骨骴〔一〕。志本引之，而不知所指府西二十里廢柳城縣之誤也。

〔一〕新唐書三九地理志。

昌黎

按昌黎有五。漢書：「遼西郡之縣，其八曰交黎，渝水首受塞外南入海，東部都尉治。」應劭曰：「今昌黎。」〔一〕水經注：「白狼水，又東北逕昌黎縣故城西。地理志曰，交黎也。」〔二〕通鑑注：「昌黎，漢交黎縣，屬遼西郡，後漢屬遼東屬國都尉。魏齊王正始五年，鮮卑内附，復置遼東屬國，立昌黎縣以居之。後立昌黎郡。」〔三〕晉書武帝紀：「太康二年，慕容廆寇昌黎。二年，安北將軍嚴詢敗慕容廆於昌黎。」〔四〕「成帝咸康二年，慕容皝自昌黎東踐冰而進，凡三百餘里，至歷林口。」〔五〕是則在渝水下流，而當海口，此一昌黎也。晉書載記：「慕容皝徙昌黎郡。」又云：「破宇文歸之衆，徙其部人五萬餘落於昌黎。」〔六〕及慕容盛之世，有昌黎尹張順、劉忠〔七〕。高雲以馮素弗〔八〕爲昌黎尹。馮跋之世，有昌黎尹孫伯仁〔九〕。以史考之，當去龍城不遠，此又一昌黎也。魏併柳城、昌黎、棘城於龍城，而立昌黎郡。志云：有堯祠、榆頓城、狼水。而列傳如韓麒麟、韓秀、谷渾、孫紹之倫，皆昌黎人。即燕之舊都龍城，此又一昌黎也。齊以後昌黎之名廢。至唐太宗貞觀三年，更崇州爲北黎州，治營州之東北廢陽師鎮。八年，復爲崇州，置昌黎縣，後淪於奚。遼史：建州永康縣，本唐昌黎縣地〔十〕。此又一昌黎也。遼太祖以定州俘户置營州鄰海軍，其縣一，曰廣寧。金世宗大定二十九年，改爲昌黎，相沿以至於今。在永平府城東南七十里，此又一昌黎也。郭造卿永平志辨昌黎有二，而不知其有五，今序而列之，論古者可以無惑焉。

〔一〕漢書二八下。
〔二〕水經注十四大遼水條引地理志。
〔三〕通鑑八一晉太康二年十月條。
〔四〕晉書三，下「二年」原作「三年」。
〔五〕通鑑九五。
〔六〕晉書一〇九。
〔七〕晉書一二四。
〔八〕素弗，跋弟。
〔九〕晉書一二五。
〔十〕遼史三九。

韓文公多自稱昌黎。唐書載韓氏世系則云：「漢弓高侯穨當裔孫世居潁川，徙安定、武安、常山、九門，而生安定桓王茂。」〔一〕爲公之六世祖，與昌黎之韓，支派各别，故先儒以爲公之自稱，本其郡望。宋元豐七年，封公爲昌黎伯，亦是取其本望。唐宋封爵，必取本望。元和中，朔方帥天水閻某者，封邑太原，乃自言非本郡。上謂宰相李吉甫曰：「有司之誤，不可再也，宜使儒生條其源系，考其郡望，子孫職任，並總輯之。每加爵邑，則令閱視。」乃命林寶撰次元和姓纂十一卷〔二〕。明初〔三〕亦如之。太平忠臣祠，追封花雲東丘郡侯、許瑗高陽郡侯、王鼎太原郡侯，是也。如韓長鸞、韓建封昌黎王，韓擇木封昌黎伯，韓偓封昌黎男之比。若昌黎之韓，最著於魏，如麒麟、顯宗，史明言其爲昌黎棘城人，又非今之昌黎也。然則文公之没，二百六十年而始封昌黎伯，又一百六年而始立今之昌黎縣。以金之縣而合宋之封，遂謂文公爲此縣之人，其亦未之考矣。

〔一〕新唐書七三上宰相世系表。

〔二〕語本元和姓纂林寶序。「十一卷」應作「十卷」。

〔三〕「明初」原作「本朝初」。

石城

漢右北平郡之縣十六，其三曰石城。後漢無之，蓋光武所併省也。至燕分置石城郡，考之通鑑及晉載記，得二事：「慕容寶宿廣都黄榆谷，清河王會勒兵攻寶，寶帥輕騎馳二百里，晡時至龍城，會遣騎追至石城不及。」〔一〕是廣都去龍城二百里，而石城在其中間也。慕容熙畋于北原，石城令高和與尚方兵於後作亂。注云：「高和本爲石城令，時以大喪會於龍城。」〔二〕是石城去龍城不遠也。魏書地形志，廣興下云：「有鷄鳴山、石城、大柳城。」〔三〕此即漢之石城矣。魏太平真君八年，置建德郡，治白狼城，領縣三，其一曰石城，有白鹿山祠。其二曰廣都〔四〕。水經注：「石城川水出西南石城山，東流，逕石城縣故城南，北屈逕白鹿山西，即白狼山也，又東北入廣城縣東。」〔五〕廣成即廣都城，燕之石城在廣都之東北，而此在廣都之西南，是魏之石城，非燕之石城矣。隋書始無石城，云北齊廢之〔六〕。而唐書平州石城下云：「本臨渝，武德七年省，貞觀十五年復置，萬歲通天二年更名。有臨渝關，有大海，有碣石山。」〔七〕是武后所更名之石城，又非魏之石城矣。舊唐書回紇傳：「追躡史朝義至平州石城縣，梟其首。」〔八〕遼史：「灤州統縣三，其三曰石城。」下云：「唐貞觀中，於此置臨渝縣。萬歲通天元年，改石城縣。在灤州南三十里，唐儀鳳石刻在焉。今縣又在其南五十里，遼置以就鹽官。」〔九〕是遼之石城，又非唐之石城矣。今之開平中屯衛，自永樂三年徙於石城廢縣，在灤州西九十里，乃遼之石城，而一統志以爲漢舊縣，何其謬與！

〔一〕通鑑一〇九晉隆安元年四月條，晉書一二四。

〔二〕通鑑一一二晉元興元年十一月條。

〔三〕魏書一〇六上昌黎郡下。

〔四〕魏書一〇六上建德郡下。

〔五〕水經注十四大遼水條。不檢原文不知誰爲水經注語。

〔六〕隋書三十地理志遼西郡柳城條下言之。

〔七〕新唐書三九地理志。

〔八〕舊唐書一九五。

〔九〕遼史四十。

木刀溝

新樂縣西南三十里，有水名木刀溝。新唐書地理志新樂下云：「東南二十里有木刀溝，有民木刀居溝旁，因名之。」〔一〕予過新樂，林君華皖見示所修縣志，以木刀爲不典，改爲木鐸。因取筍中唐志示之，林君爽然自失。憲宗紀：「元和五年四月丁亥，河東節度使范希朝、義武軍節度使張茂昭，及王承宗戰於木刀溝，敗之。」〔二〕范希朝傳同。張茂昭傳：「承宗以騎二萬踰木刀溝，與王師薄戰。茂昭躬擐甲爲前鋒，令其子克讓、從子克儉，與諸軍分左右翼繞戰，大破之。」〔三〕沙陀傳：「王承宗衆數萬，伏木刀溝，與朱邪執宜遇。飛矢雨集，執宜提軍横貫賊陣鏖鬭，李光顔等乘之，斬首萬級。」〔四〕而舊書李光進傳：「范希朝引師救易定，表光進爲步都虞候，戰於木刀溝有功。」〔五〕此溝在鎮定二節度之界，占爲戰地。

〔一〕新唐書三九。
〔二〕新唐書七。
〔三〕新唐書一四八。
〔四〕新唐書二一八。
〔五〕舊唐書一六一。

江乘〔一〕

古時未有瓜洲。蔡寬夫詩話：「潤州大江，本與今揚子橋對岸，而瓜洲乃江中一洲耳。」〔二〕今與揚子橋相連矣。以故自古南北之津，上則由采石，下則由江乘，而京口不當往來之道。史記：「秦始皇登會稽，還從江乘渡。」正義云：「江乘故縣在今潤州句容縣北六十里。」〔三〕吴徐盛作疑城自石頭至江乘〔四〕。晉蔡謨自士山至江乘，鎮守八所，城壘凡十一處，皆以沿江爲防守之要〔五〕。今其地在上元縣東北五十里。唐肅宗上元元年，李峘闢北固爲兵場，插木以塞江石。劉展軍于白沙，設疑兵於瓜洲，多張火鼓，若將趨北固者。如是累日，峘悉鋭兵守京口以待之。展乃自上流濟，襲下蜀。胡三省通鑑注云：「此自白沙濟江也。昇州東北九十里至句容縣有下蜀戍，在句容縣北，近江津。」〔六〕今江乘去江幾二十里以外，皆爲洲渚，而渡口乃移于龍潭。又瓜洲既連揚子橋，江面益狹。而隋唐之代，復以丹陽郡移治丹徒，於是渡者舍江乘而趨京口。舊唐書張延賞傳：「邊江之瓜洲，舟航湊會，而懸屬江南。延賞奏請，以江爲界，人甚便之。」〔七〕宋乾道四年，築瓜洲南北城，而京口之渡，至今因之。

〔一〕初刻八之十三，只有前段，無注。以下均南地。

〔二〕蔡居厚，宋史三五六。四庫不著録，苕溪漁隱叢話前集廿四引。

〔三〕史記六。

〔四〕三國志吴志二孫權傳建武三年九月條。

〔五〕晉書七七。原文及潘本、武昌本「士山」均作「土山」。

〔六〕通鑑二二一上元元年十一月條。

〔七〕舊唐書一二九。

瓜洲得名，本以瓜步山之尾生此一洲故爾。舊唐書齊澣傳：「潤州北界隔江至瓜步尾，紆匯六十里，船繞瓜步，多爲風濤漂損。澣乃移漕路於京口塘下，直渡江二十里，又開伊婁河，二十五里，即達揚子縣〔一〕。胡三省通鑑注：「今之揚子橋，或是唐之揚子縣治所，橋以此得名也。」〔二〕自是免漂損之災，歲減脚錢數十萬。又立伊婁埭，官收其課，迄今〔三〕利濟焉。」此京口漕路繇瓜洲之始。玄宗紀載此事，則謂之瓜洲浦〔四〕。而五行志：開元十四年七月，潤州大風，從東北海濤奔上，没瓜步洲，損居人〔五〕。永王璘傳：李承式使判官評事裴茂，以步卒三千拒於瓜步洲伊婁埭〔六〕。則此洲本亦謂之瓜步洲也。

〔一〕舊唐書一九〇中。
〔二〕通鑑二一四唐開元廿六年條末。
〔三〕今，舊唐書語。
〔四〕舊唐書九。
〔五〕舊唐書三七。
〔六〕舊唐書一〇七，「李承式」原作「李成式」。

郭璞墓

晉書郭璞傳：「璞以母憂去職，卜葬地于暨陽，去水百步許。人以近水爲言，璞曰：『當即爲陸矣。』其後沙漲，去墓數十里皆爲桑田。」〔一〕王惲集〔二〕乃云：「金山西北大江中，亂石間有叢薄，鴉鵲棲集，爲郭璞墓。」按史文元謂去水百步許，不在大江之中，且當時即已沙漲爲田，而暨陽在今江陰縣界，不在京口。又所葬者璞之母，而非璞也。世之所傳皆誤。世説載璞詩曰：「北阜烈烈，巨海混混，壘壘三墳，惟母與昆。」〔三〕則璞又有一兄同葬。

〔一〕晉書七二。

〔二〕王惲，衛州汲縣人。元史一六七有傳。有秋澗集。

〔三〕世説卷下之上術解。

蟂磯

蕪湖縣西南七里大江中蟂磯，相傳昭烈孫夫人自沈於此，有廟在焉。按水經注：「武陵孱陵縣故城，王莽更名孱陸也。劉備孫夫人，權妹也。又更修之。」〔一〕則是隨昭烈而至荆州矣。蜀志曰：「先主既定益州，而孫夫人還吳。」〔二〕又裴松之注引趙雲列傳曰：「先主入益州，雲領留營司馬。時孫夫人以權妹驕豪，多將吳吏兵，縱横不法。先主以雲嚴重，必能整齊，特任掌内事。權聞備西征，大遣舟船迎妹，而夫人欲將後主還吳。雲與張飛勒兵截江，乃得後主還。」〔三〕是孫夫人自荆州復歸于權，而後不知所終，蟂磯之傳殆妄。

〔一〕水經注三七油水條。
〔二〕三國志蜀志四穆后傳。
〔三〕三國志蜀志六趙雲傳注引雲别傳。

胥門

史記：吳王既殺子胥，吳人爲立祠於江上，號曰胥山〔一〕。水經注引虞氏曰：「松江北去吳國五十里，江側有丞、胥二山，山各有廟。魯哀公十三年，越使二大夫疇無餘、謳陽等伐吳，吳人敗之，獲二大夫。大夫死，故立廟於山上，號曰丞、胥二王也。胥山上今〔二〕

有壇石，長老云：胥神所治也。」〔三〕一以爲子胥，一以爲越大夫。今〔四〕蘇州城之西南門曰胥門。陸廣微吳地記云：「本伍子胥宅，因名。」〔五〕非也。趙樞生曰：「按吳越春秋，吳王夫差十三年，將與齊戰，道出胥門，因過姑胥之臺。則子胥未死，已名爲胥門。」〔六〕愚考左傳哀公十一年，艾陵之戰，胥門巢將上軍。胥門氏，巢名。蓋居此門而以爲氏者，如東門遂、桐門右師之類。周禮大司馬：「帥以門名。」注：「古者軍將蓋爲營治于國門，魯有東門襄仲，宋有桐門右師，皆上卿爲軍將者也。」則是門之名，又必在夫差以前矣。淮南子：「句踐甲卒三千人，以擒夫差於姑胥。」〔七〕越絕書：「吳王起姑胥之臺，五年乃成。姑胥，山名也，不可知其所始，其字亦爲姑蘇。」國語：「吳王帥其賢良與其重禄以上姑蘇。」〔八〕史記：「越伐吳，敗之姑蘇。」〔九〕伍被對淮南王言，見麋鹿游姑蘇之臺。古「胥」、「蘇」二字多通用。戰國策以「包胥」爲「勃蘇」。詩：「山有扶蘇。」〔十〕傳曰：「扶蘇，扶胥。」

〔一〕史記六六。
〔二〕今，虞翻時。
〔三〕水經注二九沔水條。
〔四〕今，亭林時。
〔五〕吳地記一，學津本。

〔六〕趙樞生含元子卷十三論史上。

〔七〕淮南子十八人間訓末。

〔八〕國語二一越語下。

〔九〕史記三一。

〔十〕詩鄭風山有扶蘇。

潮信

白樂天詩：「早潮纔落晚潮來，一月周流六十回。」〔一〕白是北人〔二〕，未諳潮候。今杭州之潮，每月朔日，以子午二時到，每日遲三刻有餘，至望日，則子潮降而爲午，午潮降而爲夜子，以後半月復然。西興江岸上有候潮碑。故大月之潮，一月五十八回，小月則五十六回，無六十回也。水、月皆陰之屬，月之麗天，出東入西，大月二十九回，小月二十八回，亦無三十回也〔三〕。所以然者，陽有餘而陰不足，自然之理也。

〔一〕白氏長慶集五三潮詩。

〔二〕白居易，其先太原人，後家韓城，又徙下邽。見舊唐書一六六、新唐書一一九。韓城、下邽皆今陝西省。

〔三〕獨不可舉大數乎？顧説刻。

晉國〔一〕

晉自武公滅翼，今翼城縣。而王命曲沃伯以一軍爲晉侯，其時疆土未廣，至獻公始大。考之於傳，滅楊、今洪洞縣。滅霍、今霍州。滅耿、在今河津縣。滅魏、在今蒲州。滅虞。在今平陸縣。重耳居蒲，在今隰州。夷吾居屈，在今吉州。太子居曲沃，在今聞喜縣。而公都絳，在今太平縣。不過今平陽一府之境。國語：「宰孔謂晉侯景霍以爲城，而汾河涑澮以爲淵。」〔二〕是也。而滅虢、在今陝州。滅焦，今陝州。則跨大河之南。史記晉世家言：「獻公時晉彊，西有河西，與秦接境，北邊翟，東至河内。」〔三〕索隱曰：「河内，河曲也。」内，音汭，蓋即今平陸、芮城之地。至惠公敗韓之後，秦征河東，則内及解梁，在今臨晉縣。狄取狐厨、在今鄉寧縣。涉汾，而晉境稍蹙。文公始啓南陽，得今之懷慶。襄公敗秦于殽，自此惠公賂秦之地復爲晉有，而以河西爲境。若霍太山以北，大都皆狄地，不屬於晉。文公作三行以禦狄，襄公敗狄于箕，而狄患始稀。悼公用魏絳和戎之謀，以貨易土。在文公後六十年。平公用荀、吴，敗狄于太原。於是晉之北境，至於洞渦、雒陰之間，而鄔、祁、竝今祁縣。平陵、梗陽、今清源縣。涂水、在今榆次縣。馬首、盂今盂縣。爲祁氏之邑，晉陽今太原縣。爲趙氏之邑矣。若成公滅赤狄潞氏，而得今之潞安；頃公滅肥、滅鼓，而得今之真定；皆一一可考。吾於杜氏之解綿上箕而不能無疑，并唐叔之封晉陽，亦未敢以爲然也。

〔一〕以下山西。

〔二〕國語八晉語。

〔三〕史記三九。

緜上

左傳僖二十四年，晉侯賞從亡者，介子推不言禄，禄亦弗及，遂隱而死。晉侯求之不獲，以緜上爲之田。杜氏曰：「西河介休縣南有地名緜上。」水經注：「石桐水即緜水，出介休縣之綿山。北流，逕石桐寺，西即介子推之祠也。袁崧郡國志曰：『介休縣有介山，有緜上聚、子推廟。』」〔一〕今〔二〕其山南跨靈石，東跨沁源，世以爲之推所隱。而漢魏以來，傳有焚山之事，太原、上黨、西河、雁門之民，至寒食不敢舉火。石勒禁之，而雹起西河介山，大如雞子，平地三尺。前史載之，無異辭也。然考之於傳，襄公十三年，晉悼公蒐于緜上以治兵，使士匄將中軍讓于荀偃，此必在近國都之地。又定公六年，趙簡子逆宋樂祁，飲之酒于緜上。自宋如晉，其路豈出於西河介休乎？況文公之時，霍山以北，大抵皆狄地，與晉都遠不相及。今翼城縣西亦有緜山，俗謂之小緜山，近曲沃，當必是簡子逆樂祁之地。襄公二十九年，「齊高豎致盧而出奔晉，晉人城緜，而寘旃」。緜或即緜山。今萬泉縣南二里有介山。漢書武帝紀，詔曰：「朕用事介山，祭后土，皆有光應。」〔三〕地理志：「汾陰介山在南。」〔四〕今萬泉古汾陰地。揚雄傳：「其三月，將祭后土。上迺帥群臣，横大河，湊汾陰。既祭，行游介山，回安邑，顧龍門，覽鹽池，登歷觀，陟西岳，以望八荒。雄作河東賦曰：『靈輿安步，周流容與，以覽于介山。嗟文公而愍推兮，勤大禹於龍門。』」〔五〕水經注亦引此，謂晉太康記及地道記，與永初記，竝言子推隱於是山，而辨之以爲非。然可見漢時已有二説矣。

〔一〕水經注六汾水條。袁志亦水經注所引。

〔二〕今，亭林語也。

〔三〕漢書六太初二年條。

〔四〕漢書二八上。

〔五〕漢書八七上。

箕

左傳僖公三十三年，狄伐晉及箕，解曰：「太原陽邑縣南，有箕城。」非也。陽邑在今之太谷縣，襄公時未爲晉有。傳言「狄伐晉及箕」，猶之言齊伐我及清也，必其近國之地也。成公十三年，厲公使呂相絶秦曰：「入我河縣，焚我箕郜。」無解。又必其邊河之邑，秦、狄皆可以爭。而文公八年，有箕鄭父；襄公二十一年，有箕遺。當亦以邑氏其人者矣。

唐

左傳昭公元年：「遷實沈于大夏。」定公四年：命以唐誥，而封于夏虚。服虔曰：「大夏在汾、澮之間。」杜氏則以爲太原晉陽縣。按晉之始見春秋，其都在翼。括地志：「故唐城在絳州翼城縣西二十里，堯裔子所封。成王滅之，而封太叔也。」北距晉陽七百餘里，即後世遷都，亦遠不相及，竹書紀年：「康王九年，唐遷于晉；宣王十六年，晉遷于絳。」〔一〕況霍山以北，自悼公以後始開縣邑，而前此不見於傳。又史記晉世家曰：「成王封叔虞于唐。」〔二〕唐在河汾之東方百里，翼城正在二水之東，而晉陽在汾水之西，又不相合。竊疑唐叔之封，以至侯緡之滅，並在於翼。史記屢言禹鑿龍門通大夏。呂氏春秋言：龍門未闢，呂梁未鑿，河出孟門之上〔三〕。則所謂大夏者，正今晉、絳、吉、隰之間。書所云「維彼陶唐，有此冀方」〔四〕，而舜之命臯陶曰「蠻夷猾夏」者也。當以服氏之説爲信。又齊桓公伐晉之師，僅及高梁，在今臨汾縣。而封禪書述桓公之言，以爲西伐大夏，大夏之在平陽明矣。漢書地理志注：臣瓚曰：「所謂唐，今河東永安是也。」〔五〕師古以瓚説爲是。按永安乃今之霍州，亦非也。

〔一〕竹書紀年下。
〔二〕史記三九。
〔三〕呂氏春秋二一開春論審爲。
〔四〕尚書五子之歌。
〔五〕漢書二八上。

晉都

春秋時，晉國本都翼，在今之翼城縣。及昭侯封文侯之弟桓叔于曲沃，桓叔之孫武公滅翼，而代爲晉侯，都曲沃，在今聞喜縣。漢志：「聞喜故曲沃。」其子獻公城絳居之，在今太平縣之南，絳州之北。今太平縣南二十五里，城址尚存。歷惠、懷、文、襄、靈、成六公，至景公遷于新田，在今曲沃縣，杜氏曰：「新田今平陽絳邑縣是，後魏始名曲沃。」當汾、澮二水之間。於是命新田爲絳，而以其故都之絳爲故絳。此晉國前後四都之故蹟也〔一〕。

〔一〕四都：一翼，二曲沃，三絳，四新田。

晉自都絳之後，遂以曲沃爲下國，僖公十年，狐突適下國。然其宗廟在焉。考悼公之立，成公十八年。大夫逆于清原，杜氏曰：「河東聞喜縣北有清原。」是次郊外。庚午盟而入。辛巳朝于武宮，是入曲沃而朝于廟。二月乙酉朔，即位于朝，是至絳都。而平公之立，襄公十六年。亦云改服修官，烝于曲沃。但不知其後何以遂爲欒氏之邑。而欒盈之入絳，范宣子執魏獻子之手，賂之以曲沃。襄公二十三年。夫以宗邑而與之其臣，聽其所自爲，端氏之封，屯留之徙，其所由來者漸矣。

瑕

晉有二瑕。其一左傳成公六年，諸大夫皆曰：「必居郇瑕氏之地。」杜氏曰：「郇瑕古國名。」水經注：「涑水又西南逕瑕城。京相璠曰：今河東解縣西南五里，有故瑕城。」〔一〕是也。杜以郇瑕爲一地，酈以爲二地〔二〕。在今之臨晉縣境。其一僖公三十年，燭之武見秦伯曰：「許君焦、瑕，朝濟而夕設版焉。」解：「焦、瑕，晉河外五城之二邑。」文公十二年，「晉人、秦人戰于河曲，秦師夜遁，復侵晉入瑕。」解以河曲爲河東蒲坂縣南，則瑕必在河外。十三年，晉侯使詹嘉處瑕，以守桃林之塞。按漢書地理志：湖故曰胡，武帝建元年更名湖〔三〕。水經：「河水又東逕湖縣故城北。」酈氏注云：「晉書地道記、太康記，並言胡縣。漢武帝改作湖，其北有林焉，名曰桃林。」〔四〕古「瑕」、「胡」二字通用。禮記引詩：「心乎愛矣，瑕不謂矣。」鄭氏注云：「瑕之言胡也。瑕、胡音同，故記用其字。」〔五〕是「瑕」轉爲「胡」，又改爲「湖」，而瑕邑即桃林之塞也。書：「放牛于桃林之野。」注云：「在華山東。」今爲閿鄉縣治。而成公十三年，伐秦成，肅公卒于瑕，亦此地也。道元以郇瑕之「瑕」，爲詹嘉之邑，誤矣。左傳有三瑕，而郇瑕不與焉。桓公六年：「軍於瑕以待之。」注：「瑕，隨地。」成公十六年：「楚師還及瑕。」注：

「瑕，楚地。」昭公二十四年：「王子朝之師攻瑕及杏，皆潰。」注：「瑕、杏，敬王邑。」

〔一〕水經注六涑水條。

〔二〕超案：此注後，集釋尚引「江氏曰」，中有「謂瑕有胡音」句。援庵批：「胡音句在下文，則此注當引在後。」

〔三〕漢書二八上。

〔四〕水經注四河水條。

〔五〕禮記表記，詩小雅隰桑。

僖公十五年，晉侯賂秦伯以河外列城五，東盡虢略，南及華山。正義曰：「自華山之東，盡虢之東界，其間有五城也。」傳稱焦、瑕，蓋是其二。水經注：「陜縣故焦國。」〔一〕竹書紀年：「幽王七年，虢人滅焦。」〔二〕

〔一〕水經注四河水條。

〔二〕竹書紀年下。

成公元年，晉侯使瑕嘉平戎于王。瑕嘉即詹嘉，以邑爲氏。僖公十五年，瑕呂飴甥，當亦同此。竹書紀年：「惠王十九年，晉獻公滅虢，命瑕父呂甥邑于虢都。」〔一〕傳謂之陰飴甥者，陰亦虢地，或兼食之也。而解以瑕呂爲姓，恐非。

〔一〕竹書紀年下。

九原

禮記檀弓：「趙文子與叔譽觀乎九原。」水經注以爲在京陵縣〔一〕。漢志：「太原郡京陵。」師古曰：「即九京。」〔二〕因記文或作「九京」，而傅會之爾。文子曰：「是全要領以從先大夫於九京也。」方氏曰：「九京即九原。指其冢之高曰京，指其地之廣曰原。」古者卿大夫之葬，必在國都之北，不得遠涉數百里而葬於今之平遥也。志以爲太平之西南二十五里，有九原山，近是。

〔一〕水經注六汾水條。

〔二〕漢書二八上地理志。

昔陽

左傳昭公十二年，晉荀吴僞會齊師者，假道于鮮虞，遂入昔陽。秋八月壬午滅肥，以肥子緜皋歸。杜氏謂：「鮮虞，白狄別種，在中山新市縣。」今新樂縣。又謂：「鉅鹿下曲陽縣西，有肥纍城。」在今藁城縣西南七十里。是也。其曰：「昔陽，肥國都，樂平、沾縣東有昔陽城。」則非也。疏載劉炫之言，以爲「齊在晉東，僞會齊師，當自晉而東行也。假道鮮虞，遂入昔陽，則昔陽當在鮮虞之東也。今〔一〕按樂平沾縣，在中山新市西南五百餘里，何當假道於東北之鮮虞，而反入西南之昔陽也？既入昔陽，而別言滅肥，則肥與昔陽不得爲一，安得以昔陽爲肥國之都也？昔陽既是肥都，何以復言鉅鹿下曲陽有肥纍之城？疑是肥名取於彼也。肥爲小國，境必不遠，豈肥名取鉅鹿之城，建都於樂平之縣也？十五年，荀吴伐鮮虞圍鼓。杜云：鼓，白狄之別，鉅鹿下曲陽縣有鼓聚。炫謂肥、鼓，竝在鉅鹿，昔陽即是鼓都，在鮮虞以東南也。二十二年傳曰：晉荀吴使師僞糴者負甲以息于昔陽之門外，遂襲鼓滅之。則昔陽之爲鼓都，斷可知矣」〔二〕。杜解：「昔陽故肥子所都。」果爾，則其地已入晉，何用僞糴以息其門外乎？漢書地理志：「鉅鹿下曲陽。」應劭曰：「晉荀吴滅鼓，今鼓聚昔陽亭是也。」〔三〕水經注：「泜水東逕肥纍縣之故城南，又東逕昔陽城南，本鼓聚。十三州志曰：今其城昔陽亭是矣。京相璠曰：白狄之別也，下曲陽有鼓聚。」〔四〕其説皆同。水經注一卷中昔陽城兩見，一在下曲陽，一在沾縣，亦酈氏之誤也。史記趙世家：「惠文王十六年，廉頗將，攻齊昔陽，取之。」〔五〕夫昔陽在鉅鹿，故屬之齊，豈得越太行而有樂平乎？正義亦謬。

〔一〕今，劉炫時。

〔二〕劉炫説止。

〔三〕漢書二八上。

〔四〕水經注十濁漳水條。

〔五〕史記四三。

晉之滅狄，其用兵有次第。宣公十五年，滅潞氏。十六年，滅甲氏及留吁。成公十一年，伐廧咎如，而上黨爲晉有矣。昭公元年，敗無終及群狄於大鹵，而太原爲晉有矣。然後出師以臨山東。昭公十二年，滅肥。二十二年，滅鼓。於是太行以南之地，謂之南陽；太行以東之地，謂之東陽。水經注引馬季長曰：「晉地自朝歌以北至中山爲東陽，自朝歌以南至軹爲南陽。」而晉境東接於齊，蓋先後之勤，且八十年，而鮮虞猶不服焉。至魏文侯始克中山。平狄之難如此。

太原〔一〕

太原府在唐爲北都。唐書地理志〔二〕曰：「晉陽宮在都之西北，宮城周二千五百二十步，崇四丈八尺。都城左汾右晉，潛丘在中。爾雅：「晉有潛丘。」〔三〕注：「在太原晉陽縣，今已不存。」志曰：「相傳宋修惠明寺浮屠，陶土爲瓦用。」長四千三百二十一步，廣三千一百二十二步，周萬五千一百五十三步，其崇四丈。汾東曰東城，貞觀十一年，長史李勣築。兩城之間有中城，武后時築，以合東城。宋史太宗紀謂之連城〔四〕。宮南有大明城，故宮城也。宮城東有起義堂，倉城中有受瑞壇。」當日規模之閎壯可見。自齊神武創建别都，與鄴城東西並立。隋煬繼修宮室。唐高祖因以克關中，有天下。則天以後，名爲北都。五代李氏、石氏、劉氏三主，皆興於此。及劉繼元之降，宋太宗以此地久爲創霸之府；又宋主大火，有參、辰不兩盛之説，於是一舉而焚之矣。宋史太宗紀：「太平興國四年五月戊子，以榆次縣爲新并州。乙未，築新城。丙申，幸城北，御沙河門樓，盡徙餘民於新城，遣使督之。既出，即命縱火。丁酉，以行宮爲平晉寺。」〔五〕陸游老學庵筆記曰：「大宋太平興國四年，平太原，降爲并州，廢舊城，徙州於榆次。」〔六〕今太原則又非榆次，乃三交城也。城在舊城東北三十里，亦形勝之地。本名故軍，又嘗爲唐明鎮，有晉文公廟甚盛。平太原後三年，帥潘美奏乞以爲并州，從之。於是徙晉文公廟，以廟之故址爲州治，又徙陽曲縣於三交，而榆次復爲縣。然則今之太原府乃三交城，而太原縣不過唐都城之一隅耳。其遺文舊蹟，一切不可得而見矣。

〔一〕初刻八之十二，無注。
〔二〕新唐書三九北都條。
〔三〕爾雅中釋丘。
〔四〕宋史四。
〔五〕宋史四。
〔六〕老學庵筆記九，「大宋」原作「太宗」。

舊唐書崔神慶傳曰：「則天時，擢拜并州長史。先是并州有東西二城，隔汾水，唐張南史送鄭録事詩：「六月胡天冷，雙城汾水流。」神慶始築城相接，每歲省防禦兵數千人，邊州甚以爲便。」〔一〕此即志所云：兩城之間有中城者也。僖宗乾符六年，河東軍亂，焚掠三城。以朱玫爲三城斬斫使。汾水湍悍，古人何以架橋立城如此之易？如長安東、中、西三渭橋，昔爲方軌，而今則咸陽縣，每至冬月，乃設一版，河陽驛杜預所立浮橋，其遺迹亦復泯然。魏書崔亮傳：「除安西將軍、雍州刺史。城北渭水淺不通船，行人艱阻。亮謂寮佐曰：『昔杜預乃造河梁，況此有異長河，且魏晉之日，亦自有橋，吾今決欲營之。』咸曰：『水淺不可爲浮橋。汎漲無恒，又不可施柱，恐難成立。』亮曰：『昔秦居咸陽，横橋渡渭，以象閣道，此即以柱爲橋。今惟慮長柱不可得耳。』會天大雨，山水暴至，浮出長木數百根，藉此爲用，橋遂成立，百姓利之。至今猶名崔公橋。」〔二〕北史于栗磾傳：「爲豫州刺史。明元帝南幸盟津，謂栗磾曰：『河可橋乎？』栗磾曰：『杜預造橋，遺事可想。』乃編大船構橋於野坂。六軍既濟。帝深歎美之。」〔三〕蒲津鐵牛，求一僧懷丙其人不可得。宋史方技傳〔四〕。國有六職，百工與居一焉。不但坐而論道者不如古人而已〔五〕。

〔一〕舊唐書七七，新唐書一〇九。

〔二〕魏書六六。今，魏收時。

〔三〕北史二三。

〔四〕宋史四六二。

〔五〕事事不如古人，其然耶？

代

春秋時，代尚未通中國。趙襄子乃言：「從常山上臨代，代可取也。」正義曰：「地道記云：恒山在上曲陽縣西北一百四十里，北行四百五十里得恒山岋，號飛狐口，北則代郡也。」水經注引梅福上事曰：「代谷者，恒山在其南，北塞在其北。谷中之地，上谷在東，代郡在西。」〔一〕此則今〔二〕之蔚州，乃古代國。項羽徙趙王歇爲代王，歇更立陳餘爲代王，漢高帝立兄劉仲爲代王，皆此地也。今蔚州東二十里，相傳有代王城。十年，陳豨反。十一年，破豨，立子恒爲代王，都晉陽。高祖紀〔三〕。則今之太原縣矣。孝文紀〔四〕則云：都中都，陳豨傳同。而文帝過太原，復晉陽中都。二歲如淳以爲先都晉陽，後遷中都。又立子武爲代王，都中都，則今之平遥縣矣。正義引括地志：「中都故城，在汾州平遥縣西南十二里。」又按衛綰代大陵人，大陵今在文水縣北而屬代，代都中都故也。代凡三遷，而皆非今代州。今代州之名自隋始。

〔一〕水經注十三灅水條。

〔二〕今，亭林語。

〔三〕史記八。

〔四〕史記十。

闕里[一]

水經注：「孔廟東南五百步，有雙石闕。」[二]故名闕里。按春秋，定公二年夏五月壬辰，雉門及兩觀災。冬十月，新作雉門及兩觀。注：「雉門，公宫之南門，兩觀，闕也。」禮記：「昔者仲尼與於蜡賓，事畢出游於觀之上。」[三]史記魯世家：「煬公築茅闕門。」[四]蓋闕門之下，其里即名闕里，而夫子之宅在焉。亦謂之闕黨，魯論有闕黨童子，荀子「仲尼居於闕黨」是也。後人有以居爲氏者。漢書儒林傳，有鄒人闕門慶忌，注云：「姓闕門，名慶忌。」[五]後漢書獻帝紀：「下邳賊闕宣。」注：「闕黨童子之後。」[六]讖文言代漢者「當塗高」，當塗而高者，闕也，故闕宣自稱天子。

〔一〕以下山東。
〔二〕水經注廿五泗水條。不檢水經注，不知「故名闕里」四字非水經注文也。
〔三〕禮運。
〔四〕史記三三。
〔五〕漢書八八。

〔六〕後漢書九初平四年條。

杏壇

今夫子廟庭中有壇，石刻曰「杏壇」。闕里志：「杏壇在殿前，夫子舊居。」非也。杏壇之名出自莊子。莊子曰：「孔子遊乎緇帷之林，休坐乎杏壇之上。弟子讀書，孔子弦歌鼓琴。奏曲未半，有漁父者下船而來，須眉交白，被髮揄袂，行原以上，距陸而止。左手據膝，右手持頤，以聽曲終。」又曰：「孔子乃下求之，至於澤畔。方將杖拏而引其船，顧見孔子，還鄉而立，孔子反走，再拜而進。」又曰：「客乃刺船而去，延緣葦間。顏淵還車，子路授綏，孔子不顧。待水波定，不聞拏音，而後敢乘。」〔一〕司馬彪云：「緇帷，黑林名也。杏壇，澤中高處也。」莊子書，凡述孔子，皆是寓言。漁父不必有其人，杏壇不必有其地，即有之，亦在水上葦間，依陂旁渚之地，不在魯國之中也，明矣。今之杏壇，乃宋乾興間四十五代孫道輔增修祖廟，移大殿於後，因以講堂舊基甃石爲壇，環植以杏，取杏壇之名名之耳。

〔一〕莊子漁父篇。

徐州

史記齊太公世家：「田常執簡公于徐州。」田敬仲完世家：「宣王九年，與魏襄王會徐州，諸侯相王也。十年，楚圍我徐州。」魏世家：「襄王元年與諸侯會徐州。」楚世家：「威王七年，齊孟嘗君父田嬰欺楚，楚伐齊，敗之於徐州。」越世家：「句踐已平吳，乃以兵北渡淮，與齊、晉諸侯會於徐州。」魯世家：「頃公十九年，楚伐我，取徐州。」〔一〕索隱曰：「徐音舒，徐州齊邑薛縣是也。非九州之徐。」按續漢書志：「薛本國，六國時曰徐州。」〔二〕在今滕縣之南，薛河北有大城，田文所築也，此與楚、魏二國爲境。而威王曰：吾吏有黔夫者使守徐州。則燕人祭北門，趙人祭西門，徙而從者七千餘家。蓋與梁惠王言，不欲斥魏，更以燕、趙誇之耳。

〔一〕分見於史記三二、四六、四四、四〇、四一、三三。

〔二〕後漢書三十郡國志。

索隱曰：「說文：郐，邾之下邑，在魯東。又竹書紀年云：梁惠成王三十一年，邳遷于薛，改名曰徐州。」〔一〕則「徐」與「⿰余阝」竝音「舒」也，今讀爲禹貢徐州之「徐」者誤。齊世家：田常執簡公于徐州。春秋正作「舒州」。

〔一〕史記三三魯世家。

向

春秋隱二年，「莒人入向」。杜氏解曰：「譙國龍亢縣東南有向城。」桓十六年，「城向」。無解。宣四年，「公及齊侯平莒及郯，莒人不肯，公伐莒取向」。解曰：「向，莒邑。東海承縣東南有向城。遠，疑也。」襄二十年，「仲孫速會莒人，盟于向」。解曰：「莒邑。」按春秋，向之名四見於經，而杜氏注爲二地，然其實一向也。先爲國，後并於莒。而或屬莒，或屬魯，則以攝乎大國之間耳。承縣今在嶧，杜氏以其遠而疑之。況龍亢在今鳳陽之懷遠乎？水經注於軹縣向城下，引「向姜不安於莒而歸」〔一〕。尤誤。齊乘以爲今沂州之向城鎮，州西南一百里。近之矣。

〔一〕水經注七濟水條引傳曰，左隱二年。

小 穀

春秋莊三十二年，城小穀。左氏傳曰：「爲管仲也。」蓋見昭公十一年申無宇之言曰：「齊桓公城穀，而寘管仲焉，至於今賴之。」而又見僖二年，經書城楚丘之出於諸侯，謂仲父得君之專，亦可勤諸侯以自封也。是不然，仲所居者穀也，此所城者小穀也〔一〕。春秋有言穀不言小者。莊二十三年：「公及齊侯遇于穀。」僖二十六年：「公以楚師伐齊取穀。」文十七年：「公及齊侯盟于穀。」成三年：「叔孫僑如會晉荀首于穀。」四書「穀」，而一書「小穀」，别於穀也。范甯曰：「小穀，魯地。」然則城小穀者，内城也，故不繫之齊，而與管仲無與也。漢高帝以魯公禮葬項羽于穀城，即此魯之小穀。而注引皇覽以爲東郡之穀城，與留侯所葆之黄石同其地，其不然明矣。春秋發微曰：「曲阜西北有小穀城。」

〔一〕穀與小穀之别。

泰山立石〔一〕

嶽頂無字碑，世傳爲秦始皇立。按秦碑在玉女池上，李斯篆書，高不過五尺，而銘文并二世詔書咸具，不當又立此大碑也。考之宋以前，亦無此説。因取史記反覆讀之，知爲漢武帝所立也。史記秦始皇本紀云：「上泰山，立石，封祠祀。」其下云：「刻所立石。」〔二〕是秦石有文字之證，今李斯碑是也。封禪書云：「東上泰山，泰山之草木葉未生，乃令人上石立之泰山巔。上遂東巡海上。」「四月，還，至奉高。」上泰山封〔三〕。而不言刻石，是漢石無文字之證，今碑是也。續漢書祭祀志〔四〕亦云：「上東上泰山，乃上石立之泰山巔。」〔五〕然則此無字碑，明爲漢武帝所立，而後之不讀史者誤以爲秦耳。

〔一〕初刻八之十四。

〔二〕史記六。

〔三〕史記二八。

〔四〕「續」，初刻、潘刻均作「後」。

〔五〕後漢書十七。

始皇刻石之處凡六，史記書之甚明。於鄒嶧山，則上云「立石」，下云「刻石頌秦德」。於泰山，則上云「立石」，下云「刻所立石」。於之罘，則二十八年云「立石」，二十九年云「刻石」。於瑯邪，則云「立石刻頌秦德」。於會稽，則云「立石刻頌秦德」。無不先言立，後言刻者。惟於碣石，則云「刻碣石門」，門自是石，不須立也。古人作史，文字之密如此。使秦皇別立此石，秦史焉得不紀？使漢武有文刻石，漢史又安敢不録乎？

泰山都尉〔一〕

後漢書桓帝紀：「永興二年，泰山琅邪賊公孫舉等反，殺長史。」「永壽元年七月，初置泰山琅邪都尉官。」「延熹五年八月己卯，罷琅邪都尉官。」「八年五月壬申，罷泰山都尉官。」〔二〕金石録載漢泰山都尉孔宙碑云：「宙以延熹四年卒。」〔三〕蓋卒後四年，官遂廢矣。然泰山都尉，實不始於此，光武時曾置之。文苑傳：夏恭，光武時拜郎中，再遷泰山都尉〔四〕。又按光武紀，建武八年，初罷郡國都尉官〔五〕。恭之遷，蓋在此年前也。

〔一〕初刻八之十五。

〔二〕後漢書七。「泰」原作「太」，「長史」原作「長吏」。
〔三〕金石録十五。
〔四〕後漢書一一〇上。
〔五〕後漢書一下。

泰山自公孫舉、東郭竇、勞丙、叔孫無忌相繼叛亂，以是置都尉之官。以後官雖不設，而郡兵領於太守，其力素厚。故何進使府掾泰山王匡，東發其郡强弩，而應劭、夏侯淵亦以之破黄巾，可見漢代不廢郡兵之效。而建安中，曹公表曰：「泰山郡界曠遠，舊多輕悍，權時之宜，可分五縣爲嬴郡。」則其時之習俗又可知矣。

社首〔一〕

史記：「周成王封泰山，禪社首。」〔二〕唐書：「高宗乾封元年正月庚午，禪社首。」〔三〕「玄宗開元十三年十一月辛卯，禪社首。」〔四〕宋史：「真宗大中祥符元年十月壬子，禪社首。」〔五〕今高里山之左有小山，其高可四五丈，志云，即社首山。在嶽旁諸山中，最卑小，不知古人何取於此？意者，封於高欲其近天，禪於下欲其近地。且山卑而附嶽址，便於將事，初陟高之後，不欲更勞民力邪？

〔一〕潘本無此條，集釋從沈氏校本補。
〔二〕史記二八。
〔三〕舊唐書五高宗紀。
〔四〕新唐書五玄宗紀。
〔五〕宋史七真宗紀。

濟南都尉〔一〕

漢濟南郡太守治東平陵。而都尉治於陵者，以長白山也。今龍山驛東有東平陵城。後漢書侯霸傳注：「於陵故城在今淄川長山縣南。」〔二〕魏書辛子馥傳：「長白山連接三齊瑕丘數州之界，多有盜賊。子馥受使檢覆，因辨山谷要害宜立鎮戍之所。又諸州豪右在山鼓鑄，姦黨多依之，又得密造兵仗，亦請破罷諸冶。朝廷善而從之。」〔三〕隋大業九年，齊人孟讓、王薄等衆十餘萬，據長白山，攻剽諸郡，以張須陀、王世充之力不能滅，訖于隋亡。觀此二事，則知漢人立都尉治於陵之意矣。

〔一〕初刻八之十六，注同。

〔二〕後漢書五六。

〔三〕魏書四五。

鄒平臺二縣

漢書：濟南郡之縣十四，一曰東平陵，二曰鄒平，三曰臺，四曰梁鄒〔一〕。功臣表則有臺定侯戴野，梁鄒孝侯武虎〔二〕，是二縣竝爲侯國。續漢志，濟南郡十城，其一曰東平陵，其四曰臺，其七曰梁鄒，其八曰鄒平〔三〕。而安帝紀云：延光三年二月戊子，濟南上言：鳳皇集臺縣丞霍收舍樹上〔四〕。章懷太子注云：「臺縣屬濟南郡，故城在今齊州平陵縣北。」晏子春秋：「景公爲晏子封邑，使田無宇致臺與無鹽。」〔五〕水經注亦云：「濟水又東北過臺縣北。」〔六〕尋其上下文句，本自了然。後人讀漢書，誤從「鄒」字絶句，因以鄒爲一縣，平臺爲一縣，齊乘遂謂：「漢濟南郡有鄒縣，後漢改爲鄒平。」又以臺、平臺爲二縣。此不得其句讀，而妄爲之説也。

〔一〕漢書二八上。今殿本「平」、「臺」二字相連。

〔二〕漢書十六。
〔三〕後漢書三二郡國志四。
〔四〕後漢書五。
〔五〕晏子春秋六内篇雜下。
〔六〕水經注八濟水。

漢以「鄒」名縣者五：魯國有騶，亦作「鄒」；膠東國有鄒盧；千乘郡有東鄒；與濟南之鄒平、梁鄒，凡五。其單稱鄒者，今兗州府之鄒縣也。亦有平臺，屬常山郡。外戚恩澤侯表：「平臺康侯史玄。」〔一〕後漢書邳彤傳：「尹綏封平臺侯。」〔二〕是也。有鄒平，有臺，而亦有鄒，有平臺，不可不辨也。

〔一〕漢書十八。
〔二〕後漢書五一。

晉時縣名，多沿漢舊。按史，何曾傳：「曾孫機爲鄒平令。」〔一〕是有鄒平矣。解系傳：「父修封梁鄒侯。」〔二〕劉頌傳：「追封梁鄒縣侯。」〔三〕是有梁鄒矣。宋書言：「晉太康六年三月戊辰，樂安、梁鄒等八縣，隕霜傷桑麥。」〔四〕文帝紀：「元嘉二十八年五月乙酉，亡命司馬順則自號齊王，據梁鄒城。八月癸亥，梁鄒平，斬司馬順則。」〔五〕是宋有梁鄒矣。不知何故，晉書地理志，於樂安國下單書一「鄒」字〔六〕，此史之闕文。而齊乘乃云：「晉省梁鄒入鄒縣。」夫晉以前，此地本無鄒縣，而何從入之乎？蓋不知而妄作者矣。

〔一〕晉書三三。
〔二〕晉書六十。
〔三〕晉書四六。
〔四〕宋書三三五行志。
〔五〕宋書五。
〔六〕晉書十五。

夾谷

春秋定公十年，夏公會齊侯于夾谷。傳曰：「公會齊侯于祝其，實夾谷。」杜預解及服虔注史記，皆云在東海祝其縣。劉昭志、杜佑通典因之，遂謂夾谷山在今贛榆縣西五十里。按贛榆在春秋爲莒地，與齊魯之都相去各五六百里，何必若此之遠？當時景公之觀，不過曰「遵海而南，放於琅邪」而已，未聞越他國之境。金史云：「淄川有夾谷山。」〔一〕一統志云：「夾谷山，在淄川縣西南三十里，舊名祝其山，其陽即齊魯會盟之處，萌水發源於此。」水經注：「萌水出般陽縣西南甲山。」〔二〕是以甲山爲夾谷也。而萊蕪縣志則又云：「夾谷在縣南三十里，接新泰界。」未知其何所據。然齊魯之境，正在萊蕪。東至淄川，則已入齊地百餘里。二說俱通。又按水經注，萊蕪縣曰：「城在萊蕪谷，當路岨絶，兩山間道，由南北門。舊説云：齊靈公滅萊，萊民播流此谷，邑落荒蕪，故曰萊蕪。禹貢所謂萊夷也。夾谷之會，齊侯使萊人以兵劫魯侯，宣尼稱夷不亂華是也。」〔三〕是則會於此地，故得有萊人，非召之東萊千里之外也。萊人遷此已久，號其故國爲東萊。不可泥祝其之名，而遠求之海上矣〔四〕。

〔一〕金史二五。
〔二〕水經注八濟水條。
〔三〕水經注二六淄水條。
〔四〕集釋此下有黄汝成案語：「司馬彪續漢志，劉昭注，文中間誤作『後漢』，今俱改。」援庵批：「其實不應改，當加案以别之，或發其凡於卷首。」

濰水

濰水出琅邪郡箕屋山。今在莒州西北九十里。書禹貢：「濰淄其道。」左傳襄公十八年：「晉師東侵及濰。」是也。其字或省「水」作「維」，或省「糸」作「淮」，又或从「心」作「惟」，總是一字〔一〕。漢書地理志，琅邪郡朱虛下、箕下作「維」，靈門下、横下、折泉下作「淮」。上文引禹貢「惟甾其道」又作「惟」〔二〕。一卷之中，異文三見。馬文煒曰：「漢書王子侯表：『城陽頃王子，東淮侯類，封北海。』按北海郡别無淮水，蓋亦『濰』字之異文。」通鑑梁武帝紀：「魏李叔仁擊邢杲于惟水。」〔三〕胡三省注：「『惟』當作『濰』。」古人之文，或省或借，其旁竝从鳥隹之「隹」則一爾。後人誤讀爲「淮沂其乂」之「淮」，而呼此水爲槐河，失之矣。按「淮」字，當從隹人之「隹」，乃得聲，今本説文亦誤〔四〕。

〔一〕「濰水」有異字。

〔二〕漢書二八上。今殿本「箕」下作「濰」。

〔三〕通鑑一五二末大通二年十月條。

〔四〕見説文十一上水部。

又如三國志吳主傳：「作棠邑涂塘以淹北道。」〔一〕晉書宣帝紀：「王凌詐言吳人塞涂水。」〔二〕武帝紀：「琅邪王伷出涂中。」〔三〕海西公紀：「桓温自山陽及會稽王昱會于涂中。」〔四〕孝武紀：「遣征虜將軍謝石，帥舟師屯涂中。」〔五〕安帝紀：「譙王尚之衆潰，逃于涂中。」〔六〕竝是「滁」字，南史程文季傳：「秦郡前江浦通涂水。」〔七〕是也。古「滁」省作「涂」，與「濰」省作「淮」，正同。韻書竝不收此二字。

〔一〕吳志二赤烏十三年條。

〔二〕晉書一。

〔三〕晉書三。

〔四〕晉書八。

〔五〕不見於紀，而見於卷七九謝玄傳，又見通鑑一〇四太元四年五月條。通鑑本之謝玄傳。日知録實引通鑑，因文與通鑑同，與傳異。

〔六〕亦不見於紀，而見於卷三七尚之本傳，又見通鑑一一二元興元年二月條。

〔七〕南史六七。

勞　山〔一〕

勞山之名，齊乘以爲登之者勞，又云一作「牢」，丘長春又改爲「鼇」。皆鄙淺可笑。按南史：「明僧紹隱于長廣郡之嶗山。」〔二〕本草：「天麻生太山、嶗山諸山。」〔三〕則字本作「嶗」。若魏書地形志、唐書姜撫傳、宋史甄棲真傳〔四〕竝作「牢」，乃傳寫之誤。魏書高祖紀、釋老志竝仍作「勞山」。

〔一〕初刻八之十七，無注。
〔二〕南史五十。南齊書五四高逸傳同。
〔三〕本草九草部。
〔四〕魏書一〇六、新唐書二〇四、宋史四六二。「宋史」句後增。

詩：「山川悠遠，維其勞矣。」〔一〕箋云：「勞勞，廣闊。」則此山或取其廣闊而名之。鄭康成，齊人；勞勞，齊語也。

〔一〕詩小雅漸漸之石。

山海經西山經亦有勞山，與此同名。

寰宇記：「秦始皇登勞盛山，望蓬萊。」〔一〕後人因謂此山一名勞盛山，誤也。勞、盛，二山名，勞即勞山，盛即成山。史記封禪書：七曰日主，祠成山，成山斗入海〔二〕。漢書作盛山，古字通用。齊之東偏，環以大海，海岸之山，莫大於勞、成二山，故始皇登之。史記秦始皇紀：「令入海者齎捕巨魚具，而自以連弩候大魚至，射之。自琅邪北至榮成山，弗見。至之罘，見巨魚，射殺一魚。」〔三〕正義曰：「榮成山，即成山也。」按史書及前代地理書，竝無榮成山，予向疑之，以爲其文在琅邪之下，成山之上，必「勞」字之誤。後見王充論衡引此，正作勞成山。乃知昔人傳寫之誤，唐時諸君亦未之詳考也，遂使勞山併「盛」之名，成山冒「榮」之號，今特著之，以正史書二千年之誤〔四〕。

〔一〕寰宇記二十即墨縣條，作「牢盛山」。

〔二〕史記二八。

〔三〕史記六。

〔四〕此段極精。超案：此下集釋引亭林文集卷二「勞山圖志序略」一段。

楚丘

春秋隱公七年：「戎伐凡伯于楚丘以歸。」杜氏曰：「楚丘衛地，在濟陰成武縣西南。」

夫濟陰之成武，此曹地也，而言衛，非也。蓋爲僖公二年城楚丘，同名而誤〔一〕。按衛國之封，本在汲郡朝歌。隱公元年。解云：「衛國在汲郡朝歌縣。」今衛輝府淇縣。懿公爲狄所滅，渡河而東，立戴公以廬于曹。杜氏曰：「曹，衛下邑。」〔二〕詩所謂「思須與漕」〔三〕。廬者，無城郭之稱，而非曹國之曹也。僖公二年，城楚丘。杜氏曰：「楚丘，衛邑。」詩所謂「作于楚宮」〔四〕。而非戎伐凡伯之楚丘也。但曰衛邑，而不詳其地，然必在今滑縣、開州之間。滑在河東，故唐人有魏、滑分河之録矣。水經注乃曰：「楚丘在成武西南，即衛文公所徙。」〔五〕誤矣。彼曹國之地，齊桓安得取之而封衛乎？以曹名同，楚丘之名又同，遂附爲一地爾。

〔一〕楚丘有同名，一曹地，一衛地。
〔二〕左傳閔二年。
〔三〕詩邶風泉水。
〔四〕詩鄘風定之方中。
〔五〕水經注八濟水條，引杜預云。

今曹縣東南四十里有景山，疑即商頌所云：「陟彼景山，松柏丸丸。」〔一〕而左傳昭公四年，椒舉言「商湯有景亳之命」者也。詩正義引皇甫謐曰：「蒙爲北亳，即景亳，是湯所受命也。」鄘詩：「望楚與堂，景山與京。」〔二〕則不在此也。

〔一〕詩商頌殷武。

〔二〕詩鄘風定之方中。

東昬

漢陳留郡有東昬。續漢志〔一〕注云：「陳留志曰：故户牖鄉有陳平祠。」〔二〕而山陽郡有東緡。續漢志：「春秋時曰緡。」〔三〕注云：「左傳僖公二十三年，齊侯伐宋圍緡。」〔四〕前書師古曰：「緡音旻。」左傳解：「緡，宋邑。」高平昌邑縣東南有東緡城。史記絳侯周勃世家：「攻爰戚、東緡以往。」〔五〕索隱曰：「山陽有東緡縣。」屬陳留者音「昬」，屬山陽者音「旻」。括地志云：「東緡故城在兖州金鄉縣界。」水經注引王誨碑辭曰：「使河隄謁者山陽東昬司馬登。」〔六〕是以「緡」爲「昬」，誤矣。隸釋酸棗令劉熊碑陰：「故守東昬長蘇勝。」〔七〕則陳留之東昬也。通鑑注：「李愬攻金鄉，引東緡者，故陽武户牖鄉。」〔八〕亦誤。

〔一〕「續漢志」，潘本作「後漢志」，下同。

〔二〕後漢書三一郡國志三。

〔三〕後漢書三一郡國志三。

〔四〕日知録增「公」、「侯伐宋」四字。

〔五〕史記五七。

〔六〕水經注七濟水條。

〔七〕隸釋五。

〔八〕通鑑二四〇元和十三年十二月條，注引陳留風俗傳。

長城

春秋之世，田有封洫，故隨地可以設關。而阡陌之間，一縱一横，亦非戎車之利也。觀國佐〔一〕之對晉人則可知矣。至於戰國，井田始廢，而車變爲騎，於是寇鈔易而防守難，不得已而有長城之築。史記蘇代傳：「燕王曰齊有長城鉅防，足以爲塞。」〔二〕竹書紀年：「梁惠成王二十年，齊閔王築防，以爲長城。」〔三〕續漢志：「濟北國盧今長清縣有長城至東海。」〔四〕泰山記：「泰山西有長城，緣河經泰山一千餘里，至琅邪臺入海。」〔五〕此齊之長城也。史記秦本紀：「魏築長城，自鄭今華州濱洛以北有上郡。」〔六〕蘇秦傳：「説魏襄王曰：西有長城之界。」〔七〕竹書紀年：「惠成王十二年，龍賈帥師築長城于西邊。」〔八〕此魏之長城也。續漢志河南郡：「卷絳侯世家，正義引括地志云：「故卷城在鄭州原武縣西北七里。」釋例地名云：「卷縣所理垣，雍城也。」有長城，經陽武到密。」〔九〕此韓之長城也。水經注：盛弘之云：「葉東界有故城，始犨縣，東至瀙水，達泚陽，南北數百里，號爲方城，一謂之長城。郡國志曰：葉縣有長城曰方城。」〔十〕又越世家，正義引括地志云：「故長城在鄧州内鄉縣東七十五里，南入穰縣，北連翼望山，無土之處，累石爲固。楚襄王作霸南土，爭强中國，多築列城於北方，以通華夏，號爲方城。」〔十一〕此楚之長城也。若趙世家：「成侯六年，中山築長城。」又言：「肅侯十七年，築長城。」〔十二〕劉伯莊云：「從雲中以北至代。」非也。武靈王時，始有雲中。正義曰：「此長城疑在漳水之北，趙南界。」則趙與中山亦有長城矣。以此言之，中國多有長城，不但北邊也。

〔一〕國佐，齊臣，成公二年作「賓媚人」，一人四稱：國佐，宣十經；國武子，宣十傳；國子，成十七；賓媚人，成二。

〔二〕史記六九。

〔三〕竹書紀年下。

〔四〕後漢書三一郡國志三。

〔五〕史記四三趙世家成侯七年條，正義引。

〔六〕史記五。

〔七〕史記六九。

〔八〕竹書紀年下。

〔九〕後漢書二九郡國志一。

〔十〕水經注三一濄水條。此郡國志亦酈注引。

〔十一〕史記四一。

〔十二〕史記四三。

其在北邊者，史記匈奴傳：「秦宣太后起兵伐殘義渠，於是秦有隴西北地上郡，築長城以拒胡。」〔一〕此秦之長城也。魏世家，惠王十九年「築長城，塞固陽」。正義曰：括地志云：「椆陽縣，漢舊縣也，在銀州銀城縣界。椆陽有連山，東至黄河，西南至夏、會等州。」〔二〕此魏之長城也。匈奴傳又言：「趙武靈王北破林胡、樓煩，築長城。正義曰：「括地志云：趙武靈王長城，在朔州善陽縣北。按水經云：百道長城北山上有長垣，若頹毀焉。沿溪亘嶺，東西無極，蓋趙武靈王所築也。」自代竝陰山，索隱曰：徐廣云：「西安陽縣北有陰山，陰山在河南陽山北也。」正義曰：括地志云：「陰山在朔州絶塞外突厥界。」下至高闕爲塞，徐廣曰：「在朔方。」正義曰：地理志云：「朔方臨戎縣北有連山，險於長城。其山中斷，兩峰俱峻，俗名爲高闕也。」而置雲中、雁門、代郡。」〔三〕此趙之長城也。「燕將秦開襲破東胡，東胡却千餘里，燕亦築長城，自造陽，韋昭曰：「地名，在上谷。」正義曰：「按上谷郡，今嬀州。」至襄平，索隱曰：韋昭云：「今遼東所理也。」置上谷、漁陽、右北平、遼西、遼東郡以拒胡。」〔四〕此燕之長城也。秦滅六國，而始皇帝使蒙恬將十萬之衆，北擊胡，悉收河南地，因河爲塞，索隱曰：按太康地記，秦塞自五原北九里，謂之造陽，東行終利賁山南、漢陽西是也。築四十四縣城臨河，徙適戍以充之，而通直道。索隱曰：蘇林云：「去長安千里，正南北相直道也。」自九原至雲陽，索隱曰：韋昭云：「九原縣屬五原。」正義曰：括地志云：「勝州連谷縣，本秦九原郡，漢武帝更名五原。雲陽雍縣，秦之林光宫，即漢之甘泉宫在焉。」又云：「秦故道在慶州華池縣西四十五里，子午山上，自九原至雲陽，千八百里。」因邊山險，塹谿谷，可繕者治之，起臨洮，至遼東萬餘里。索隱曰：韋昭曰：「臨洮隴西縣。」正義曰：括地志云：「秦隴西郡臨洮縣，即今岷州城，本秦長城。首起岷州西十二里，延袤萬餘里，東入遼水。」又度河，據陽山北假中。北假，北方田官，主以田假與貧人，故云北假。索隱曰：應劭云：「北假在北地陽山北。」韋昭云：「北假，地名。」正義曰：括地志云：「漢五原郡河目縣，故城在北假中。北假在河北，今屬勝州銀城縣。」漢書王莽傳云：「五原北假，膏壤殖穀。」〔五〕此秦并天下之後所築之長城也。自此以後，則漢武帝元朔二年，遣將軍衛青等擊匈奴，取河南地，築朔方，復繕故秦時蒙恬所爲塞，因河爲固。魏明元帝泰常八年二月戊辰，築長城於長川之南，起自赤城，西至五原，延袤二千餘里。太武帝太平真君七年五月丙戌，發司、幽、定、冀四州十萬人築城，北史作「畿」。上塞圍，起上谷，西至河，廣袤皆千里。北齊文宣帝天保三年十月乙未，起長城，自黄櫨嶺北至社平戍，四百餘里，立三十六戍。通鑑注：「此長城蓋起於唐石州，北抵武州之境。」〔六〕六年，發民一百八十萬築長城，自幽州北夏口，至恒州九百餘里。通鑑注：「幽州夏口，即居庸下口也。幽州軍都縣西北有居庸關。」〔七〕先是自西河總秦戍，築長城，東至於海，前後所築，東西凡三千餘里，率十里一戍，其要害置州鎮，凡二十五所。八年，於長城内築重城，自庫洛拔而東，至於塢紇戍，凡四百餘里。而斛律羨傳云：「羨以北虜屢犯邊，須備不虞。自庫堆戍東距於海，隨山屈曲二千餘里。其間二百里中，凡有險要，或斬山築城，或斷谷起障，并置立戍邏五十餘所。」〔八〕周宣帝大象元年六月，發山東諸州民修長城，立亭障，西自雁門，東至碣石。隋文帝開皇元年四月，發稽胡修築長城。五年，使司農少卿崔仲方發丁三萬，於朔方靈武築長城，東距黄河，西至綏州，南至勃出嶺，綿歷七百里。六年二月丁亥，復令崔仲方發丁十五萬，於朔方以東，緣邊險要，築數十城。七年，發丁男十萬餘人修長城。大業三年七月，發丁甲百餘萬築長城，西踰榆林，東至紫河。四年七月辛巳，發丁男二十餘萬築長城，自榆林谷而東。此又後史所載繼築長城之事也。

〔一〕史記一一〇。
〔二〕史記四四。
〔三〕史記一一〇。
〔四〕史記一一〇。
〔五〕漢書九九中。
〔六〕通鑑一六四梁承聖元年十月條。
〔七〕通鑑一六六梁紹泰元年六月條。參日知録二七通鑑注條。
〔八〕北齊書十七。「虜」原作「虜」。

日知録校注卷三十二

而

孟子：「望道而未之見。」集注：「而讀爲如，古字通用。」〔一〕朱子答門人，引詩「垂帶而厲」，春秋「星隕如雨」爲證。詩：「垂帶而厲。」箋云：「而亦如也。」春秋莊七年：「夜中星隕如雨。」注：「如，而也。」今考之，又得二十餘事。易：「君子以涖衆，用晦而明。」〔二〕虞翻解：「而，如也。」書顧命：「其能而亂四方。」傳釋爲「如」。孟子：「九一而助。」〔三〕趙岐解：「而，如也。」夫然後之中國踐天子位焉，而居堯之宮，逼堯之子，是篡也。劉炌曰：「而當讀作如。」今按：「而主癰疽與侍人瘠環，是無義無命也。」「而」字亦當讀如。左傳隱七年：「歃如忘。」服虔曰：「如，而也。」僖二十六年：「室如懸罄。」注：「如，而也。」昭四年：「牛謂叔孫見仲而何？」注：「而何，如何。」史記賈生傳：「化變而嬗。」韋昭曰：「而，如也，如蟬之蜕化也。」〔四〕戰國策：「威王不應，而此者三。」〔五〕韓非子：「嗣公知之，故而駕鹿。」〔六〕呂氏春秋：「靜郭君泫而曰不可。」〔七〕近本爲不通者添作「泫泣而曰」。又曰：「而固賢者也，用之未晚也。」〔八〕荀子：「黭然而雷擊之，如牆厭之。」〔九〕説苑：「越諸發曰：意而安之，願假冠以見；意如不安，願無變國俗。」〔十〕又曰：「而有用我者，吾其爲東周乎？」新序引鄒陽書：「白頭而新，傾蓋而故。」〔十一〕後漢督郵斑碑：「柔遠而邇。」〔十二〕皆當作「如」。戰國策，昭奚恤曰：「請而不得，有説色，非故如何也？」絺疵曰：「是非反如何也。」〔十三〕大戴禮：「使有司日省如時考之。」又曰：「然，如曰禮云禮云。」又曰：「安如易，樂而湛。」又曰：「不賞不罰，如民咸盡力。」又曰：「知一而不可以解也。」春秋繁露：「施其時而成之，法其命如循之。」淮南子：「嘗一哈水，如甘苦知矣。」〔十四〕漢樂府：「艾如張。」〔十五〕後漢濟陰太守孟郁修堯廟碑：「無爲如治，高如不危，滿如不溢。」〔十六〕太尉劉寬碑：「去鞭拊如獲其情，弗用刑如弭其姦。」〔十七〕郭輔碑：「其少也，孝友而悦學。其長也，寬舒如好施。」〔十八〕易王弼注：「革而大亨以正，非當如何？」〔十九〕皆當作「而」。漢書地理志：「遼西郡肥如，莽曰肥而。」〔二十〕左傳襄十二年：「夫婦所生若而人。」注云：「若如人。」説文：「需从雨，而聲。」〔二一〕蓋即讀「而」爲「如」也。唐人詩多用「而今」，亦作「如今」。今江西人言「如何」，亦曰「而何」。左傳襄三年，齊侯與士匄盟于耏外。水經注云：「即地理志曰如水矣。耏、如聲相似。」〔二二〕古「而」字即讀爲「如」，故「耎」字，説文曰：「从大，而聲。」〔二三〕

〔一〕孟子離婁下。「而」、「如」古字通用。

〔二〕易明夷卦。
〔三〕孟子滕文公上。
〔四〕史記八四。
〔五〕戰國策八齊策。
〔六〕韓非子十三外儲説右上。
〔七〕吕氏春秋九季秋紀三知士篇。
〔八〕吕氏春秋十九離俗覽八舉難篇末。
〔九〕荀子十一彊國篇作「黭然」。
〔十〕説苑十二奉使。
〔十一〕新序三雜事。
〔十二〕隸釋十二。
〔十三〕戰國策十四楚策。
〔十四〕淮南子十三氾論訓。
〔十五〕樂府十六。
〔十六〕隸釋卷一。
〔十七〕隸釋十一。
〔十八〕隸釋十二。
〔十九〕易革卦。

〔二十〕漢書二八下。
〔二一〕説文十一下雨部。
〔二二〕水經注二四瓠子河條。
〔二三〕説文十下大部。

周禮：「旅師而用之以質劑。」注：「而讀爲若，聲之誤也。」〔一〕陸德明音義云：「而音若。」儀禮鄉飲酒禮：「公如大夫入。」注：「如讀爲若。」〔二〕

〔一〕周禮地官。
〔二〕「而」、「若」通用。

奈何

「奈何」二字，始於五子之歌：「爲人上者，奈何不敬。」左傳：「河魚腹疾，奈何？」〔一〕曲禮曰：「國君去其國，止之曰：奈何去社稷也！大夫曰：奈何去宗廟也！士曰：奈何去墳墓也！」楚辭九歌大司命：「愁人兮奈何！」九辯：「君不知兮可奈何！」〔二〕此「奈何」二字之祖。左傳華元之歌曰：「牛則有皮，犀兕尚多，棄甲則那。」〔三〕直言之曰「那」，長言之曰「奈何」，一也〔四〕。又書「如五器」〔五〕，鄭康成讀「如」爲「乃箇反」。論語：「吾末如之何也已矣。」〔六〕音亦與「奈」同。按古人曰「如」、曰「若」、曰「奈」，其義則一，音不必同。

〔一〕左傳宣十二年。
〔二〕楚辭二。
〔三〕左傳宣二年。
〔四〕「奈何」與「那」。
〔五〕尚書舜典。
〔六〕論語子罕。

六朝人多書「奈」爲「那」。三國志注：「文欽與郭淮書曰：『所向全勝，要那後無繼何！』」〔一〕宋書劉敬宣傳：「牢之曰：平玄之後，令我那驃騎何！」〔二〕唐人詩多以「無奈」爲「無那」。

〔一〕魏志十八毌丘儉傳注引。
〔二〕宋書四七。南史十七作「奈」。

語急

公羊傳隱元年：「母欲立之，已殺之，如勿與而已矣。」注：「如即不如，齊人語也。」按此不必齊人語。左傳僖二十二年，宋子魚曰：「若愛重傷，則如勿傷，愛其二毛，則如服焉。」成二年，衛孫良夫曰：「若知不能，則如無出。」昭十三年，蔡朝吴曰：「二三子若能死亡，則如違之以待所濟；若求安定，則如與之以濟所欲。」二十一年，宋華多僚曰：「君若愛司馬則如亡。」定五年，楚子西曰：「不能如辭。」八年，衛王孫賈曰：「然則如叛之。」漢書翟義傳：義曰：「欲令都尉自送，則如勿收邪！」〔一〕左傳正義曰：「古人語然，猶不敢之言敢也。」〔二〕莊二十二年：「敢辱高位，以速官謗。」注：「敢，不敢也。」昭二年：「敢辱大館。」注：「敢，不敢。」儀禮聘禮，辭曰：「非禮也敢。」對曰：「非禮也敢。」注：「敢言不敢。」

〔一〕漢書八四。

〔二〕左傳僖廿二年、定五年正義。

古人多以語急而省其文者〔一〕。詩：「亦不夷懌。」「懌」下省一「乎」字。書：「弗慎厥德，雖悔可追。」「可」上省一「不」字。「我生不有命在天。」「不」上省一「豈」字。「在今爾安百姓，何擇非人，何敬非刑，何度非及。」「人」下、「刑」下、「及」下各省一「乎」字。孟子：「雖褐寬博，吾不惴焉。」〔二〕「不」上省一「豈」字。禮記：「幼壯孝弟，耆耋好禮，不從流俗，修身以俟死者，不在此位也。好學不倦，好禮不變，旄期稱道不亂者，不在此位也。」〔三〕「幼」上、「好」上各省一「非」字。

〔一〕語急省文。

〔二〕公孫丑上。

〔三〕禮記射義。

公羊傳隱公七年：「母弟稱弟，母兄稱兄。」注：「母弟同母弟，母兄同母兄，不言『同母』，言『母弟』者，若謂『不如』言『如』矣。齊人語也。」

歲

天之行謂之歲。書以閏月定四時成歲，「歲二月東巡狩」是也。人之行謂之年。書：

「維呂命王享國百年。」〔一〕左傳：季隗曰：「我二十五年矣。」僖公二十三年。「絳縣人有與疑年，使之年。師曠曰：七十三年矣。」襄公三十年。「於是昭公十九年矣。」襄公三十一年。史記：「蓋太公之卒百有餘年。」〔二〕是也。今人多謂「年」爲「歲」。

〔一〕尚書呂刑。
〔二〕史記三八。

周禮「太史」注：「中數曰歲，朔數曰年。自今年冬至，至明年冬至，歲也。自今年正月朔，至明年正月朔，年也。」

古人但曰年幾何，不言歲也。自太史公始變之〔一〕，秦始皇本紀曰：「年十三歲。」〔二〕

〔一〕此説根本不成立。
〔二〕史記六。

今人以歲初之日而增年，古人以歲盡之日而後增之。史記倉公傳：「臣意年盡三年。」〔一〕年三十九歲也。

〔一〕史記一〇五。

月半

今人謂十五爲月半，蓋古經已有之。儀禮士喪禮：「月半不殷奠。」禮記祭義：「朔月月半君巡牲。」周禮大司樂：「王大食，三侑。」注：「大食，朔月月半，以樂侑食時也。」晉溫嶠與陶侃書：「尅後月半大舉。」〔一〕然亦有以上下弦爲月半者。劉熙釋名：「弦，月半之名也。其形一旁曲，一旁直，若張弓施弦也。望，月滿之名也。月大十六日，小十五日，日在東，月在西，遙相望也。」〔二〕是則所謂月半者弦也，禮經之所謂月半者望也。弦曰半，以月體而言之也；望曰半，以日數而言之也〔三〕。岑參詩：「涼州三月半，猶未脱春衣。」〔四〕韓愈詩：「南方二月半，春物亦已少。」〔五〕李商隱詩：「白日當天三月半。」〔六〕

〔一〕晉書六七。
〔二〕釋名一釋天。
〔三〕月半有二解。
〔四〕河西春暮憶秦中。石倉歷代詩選四十。

〔五〕韓文公集二。

〔六〕李義山詩集五。

巳

吳才老韻補：「古巳午之巳，亦謂如已矣之已。」〔一〕漢律曆志：「振美於辰，已盛於巳。」〔二〕史記：「巳者，言陽氣之已盡也。」〔三〕鄭玄夢孔子告之曰：「起、起，今年歲在辰，明年歲在巳。」洪容齋三筆亦引曆書爲證。愚按古人讀「巳」爲「矣」之證，不止此〔四〕。淮南子：「斗指巳，巳則生已定也。」〔五〕說文：「巳，已也。四月陽氣已出，陰氣已藏，萬物見成文章，故巳爲蛇象形。」〔六〕釋名：「巳，已也，陽氣畢布已也。」詩：「似續妣祖。」〔七〕箋云：「似讀如巳午之巳。巳續妣祖者，謂已成其宮廟也。」五經文字：「起從辰巳之巳。」〔八〕白虎通：「太陽見於巳，巳者物必起。」〔九〕晉書樂志：「四月之辰謂之巳，巳者起也。物至此時，畢盡而起也。」〔十〕詩「江有汜」，亦讀爲「矣」。釋名：「水決復入爲汜。汜，已也。如出有所爲畢，已復還而入也。」「以享以祀」，亦讀爲「矣」。說文：「祭無已也，从示，巳聲。」〔十一〕公羊傳何休注：「言祀者，無已長久之辭。」〔十二〕釋名：「商曰祀，祀，已也。新氣升，故氣已也。」今人以辰巳之「巳」，讀爲「士」音。宋毛晃曰：「陽氣生於子，終於巳。巳者終已也，象陽氣既極，回復之形，故又爲終已之義。」今俗以有鉤爲終已之「已」，無鉤爲辰巳之「巳」，是未知字義也。

〔一〕韻補三。
〔二〕漢書二一上。
〔三〕史記二五。
〔四〕辰巳之「巳」，與已經之「已」，形同，音亦通。
〔五〕淮南子三天文訓。
〔六〕説文十四下巳部。
〔七〕詩小雅斯干。
〔八〕五經文字下走部。
〔九〕白虎通三五行篇。
〔十〕晉書二二。
〔十一〕説文一上示部。
〔十二〕公羊傳定八年。

季春之月，辰爲建，巳爲除，故用三月上巳祓除不祥。古人謂病愈爲巳，亦此意也。韓詩曰：「鄭國之俗，三月上巳，之溱、洧二水之上，招魂續魄，秉蘭草，祓不祥。」後漢書周舉傳：「三月上巳，大將軍梁商大會賓客，讌於雒水。」〔一〕袁紹傳：「三月上巳，大會賓從於薄落津。」〔二〕周公謹癸辛雜識以爲戊己之「己」者，非。

〔一〕後漢書九一。

〔二〕後漢書一〇四上。

戊己之「己」，篆作，辰巳之「巳」，篆作，象虵形。隸書則混而相類，止以直筆上缺爲「己」，上滿爲「巳」〔一〕。

〔一〕戊己之「己」，與辰巳之「巳」，形異，聲亦異。

里

穀梁傳：「古者三百步爲里。」〔一〕今以三百六十步爲里，而尺又大於古四之一，今之六十二里，遂當古之百里。穀梁傳：「鞍去國五百里。」〔二〕今自歷城至臨淄，僅三百三十里。左傳：「黄人謂自郢及我九百里。」〔三〕今自江陵至光州，僅七百里。邾子謂「吳二千里，不三月不至」，今自蘇州至鄒縣，僅一千五百里。孟子「不遠千里而來」，「千里而見王」〔四〕，今自鄒至齊、至梁，亦不過五六百里。又謂：「舜卒鳴條，文王生岐周，相去千有餘里。」〔五〕今自安邑至岐山，亦不過八百里。史記：張儀説魏王言：「從鄭至梁二百餘里。」〔六〕今自鄭州至開封，僅一百四十里。戚夫人歌：「相隔三千里，當誰使告汝。」〔七〕貢禹上書言：「自痛去家三千里。」自今瑯邪至長安，亦但二千餘里，趙則二千里而近。是則荀子所謂「日中而趨百里」者，不過六十餘里，而千里之馬，亦日馳五六百里耳〔八〕。

〔一〕穀梁傳定十五年。
〔二〕穀梁傳成二年。
〔三〕左傳僖十二年。
〔四〕孟子梁惠王上、公孫丑下。
〔五〕孟子離婁下。
〔六〕史記七十。
〔七〕樂府八四。
〔八〕古里短於今里。

王制：「古者百里，當今百二十一里六十步四尺二寸二分。」殆未然〔一〕。

〔一〕古里長於漢里。

仞

説文〔一〕：「仞，伸臂一尋八尺。」家語：孔子所謂「舒肘知尋」〔二〕。从人，刃聲。」書：「爲山九仞。」〔三〕孔傳：「八尺曰仞。」正義曰：「考工記匠人：有畎遂溝洫，皆廣深等。而澮云廣二尋，深二仞，則澮亦廣深等。仞與尋同，故知八尺曰仞。」左傳昭三十二年，「仞溝洫」注：「度深曰仞。」王肅聖證論及注家語〔四〕皆云：「八尺曰仞。」與孔義同。鄭玄云：「七尺曰仞。」與孔義異〔五〕。王逸注楚辭大招，亦云七尺。論語：「夫子之牆數仞。」〔六〕注：「包云七尺。」孟子：「掘井九軔。與仞同。」〔七〕注：「八尺。」朱子乃兩從之。堂高數仞，趙注亦云八尺。當以八尺爲是。若小爾雅云四尺〔八〕，漢書應劭注云「五尺六寸」〔九〕，則益非矣。

〔一〕説文八上人部。
〔二〕孔子家語一。
〔三〕尚書旅獒。
〔四〕漢魏書鈔一。

〔五〕仞有七尺(鄭)、八尺(王)二説。

〔六〕論語子張。

〔七〕孟子盡心上。

〔八〕小爾雅廣度。

〔九〕漢書四八賈誼傳注。師古曰:「八尺曰仞。」應劭曰:「八尺曰尋。」

不淑

人死謂之不淑,禮記「如何不淑」〔一〕是也。生離亦謂之不淑,詩中谷有蓷「遇人之不淑矣」是也。失德亦謂之不淑,詩君子偕老:「子之不淑,云如之何。」是也〔二〕。國亡亦謂之不淑,逸周書:「王乃升汾之阜,以望商邑曰:嗚呼不淑。」是也。

〔一〕禮記雜記上。

〔二〕不淑,猶言不好。

不弔

古人言「不弔」者，猶言不仁。左傳成十三年：「穆爲不弔。」襄十三年：「君子以吴爲不弔。」十四年：「有君不弔。」昭七年：「兄弟之不睦，於是乎不弔。」二十六年：「帥群不弔之人，以行亂于王室。」皆是不仁之意。襄二十三年：「敢告不弔。」及詩之「不弔昊天」、「不弔不祥」〔一〕，書之「弗弔天，降喪于殷」〔二〕，則以爲哀閔之辭。杜氏注，皆以爲「不相弔恤」，而於群不弔之人，則曰：「弔，至也。」於義不通。惟成七年，「中國不振旅，蠻夷入伐，而莫之或恤，無弔者也夫。」乃當謂大國無恤隣之義耳。

〔一〕詩小雅節南山、大雅瞻卬。

〔二〕尚書君奭。

亡

「亡」有三義。有以死而名之，中庸「事亡如事存」〔一〕是也。有以出奔於外而名之，晉公子稱「亡人」是也。有但以不在而名之，詩：「予美亡此。」〔二〕論語：「孔子時其亡也，而往拜之。」〔三〕是也。漢書袁盎傳：「不以在亡爲辭。」〔四〕謂託故而辭以不在。柳子厚詩：「在亡均寂寞。」宋史高定子傳：「制置使未知在亡。」〔五〕則以在亡爲存亡，非漢書之意也。

〔一〕禮記中庸。
〔二〕唐風葛生。
〔三〕陽貨。
〔四〕漢書四九。
〔五〕宋史四〇九。

乾没〔一〕

史記酷吏傳：「張湯始爲小吏乾没。」徐廣曰：「乾没，隨勢沈浮也。」服虔曰：「乾没，射成敗也。」如淳曰：「豫居物以待之，得利爲乾，失利爲没。」〔二〕三國志傅嘏傳：「豈敢寄命洪流，以徼乾没。」裴松之注：「有所徼射，不計乾燥之與沈没而爲之也。」〔三〕晉書潘岳傳：「其母數誚之曰：爾當知足，而乾没不已乎！」〔四〕張駿傳：「從事劉慶諫曰：霸王不以喜怒興師，不以乾没取勝。」〔五〕盧循傳：「姊夫徐道覆素有膽決，知劉裕已還，欲乾没一戰。」〔六〕魏書宋維傳：「維見乂元乂寵勢日隆，便至乾没。」〔七〕北史王劭傳贊：「爲河朔清流，而乾没榮利。」〔八〕梁書止足傳序：「其進也光寵夷易，故愚夫之所乾没。」〔九〕晉鼙舞歌明君篇：「昧死射乾没，覺露則滅族。」〔十〕抱朴子：「忘髮膚之明戒，尋乾没於難冀。」〔十一〕

〔一〕「乾没」索引。
〔二〕史記一二二張湯傳。
〔三〕魏志二一。
〔四〕晉書五五。
〔五〕晉書八六。
〔六〕晉書一百。
〔七〕魏書六三。
〔八〕北史三五末。
〔九〕梁書五二。
〔十〕樂府五三。
〔十一〕抱朴子外篇三六安貧篇。

乾没大抵是徼幸取利之意。史記春申君傳：「没利於前而易患於後也。」〔一〕即此意。

〔一〕史記七八。

辱

儀禮注：「以白造緇曰辱。」故老子謂楊朱曰：「大白若辱。」

姦

廣韻：「姦，古顔切，私也，詐也，亦作姧。」〔一〕今本誤「姧」作「奸」，非也。奸音干，犯也。左氏僖公七年傳曰：「君以禮與信屬諸侯，而以姦終之。」曰：「子父不奸之謂禮。」一傳之中，二字各出，而義不同。釋名：「姦，奸也，言奸正法也。」以「奸」釋「姦」，其爲兩字審矣。又「奸」字亦可訓爲「干禄」之「干」。漢書荆燕吳傳：「齊人田生以畫奸澤。」〔二〕史記作「干」。然則「奸」但與「干」通用，而不可以爲「姦」也〔三〕。後人於案牘文移中，以「姦」字畫多，省作「奸」字，此如「繁」之爲「煩」，「衝」之爲「沖」，「驛」之爲「馹」，「臺」之爲「台」，皆借用之字。

〔一〕廣韻一。
〔二〕漢書三五燕王澤傳。
〔三〕「奸」與「干」通，而不與「姦」通。

訛

「訛」字，古作「譌」，「僞」字古亦音訛。詩小雅「民之訛言」〔一〕，箋云：「僞也。小人好詐，僞爲交易之言。」正義曰：「謂以善言爲惡，以惡言爲善，交而换易其辭。」爾雅注：「世以妖言爲訛。」〔二〕太平御覽引武王之書鑰曰：「昬謹守，深察訛。」〔三〕泰昌元年八月，御史張潑言：「京師奸宄叢集，游手成群，有謂之把棍者，有謂之拏訛頭者〔四〕。偵知一人作奸，則尾隨其後，陷人於罪，從而嚇詐金錢，謂之拏訛頭。即漢律所謂恐愒受賕。請將巡城改爲中差，一年一代。」

〔一〕詩小雅沔水。
〔二〕爾雅上釋詁。

〔三〕太平御覽一八四引太公金匱。

〔四〕今謂之訛詐。

誰何

詩：「室人交徧摧我。」〔一〕韓詩作「讙」，玉篇作「⿱誰土」，丁回切，謫也。六韜：「令我壘上，誰何不絶。」史記賈誼過秦論：「陳利兵而誰何？」〔二〕誰、讙同，何、呵同。韓非子：「王出而何之。」〔三〕賈誼傳：「其在大譴大何之域者。」漢書五行志：「主公車大誰卒？」〔四〕注：「大誰」主問非常之人，云姓名是誰何也。此解未當。焦氏易林：「當年少寡，獨與孤處，鷄鳴犬吠，無敢誰者。」〔五〕説苑：「民知十己，則尚與之爭，曰不如吾也。百己則疵其過，千己則誰而不信。」〔六〕揚雄衛尉箴：「二世妄宿，敗於望夷，閻樂矯搜，戟者不誰。」〔七〕

〔一〕詩邶風北門。

〔二〕史記六。

〔三〕韓非子十内儲説下六微作「王出而訶之」。

〔四〕漢書二七下之上，「主」原作「故」。

〔五〕士禮居、四部叢刊作「誰者」，漢魏、津逮、學津作「難者」。
〔六〕説苑七政理。
〔七〕揚子雲集卷六。

史記衛綰傳：「歲餘不譙呵綰。」〔一〕漢書作「不孰何綰」〔二〕。難曉。疑「譙」譌爲「誰」，「誰」又轉爲「孰」也。

〔一〕史記一〇三。
〔二〕漢書四六。

周禮射人：「不敬者苛罰之。」注：「苛謂詰問之。」按此「苛」亦「呵」字。

信〔一〕

東觀餘論引晉武帝、王右軍、陶隱居帖，及謝宣城傳，謂：「凡言信者，皆謂使人。」〔二〕楊用修〔三〕又引古樂府「有信數寄書，無信長相憶」爲證，良是。然此語起於東漢以下，楊太尉〔四〕夫人袁氏答曹公卞夫人書云：「輒付往信。」〔五〕古詩爲焦仲卿妻作：「自可斷來信，徐徐更謂之。」〔六〕魏杜摯贈毌丘儉詩：「聞有韓衆藥，信來給一丸。」〔七〕以使人爲信，始見於此。若古人所謂信者，乃符驗之別名。墨子：「大將使人行，守操信符。」〔八〕史記刺客傳：「今行而無信，則秦未可親也。」〔九〕漢書石顯傳：「迺時歸誠，取一信以爲驗。」〔十〕西域傳：「匈奴使持單于一信到國，國傳送食。」〔十一〕後漢書齊武王傳：「得司徒劉公一信，願先下。」〔十二〕周禮掌節注：「節猶信也。」行者所執之信，此如今人言「印信」、「信牌」之「信」，不得謂爲使人也。故梁武帝賜到漑連珠曰：「研磨墨以騰文，筆飛豪毫同以書信。」而今人遂有書信之名。

〔一〕「信」字索引。
〔二〕黄伯思東觀餘論上。
〔三〕楊慎。
〔四〕楊彪。
〔五〕古文苑十。
〔六〕樂府詩集雜曲歌辭。
〔七〕詩紀魏七。
〔八〕墨子十五號令篇。

〔九〕史記八六。
〔十〕漢書九三。「一信」，殿本作「一言」。
〔十一〕漢書九六上。
〔十二〕後漢書四四。

出

爾雅：「男子謂姊妹之子爲出。」〔一〕傳中凡言「出」者，皆是外甥。左氏莊二十二年：「陳厲公，蔡出也。」僖七年：「申侯，申出也。」成十三年：「康公，我之自出。」注：晉外甥。襄二十五年：「我周之自出。」注言：陳，周之甥。又：「桓公之亂，蔡人欲立其出。」二十九年：「晉平公，杞出也。」三十一年：「莒去疾奔齊，齊出也。」「展輿，吳出也。」昭四年：「徐子，吳出也。」公羊文十四年傳：「接菑，晉出也。」「貜且，齊出也。」史記秦本紀：「晉襄公之弟名雍，秦出也。」〔二〕漢書五行志：「王子鼂，楚之出也。」〔三〕而公羊襄五年傳：「蓋舅出也。」則以「舅甥」爲「舅出」矣。後漢書光武十王傳：「竇太后及憲等，東海出也。」〔四〕

〔一〕爾雅上釋親。

〔二〕史記五。
〔三〕漢書二七下下。
〔四〕後漢書七二。

鰥寡

鰥者，無妻之稱，但有妻而于役者，則亦可謂之鰥。詩：「何草不玄，何人不矜。」〔一〕「矜」讀爲「鰥」，是也。寡者，無夫之稱，但有夫而獨守者，則亦可謂之「寡」。越絶書：「獨婦山者，句踐將伐吳，徙寡婦獨山上，以爲死士，示得專一。」〔二〕陳琳詩：「邊城多健少，内舍多寡婦。」〔三〕是也。鮑照行路難：「來時聞君婦，閨中孀居獨宿有貞名。」〔四〕亦是此義。

〔一〕詩小雅何草不黄。
〔二〕越絶書八。
〔三〕樂府三八。
〔四〕樂府七十。

婦人以夫亡爲寡，夫亦以婦亡爲寡。左傳襄二十七年：「齊崔杼生成及彊而寡。」小爾

雅曰：「凡無妻無夫，通謂之寡。」〔一〕焦氏易林：「久鰥無偶，思配織女，求其非望，自令寡處。」〔二〕

〔一〕小爾雅廣義。
〔二〕易林四。

丁中

唐高祖武德六年三月：人始生爲黄，四歲爲小，十六爲中，二十一爲丁，六十爲老〔一〕。玄宗天寶三載十二月癸丑，詔曰：「比者成童之歲，即挂輕徭，既冠之年，便當正役。憫其勞苦，用軫於懷，自今宜以十八已上爲中男，二十三已上成丁。」〔二〕杜子美新安吏詩：「府帖昨夜下，次選中男行。」是十八以上皆發之也。然史文多有言丁中者，舉丁中可以該黄小矣。遼史耶律學古傳：「多張旗幟，雜丁黄爲疑兵。」〔三〕蓋中小皆雜用之，而史文代以「黄」字，黄者四歲以下，何可雜之兵間邪？

〔一〕册府元龜四八六户籍。通典七作「七年」。

〔二〕冊府元龜八六赦宥。此二條舊、新唐書紀不載，亦非採自二書食貨志，亦非採自通典。唐大詔令亦不載。亦非採自通考。二條均見會要八五，但此非引自會要，「癸丑」會要作「二十三日」。

〔三〕遼史八三。

阿

隸釋漢殽阬碑陰云：「其間四十人，皆字其名，而繫以『阿』字，如劉興阿興、潘京阿京之類。必編户民，未嘗表其德，書石者欲其整齊而强加之，猶今閭巷之婦，以『阿』挈其姓也。」〔一〕成陽靈臺碑陰有主吏仲東阿東。又云：「惟仲阿東，年在元冠，幼有中質。」〔二〕又可見其年少而未有字。抱朴子：「禰衡游許下，自公卿國士以下，衡初不稱其官，皆名之云阿某，或以姓呼之爲某兒。」〔三〕三國志呂蒙傳注：「魯肅拊蒙背曰：非復吳下阿蒙。」〔四〕世説注：「阮籍謂王渾曰：『與卿語，不如與阿戎語。』」〔五〕渾子戎。皆是其小時之稱也。亦有以「阿」挈其字者。世説：「桓公謂殷淵源爲阿源。謝太傅謂王修齡爲阿齡，謂王子敬爲阿敬。」婦人以「阿」挈姓，則隋獨孤后謂雲昭訓爲阿雲〔六〕，唐蕭淑妃謂武后爲阿武〔七〕，韋后降爲庶人稱阿韋〔八〕，劉從諫妻裴氏稱阿裴〔九〕，吳湘娶顏悦女，其母焦氏，稱阿顏、阿焦〔十〕。是也。亦可以自稱其親，焦仲卿妻詩：「堂上啓阿母。」「阿母謂阿女。」〔十一〕是也。亦可爲不定何人之辭。古詩：「道逢鄉里人，家中有阿誰？」〔十二〕三國志龐統傳：先主謂曰：「向者之論，阿誰爲失？」〔十三〕晉書沈充傳：「敦作色曰，小人阿誰？」〔十四〕是也〔十五〕。亦有作「何誰」者。晉劉寶崇讓論：「不知何誰最賢？」「不知何誰最不肖？」〔十六〕阿者，助語之辭，古人以爲慢應聲。老子：「唯之與阿，相去幾何？」今南人讀爲入聲，非。魏志東夷傳：「東方人名我爲阿。」〔十七〕

〔一〕隸釋二。
〔二〕隸釋一。
〔三〕抱朴子外篇四七彈禰篇。
〔四〕吳志九注引江表傳。
〔五〕世說卷下之上簡傲。
〔六〕隋書四五。
〔七〕舊唐書五一。
〔八〕舊唐書九二。
〔九〕舊唐書十八上武宗紀會昌四年九月。
〔十〕舊唐書十八下宣宗紀大中二年二月。册府元龜八七五訟冤門。吳湘，江都縣尉，新唐書藝文志故事類有吳湘事迹一卷。
〔十一〕玉臺新詠一，樂府七三。
〔十二〕樂府二四。

〔十三〕蜀志七。

〔十四〕晉書九八。

〔十五〕此三句均重在「誰」字，非「阿」字可爲不定何人也。

〔十六〕晉書四一。

〔十七〕魏志三十辰韓傳。

幺

「一」爲數之本，故可以大名之，一年之稱元年，長子之稱元子，是也。又爲數之初，故可以小名之，骰子之謂一爲幺，是也。爾雅「幺幼」注曰：「豥子最後生者，俗呼爲幺豚。」〔一〕故後人有幺麽之稱。説文：「幺，小也，象子初生之形。」〔二〕「幼」字從「幺」，亦取此義。漢書食貨志：「王莽作錢貨六品：小錢、幺錢、幼錢、中錢、壯錢、大錢。貝貨五品：大貝、壯貝、幺貝、小貝，及不盈寸二分者。布貨十品：大布、次布、弟布、壯布、中布、差布、厚布、幼布、幺布、小布。」〔三〕隋書律曆志：「凡日不全爲餘，積以成餘者曰秒，度不全爲分，積以成分者曰篾，其有不成秒曰麽，不成篾曰幺。」〔四〕班彪王命論：「幺麽尚不及數子。」〔五〕蔡邕短人賦：「其餘尫幺。」〔六〕晉陸機文賦：「猶絃幺而徽急，故雖和而不悲。」〔七〕郭璞螢火贊：「熠熠宵行，蟲之微幺。」〔八〕盧諶蟋蟀賦：「享神氣之幺眇。」〔九〕並用此字。唐書楊炎傳：「盧杞貌幺陋。」〔十〕宋史岳飛傳：「楊幺本名楊太。太年幼，楚人謂小爲幺，故曰楊幺。」〔十一〕俗作「么」，非。

〔一〕爾雅下釋獸。
〔二〕説文四下幺部。
〔三〕漢書二四下。
〔四〕隋書十八。
〔五〕漢書一〇〇上叙傳。
〔六〕蔡中郎集卷四。
〔七〕文選十七。
〔八〕藝文類聚九七。
〔九〕藝文類聚九七。
〔十〕新唐書一四五。
〔十一〕宋史三六五。

元

元者，本也。本官曰元官，本籍曰元籍，本來曰元來，唐宋人多此語。後人以「原」字代之，不知何解。原者，再也。爾雅：「原，再也。」〔一〕易「原筮」〔二〕、周禮「馬質」〔三〕、禮記月令「原蠶」〔四〕、文王世子「未有原」、漢「原廟」之「原」，皆作「再」字解。漢書注：師古曰：「原，重也。言已有正廟，更重立也。」與本來之義全不相同。或以爲洪武中臣下有稱元任官者，嫌於元朝之官，故改此字。

〔一〕爾雅釋言。
〔二〕易比卦。
〔三〕周禮夏官。
〔四〕淮南子二十泰族訓末：「原蠶而一歲再收，非不利也，然而王法禁之，謂其殘桑也。」

古人亦有稱原官者。後漢張衡應間：「曩滯日官，今又原之。」〔一〕注：「爾雅曰：『原，再也。』衡爲太史令，去官五載，復爲太史令，故曰原之。」然則「原官」乃再官之義也。

〔一〕後漢書八九。

寫

寫，說文曰：「置物也。」〔一〕詩：「駕言出游，以寫我憂。」〔二〕「既見君子，我心寫兮。」〔三〕傳曰：「寫，輸寫也。」周禮稻人：「以澮寫水。」儀禮特牲饋食禮：「主人出寫嗇于房。」禮記曲禮：「器之溉者不寫，其餘皆寫。」注：「傳之器中。」韓非子：衛靈公召師涓而告之曰：「有鼓新聲者，其狀似鬼神，子爲聽而寫之。」〔四〕國語：「王命工以良金寫范蠡之狀，而朝禮之。」〔五〕史記秦始皇紀：「寫放其宮室，作之咸陽北坂上。」〔六〕蘇秦傳：「宋王無道，爲木人以寫寡人。」〔七〕新序：「葉公子高好龍，鉤以寫龍，鑿以寫龍，屋室雕文以寫龍。」〔八〕周髀經：「笠以寫天。」〔九〕上林賦：「肸蠁布寫。」〔十〕漢書賈捐之傳：「淮南王盜寫虎符。」〔十一〕今人以書爲寫，蓋以此本傳於彼本，猶之以此器傳於彼器也。說文：「謄，移書也。」〔十二〕徐氏曰：「謂移寫之也。」始自特牲饋食禮：「卒筮寫卦。」注：「卦者主畫地識爻，爻備，以方寫之。」漢書藝文志：「孝武置寫書之官。」〔十三〕河間獻王傳：「從民得善書，必爲好寫與之留其真。」〔十四〕路温舒傳：「取澤中蒲，截以爲牒，編用寫書。」〔十五〕霍光傳：「山又坐寫秘書。」〔十六〕師丹傳：「吏私寫其草。」〔十七〕淮南子說山訓：「竊簡而寫法律。」〔十八〕孔安國尚書序：「更以竹簡寫之。」至後漢而有圖寫、李恂傳〔十九〕。繕寫盧植傳〔二十〕之稱，傳之至今矣〔二一〕。

〔一〕説文七下宀部。
〔二〕詩邶泉水、衛竹竿。
〔三〕詩小雅蓼蕭。
〔四〕韓非子三十過篇。
〔五〕國語廿一越語下。
〔六〕史記六。
〔七〕史記六九。
〔八〕新序五雜事。
〔九〕周髀經卷上。
〔十〕文選八。
〔十一〕漢書六四下。
〔十二〕説文三上言部。
〔十三〕漢書三十。
〔十四〕漢書五三景十三王傳。
〔十五〕漢書五一。

〔十六〕漢書六八。
〔十七〕漢書八六。
〔十八〕淮南子十六。
〔十九〕後漢書八一。
〔二十〕後漢書九四。
〔二一〕「寫」索引。

今人謂馬去鞍曰「寫」，貨物去舟車亦曰「寫」，與「器之溉者不寫」義同〔一〕。後漢書皇甫規傳：「旋車完封，寫之權門。」〔二〕晉書潘岳傳：「發槅寫鞍，皆有所憩。」〔三〕說文作「卸，舍車解馬也」〔四〕。讀若汝南人寫書之「寫」。

〔一〕卸。
〔二〕後漢書九五。
〔三〕晉書五五。
〔四〕說文九上卩部。

行李

古者謂行人爲「行李」，亦曰「行理」。左傳僖三十年：「行李之往來，共其乏困。」襄八年：「亦不使一介行李，告于寡君。」皆作「李」。昭十三年：「行理之命，無月不至。」作「理」。國語：「周之秩官有之曰，敵國賓至，關尹以告，行理以節逆之。」〔一〕賈逵曰：「理，吏也，小行人也。」漢李翕析里橋郙閣頌：「行理咨嗟。」〔二〕至唐時，謂官府導從之人，亦曰「行李」。舊唐書温造傳：「左拾遺舒元褒言：『元和、長慶中，中丞行李，不過半坊。今乃遠至兩坊，謂之籠街喝道。』敕曰：『憲官之職，在指佞觸邪，不在行李。』」〔三〕豈其不敢稱鹵簿而別爲是名邪？

〔一〕國語二周語中韋昭解。
〔二〕隸釋四。
〔三〕舊唐書一六五。

秏

今人以音問爲「秏」，起自後漢書章德竇皇后紀：「家既廢壞，數呼相工問息秏。」〔一〕注引薛氏韓詩章句曰：「秏，惡也。息秏，猶言善惡也。」

〔一〕後漢書十上。

量移

唐朝人得罪，貶竄遠方，遇赦改近地，謂之「量移」。舊唐書玄宗紀：「開元二十年十一月庚午，祀后土于脽上，大赦天下，左降官量移近處。」〔一〕「二十七年二月己巳，加尊號，大赦天下，左降官量移近處。」〔二〕「量移」字始見於此。李白贈京兆韋參軍量移東陽詩云：「潮水還歸海，流人却到吳，相逢問愁苦，淚盡日南珠。」〔三〕白居易貶江州司馬自題云：「一旦失恩先左降，三年隨例未量移。」〔四〕量，讀平聲。及遷忠州刺史，又云：「流落多年應是命，量移遠郡未成官。」〔五〕故韓愈自潮州刺史量移袁州，有「遇赦移官罪未除」之句。而宋史盧多遜貶崖州詔曰：「縱經大赦，不在量移之限。」〔六〕今人乃稱遷職爲量移，誤矣。

〔一〕舊唐書八。
〔二〕舊唐書九。
〔三〕李太白集九。
〔四〕長慶集十七。

〔五〕長慶集十七重贈李大夫。

〔六〕宋史二六四。

罘罳〔一〕

「罘罳」字雖从「网」，其實屏也。漢書文帝紀：「七年六月癸酉，未央宫東闕罘罳災。」〔二〕師古曰：「罘罳謂連闕曲閣也，以覆重刻垣墉之處，其形罘罳然，一曰屏也。」〔三〕崔豹古今注曰：「罘罳，屏之遺象也。臣朝君，行至門内、屏外，復應思惟。罘罳，復思也。釋名：「罘罳在門外。罘，復也；罳，思也。臣將入請事，於此復重思之也。」漢西京，罘罳合板爲之，亦築土爲之，每門闕殿舍前皆有焉，於今郡國廳前亦樹之。今人謂之影壁。」〔四〕考工記匠人：「宫隅之制七雉，城隅之制九雉。」注：「宫隅城隅，謂角浮思也。」廣雅：「罘罳謂之屏。」〔五〕越絶書：「巫門外罘罳者，春申君去吴，假君所思處也。」〔六〕春申君相楚，使其子爲假君治吴。魚豢魏略：「黄初三年，築諸門闕外罘罳。」〔七〕參考諸書，當從「屏」説。又五行志：「劉向以爲東闕所以朝諸侯之門也，罘罳在其外，諸侯之象也。」〔八〕則其爲屏明甚。而或在門内，或在門外，則制各不同耳。鹽鐵論：「祠堂屏閣，垣闕罘罳。」〔九〕董賢傳：「外爲徼道，周垣數里，門闕罘罳甚盛。」〔十〕王莽傳：「遣使壞渭陵、延陵園門罘罳，曰：毋使民復思也。」〔十一〕

後漢書靈帝紀：「中平四年二月己亥，南宮内殿罘罳自壞。」〔十二〕杜子美大雲寺贊公房詩：「紫鴿下罘罳。」

〔一〕「罘罳」索引。
〔二〕漢書四。
〔三〕通鑑胡注曾數言之。
〔四〕古今注卷上都邑。
〔五〕廣雅七釋室。
〔六〕越絶書二。
〔七〕三國志魏志三明帝紀引。「黄初」應作「青龍」。
〔八〕漢書二七上。
〔九〕鹽鐵論六。
〔十〕漢書九三。
〔十一〕漢書九九下。
〔十二〕後漢書八。

酉陽雜俎曰：「今人多呼殿榱桷護雀網爲罘罳，誤也。禮記明堂位疏：『屏，天子之廟飾也。』注云：『屏謂之樹，爾雅釋宮文。今桴思也，刻之爲雲氣蟲獸，如今闕上爲之矣。』」〔一〕正義曰：「漢時謂屏爲桴思，解者以爲天子外屏，人臣至屏俯伏，思念其事。」案匠人注云：「城隅謂闕桴思也。漢時東闕桴思災。」以此諸文參之，則桴思，小樓也，故城隅闕上皆有之。然則屏上亦爲屋以覆屏牆，故稱屏曰桴思。亦引廣雅及劉熙釋名爲證。作書者段成式，蓋唐時有呼護雀網爲罘罳之目。故史言甘露之變，宦者扶上升輿，決殿後罘罳，疾趨北出，而温庭筠亦有「罘罳晝捲，閶闔夜開」之句矣。

〔一〕酉陽雜俎四。

「罘罳」字有作「桴思」者，禮記明堂位注。有作「浮思」者，考工記注。並見上。有作「罦罳」者，博雅：「罦罳謂之屏。」〔一〕有作「復思」者，水經注：「象魏之上加復思以易觀。」又云：「譙城南有曹嵩冢，冢北有廟堂，榱櫨及柱皆彫鏤雲矩，上復思已碎。」〔二〕有作「覆思」者，宋玉大言賦：「大笑至兮摧覆思。」〔三〕言一笑而垣屏爲之傾倒也。若摧護雀網，亦不足大也。

〔一〕博雅七釋室。
〔二〕水經注十六穀水條；又廿三陰溝水條。
〔三〕古文苑二。

陳氏禮書〔一〕曰：「古者門皆有屛，天子設之於外，諸侯設之於内。禮：『臺門而旅樹。』〔二〕旅，道也，當道而設屛，此外門之屛也。治朝在路門之外，『天子當寧而立』〔三〕。寧在門屛之間，此路門之屛也。國語曰：『王背屛而立，夫人向屛。』〔四〕此寢門内之屛也。『魯廟』疏：『屛，天子之廟飾。』〔五〕此廟門之屛也。月令：『天子田獵，整設于屛外。』此田防之屛也。晉天文志：『屛四星，在端門之内，近右執法。』〔六〕然則先王設屛，非苟然也。」〔七〕

〔一〕陳氏禮書三七屛條。
〔二〕周禮郊特牲。
〔三〕曲禮下。
〔四〕國語十九吳語。
〔五〕禮記明堂位。
〔六〕晉書十一。
〔七〕禮書語至此止，以上皆禮書所引。

場屋

場屋者，於廣場之中而爲屋，不必皆開科試士之地也。隋書音樂志：「每歲正月，萬國來朝，留至十五日。於端門外建國門内綿亘八里，列爲戲場。百官起棚夾路，從昏達旦以縱觀之，至晦而罷。」〔一〕故戲場亦謂之場屋。唐元微之連昌宫辭：「夜半月高絃索鳴，賀老琵琶定場屋。」〔二〕

〔一〕隋書十五。

〔二〕元氏長慶集二四。

豆

戰國策：張儀説韓王曰：「五穀所生，非麥而豆，民之所食，大抵豆飯藿羹。」姚宏注曰：「史記作『飯菽而麥』，下文亦作『菽』，古語但稱菽，漢以後方謂之豆。」〔一〕今按本草有赤小豆、大豆之名〔二〕。本草不皆神農所著。越絶書：「丙貨之户曰赤豆爲下物，石五十；己貨之户曰大豆爲下物，石二十。」〔三〕越絶書亦非子貢所作。漢書楊惲傳：「種一頃豆，落而爲萁。」〔四〕

〔一〕戰國策廿六韓策。此引姚注，當是吴師道重校鮑注本，卷八。

〔二〕本草二五米穀部。
〔三〕越絶書四。
〔四〕漢書六六。

陘

今井陘之「陘」，古書有作「鈃」者，穆天子傳：「至於鈃山之下。」〔一〕注：今在常山石邑縣，鈃音邢。是也。有作「研」者，漢書地理志：「上黨郡有石研關。」〔二〕是也。有作「岍」者，晉書石勒載記：「使石季龍擊託候部掘咄哪于岍北，大破之。」〔三〕是也。有作「硜」者，晉書胡奮傳：「頓軍硜北。」〔四〕是也。有作「𡾰」者，揚子法言：「山𡾰之蹊。」〔五〕是也。有作「徑」者，李尤函谷關賦：「於北則有蕭居天井、壺口石徑，貫越代朔，以臨北庭。」〔六〕是也〔七〕。

〔一〕穆天子傳一。
〔二〕漢書二八上。「關」原作「闕」，潘本已誤，鈔本不誤。
〔三〕晉書一〇五。
〔四〕晉書五七。
〔五〕法言二。

〔六〕初學記七。「北」原作「胡」。

〔七〕「陘」有六異文。

豸

莊子在宥篇：「災及草木，禍及止蟲。」〔一〕「止」當作「豸」，古「止」、「豸」通用。左傳宣十七年：「庶有豸乎？」豸，止也。

〔一〕莊子四。

關〔一〕

關者，所以拒門之木。說文：「關，以木横持門户也。」〔二〕左傳：「臧孫紇斬鹿門之關。」〔三〕呂氏春秋：「孔子之勁，舉國門之關，而不肯以力聞。」〔四〕賈誼新書：「豫讓曰：我事中行之君，與帷而衣之，與關而枕之。」魯連子：「譬若門關，舉之以便，則可以一指持中；而舉之非便，則兩手不能。關非益加重，手非加罷也，彼所起者非舉勢也。」〔五〕皆謂拒門之木。後人因之，遂謂門爲關也。周禮司關注：「關，界上之門。」

〔一〕「關」字索引。
〔二〕說文十二上門部。
〔三〕左傳襄廿三年。「孫」字衍。
〔四〕呂氏春秋十五愼大覽。
〔五〕魯連子一。

史記謂拒門之木爲關。漢書楊惲傳：「有犇車抵殿門，門關折，馬死。」〔一〕趙廣漢傳：「斬其門關而去。」〔二〕宋書少帝紀：「突走出昌門，追者以門關踣之。」〔三〕王鎮惡傳：「軍人緣城得入門，猶未及下關。」〔四〕唐書李訓傳：「閽者欲扃鐍之，爲中人所叱，執關而不能下。」〔五〕

〔一〕漢書六六。
〔二〕漢書七六。
〔三〕宋書四末。
〔四〕宋書四五。

〔五〕舊唐書一六九。

宙

説文：「宙，舟輿所極覆也。」〔一〕此解未明。淮南子覽冥訓：「燕雀佼之，以爲不能與之爭於宇宙之間。」高誘注：「宙，棟梁也。」〔二〕似合。「宙」字从宀，本是宫室之象，後人借爲往古來今之號耳。説文：「上下四方曰宇，古往今來曰宙。」〔三〕

〔一〕説文七下宀部。

〔二〕淮南子六。

〔三〕應爲淮南子十一齊俗訓。

石炭

今人謂石炭爲墨。按水經注：「冰井臺，井深十五丈，藏冰及石墨焉。石墨可書，又然之難盡，亦謂之石炭。」〔一〕是知石炭、石墨一物也，有精麤爾。史記外戚世家：「竇少君爲其主入山作炭。」〔二〕後漢書黨錮傳：「夏馥入林慮山中親突煙炭。」〔三〕皆此物也。北人凡入聲字皆轉爲平，故呼「墨」爲「煤」，而俗竟作「煤」字，非也。玉篇：「煤，炱煤也。」〔四〕韻會：「煤，炱灰集屋者。」〔五〕吕氏春秋：「孔子窮於陳蔡之間，七日不嘗粒。晝寢，顔回索米，得而爨之，幾熟，孔子望見顔回攫其甑中而食之。選間食熟，謁孔子而進食。孔子起曰：『今者夢見先君食潔而後饋。』顔回對曰：『不可。嚮者煤室入甑中，棄食不祥，回攫而飯之。』」高誘曰：「煤室，煙塵之煤也。」〔六〕素問：「黑如炲者死。」注：「炲謂炲煤也。」〔七〕唐張祜詩：「古牆丹臒盡，深棟墨煤生。」〔八〕李商隱詩：「敵國軍營漂木柹，方吠反。按説文，當作「柿」，削木札樸也。後漢書方術楊方傳：「風吹札柹。」前朝神廟鎖煙煤。」〔九〕温庭筠詩：「煙煤朝奠處，風雨夜歸時。」〔十〕是煤乃梁上煙煤之名，非石炭也。崔銑彰德志作「烸」。志曰：「安陽縣龍山出石炭，入穴取之無窮。取深數百丈，必先見水，水盡然後炭可取也。炭有數品，其堅者謂之石，軟者謂之烸。氣愈臭者，然之愈難盡。水可以煎礬。終不若晉絳者云。」按玉篇、廣韻，竝無「烸」字。

〔一〕水經注十濁漳水條。

〔二〕史記四九。

〔三〕後漢書九七。

〔四〕玉篇二一。

〔五〕古今韻會舉要四。

〔六〕吕氏春秋十七審分覽三任數篇。「煤室」原作「煤炱」。

〔七〕素問三五藏生成篇。

〔八〕待考。

〔九〕李義山詩集五。

〔十〕温飛卿詩集箋注卷七題竹谷神祠。

終葵

考工記：「大圭長三尺，杼上終葵首。」注：「終葵，椎也。爲椎於其杼上，明無所屈也。」禮記玉藻：「終葵，椎也。」方言：「齊人謂椎爲終葵。」馬融廣成頌：「翬揮同終葵，揚關斧。」〔一〕博雅作「柊楑」。蓋古人以椎逐鬼，若大儺之爲耳。今〔二〕人於户上畫鍾馗像，云唐時人能捕鬼者，玄宗嘗夢見之，事載沈存中補筆談，未必然也。五代史吴越世家：「歲除，畫工獻鍾馗擊鬼圖。」〔三〕魏書：「堯暄本名鍾葵，字辟邪。」〔四〕則古人固以鍾葵爲辟邪之物矣。又有淮南王佗子名鍾葵，有楊鍾葵、丘鍾葵、李鍾葵、慕容鍾葵、喬鍾葵、北史庶人諒傳作「喬鍾馗」〔五〕。又恩倖傳末有宮鍾馗〔六〕。「馗」字兩見。而楊義臣傳仍作「喬鍾葵」〔七〕。段鍾葵、于勁字鍾葵、張白澤本字鍾葵。唐書有王武俊將張鍾葵〔八〕，通鑑作「終葵」。則以此爲名者甚多，豈以其形似而名之，抑取辟邪之義與？左傳定四年，分康叔以殷民七族，有終葵氏。是又不可知其立名之意也。

〔一〕後漢書九十上。
〔二〕今，亭林時。
〔三〕新五代史六七。
〔四〕魏書四二。
〔五〕北史七一。
〔六〕北史九二。
〔七〕北史七三。
〔八〕新唐書二一一王武俊傳，舊唐書一四二同。

魁

今人所奉魁星，不知始自何年。以奎爲文章之府，故立廟祀之〔一〕。乃不能像奎，而改「奎」爲「魁」，又不能像魁，而取之字形，爲鬼舉足而起其斗。不知奎爲北方玄武七宿之一，魁爲北斗之第一星，所主不同，而二字之音亦異。今以文而祀，乃不于奎而于魁，宜乎今之應試而獲中者，皆不識字之人與？又今人以榜前五名爲五魁。漢書酷吏傳：「所置皆其魁宿。」〔一〕游俠傳：「閭里之俠，原涉爲魁。」師古曰：「魁者，斗之所用盛，而杓之本也。」〔二〕天文北斗魁爲首、末爲杓。淮南子注：「斗第一星至第四爲魁，第五星至第七爲杓。」〔四〕故言根本者皆云魁。說文：「魁，羹斗也。」〔五〕趙宧光曰：「斗首曰魁，因借凡首皆謂之魁。其見於經者，書胤征之『殲厥渠魁』，記曲禮之『不爲魁，主人能，則執兵而陪其後』。」〔六〕然則五魁之名，豈佳語哉！或曰里有里魁，市有市魁，皆長帥之意，要非雅俊之目。吕氏春秋有「魁士名人」〔七〕，此用「魁」字之始。國語：「幽王蕩以爲魁陵糞土溝瀆。」韋昭解：「小阜曰魁。」〔八〕列子：「以君之力，曾不能損魁父之丘。」〔九〕史記趙世家：「嬴姓將大敗周人於范魁之西。」〔十〕鮑宣傳：「白首耆艾，魁壘之士。」〔十一〕揚雄傳：甘泉賦：「冠淪魁能。」〔十二〕陸機感丘賦：「羅魁封之纍纍。」〔十三〕又文選潘岳笙賦：「統大魁以爲笙。」〔十四〕李周翰曰：「大魁，謂匏中也。」又儀禮士冠禮：「素積白屨，以魁柎之。」注：「魁，蜃蛤。」

〔一〕超案：集釋此下引錢大昕語，據新定續志，知南宋時學校已祀魁星。援庵批語：「新定續志者，宋景定間新定嚴州續志也。原附紹興重修嚴州圖經之後，故曰新定續志，不著地名也。四庫提要地理一。錢語見養新録十四。」

〔二〕漢書九十尹賞傳。

〔三〕漢書九二游俠傳序。

〔四〕淮南子三天文訓注。

〔五〕說文十四上斗部。

〔六〕說文長箋六八。
〔七〕呂氏春秋四孟夏紀二勸學篇。
〔八〕國語三周語下。
〔九〕列子五湯問篇。
〔十〕史記四三。
〔十一〕漢書七二。
〔十二〕漢書八七上。
〔十三〕藝文類聚四十禮部。
〔十四〕文選十八。

近時人好以魁命名，亦取五魁之義。古人以魁命名者絶少，左傳有鄭魁壘、盧蒲就魁〔一〕。呂氏春秋：「齊王殺燕將張魁。」〔二〕

〔一〕左傳哀廿七年、成二年。
〔二〕呂氏春秋二十恃君覽六行論篇。

桑　梓〔一〕

容齋隨筆謂：「小雅：『維桑與梓，必恭敬止。』竝無鄉里之説，而後人文字乃作鄉里事用。」〔二〕愚考之張衡南都賦云：「永世克孝，懷桑梓焉，真人南巡，覩舊里焉。」〔三〕蔡邕作光武濟陽宫碑云：「來在濟陽，顧見神宫，追惟桑梓褒述之義。」〔四〕陳琳爲袁紹檄云：「梁孝王先帝母弟，墳陵尊顯，松柏桑梓，猶宜肅恭。」〔五〕漢人之文必有所據，齊、魯、韓三家之詩不傳，未可知其説也。胡三省通鑑注：「桑梓謂其故鄉祖父之所樹者。」〔六〕以後魏鍾會與蔣斌書：「桑梓之敬，古今所敦。」〔七〕晉左思魏都賦：「畢昴之所應，虞夏之餘人，先王之桑梓，列聖之遺塵。」〔八〕陸機思親賦：「悲桑梓之悠曠，愧蒸嘗之弗營。」〔九〕贈弟士龍詩：「迫彼窀穸，載驅東路，繼其桑梓，肆力丘墓。」〔十〕贈顧彦先詩：「眷言懷桑梓，無乃將爲魚，百年歌辭官，致禄歸桑梓。」〔十一〕潘尼贈陸機出爲吴王郎中令詩：「祁祁大邦，惟桑與梓。」〔十二〕贈滎陽太守吴子仲詩：「垂覆豈他鄉，迴光臨桑梓。」〔十三〕潘岳爲賈謐作贈陸機詩：「旋反桑梓，帝弟作弼。」〔十四〕陸雲答張士然詩：「感念桑梓域，髣髴眼中人。」九愍：「望龍門而屢顧，攀維桑而祗泣。」歲暮賦：「虔孝敬於神丘兮，結祗慕於維桑。」〔十五〕閻式復羅尚書：「人懷桑梓。」〔十六〕劉琨上愍帝表：「蒸嘗之敬在心，桑梓之情未克。」〔十七〕袁宏三國名臣贊：「子布擅名，遭世方擾，撫翼桑梓，息肩江表。」〔十八〕宋武帝復彭沛下邳三郡租詔：「彭城桑梓本鄉，加隆攸在。」〔十九〕文帝復丹徒租詔：「丹徒桑梓綢繆，大業攸始。」〔二十〕謝靈運孝感賦：「戀丘墳而縈心，憶桑梓而零淚。」〔二一〕會吟行：「東方就旅逸，梁鴻去桑梓。」〔二二〕何承天鐃歌：

「願言桑梓思舊遊。」〔二三〕鮑照從過舊宫詩：「嚴恭履桑梓，加敬覽枌榆。」〔二四〕梁武帝幸蘭陵詔：「朕自違桑梓，五十餘載。」〔二五〕劉峻辨命論：「居先王之桑梓，竊名號於中縣。」〔二六〕江淹擬陸平原詩：「明發眷桑梓，永歎懷密親。」〔二七〕則又從南都賦之文而承用之矣。按古人桑梓之説，不過敬老之意。説苑：「常樅謂老子曰：過喬木而趨，子知之乎？老子曰：過喬木而趨，非謂敬老邪？常樅曰：嘻，是已。」〔二八〕此於詩爲興體，言桑梓猶當養敬，而況父母爲人子之所瞻依。

〔一〕「桑梓」索引。
〔二〕待查。
〔三〕文選四。
〔四〕蔡中郎集五。
〔五〕文選四四。
〔六〕通鑑六七後漢紀注趙雲語。
〔七〕三國蜀志十四。
〔八〕文選六。
〔九〕陸士衡文集一。
〔十〕詩紀晉五。

〔十一〕文選二四。
〔十二〕文選二四。
〔十三〕藝文類聚三一。
〔十四〕文選二四。
〔十五〕陸士龍集卷四、卷七、卷一。
〔十六〕十六國春秋七六。
〔十七〕晉書六二。
〔十八〕文選四七，原題三國名臣序贊。
〔十九〕宋書三。
〔二十〕宋書五。
〔二一〕藝文類聚二十。
〔二二〕樂府十九。
〔二三〕樂府六四。
〔二四〕鮑氏集五。
〔二五〕梁書三大同元年。
〔二六〕文選五四。
〔二七〕文選三一。
〔二八〕説苑十敬慎。

胡　嚨〔一〕

說文：「胡，牛頷垂也。」徐曰：「牛頷下垂皮也。」〔二〕釋名：「胡，互也。在咽下垂，能斂互物也。」詩：「狼跋其胡。」〔三〕狼之老者，頷下垂胡。漢書郊祀志：「有龍垂胡顫，下迎黃帝。」師古曰：「胡，頸下垂肉也。」〔四〕金日磾傳：「捽胡投何羅殿下。」晉灼曰：「胡，頸也。」〔五〕張敖傳：「仰絕亢而死。」注：「蘇林曰：亢，頸大脈也，俗所謂胡脈也。」〔六〕後漢書：「請爲諸君鼓嚨胡。」〔七〕太玄經：「七爲暇呫。」范望解：「謂唐胡也。」〔八〕古人讀「侯」爲「胡」。息夫躬傳，師古曰：「咽，喉嚨。」〔九〕即今人言胡嚨耳。

〔一〕喉嚨。

〔二〕說文四下肉部。

〔三〕詩豳風狼跋。

〔四〕漢書廿五上。

〔五〕漢書六八。

〔六〕漢書三二。

〔七〕後漢書一三五行志一謠類。顧略去「五行志」，不妥。

〔八〕太玄經八。

〔九〕漢書四五。

胡

三代時，外國之名曰戎、曰狄而已。禮記王制：「東方曰夷，南方曰蠻，西方曰戎，北方曰狄。」專言之則曰葷粥，曰玁狁。至趙武靈王始名曰胡。按〔一〕說文：「胡，牛頷垂也。从肉古聲〔二〕。說文：「旛，幅胡也。」〔三〕臣鉉等曰：「胡，幅之垂者也，亦取下垂爲義。」續漢輿服志：「聖人見鳥獸，有冠角頓胡之制。」是也。詩曰：「狼跋其胡。」狼之老者，頷下垂胡，故以爲壽考之稱。詩曰：「胡考之寧。」〔四〕傳曰：「雖及胡耇。」釋名：「胡耇，咽皮如雞胡也。」諡法：彌年壽考曰胡，保民耆艾曰胡。陳有胡公，而蔡仲及周厲王名胡〔五〕，似亦皆取此義。晉王胡之字修齡。考工記：「戈廣二寸，内倍之，胡三之。」謂戈鋒之曲而旁出者，猶牛胡也。周禮大行人：「侯伯七十步立，當前疾。」注：「前疾，謂駟馬車轅前胡下垂柱地者。」禮記深衣：「袂圜以應規。」注：「謂胡下也，下垂曰胡。」方言：「凡箭鏃胡合嬴者。」郭璞解：「胡鏑在於喉下。」〔六〕則亦取象於牛胡也。又國名，今之胡姓，以國爲氏，或以諡爲氏者也。又與「何」字義同，如「胡能有定」、「胡然而天」、「胡斯畏忌」之類。箋云：「胡之言何也。」見於經傳，如此而已。史記匈奴傳曰：「晉北有林胡、樓煩之戎，燕北有東胡、山戎。」〔七〕蓋必時人因此名戎爲胡。趙世家：「變服騎射以備燕、三胡、秦、韓之邊。」〔八〕注：「林胡、樓煩、東胡爲三胡。武靈王言襄王併戎取代以攘諸胡。謂之諸胡者，猶左傳之言群舒。」而下文遂云：「築長城以拒胡。」是以二國之人，而概北方之種；一時之號，而蒙千載之呼也。猶之羯本地名，上黨武鄉縣羯室，晉時匈奴別部人居之，後因號胡戎爲羯。蓋北狄之名胡自此始。而考工記亦曰：「粤無鎛，燕無函，秦無廬，胡無弓車。」春秋，北燕僅再見於經，而於越至哀公時始盛，以此知考工之篇，亦必七國以後之人所增益矣。又虜者，俘獲之稱。曲禮：「獻民虜者操右袂。」〔九〕公羊傳：「閔公矜此婦人，妬其言，顧曰：此虜也，爾虜焉故。」〔十〕魯仲連所謂「虜使其民」，韓非所謂「臣虜之勞」，史記李斯傳：「嚴家無格虜。」索隱曰：「虜，奴隸也。」〔十一〕而戚夫人歌所謂「子爲王，母爲虜」〔十二〕。東方朔答客難所謂「尊之則爲將，卑之則爲虜」〔十三〕者也。故漢高帝言「虜中吾指」，而罵婁敬爲齊虜，戾太子罵江充爲趙虜。水經注：「臨淄外郭，世謂之虜城，言齊湣王伐燕，燕王噲死，虜其民實居郭，因以名之。」〔十四〕是矣〔十五〕。自南北朝以後，其名遂以加之北翟〔十六〕，亦習而不察也。

〔一〕以上爲潘刻所删。
〔二〕説文四下肉部。
〔三〕説文七上㫃部。

〔四〕詩周頌載芟。

〔五〕左傳僖廿二年。

〔六〕方言九。

〔七〕史記一一〇。

〔八〕史記四三。

〔九〕曲禮上。

〔十〕公羊傳莊十二年。

〔十一〕史記八七。

〔十二〕樂府八四。

〔十三〕漢書六五。

〔十四〕水經注二六淄水條。

〔十五〕此下原有「後人以此罵外夷而」八字。

〔十六〕原作「遂專之於北狄」。

草馬

爾雅：「馬屬，牡曰騭，牝曰騇。」郭璞注：「以牡爲騭馬，牝爲草馬。」〔一〕魏志杜畿傳：「爲河東太守，課民畜牸牛草馬。」〔二〕晉書涼武昭王傳：「家有騧草馬，生白額駒。」〔三〕魏書蠕蠕傳：「賜阿那瓌父草馬五百匹。」〔四〕吐谷渾傳：「吐谷渾嘗得波斯草馬，放入海，因生驄駒。」〔五〕隋書許善心傳：「賜草馬二十匹。」〔六〕廣韻：「牝馬曰騲。」〔七〕顏氏家訓有云「騲騭」〔八〕。今人則以牡爲兒馬，牝爲騍馬，而唯牝驢乃言草驢。

〔一〕爾雅下釋畜。
〔二〕三國志魏志十六。
〔三〕晉書八七。
〔四〕魏書一〇三。
〔五〕魏書一〇一。
〔六〕隋書五八，作「皁馬」。
〔七〕廣韻三。
〔八〕顏氏家訓卷下書證篇。

草驢女猫

今人謂牝驢爲草驢。北齊書楊愔傳：「選人魯漫漢，在元子思坊，騎秃尾草驢。」〔一〕

是北齊時已有此語。山東、河北人謂牝猫爲女猫，隋書外戚獨孤陁傳：「猫女可來，無住宮中。」〔二〕是隋時已有此語。

〔一〕北齊書三四。
〔二〕隋書七九。

雌雄牝牡

飛曰雌雄，走曰牝牡。「雉鳴求其牡。」〔一〕詩人以爲不倫之刺，然亦有不一者。周禮疏引詩：「雄狐綏綏。」〔二〕走亦曰雄。書：「牝鷄無晨。」〔三〕飛亦曰牝。今按經傳之文，不止於此。如詩：「爾牧來思，以薪以蒸，以雌以雄。」〔四〕左傳：「千乘三去，三去之餘，獲其雄狐。」〔五〕莊子：「猨猵狙音旦以爲雌。」〔六〕焦氏易林：「雄犬夜鳴，雄羆在後。」〔七〕晉書五行志：「吴郡婁縣人家，聞地中有犬子聲，掘之得雌雄各一。」〔八〕木蘭詩：「雄兔脚撲朔，雌兔眼迷離。」〔九〕皆走而稱雌雄者也。爾雅：「鷯鶉，其雄䳈牝痺。」〔十〕山海經：「帶山有鳥焉，其狀如烏，五采而赤文，名曰鵸鵌，是自爲牝牡。陽山有鳥焉，其狀如雌雉，而五采以文，是自爲牝牡，名曰象蛇。」〔十一〕則飛而稱牝牡者也。龍亦可稱雌雄。左傳：「帝賜之乘龍，河漢各二，各有雌雄。」〔十二〕是也。蟲亦可稱雌雄。列子：「純雌其名大腰，純雄其名穉蜂。」〔十三〕是也。介蟲亦可稱雌雄。莊子注，司馬云：「雄者黿類，雌者鼈類。」〔十四〕是也。人亦可稱雌雄。管子：「楚人攻宋鄭，令其人有喪雌雄。」〔十五〕莊子：魯哀公之言哀駘他曰：「且而雌雄合乎前。」〔十六〕是也。虹亦可稱雌雄。詩疏：「虹雙出色，鮮盛者爲雄，雄曰虹；闇者爲雌，雌曰蜺。」是也。容齋三筆引宋玉賦「雄風雌風」，及「師曠占有雄雷雌雷之説」〔十七〕。干支亦可稱雌雄。史記索隱：「歲雄在閼逢，雌在攝提格，月雄在畢，雌在訾，日雄在甲，雌在子。」〔十八〕是也。金亦可稱雌雄。王子年拾遺記：「禹鑄九鼎，擇雌金爲陰鼎，雄金爲陽鼎。」〔十九〕是也。石亦可稱雌雄。續漢郡國志：「夜郎出雄黄雌黄。」〔二十〕是也。符契亦可稱雌雄。隋書高祖紀：「頒木魚符於總管刺史，雌一雄一。」〔二一〕唐六典：「太府寺置木契九十五隻，雄付少府將作監，雌留太府寺。」〔二二〕是也。箭亦可稱雌雄。遼史儀衛志：「木箭内箭爲雄，外箭爲雌，皇帝行幸則用之。還宫，勘箭官執雌箭，東上閤門使執雄箭。」〔二三〕是也。亦可稱牝牡。宋沈括筆談：「大駕鹵簿中有勘箭，如古之勘契也。其牡謂之雄牡箭，牝謂之闕仗箭，本胡法也，熙寧中罷之。」〔二四〕草木亦可稱牡〔二五〕。周禮：「牡橭」、「牡蘜」。注：「謂蘜之不華者。」檀弓：「牡麻。」爾雅：「牡菣、牡蕡、牡茅。」〔二六〕儀禮注：「牡蒲。」史記封禪書：「牡荊」〔二七〕。本草：「牡桂。」是也。車箱亦可稱牝。考工記：「牝服」，正義云：「車較，即今人謂之平鬲，皆有孔，内軨子於其中，而又向下服，故謂之牝服。」〔二八〕是也。管鑰亦可稱牝牡。漢書五行志：「長安章城門，門牡自亡。」〔二九〕月令注：「鍵牡，閉牝也。」正義：「凡鏁器入者謂之牡，受者謂之牝。」是也。棺蓋亦可稱牝牡。禮記喪大記：「君蓋用漆。」正義：「用漆者，塗合牝牡之中也。」是也。瓦亦可稱牝。廣韻：「瓰，牝瓦。」〔三十〕是也。五藏亦可稱牝牡。靈樞經：「肝、心、脾爲牡藏，肺、腎爲牝藏。」〔三一〕是也。齒牙亦可稱牡。説文：「牙，牡齒。」〔三二〕是也。徐曰：此於齒爲牡也。九經字樣作「壯齒」。病亦可稱牡。史記倉公傳：「牡疝。」〔三三〕是也。星亦可稱牝牡。天文志：「太白在南，歲在北，名曰牝牡。」〔三四〕是也。法苑珠林〔三五〕：「虞喜天文論：『漢太初曆，十一月甲子，夜半冬至，歲雄在閼逢，雌在攝提格；月雄在畢，雌在訾；日雄在甲，雌在子。』大抵以十干爲歲陽，故謂之雄；十二支爲歲陰，故謂之雌。但畢訾爲月雄雌，不可曉。今之言陰陽者，未嘗用雌雄二字也。郎顗傳引易雌雄秘曆〔三六〕。今亡此書。」五行亦可稱牝牡。左傳：「水，火之牡也。」〔三七〕是也。銅亦可稱牝牡。抱朴子：「灌銅當以在火中向赤時，有凸起者牡銅，凹陷者牝銅。」〔三八〕是也。若淮南子云：「北斗之神有雌雄，月從一辰，雄左行，雌右行。」〔三九〕而隋書經籍志有孝經雌雄圖三卷〔四十〕，五代史四夷附録：「高麗王建進孝經雌圖一卷，載日食星變，不經之説。」〔四一〕則近於誕矣。後周有「典牝典牡，上士中士。」〔四二〕以牝牡名官。

〔一〕詩邶風匏有苦葉。
〔二〕詩齊風南山。
〔三〕尚書牧誓。
〔四〕詩小雅無羊。
〔五〕左傳僖十五年。
〔六〕莊子齊物論。「狙」原作「狚」。
〔七〕易林三。
〔八〕晉書二九。
〔九〕樂府橫吹曲辭梁鼓角橫吹曲。
〔十〕爾雅下釋鳥。
〔十一〕山海經北山經第三。
〔十二〕左傳昭廿九年。
〔十三〕列子一天瑞篇。
〔十四〕莊子五天運篇末。
〔十五〕管子九霸形篇，無「其」字。
〔十六〕莊子二德充符。
〔十七〕容齋三筆十一歲月日風雷雄雌條。「及」下應有「春秋元命苞」。
〔十八〕史記二六曆書。

〔十九〕拾遺記二。

〔二十〕後漢書三三郡國志五牂牁部。

〔二一〕隋書二開皇九年閏四月。

〔二二〕唐六典二十。

〔二三〕遼史五七。

〔二四〕夢溪筆談一。

〔二五〕以下牝牡。

〔二六〕爾雅下釋草。

〔二七〕史記二八。

〔二八〕考工記有「牝服二柯有參分柯之二」句。

〔二九〕漢書二七中之上。

〔三十〕廣韻三。

〔三一〕靈樞經七順氣一日分爲四時。

〔三二〕説文二下牙部。

〔三三〕史記一〇五。

〔三四〕漢書二六。

〔三五〕應爲容齋三筆十一，虞喜説見史記廿六索隱引，已見前頁。兩「今」字皆洪邁語。

〔三六〕後漢書六十下。

〔三七〕左傳昭十七年。

〔三八〕抱朴子内篇十七登陟篇。

〔三九〕淮南子三天文訓末。

〔四十〕隋書三二。

〔四一〕新五代史七四，「建」應作「昭」，昭係建之孫。

〔四二〕通典二五職官典。

〔從上世紀三十年代前期至四十年代後期，援庵講授「清代史學考證法」及「史源學實習」課，即以日知録作爲主要教材之一。爲此，他在書上作了大量批注，將日知録所引書「全部找出，溯其史源，校其異同，注其起止，並正其偶誤」。同時還對顧炎武的思想、學術進行評論，揭示考證方法及著作體例。這項工作一直延續到五十年代中期，並準備整理後以日知録校注的書名出版。此次整理，編者將批注由眉批形式改爲置於每條的每段之後，對日知録加了標點符號，全部引文與原書覆查一過，並補注了少數原稿没有查到出處的引文。批注所用底本爲民國元年武昌官書處翻刻的粵刻黄汝成集釋本。〕